Eduard von Hartmann

Neukantianismus, Schopenhauerianismus und Hegelianismus

in ihrer Stellung zu den philosophischen Aufgaben der Gegenwart

Eduard von Hartmann

Neukantianismus, Schopenhauerianismus und Hegelianismus
in ihrer Stellung zu den philosophischen Aufgaben der Gegenwart

ISBN/EAN: 9783743416772

Hergestellt in Europa, USA, Kanada, Australien, Japan

Cover: Foto ©Thomas Meinert / pixelio.de

Manufactured and distributed by brebook publishing software (www.brebook.com)

Eduard von Hartmann

Neukantianismus, Schopenhauerianismus und Hegelianismus

Neukantianismus, Schopenhauerianismus und Hegelianismus

in ihrer Stellung zu den

philosophischen Aufgaben der Gegenwart.

Zweite erweiterte Auflage
der
„Erläuterungen zur Metaphysik des Unbewussten."

Von

Eduard von Hartmann.

Berlin.
Carl Duncker's Verlag.
(C. Heymons.)
1877.

Vorwort.

Dieses Buch schliesst sich unmittelbar an den Abschnitt D der „Gesammelten Studien und Aufsätze" an. Wenn dort der Entwickelungsgang der deutschen Philosophie von Kant bis zu Schelling's letztem System in kurzem Abriss vorgeführt und insbesondere meine Beziehungen zu Schopenhauer, Hegel und Schelling dargelegt wurden, so beschäftigt sich die nachstehende Fortsetzung mit den wichtigsten philosophischen Richtungen der Gegenwart, wie sich dieselben namentlich aus den Schulen Schopenhauer's und Hegel's entwickelt haben. Wenn es dort mein Bestreben gewesen war, die philosophischen Aufgaben der Gegenwart durch einen kritischen Rückblick auf die letzte und höchste Entwickelungsphase der Geschichte der Philosophie festzustellen, so handelt es sich hier darum, die Stellungnahme der lebendigen philosophischen Strömungen zu diesen Aufgaben unserer Zeit zu beleuchten, und die Differenzen zu untersuchen, in welche die Vertreter derselben sich zu meinen Lösungsversuchen gesetzt haben. Das vorliegende Buch liefert also einerseits eine Reihe philosophischer Charakteristiken von zeitgenössischen Denkern, und bietet andrerseits Erläuterungen und Vertiefungen meiner eigenen Philosophie, welche durch die Selbstvertheidigung gegen kritische Angriffe angeregt wurden.

Die fünfte Abhandlung (über Volkelt's Panlogismus des Unbewussten) war vor drei Jahren unter dem Titel „Erläuterungen zur Metaphysik des Unbewussten" als selbstständige Broschüre erschienen. Die Mehrzahl der übrigen Aufsätze sind als geschlossene Essays für Journale geschrieben und in solchen zuerst veröffentlicht (Unsere Zeit, Gegenwart, Wiener Abendpost, Philosophische Monatshefte, Revue philosophique), worin eine gewisse Gewähr für eine leichtfassliche Darstellung im Verhältniss zu den behandelten, zum Theil recht schwierigen Fragen liegen dürfte. Da der gesammte Inhalt des Buches sich dem Begriff „Erläuterungen zur Metaphysik des Unbewussten" unterordnet, so glaubte ich diese Bezeichnung für das Buch, wenn auch nur als Nebentitel, festhalten zu sollen.

Ich fürchte nicht, zu viel zu behaupten, wenn ich darauf hinweise, dass noch kein Philosoph vor mir in gleich eingehender und vielseitiger Weise die ausdrückliche Vertheidigung seines Standpunkts gegen die beachtenswerthesten Angriffe seiner verschiedenen Gegner geführt hat. Das vorliegende Buch allein würde genügen, diese Bemerkung zu erhärten, insofern es die wichtigsten Erscheinungen der von rein philosophischer Seite gegen mich gerichteten Polemik berücksichtigt; es ist aber wohl zu beachten, erstens, dass dasselbe nach naturphilosophischer Seite hin durch die Erweiterungen der binnen Kurzem erscheinenden zweiten Auflage meiner Schrift: „Das Unbewusste vom Standpunkt der Physiologie und Descendenztheorie" und durch das Schlusscapitel der Schrift „Wahrheit und Irrthum im Darwinismus" ergänzt wird, und zweitens, dass es eine ganze Reihe von minder bedeutenden Kritiken als bereits durch die apologetischen Erläuterungsschriften von M. Venetianer *), Freiherrn du Prel **) und A. Taubert †) erledigt betrachten durfte. Das vorausgehende Erscheinen dieser Schriften machte es mir möglich, unbeschadet der Vollständigkeit mich auf die hervorragendsten Gegner zu beschränken, deren Standpunkte wirklich eine principielle philosophische Bedeutung beanspruchen dürfen. Nur die Auseinandersetzung mit solchen konnte eine wahrhaft fruchtbare Polemik zu Tage fördern, indem sie die streitigen Standpunkte und ihre Differenzen klarer stellte und durchsichtiger machte, die Scheingründe der Gegner entkräftete, und die eigenen Lehren vertiefte und fester begründete. Möge es mir gelungen sein, der Verlockung zu unfruchtbarer Polemik überall zu widerstehen und den Grundsätzen treu zu bleiben, welche ich in meinem Aufsatz „Ueber wissenschaftliche Polemik" (Ges. Stud. u. Aufs. A. II.) mir selbst vorgezeichnet habe.

---

*) Der Allgeist. Grundzüge des Panpsychismus im Anschluss an die Philosophie des Unbewussten. Berlin 1874.

**) Der gesunde Menschenverstand vor den Problemen der Wissenschaft. In Sachen J. C. Fischer contra E. v. Hartmann. Berlin 1871.

†) Der Pessimismus und seine Gegner. Berlin 1873. — Philosophie gegen naturwissenschaftliche Ueberhebung. Berlin 1870.

Inhalt.

		Seite
1. Einleitung		1
1. Friedrich Albert Lange		1
2. Hans Vaihinger		5
3. Julius Frauenstädt		7
4. Julius Bahnsen		11
5. Johannes Volkelt und Johannes Rehmke		14
6. Lange's philosophischer Standpunkt		17
7. Vaihinger's philosophischer Standpunkt		22
8. Frauenstädt's philosophischer Standpunkt		29
9. Bahnsen's philosophischer Standpunkt		31
10. Volkelt's und Rehmke's philosophischer Standpunkt		38

A. Neukantianismus ... 43

II. Lange-Vaihinger's subjectivistischer Skepticismus 45
  A. Die Philosophie als Wissenschaft ... 45
    1. Der Kriticismus ... 45
    2. Die Aufgabe der Philosophie als Erklärung der Wirklichkeit ... 50
    3. Der subjective Idealismus und seine Ueberwindung durch den transcendentalen Realismus ... 53
    4. Der Skepticismus und seine Ueberwindung durch den Kriticismus ... 57
    5. Die Naturwissenschaft als transcendentaler Realismus ... 60
    6. Die Versöhnung zwischen Philosophie und Naturwissenschaft ... 62
    7. Der Kriticismus als Identitätsphilosophie ... 65
    8. Der Kriticismus als Philosophie des Unbewussten und Psychismus ... 71

		Seite
9.	Die Realität der Gattung	73
10.	Die Wechselwirkung zwischen geistigen Individuen	77

B. Die Philosophie als Dichtung 82

11.	Der illusorische objective Idealismus	82
12.	Die geschichtlichen Anlehnungspunkte	85
13.	Die blosse Subjectivität der Ideen	89
14.	Der Uebergang zu Fichte	92
15.	Die transcendentale Wahrheit der Ideen	96
16.	Die relative Wahrheit der metaphysischen Systeme	101
17.	Optimismus und Pessimismus	104
18.	Vischer's und Volkelt's Ansichten über die Illusion	110
19.	Ein Platonisches Gespräch	116

B. Schopenhauerianismus 119

III. Frauenstädt's Umbildung der Schopenhauer'schen Philosophie 121

1.	Der subjective Idealismus	121
2.	Die Sphäre der Individuation	128
3.	Die Causalität	130
4.	Die Motivation	132
5.	Die Generalisirung des Bewusstwerdens	135
6.	Die Teleologie	137
7.	Die Idee	145
8.	Die historische Weltanschauung	150
9.	Physik und Metaphysik	155
10.	Der Wille und sein Inhalt	157
11.	Die Willensverneinung und der Pessimismus	161
12.	Der Materialismus	163
13.	Die ethischen Probleme	168
14.	Schlusswort	172

IV. Bahnsen's charakterologischer Individualismus 175

A. Die Charakterologie 175

1.	Aufgabe und Standpunkt des Werks	175
2.	Empirischer und intelligibler Charakter	181
3.	Charakter und Organisation	187
4.	Wille und Motiv	194

B. Die Kritik des monistischen Evolutionismus 211

    5. Die Stützen des Individualismus 212
    6. Die Widerstände der Entwickelung 217
    7. Die Nebenherläufer der Entwickelung 224
    8. Individualismus und Monismus 227
    9. Partielle und universelle Entwickelung 232
   10. Die Realdialectik 235
   11. Das Logische 244
   12. Wille und Idee 250

C. Hegelianismus 259

V. Volkelt's Panlogismus des Unbewussten 261

A. Principienfragen 261

    1. Die Dialectik 261
    2. Die Stellung des Unlogischen zum Logischen 265
    3. Idealprincip und Realprincip 268
    4. Die substantielle Identität und attributive Gegensätzlichkeit beider Principien 273
    5. Denknothwendigkeit und Seinsnothwendigkeit 279
    6. Das Idealprincip als logisches Formalprincip 281
    7. Die absolute Zwecksetzung 283
    8. Der Wille 286

B. Secundäre Probleme 290

    9. Die teleologische Begründung des Bewusstseins 291
   10. Die Erklärung der Bewusstseinsentstehung 294
   11. Die Bedingungen der Bewusstseinseinheit 298
   12. Die panlogistische Unbegreiflichkeit der Individuation .. 300
   13. Das Individuationsproblem in der Philosophie des Unbewussten 305
   14. Wesen und Erscheinung 308
   15. Einheit und Vielheit in der Erscheinungswelt 312
   16. Die unmittelbare Immanenz des Wesens in der Erscheinung 315
   17. Raum und Zeit 317
   18. Der teleologische Optimismus und der eudämonologische Pessimismus 321

VI. Rehmke's Monismus des unendlichen Geistes   329
    1. Die Attribute 329
    2. Die Unendlichkeit des Absoluten 335
    3. Wesen und Actus 346
    4. Die Objectivationsstufen in ihrem Verhältniss zu einander   350

I.
Einleitung.

1. Friedrich Albert Lange.

Friedrich Albert Lange (geb. 1828, gest. 1875) ist bekannt durch seine „Geschichte des Materialismus und Kritik seiner Bedeutung in der Gegenwart" (1. Aufl. Iserlohn bei Bädeker 1866; 2. Aufl. in 2 Bänden ebendas. 1873–1875; 3. Aufl. Bd. I. 1876) und durch seine Schrift über „die Arbeiterfrage" (3. Aufl. Winterthur 1875). Ferner veröffentlichte derselbe: „Die Grundlegung der mathematischen Psychologie. Ein Versuch zur Nachweisung des fundamentalen Fehlers bei Herbart und Drobisch" (Duisburg 1865); „Mills Ansichten über die sociale Frage und die angebliche Umwälzung der Volkswirthschaft durch Carey" (Duisburg 1866), und verschiedene zerstreute Abhandlungen, unter denen hervorzuheben der Artikel „Seelenlehre" in der Schmidt'schen „Encyclopädie der Pädagogik" (Gotha 1870, Bd. VIII, S. 573–667).

Für die Feststellung seiner philosophischen Weltanschauung fällt wesentlich nur sein erstgenanntes Hauptwerk in's Gewicht. Dasselbe ist weder ein geschichtliches noch ein systematisches Werk, sondern eine durch geschichtliche Studien angeschwollene Tendenzschrift. Selbst Vaihinger gesteht ein, dass das Werk „nicht streng harmonisch, ja sogar eigentlich ein Torso" sei. Die Tendenz der Arbeit geht dahin, zu zeigen, dass von allen dogmatischen Systemen der Materialismus das natürlichste und dem menschlichen Verstande angemessenste sei, dass aber auch der Materialismus ebenso wie aller andre Dogmatismus durch den erkenntnisstheoretischen Idealismus Kant's überwunden sei. So tritt Lange einerseits als Vertheidiger des Materialismus gegen die andern metaphysischen Systeme, andrerseits als Vertheidiger des subjectiven Idealismus gegen allen Realismus auf. Die geschichtliche Darstellung gilt ihm nicht als Zweck, sondern als Mittel, um die seiner Tendenz entsprechenden Reflexionen anzuknüpfen; die Auseinandersetzungen am Schluss über seinen eigenen Standpunkt lassen an Vollständigkeit, Präcision und Klarheit der Begründung viel zu wünschen übrig und gehen nicht über aphoristische Andeutungen hinaus. Schon sein Verehrer Cohen hat es als einen Mangel des Werkes hervorgehoben, dass nur für den modernen Materialismus, aber nicht für den erkenntnisstheoretischen Idealismus die historischen Antecedentien berücksichtigt sind, wobei er namentlich auf Plato hinweist. Schwerer als dieser geschichtliche Mangel scheint mir der Umstand, den selbst Vaihinger einräumt, in's Gewicht zu fallen, dass man eine philosophische Weltanschauung von Lange gar nicht erwarten und verlangen darf; sein Standpunkt besteht eben in der Behauptung, dass es eine objectiv gültige philosophische Weltanschauung überhaupt nicht geben könne, und in der Erlaubniss für Jedermann, sich für seine subjectiven Bedürfnisse eine Weltanschauung nach seinem Geschmack zurechtzudichten. Seine Philosophie als Wissenschaft geht nur bis zum Bekenntniss des Nichtwissens, und die positive Ergänzung ist die Verweisung auf die Dichtung nach persönlicher Neigung ohne Anspruch auf objective Gültigkeit. Statt vermutheter Baarzahlung wird der wissensdurstige Leser mit einem Wechsel auf „das Reich der Schatten" abgefunden (wie Schiller einst die Welt der Ideale bezeichnete).

Dass eine solche schriftstellerische Erscheinung für Beobachter aus gewissen Gesichtspunkten als „ein glänzend aufleuchtendes Meteor" erscheinen konnte, ist Vaihinger zuzugeben, nicht aber, dass „dessen Spuren unverlöschlich sind". Eine Philosophie, die sich auf Poesie und Erkenntnisstheorie reducirt, und eine Erkenntnisstheorie, die zur Ignoranztheorie, d. h. zu einem rein negativen System aus „Ignoranzbegriffen" zusammenschrumpft, kann jederzeit nur als die Verlegenheitsphilosophie einer Uebergangsperiode auftreten, die selbst nur ein „Nothbehelf" ist, wie sie ihre Fundamentalbegriffe für solche ausgiebt. Ihre geschichtliche Berechtigung reicht nicht weiter als die des Skepticismus, der hier zum ersten Mal sich in ein subjectivistisches Gewand hüllt. Die allgemeine geschichtliche Aufgabe desselben ist, überwundene Standpunkte zu zersetzen, um dadurch lebensfähigeren Neubildungen den Boden zu bereiten; gerichtet ist er durch die Unfähigkeit, über die zerstörende Negation hinaus zu einer positiven Weltanschauung zu gelangen, an die er selbst zu glauben vermöchte, — und ohne solche hat die praktische Philosophie keinen Boden.

Lange besitzt einen philologisch geschulten, klaren, ruhigen und scharfen Verstand, der sich mit einem warmen und edlen Herzen paart, und nur da die Nüchternheit und Gesundheit seines Urtheils verliert, wo er von letzterem dominirt wird; aber ein eigentlich philosophischer Kopf, ein mit der Kraft speculativer Synthese ausgerüsteter Denker ist er nicht, und versteht nicht einmal die congeniale Reproduktion der speculativen Gedankengänge Anderer. Er ist zu ehrlich, um die anscheinend vorgefundenen Widersprüche zu vertuschen, und doch unfähig, sie durch philosophische Synthesen zu überwinden; deshalb bleibt er überall vor Antinomien als vor der letzten Formulirung der philosophischen Probleme stehen, und schwingt sich auf dem Flügelross der Dichtung in eine Sphäre des Ideals hinüber, wo ein erträumtes harmonisches Weltbild für die raube Wirklichkeit entschädigt. Mit dem solidem Fleiss des geduldigen Sammlers vereinigt er eine sorgfältige Verarbeitung des zusammengeschichteten Materials zu einer concisen Darstellung von bedeutender schriftstellerischer Gewandtheit. Seine Werke lesen sich so angenehm, weil nichts Gesuchtes darin ist, und der Ausdruck bei aller Natürlichkeit und Schlichtheit doch meistens treffend ist. Dazu kommt, dass Lange mit den modernen Naturwissenschaften bekannter als die meisten Philosophen ist und die dort geltende mechanistische Weltanschauung als bleibende Wahrheit des Materialismus festzuhalten sucht, sowie dass er den zeitbewegenden socialen Fragen einen offnen Blick und warme Theilnahme entgegenbringt. Rechnet man endlich hinzu, dass sein Standpunkt mit dem in Frankreich und England dominirenden Positivismus sich näher als derjenige irgend eines anderen deutschen Philosophen der Gegenwart berührt, und erwägt man, wie ehrfurchtsvoll der Deutsche eine in der Fremde geprägte deutsche Berühmtheit anblickt, so darf man sich fast nur darüber wundern, dass Lange's Hauptwerk nicht schon eine weit grössere Zahl von Auflagen erlebt hat, und kann trotz alledem die Meinung festhalten, dass Lange kein eigentlicher Philosoph, sondern nur ein unvollkommener Historiograph und nebenbei philosophischer Populärschriftsteller war.

Sein Mangel an Verständniss für wirkliche Philosophen macht ihm dieselben antipathisch, und weil ihm alle Metaphysik und Speculation antipathisch ist, behandelt er deren berufene Vertreter aller Zeitalter in einer geringschätzigen und verächtlichen Weise, welche grell absticht gegen die Nachsicht, Sympathie und Hochachtung, mit welcher er um die historische „Rettung" der gedankenärmsten Gattung von Metaphysik, des Materialismus und seiner Vertreter bemüht ist. Diese zur Schau getragene Verachtung gegen alle speculative Philosophie im Verein mit der Reverenz gegen die Naturwissenschaften und der Hätschelung des Materialismus ist es, was Lange die Sympathien der Positivisten und philosophisch angehauchten Naturforscher in England und zum Theil auch in Frankreich erworben hat; es sind also gerade sein Mangel an philosophischer Begabung und dessen psychologische Consequenzen, denen er seinen ausländischen Ruf verdankt, und Deutschland hat wahrlich in diesem Falle am wenigsten Grund, sich von dem so erlangten europäischen Renommé imponiren zu lassen und auf einen solchen „deutschen Philosophen" stolz zu sein.

Die erste Auflage seiner „Gesch. d. Mat." sieht einer geschichtlichen Monographie noch ähnlicher als die zweite, deren bedeutende Erweiterungen wesentlich nur der vorwaltenden „didaktischen und aufklärenden Tendenz" zu gut kommen. Aber nicht nur einen breiteren Raum nehmen in der neuen Gestalt die tendenziösen Reflexionen ein, sondern sie sind auch schärfer pointirt, und drängen sich anspruchsvoller hervor, ohne dass doch andererseits eine ausreichende Klarheit und Vollständigkeit in der Darstellung des eigenen Standpunktes erreicht wäre. So macht die zweite Auflage im Ganzen einen noch unruhigeren und zerfahrenern Eindruck als die erste, zumal die Behandlung der Zeitfragen denn doch schon die Grenze der Wissenschaftlichkeit nach der Seite der Populärschriftstellerei berührt, wo nicht überschreitet. Der feste Boden der Kant'schen Erkenntnisstheorie ist von Lange durch Aufgeben ihrer realistischen Bestandtheile definitiv verlassen, obwohl das Bewusstsein von diesem Bruch mit dem Kantianismus fehlt; andrerseits sind doch wesentliche Voraussetzungen des verlassenen Standpunkts beibehalten, und dadurch geräth die Darstellung in eine Unsicherheit, ein Schwanken der Behauptungen und ein zweideutiges Schillern der Gedanken, dass man den Standpunkt nur noch als Confusionismus bezeichnen kann. Den Nachweis hierfür im Einzelnen zu liefern, hiesse der philosophischen Bedeutung Lange's schon zu viel Ehre anthun; übrigens ist derselbe in ausreichender Weise von Professor Gideon Spicker geführt worden.*)

2. Hans Vaihinger.

Vielleicht wäre es Lange gelungen, wieder ein Jahrzehnt später sich aus diesem Confusionismus heraus und zu einem präcisen Standpunkt hindurchzuarbeiten, wenn es ihm vergönnt gewesen wäre, sein Werk dann nochmals zu überarbeiten. Noch besser aber hätte er bei längerem Leben gethan, die verfehlte Form seines Hauptwerks nicht noch weiter zu verunstalten, sondern den Standpunkt, zu dem er kommen musste, in einer besonderen neuen Schrift allseitig klar und scharf im Zusammenhange auseinanderzusetzen. Was Lange nicht vergönnt war, hat Hans Vaihinger vollbracht,**) der, obwohl nicht in persönlichen Beziehungen zu Lange stehend, doch so in dessen Fusstapfen getreten ist, dass er als sein Schüler zu bezeichnen ist. Vaihinger giebt nicht nur ein Resumé des philosophischen Standpunktes seines Meisters, sondern er vermeidet auch in den Hauptpunkten dessen Confusionismus und führt die Anläufe und Velleitäten Lange's dem Ziele entgegen, das ihnen durch den ganzen Gedankengang des Verstorbenen als das einzig mögliche vorgezeichnet war. Er entfernt sich dabei nicht weiter von den Aussprüchen seines Meisters, als dass er seine eigenen Aufstellungen noch für blosse Interpretationen der wahren Absichten

---

*) Ueber das Verhältniss der Naturwissenschaft zur Philosophie. Mit besonderer Berücksichtigung der Kantischen Kritik der reinen Vernunft und der Gesch. d. Mat. von A. Lange. Berlin bei C. Duncker, 1874. Gegen einige Punkte der Ansichten Lange's habe ich mich bereits gelegentlich geäussert; vgl. Phil. d. Unb. 7. Aufl. Bd. I S. 441—444, Bd. II S. 475—477; Krit. Grundl. des transc. Realismus S. 91—95; Wahrh. u. Irrth. im Darwinismus S 167—168.

**) In seiner Schrift: „Hartmann, Dühring und Lange. Zur Geschichte der deutschen Philosophie im XIX. Jahrhundert" (Iserlohn bei Bädeker 1876). Ausserdem hat derselbe Verfasser noch eine Festrede: „Goethe als Ideal universeller Bildung" (Stuttgart bei Meyer und Zeller 1875) und einige Abhandlungen in den Phil. Monatsheften veröffentlicht.

und Meinungen desselben ansehen und ausgeben kann, und sucht zugleich durch die Zusammenstellung dieser Lehren mit modernen Beispielen idealistischer und materialistischer Philosophie die Ueberlegenheit der ersteren darzuthun. Weil aber Vaihinger bescheiden genug ist, auf Geltendmachung eines eigenen Standpunktes zu verzichten, und nur eine Interpretation der Lange'schen Lehre zu geben beansprucht, haftet er noch in vielen Stücken zu enge an derselben, um das von ihm richtig erkannte Ziel dieser Tendenzen (nämlich den subjectivistischen Skepticismus) frei von allen dogmatischen Schlacken zu ergreifen. Vielleicht gelingt es dem jungen Autor, das in seiner Erstlingsarbeit noch nicht ganz erreichte Ziel seines Weges in späteren reiferen Arbeiten in voller Reinheit und Schärfe zu erfassen, und damit erst den Bestrebungen Lange's einen Platz in der Geschichte der Philosophie zu sichern, auf welchen dessen Gedanken in der confusen und unreifen Gestalt, wie er sie in der „Gesch. d. Mat." vorgetragen, keinen Anspruch haben.

Vaihinger bestrebt sich mit Glück, die übersichtliche Stoffeintheilung, die concise Verarbeitung und die gemeinverständliche Diktion Lange's nachzuahmen. Aber auch die Fehler desselben kehren bei ihm wieder: die Bevorzugung der Popularität auf Kosten erschöpfender Gründlichkeit, die Hätschelung des Materialismus und seiner Vertreter, und die Antipathie gegen Idealismus, Metaphysik und Speculation. Wenn in ersterer Hinsicht die Entstehung seines obengenannten Buches aus mündlichen Vorträgen es verbietet, aus der hier gelieferten Probe auf die Leistungsfähigkeit des Autors überhaupt zu schliessen, so ist in letzterer Hinsicht anzuerkennen, dass er sich jedenfalls immer noch einer grösseren Objectivität und Gerechtigkeit gegen die speculativen Philosophen befleissigt, als Lange, der z. B. Aristoteles, Hegel und mich geradezu verächtlich behandelt. Vaihinger lässt sich seinerseits die Mühe nicht verdriessen, das „System" des von ihm gewählten Vertreters des naiven Realismus und vulgären modernen Materialismus aus vielfach unklaren und unzulänglichen Andeutungen zusammenzustellen, und etwaige Lücken liebevoll zu ergänzen, während ihm für die Reproduktion meiner speculativen Gedankengänge öfters das rechte Verständniss fehlt, so dass er weder meinen Standpunkt im Ganzen zutreffend erfasst, noch auch im Einzelnen sich vor irrigen Darstellungen meiner Ansichten zu wahren weiss. Den sichersten Beweis von seiner sympathischen Ueberschätzung des Materialismus und seiner antipathischen Geringschätzung gegen wirkliche Metaphysik giebt er durch die Thatsache, dass er mich mit einem Dühring — wenn auch nur antithetisch — zusammenkoppelt, also gewissermassen auf gleicher Stufe behandelt.*)

3. Julius Frauenstädt.

Julius Frauenstädt hat es sich zur Hauptlebensaufgabe gemacht, für die Verbreitung, Erläuterung und Vertheidigung der Schopenhauerschen Philosophie zu wirken; daneben hat er selbstständige Arbeiten von weniger metaphysischem und speculativem als popularphilosophischem Inhalt veröffentlicht. Zu der ersteren Reihe von Arbeiten gehört die Herausgabe neuer Auflagen der Schopenhauerschen Schriften, sowie der Gesammtausgabe seiner Werke, ferner: 1. Briefe über die Schopenhauer'sche Philosophie; 2. Arthur Schopenhauer, Lichtstrahlen aus seinen Werken;**) 3. Arthur Schopenhauer, von ihm, über ihn, ein Wort der Vertheidigung von Ernst Otto

---

*) Louis Büchner hat als Materialist und naiver Realist einen tausendmal grösseren Einfluss auf das geistige Leben in Deutschland geübt als Dühring; dasselbe gilt von Ueberweg als naiven Realisten und Materialisten, und von Marx und Lassalle als socialistischen Optimisten. Jeder von diesen hat seinen Standpunkt weit klarer erfasst und wirksamer vertreten als Dühring, in dessen seichter Trivialphilosophie man vergebens nach irgend welcher Originalität des Gedankens oder nach einem Funken von Geist suchen würde. Als Socialist ist er bei den Männern der Wissenschaft wie bei den Arbeitern gleich einflusslos Die einzige seiner philosophischen Schriften, welche wissenschaftlich in Betracht kommen kann (die „natürliche Dialektik"), ist vielleicht am wenigsten bekannt, und die Erwartungen, welche man an dieselbe knüpfen durfte, sind unerfüllt geblieben. Seine „Kritische Geschichte der Philosophie" (vgl. meine Recension in den Bl. f. lit. Unt. 1870 Nr. 1) erfreut sich einer gewissen Beliebtheit in solchen studentischen Kreisen, wo ein hochfahrendes Absprechen über Alles ohne eigentliche Sachkenntniss als bewunderungswürdiges und nachahmenswerthes Vorbild gilt. In gewundenen und affectirten Phrasen redet er nicht sowohl über seinen Gegenstand, als um denselben herum, und verhüllt so mit geschickter Unklarheit die klägliche Dürftigkeit seines geistigen Besitzes. — Vaihinger kam auf Dühring offenbar durch den Wunsch, die oben genannten verschiedenen Richtungen in einem einzigen Vertreter vorzuführen, und liess sich dann nachträglich verleiten, einen obscuren Namen zum Träger von Culturströmungen emporzuschrauben, die aus ganz anderen Quellen fliessen.

**) Die hieran sich anschliessenden Lichtstrahlen aus Kant fallen ausserhalb beider Serien.

Lindner, und Memorabilien, Briefe und Nachlassstücke von Julius
Frauenstädt (Berlin bei Hayn); 4. Schopenhauerlexikon in 2 Bänden,
und endlich 5. Neue Briefe über die Schop. Phil. (1866). Die zweite
der genannten Reihen besteht aus folgenden Schriften: 1. Die
Naturwissenschaft in ihrem Einfluss auf Poesie, Religion, Moral und
Philosophie; 2. der Materialismus, seine Wahrheit und sein Irrthum,
eine Erwiderung auf Büchners „Kraft und Stoff"; 3. Briefe über die
natürliche Religion; 4. das sittliche Leben, ethische Studien; 5. Blicke
in die intellectuelle, physische und moralische Welt. *) Hierzu treten
noch zahllose Journalartikel (hauptsächlich in der „Vossischen Zeitung" und den „Blättern für literarische Unterhaltung"), welche
bald der einen, bald der andern Richtung dienen, meist aber beide
zu vereinigen suchen. In seiner journalistischen Thätigkeit hat
Frauenstädt unermüdlich die Aufgabe verfolgt, die neu erscheinende
philosophische und verwandte Literatur aus Schopenhauer'schem
Gesichtspunkt zu beleuchten, und damit dem Journalpublikum die
reale Existenz dieses Gesichtspunktes immer neu zum Bewusstsein
zu bringen und mit seiner Eigenthümlichkeit vertraut zu machen.
Auch diejenigen Anhänger Schopenhauers, welche mit Frauenstädts
Auffassung desselben nicht einverstanden sind, müssen doch seine
Verdienste um die Schopenhauer'sche Philosophie anerkennen, und
diese Verdienste sind um so grösser, als er der Einzige war, der
seine volle Kraft dauernd dieser Aufgabe gewidmet hat. Wenn es
viele thätige Kantianer, Hegelianer und Herbartianer gegeben hat
und noch giebt, so giebt es doch nur einen eigentlichen Schopenhauerianer in diesem Sinne. Da ihm kein akademischer Lehrstuhl
zu Gebote stand, so musste er seinen Zweck mit andern Mitteln
verfolgen, aber sein Zweck ist ein analoger wie der jener anderweitigen —auer auf dem Katheder, und auch das Niveau dieses
—auerthums ist in beiden Fällen ungefähr das gleiche.

Hiermit ist schon gesagt, dass Frauenstädt kein origineller
Denker ist; ein solcher hält es gar nicht aus, Jahrzehnte lang in
der Lehre eines Dritten die Wahrheit (unbeschadet gewisser Vorbehalte) zu sehen und im Dienste fremder Gedanken sein philosophisches Tagewerk zu verrichten. Er schöpft nicht aus eigenen

---

*) Wo der Verlag nicht anders angegeben, ist es der von Brockhaus in
Leipzig.

Mitteln, sondern wirthschaftet als treuer und sorgsamer Haushalter mit dem Erbe seines Meisters, in dessen Gedankensystem er sich ganz hineingelebt hat. Das Ergänzungsmaterial entlehnt er nicht sowohl der eigenen Anschauung und Beobachtung, als andern Büchern, aus denen er mit gesundem Blick das Gute wählt. Sein Denken ist schlicht, klar, wohlgeordnet, nüchtern und sachlich, also ganz geeignet, die Aufgabe der Popularisirung eines Meisters bis zur Durchsichtigkeit für das Verständniss zu lösen. Dass es dabei ohne Verflachung abginge, kann man freilich nicht behaupten; alle Popularisirung ist ihrer Natur nach mehr oder minder Trivialisirung, denn sie installirt den gemeinen Menschenverstand als den Dauphin, zu dessen Gebrauch das Originelle hergerichtet wird. Frauenstädt selbst repräsentirt den *common sense* auf Basis der Pietät vor der Schopenhauer'schen Autorität. Er entbehrt ebenso sehr der speculativen Befähigung wie der Phantasie, der Tiefe wie des Schwunges, Eigenschaften, welche allerdings seinem Lebenszweck mehr hinderlich als förderlich gewesen wären. Von seinen selbstständigen Arbeiten verdienen wohl die ethischen Studien die meiste Beachtung. Aber auch hier ist ein Ton der Popularphilosophie angeschlagen, der wohl viele schätzenswerthe Einzelheiten zur Geltung gelangen lässt, jedoch jede principielle Förderung der Moral, jede Vertiefung der ethischen Grundprobleme ausschliesst.

Die früheren Veröffentlichungen Frauenstädts liessen seine Vorbehalte gegen die Lehren des Meisters nur in vereinzelten Andeutungen erkennen, aus denen er weit entfernt war, die Consequenz der Nothwendigkeit einer vollständigen Umbildung des Schopenhauer'schen Systems von Grund aus zu ziehen. Ziemlich spät erst gelangt er dazu, einem „seit längerer Zeit für sich selbst gefühlten Bedürfniss" Genüge zu thun, nämlich sich „Rechenschaft abzulegen über die Einheits- und Differenzpunkte zwischen ihm und Schopenhauer" (Neue Briefe S. 2). Als „ehrlicher Wahrheitsforscher" verhehlt er nicht, dass er „jetzt (1875) als ein Anderer zur Schopenhauer'schen Philosophie zurückkehre, als er 1854 bei der Herausgabe seiner ersten Briefe über dieselbe war" (ebd.), da „die Zeit auf Keinen ohne Einfluss bleibt", und inzwischen „in der philosophischen Literatur Manches vorgegangen" ist. „Hierher gehören nicht bloss die ausdrücklich auf die Schopenhauer'sche Philosophie, sei es im Ganzen oder auf einzelne Theile derselben sich beziehenden Schriften, sondern auch neue Systeme, die eine Fortbildung und Verbesserung derselben sein wollen, wie die Hartmann'sche Phil. d. Unbew., oder Systeme, die wie die Darwin'sche Entwickelungstheorie, Grundlehren der Schopenhauer'schen Philosophie umzustossen scheinen" (ebd.). Der Darwinismus berührt sich nur in dem einzigen Problem der teleologischen Naturentwickelung mit dem Schopenhauerianismus; der Standpunkt der Phil. d. Unb. dagegen berührt sich mit demselben **fast auf allen Punkten** und in noch höherem Grade mit dem Frauenstädt'schen Umbildungsstandpunkt. Als je enger die Verwandtschaft zwischen den beiden letzteren sich bei näherer Betrachtung herausstellt, desto mehr muss man bedauern, dass Frauenstädt mit seinem Umbildungsversuch nicht um sieben Jahre früher hervorgetreten ist, wo derselbe unstreitig einen noch grösseren geschichtlichen Werth gehabt hätte.

Immerhin ist auch jetzt die Bedeutung dieser Kundgebung nicht zu unterschätzen. Wenn der treueste Anhänger und langjährige Vertheidiger eines bestimmten Systems sich endlich zu dem unumwundenen Geständniss genöthigt sieht, dass dieses System, um ferner lebensfähig zu bleiben, einer vollständigen Umbildung bedürfe, so darf man überzeugt sein, dass dies ein mit schwerem Herzen der Pietät abgerungenes Opfer auf dem Altar der Wahrheit ist. Jede einzelne Concession, dass eine bestimmte Seite des Systems mit anderen im Widerspruch stehe und vor der Kritik unhaltbar sei, hat in dem Munde eines so genauen Sachkenners und eines so warmen Fürsprechers ein ganz anderes Gewicht, als die Kritik eines Draussenstehenden, und man wird es der Vergangenheit eines solchen Jüngers zu Gute halten dürfen, wenn er durch künstliche und gewaltsame Interpretationen des Meisters seinen eigenen Umbildungsstandpunkt als einen mit der eigentlichen und innersten Meinung des Meisters möglichst übereinstimmenden darzustellen bemüht ist. Einer von Pietät und Impietät gleich unbeirrten historischen Kritik wird sich freilich das Bild der ursprünglichen und wahren Schopenhauer'schen Lehre anders darstellen müssen, als es durch die Brille der Frauenstädt'schen Pietät erscheint, und es wird nicht unnütz sein, durch einen entschiedenen Hinweis auf diese Discrepanz den Missständnissen vorzubeugen, zu welchen jüngere Studirende durch dieselbe verleitet werden könnten. Möge aber das Hervortreten Frauenstädts mit seinen „Neuen Briefen" wenigstens das Gute stiften, dass es einen Merkstein bezeichnet, mit welchem ebenso die einseitige Verherrlichung wie die einseitige Verketzerung Schopenhauers aufhört, und eine Zeit der objectiven historischen Würdigung *sine ira et studio* beginnt, bei welcher die reichen Gedankenkeime des grossen Denkers erst ihre rechten und echten Früchte zeitigen werden.

4. Julius Bahnsen.

Julius Bahnsen ist eine der eben besprochenen ganz entgegengesetzte Persönlichkeit. Er ist ein **durchaus origineller Philosoph**, und die Originalität ist bei ihm so scharf ausgeprägt, dass sie hart an die Grenze des Bizarren streift, nicht selten sogar dieselbe überschreitet. Ein speculatives Talent, das sich mit Vorliebe gerade in die dunkelsten Untiefen der Probleme des Kopfes und des Herzens versenkt, und eine üppig wuchernde Phantasie, welche die dialectischen Speculationen unter einem tropischen Bilderreichthum fast zu verschütten droht, vereinigen sich, um eine ganz ungewöhnliche Erscheinung hervorzubringen. Fügt man hinzu, dass Bahnsens Dichten und Trachten mit dem edelsten Herzblut des deutschen Idealismus getränkt ist, so ergiebt sich eine Mischung von Eigenschaften, die zur Lösung der höchsten Aufgaben berufen schiene, wenn ein **klarer, logischer Verstand** hinzukäme, um der dialectischen Entwickelung Ziel und Wege zu weisen, **Regel und Ordnung** in die trübe Gährung der Probleme zu bringen, und den Antheil der Phantasie auf das ihr in der Wissenschaft gebührende **Maass** zurückzuführen. Es ist mit einem Wort die **Nüchternheit**, die diesem Denken fehlt, und deshalb vermag es nicht gradlinig und unentwegt auf ein in's Auge gefasstes Ziel loszugehen, sondern taumelt wie trunken nach rechts und links und bleibt zuletzt wohl auf halbem Wege stecken.

Bahnsen selbst sagt*): „Es mag sich nämlich ein Leser, der mich bis hierher geleitet hat, gesagt sein lassen, dass nicht weniger als ihm dem Schreibenden selber in diesem Abschnitt oft zu Muthe gewesen ist, als müssten wir uns auf einem sumpfigen Terrain

---

*) Beiträge zur Charakterologie. Mit besonderer Berücksichtigung pädagogischer Fragen. Leipzig bei Brockhaus. 2 Bde. 1867. S. 271—272.

bewegen, wo jeder Schritt vorwärts die Gefahr mit sich führt, tiefer in's Bodenlose zu gerathen. Da entsteht von selber eine Zickzackbewegung, die in ziellosen Kreuz- und Quergängen eigene wie fremde Kraft vergebens abzumartern scheint, und mit der Geradlinigkeit des Fortschreitens scheint jede feste Disposition aus der Erwägung zu verschwinden — so sehr, dass selbst die Ueberschriften dieser letzten Capitel zum Theil hinter Unbestimmtheiten sich flüchten mussten. Dennoch glaube ich, im Hin und Her dialectischer Thesen und Antithesen dem *intelligenti i. e. inter lineas legenti* auch die Synthesen nicht vorenthalten zu haben." Dies Geständniss für einen speciellen Abschnitt ist charakteristisch für Alles was Bahnsen schreibt: die Hauptsache muss man zwischen den Zeilen lesen. Er kann keine noch so einfache Behauptung hinschreiben, ohne sie gewissenhaft durch entgegengesetzte einzuschränken und diese wieder einzuschränken u. s. f. Was nun bei diesem Hin und Her seine eigentliche Meinung ist, lässt er absichtlich möglichst unklar in der Schwebe, um nur nicht in dogmatische Einseitigkeit zu verfallen. Nimmt man hinzu, dass dieses Gedankenzickzack meist nicht in deutlicher Begriffssprache, sondern in vieldeutiger bildlicher Redeweise ausgedrückt, und in bandwurmartige Perioden gepfropft ist, die durch zahllose (oft nur mit Gedankenstrichen angedeutete) Parenthesen zerhackt sind, so wird es begreiflich, dass Bahnsens Stil und Darstellung trotz aller Anschaulichkeit und alles Gedankenreichthums geradezu abschreckend wirken, und das Haupthinderniss für eine Beachtung seiner Schriften in weiteren Kreisen bilden.

Dabei ist trotz aller Gespreiztheit des Gebahrens in Ernst und Humor, trotz aller Forcirtheit des Effects nichts künstlich Gemachtes in diesem Stil; Bahnsen kann wirklich nicht anders schreiben, weil er genau so denkt wie er schreibt — und deshalb ist das Uebel hoffnungslos. Der Mangel an Klarheit, Nüchternheit und logischer Gradlinigkeit des Denkens, der jede Präcisirung bestimmter Resultate verhindert, verurtheilt sein Philosophiren in formeller Hinsicht ganz ebenso zu einer fragmentarischen Beschaffenheit, wie der von ihm ergriffene principielle Standpunkt des pluralistischen Individualismus in sachlicher Beziehung thut, und es ist nur zu bedauern, dass Bahnsen nicht Musse findet, seine Gedankenarbeit fortzuführen, da grade dann dieser ihr zwiefach innewohnende fragmentarische

Charakter erst recht zweifellos sich offenbaren würde. Bei alledem sind die vorangestellten Vorzüge Bahnsens so hervorragend, dass er das einzige Talent der Schopenhauer'schen Schule genannt werden muss. Die wirklich philosophischen Köpfe sind eben auch im Lande der Denker eine solche Rarität, dass der Freund der Wissenschaft aufrichtig erfreut sein muss, einem solchen unter den Mitlebenden zu begegnen und nur mit tiefem Bedauern sehen kann, dass man eine solche Kraft im hintersten Theile von Hinterpommern verkümmern lässt.

Wer es noch über sich gewinnt, Jean Paul zu lesen, der wird auch an Bahnsen, welcher von ersterem stark beeinflusst ist, nicht scheitern, und wird von seinen Schriften nicht ohne tiefere Belehrung, vielseitige Anregung und reichen Genuss scheiden. Seine Stärke liegt wie diejenige Schopenhauers im Aperçü, in der geistvollen Auffassung und anschaulichen Wiedergabe des Wirklichen, namentlich in der Beobachtung und Analyse der feineren psychologischen Verschlingungen der Gefühle und Begehrungen. Er ist hierbei ebenso geschickt in der Distinction der feinsten Nüancen, wie er es versteht, den Leser mit der Kraft gewaltiger, fast poetischer Imagination in die tiefsten Abgründe des menschlichen Herzens, seines Jammers wie seiner Zerknirschung hinabzuführen.

Hier aber kommen wir an einen zweiten wunden Punkt, der nicht mehr bloss die Form, sondern den Inhalt betrifft. Wir werden sehen, dass Bahnsen eigentlich nur einen unlogischen Zweck der Erscheinungswelt gelten lässt, nämlich denjenigen, der Selbstentzweiung und Selbstzerfleischung des Willens einen möglichst günstigen Tummelplatz zu gewähren. Die Selbstquälerei wird zum Selbstzweck, der eben in seiner logischen Widersinnigkeit die Bestätigung für seine realdialectische Wahrheit und Wirklichkeit finden soll. Das Elend des Daseins ist hoffnungslos; weder das Individuum noch das All-Eine kann je einen Ausgang aus der Hölle der Selbstzerfleischung finden. Aus der bei Schopenhauer nur für einen gelegentlichen Einfall zu nehmenden Bemerkung, dass die Welt die schlechteste von allen möglichen sei, macht Bahnsen bittern Ernst (Zur Phil. d. Gesch. S 52—53); der Pessimismus hört bei ihm auf, tragisch erhebend zu wirken, und sinkt zur deprimirenden Desperation herab. Mit der vorgefassten Meinung, dass überall nicht das Logische, sondern das Dialectische bestimmend sei für die

Wirklichkeit, kann er gar nicht umhin, überall nach der empirischen Bestätigung dafür zu suchen, dass das Wesen der Welt die **Selbstquälerei** sei; nichts darf hiervon unberührt bleiben, und kein Object ist zu winzig, um nicht als Beleg für diese Grundansicht zu dienen.

Hieraus entsteht nun ein Zwiefaches: erstens ein „kleinmeisterliches Herumkritteln" und -Mäkeln an allem Wirklichen*), das nur zu leicht in grillige, grollende und grämliche Nörgelei ausartet, und zweitens eine Tendenz, die Selbstquälerei, welche durchaus in Allem gefunden werden soll, durch dieses grämliche und nörgelnde Suchen erst heraufzubeschwören. In ersterer Hinsicht verdient der desperate Pessimismus die zu andern Zwecken erfundene Bezeichnung „Miserabilismus", in letzterer Hinsicht entartet er zu einer hypochondrischen, um nicht zu sagen hysterischen Weltbetrachtung. Dieser hypochondrische Miserabilismus nun drückt der ganzen Physiognomie des Bahnsen'schen Philosophirens einen unzweideutig **pathologischen** Zug auf, der das Gewicht seiner Anschauungen und die Wirksamkeit seiner Argumente durch Verdächtigung ihrer Unbefangenheit zu beeinträchtigen geeignet ist, ja sogar den Humor mit Galle tränkt und seiner befreienden Kraft beraubt. Bahnsen selbst verräth durch einen überall hervorbrechenden Groll gegen die „Gesunden", dass er sich dieses pathologischen Zuges bewusst ist, durch den er auf dem Gebiete der Philosophie in eine ähnliche Stellung gerückt wird, wie Heinrich Heine auf dem Gebiete der Poesie und Robert Schumann auf demjenigen der Musik.

5. Johannes Volkelt und Johannes Rehmke.

Johannes Volkelt ist der jüngste der hier besprochenen Autoren, und der glücklichen Mischung seiner Anlagen nach derjenige, der die grössten Hoffnungen für die Zukunft erweckt. Seine speculative Befähigung kommt derjenigen Bahnsens, die Klarheit und Nüchternheit seines Verstandes derjenigen Frauenstädts mindestens gleich, an philosophischer Schulung, an Objectivität des Urtheils, an Weite

---

*) Zur Philosophie der Geschichte. Eine kritische Besprechung des Hegel-Hartmann'schen Evolutionismus aus Schopenhauer'schen Principien. Berlin bei Carl Duncker, 1872. (S. 58.)

des Gesichtskreises und an logischer Schärfe ist er beiden überlegen; in der Feinheit der Beobachtung und in geistvollen Aperçus kann er sich freilich mit Bahnsen ebenso wenig messen wie in der Originalität der Auffassung. Gleichwohl fehlt es ihm keineswegs an Frische und Unmittelbarkeit der Anschauung, und die Summe seiner Eigenschaften erzeugt nicht nur eine grosse Leichtigkeit der wissenschaftlichen Behandlung, sondern auch eine bedeutende schriftstellerische Gewandtheit, wie sie besonders in seinen journalistischen Essays*) hervortritt. Ein solcher Schriftsteller erweckt die Erwartung, dass er in jedem Sattel gerecht sein werde, und es bleibt nur zu wünschen, dass er die rege gemachten Erwartungen nicht unerfüllt lassen möge. Denn allerdings sind die bisher veröffentlichten historisch-kritischen Studien**), Monographien***) und Vorträge †) weniger als positive Leistungen wie als Proben der Leistungsfähigkeit zu betrachten, wenn sie auch die Leistungen manches wohlbestallten Professors an Umfang und Inhalt weit überragen.

Es ist kaum anzunehmen, dass Volkelt in seinem Vaterlande Oestreich von dem dort herrschenden Herbartianismus zu einer akademischen Verwerthung seiner Kraft zugelassen werden sollte; im deutschen Reich dagegen dürften bei ihm selbst diejenigen Bedenken dahinfallen, ††) welche einer akademischen Verwendung Bahnsens etwa im Wege stehen könnten. Gerade Volkelt dürfte der berufene Vertreter eines zeitgemäss umgebildeten Hegelianismus für die nächste Generation werden, wenn die bisherigen älteren Vertreter des ursprünglichen Hegelianismus vom Schauplatz abgetreten sein werden. Der Hegelianismus ist als Schule des speculativen Denkens und als nothwendiger Durchgangspunkt für die Entwickelung der

---

*) Die Entwicklung des modernen Pessimismus („Im neuen Reich". 1872, Nr. 25). Zur Geschichte der Philosophie der Liebe (ebd. 1873, Nr. 27). Der Ideengehalt in Hamerlings Dichtungen (ebd. 1874, Nr. 24 u. 26).
**) Das Unbewusste und der Pessimismus. Studien zur modernen Geistesbewegung (Berlin bei Henschel, 1873). — Ferner: Kants Stellung zum unbewusst Logischen (Philos. Monatshefte Bd. IX, Heft 2 und 3). Pantheismus und Individualismus im Systeme Spinozas. Ein Beitrag zum Verständnisse des Geistes im Spinozismus. (Leipzig bei Fritzsche, 1872).
***) Die Traumphantasie. Stuttgart bei Meyer und Zeller, 1876.
†) Kants kategorischer Imperativ und die Gegenwart. Vortrag, gehalten im Leseverein der deutschen Studenten Wiens. Wien bei Czermak, 1875.
††) Derselbe hat sich im Herbst 1876 in Jena als Privatdocent habilitirt.

deutschen Philosophie viel zu wichtig, und seine Ueberlieferung durch das gesprochene Wort zur Gewinnung neuer Schüler zu unentbehrlich, um nicht mit Bedauern den für das nächste Jahrzehnt in Aussicht stehenden Verfall der Hegel'schen Schule in's Auge zu fassen, und der jüngere Nachwuchs in dieser Richtung ist so spärlich, dass ein Talent wie Volkelt als ein wirklicher Gewinn für die Zukunft des philosophischen Studiums begrüsst werden muss. Der Schopenhauerianismus ist in einer weit günstigeren Lage, weil die Originalwerke des Meisters fortfahren, für sich selber Propaganda zu machen, was von denen Hegels wohl Niemand behaupten wird. Bei Bahnsen handelt es sich in erster Reihe darum, dem Talent die materielle Möglichkeit und Musse zu schriftstellerischer Entfaltung zu gewähren, was durch eine Beurlaubung mit Pension noch wirksamer als durch ein akademisches Lehramt zu erreichen wäre; bei Volkelt hingegen handelt es sich in erster Reihe um eine Verwerthung als Apostel im Dienste eines mit der Zeit fortgeschrittenen Hegelianismus vom Katheder herab und erst in zweiter Reihe um Beförderung seiner schriftstellerischen Thätigkeit. —

Johannes Rehmke ist ebenso wie Volkelt noch ein junger Mann, der Geburt nach gleich Bahnsen ein Holsteiner, der in Zürich unter Biedermann Theologie und Philosophie studirte, und gegenwärtig als Professor am Gymnasium zu St. Gallen wirkt. Es sind mir bisher nur zwei Publicationen desselben bekannt geworden, deren erstere zu meiner Metaphysik, deren letztere zu meiner praktischen Philosophie, insbesondere meinem Pessimismus, Stellung nimmt.*) Beide Arbeiten zeichnen sich durch maassvolle Objectivität, concise Prägnanz und Erfassen der wichtigen Probleme in ihrer fundamentalen Bedeutung vor der Menge der gegen mich gerichteten Streitschriften vortheilhaft aus, und erwecken die besten Hoffnungen für des Verfassers weitere Leistungen. Zugleich beanspruchen dieselben ein besonderes Interesse dadurch, dass sie wesentlich aus dem Anschauungskreise Biedermanns herausgewachsen sind, der, ohne an der Form der Hegel'schen Methode zu haften, einer der treuesten Bewahrer des Hegel'schen Geistes und zugleich einer der specula-

---

*) „Hartmann's Unbewusstes, auf die Logik hin kritisch beleuchtet." Zürich bei Orell, Füssli u. Comp. 1873. — „Die Philosophie des Weltschmerzes." St. Gallen 1876.

tivsten Denker der Gegenwart genannt werden muss. So wird man auch Rehmke im weiteren Sinne noch als Hegelianer bezeichnen dürfen, obwohl seine Arbeiten denen der Hegel'schen Schule im engeren Sinne gar nicht ähnlich sehen, und er sich offenbar auch schon wiederum weiter als Biedermann vom strengen Hegelianismus entfernt hat.

6. Lange's philosophischer Standpunkt.

Lange hatte sich, wie erwähnt, die Aufgabe gestellt, den Materialismus mit Hülfe des erkenntnisstheoretischen Idealismus aus der metaphysischen Sphäre in diejenige der subjectiven Erscheinung zu versetzen, ihn dadurch aus einem dogmatischen Irrthum zu einer kritisch begründeten Wahrheit zu erheben, und ihn so als bleibenden Bestandtheil in die Philosophie aufzunehmen. Indem er diese Umwandlung mit Hülfe der Kant'schen Erkenntnisstheorie vornahm, stützte er sich allerdings auf Kant; aber da er zugleich eine geschichtliche Behandlung anstrebte, so wäre es doch seine dringendste Pflicht als Geschichtsschreiber gewesen, seine Entwickelung in der Darstellung desjenigen Philosophen gipfeln zu lassen, der vor ihm dieselbe Aufgabe mit denselben Mitteln und in dem gleichen Sinne zu lösen versucht hatte, nämlich Schopenhauer. Indem er diesen schlechtweg ignorirte, glich er einem Koch, welcher ein Diner mit reichlich bedachten Vorspeisen und Nachtisch servirt, und nur die Hauptsache, den Braten, vergisst.

Auch Schopenhauer betrachtet die idealistischen Grundsätze der Kant'schen Erkenntnisstheorie als das unerschütterliche Fundament aller künftigen Philosophie; auch er sucht, was Kant noch gar nicht eingefallen ist, den naturwissenschaftlichen Materialismus voll und ganz in sein System aufzunehmen. Durch seine Synthese des subjectiven Idealismus mit dem Materialismus ist Lange's ganzes Denken unweigerlich als ein unmittelbarer Ausfluss des Schopenhauer'schen Systems gekennzeichnet; es bedürfte dazu gar nicht der weiteren Bemerkung, dass er auch den objectiven Idealismus Schopenhauers mit einer durch Schiller'sche und Fichte'sche Einflüsse bedingten Modification festhält und umbildet, und dass er auch dem Pessimismus Schopenhauers für die Welt der empirischen Wirklichkeit Recht giebt. Von den fünf Elementen des Schopenhauer'schen

Systems sind hiernach zwei in unveränderter, zwei in abweichender Gestalt festgehalten, und nur das fünfte, der metaphysische Realismus und Monismus des Willens ist, als in's Gebiet des Unerkennbaren gehörig, ausgeschieden worden. Lange's ganzer Gedankenkreis bildet somit nur eine einseitige Fortsetzung und Ausgestaltung des Schopenhauerianismus, und es ist für diese Thatsache ganz gleichgültig, in welchem Grade Lange selbst sich dieses Zusammenhanges bewusst gewesen sein mag. Man kann Lange als die subjectivistische Seite der Schopenhauer'schen Schule charakterisiren, welcher Frauenstädt, Bahnsen und ich gemeinsam als Vertreter eines transcendentalen Realismus gegenüberstehen.

Vaihinger selbst sagt (S. 210): „Es wäre doch merkwürdig, wenn Lange, dessen geistige Entwickelung in die Zeit fiel, in welcher Schopenhauer Mode war, nicht dadurch irgendwie influirt worden wäre; und wenn er (Gesch. d. Mat. II, 2) davon spricht, "dass die Schopenhauer'sche Philosophie für viele gründlicheren Köpfe einen Uebergang zu Kant gebildet habe", so dürfen wir vermuthen, dass dies auch für Lange selbst der Fall gewesen sei." Da hiernach wenigstens die Bekanntschaft Lange's mit Schopenhauers Werken als zweifellos gelten muss, und da bei einem so sorgsamen Historiographen wie Lange nur noch ein absichtliches Ignoriren eines so wichtigen Vorgängers angenommen werden kann, so wird letzteres geradezu zu einem psychologischen Problem, das zu Vermuthungen über die Motive einer so unbegreiflichen Zurücksetzung und eines so starken Verstosses gegen die Pflicht des Geschichtsschreibers herausfordert. Es muss nun zunächst dieses Ignoriren als ein starkes Symptom für die Antipathie und Geringschätzung aufgefasst werden, mit welcher Lange auf Schopenhauer als auf einen speculativen Philosophen herabblicken musste; aber dies allein kann nichts erklären, da er z. B. Aristoteles und mich mindestens mit demselben Widerwillen und der nämlichen Verachtung betrachtet und doch eingehend berücksichtigt, obwohl seine Polemik gegen mich mit dem Inhalt des Buches kaum etwas zu schaffen hat. Ich kann nicht umhin, aus der Antipathie Lange's gegen Schopenhauer den Schluss zu ziehen, dass ihm der Gedanke höchst widerwärtig und peinlich sein musste, dass Andere ihn als einen blossen Ausläufer des Schopenhauerianismus betrachten könnten, und dass er deshalb bemüht sein musste, den Einfluss, den das Schopenhauer'sche System, gleichviel ob direct oder indirect, auf ihn gehabt hatte, möglichst zu verheimlichen. Er schämte sich seiner Abkunft, dachte nach Schopenhauers Anweisung: *pereant, qui nostra ante nos dixerunt,* und vermied deshalb jede Darstellung des Schopenhauer'schen Standpunktes, aus welcher jedem Leser sofort die intime Verwandtschaft mit dem seinigen entgegengeleuchtet hätte. Ist dieses hypothetische Motiv die einzig denkbare Lösung für jenes psychologische Räthsel, so muss diese Lösung rückwärts den Verdacht verstärken, dass der Einfluss Schopenhauers auf Lange ein directer und bedeutender gewesen sei; er hat also mit seinem auffälligen historiographischen Mangel das Geheimniss, das er dadurch verhüllen wollte, gerade erst recht verrathen.

Wie Schopenhauer Schelling verleugnet, so Lange wiederum Schopenhauer; wie jener direct auf Plato zurückging, so dieser auf Kant. Für Kant hat Lange eine ganz besondere Vorliebe, einerseits weil Kant für Schopenhauer und ihn selbst die Grundsätze des transcendentalen Idealismus geliefert hat, andererseits weil derselbe keinen Anspruch darauf macht, Metaphysiker zu sein. Dass Kant den Idealismus Berkeley's und Fichte's auf das Entschiedenste perhorrescirte und jederzeit auf einen transcendentalen Realismus als sein eigentliches Ziel hinarbeitete, ist dabei in ersterer Hinsicht ebenso übersehen, wie in letzterer Beziehung der Umstand, dass Kant seinen idealistischen Grundsätzen zum Trotz durch und durch unbewusster Metaphysiker war. Aber die metaphysischen Anläufe Kants werden theils als nebensächliche Auswüchse ignorirt, theils als senile Abirrungen mit freundlicher Nachsicht entschuldigt. So bleibt Kant für Lange trotz aller Ausstellungen im Einzelnen der Musterphilosoph, auf dessen Boden man sich zu stellen hat, und „um den nicht herum zu kommen" ist. Lange gerirt sich selbst durchaus als Kantianer, und Vaihinger feiert ihn als das Haupt und den Führer des im letzten Jahrzehnt entstandenen Neukantianismus, und nicht mit Unrecht, wenn man bei solcher Schätzung nicht die principielle Klarheit und historische Treue als maassgebend erachtet. Die Kant'sche Philosophie ist nämlich ein Gemenge von subjectivem Idealismus und transcendentalem Realismus; die Elemente beider Richtungen laufen wunderlich verschlungen durch einander. Gleichviel, ob die zwischen beiden bestehenden Widersprüche, wie ich behaupte, Fehler Kants, oder, wie Vaihinger (S. 35) behauptet, nothwendige fundamentale Widersprüche in unserer geistigen Organisation anzeigen, — soviel steht fest, dass nur die Verbindung beider Seiten den Anspruch auf eine historisch treue Wiedergabe der Kant'schen Lehre machen kann.

Schon Schopenhauer hatte Kant's Ableitung des Dinges an sich vermittelst der Kategorie der Causalität als unvereinbar mit den idealistischen Grundsätzen Kants verworfen, und Lange folgt ihm hierin in seiner ersten Auflage, indem er in diesem Punkte eine Correctur Kants für nöthig erachtet. Der Unterschied beider ist nur der, dass Schopenhauer mit Hülfe eines metaphysischen Willensrealismus einen transcendentalen Realismus unter Umgehung der transcendenten Causalität zu errichten sucht, während Lange diese Metaphysik wie jede andere als blosse Begriffsdichtung verwirft. Schopenhauer lehnt sich dabei an Kants Lehre vom intelligiblen Charakter an; Lange hingegen lehrt, dass man ebenso wenig durch das Subject als durch das Object zum Ding an sich durchdringen könne (Vaihinger S. 56), und dass der Glaube an eine transcendentale Freiheit ganz ebenso eine nothwendige Illusion sei wie der an ein „Ding an sich" hinter dem Object (Vaihinger S. 185). Hiermit entfernt er sich von Kant viel weiter als Schopenhauer, welcher wenigstens dieser wichtigsten unter den Kant'schen Vernunftideen noch objective Wahrheit zuschrieb, während Lange in ihnen nur ein praktisch werthvolles Spiel der Phantasie ohne alle objective Gültigkeit sehen will (ebd. 109). Ferner hält Schopenhauer noch daran fest, dass Kant durch seinen transcendentalen Idealismus die von ihm aufgesuchten und dargestellten Paralogismen und Antinomien gelöst und w i r k l i c h ü b e r w u n d e n h a b e; Lange aber, der sich natürlich mit seinem einseitigen Idealismus in die schlimmsten Widersprüche verrennt, muss den Kantischen Anspruch einer vollbrachten L ö s u n g der Antinomien ignoriren, und statt dessen ihre blosse A u f s t e l l u n g betonen, — als ob es demselben jemals eingefallen wäre, seinen Schlüssel für die Lösung der Kategorien (den Begriff des Noumenon) als eine blosse logische Fiction zu betrachten (Vaihinger S. 35). Schwindet sonach der haltbare Theil des umfassenden Kant'schen Systems schon in der Kritik Schopenhauers auf einzelne Fundamentallehren zusammen, so reducirt sich bei Lange der bestehen bleibende Rest auf ein solches Minimum, dass sein Anspruch, moderner Vertreter des Kantianismus zu sein, kaum noch im Ernste haltbar erscheint, auch ganz abgesehen davon, dass er entschieden unkantische Gedankenelemente hereinnimmt.

Was von Kants Lehren bei Lange bestehen bleibt, ist lediglich die Apriorität der Anschauungs- und Denkformen, und der hieraus gezogene falsche Schluss, dass dieselben „bloss" subjectiv seien und keine transcendente Bedeutung hätten. Da Lange somit insbesondere die transcendente Causalität leugnet, so leugnet er, dass unsere Wahrnehmungen durch Affection der Sinnlichkeit von Seiten transcendenter „Dinge an sich" zu Stande kommen, und giebt nur zu, dass unsere geistige Organisation eine solche sei, dass uns dies so zu sein scheine. Hiernach muss er annehmen, dass die Materie der Anschauung ganz in demselben Sinne *a priori* gesetzt sei, wie ihre Form; damit verliert aber jeder Unterschied von *a priori* und *a posteriori* und die ganze von Kant auf diese Unterscheidung gebaute Consequenzenreihe ihre Bedeutung, und Lange steht auch in dieser Hinsicht vielmehr auf dem Standpunkt Fichte's, bei dem das Ich Alles ohne Unterschied selbstthätig aus sich producirt.

Das nämliche gilt von der Auffassung des Dinges an sich. Obzwar Kant dessen Beschaffenheit als unerkennbar bezeichnet, so hält er doch dessen positive Existenz für ebenso zweifellos wie die Affection unserer Sinnlichkeit durch das Ding an sich, (d. h. die transcendente Causalität), und urgirt eben dies als den Unterschied seines kritischen Standpunkts von allem blossen Idealismus, und speciell dem Berkeley's. Lange dagegen leugnet nicht nur die positive Existenz des Dinges an sich und erklärt dasselbe für einen rein negativen Grenzbegriff unseres Denkens, sondern er versteigt sich in der zweiten Auflage sogar zu der Behauptung, dass dies Kant's wahre Meinung gewesen sei, und stützt diese Behauptung auf die einseitige Darstellung Cohen's, in welcher eben die zahlreichen realistischen Stellen der Kantischen Schriften einfach ignorirt sind. So aber ist das „Ding an sich" zu einer „erkenntnisstheoretischen Kategorie" herabgesetzt, und der Glaube an die transcendentale Bedeutung dieser Kategorie für eine blosse Illusion erklärt, welche aus unserer gegebenen geistigen Organisation mit Nothwendigkeit folgt. Dieser Punkt aber ist der Rubicon, der zwischen Kant und Fichte liegt. Ist dieser Schritt einmal gethan, ist das Ding an sich (oder Nicht-Ich) zu einer blossen Vorstellung (d. h.

zu einem Produkt des Ich) herabgesetzt, dann kann eine solche Erkenntnisstheorie sich nicht mehr Neukantianismus, sondern muss sich Neufichteanismus nennen. Lange thut dies nur deshalb nicht, weil er die Schopenhauer'sche Synthese von subjectivem Idealismus und Materialismus festhalten will, und wie Schopenhauer die Fühlung mit der Naturwissenschaft nicht verlieren mag. Er bleibt deshalb in einem Confusionismus stecken, über den Fichte weit hinaus ist; und dies allein ist der Grund, dass er sich Kantianer zu nennen versucht, da er sich Schopenhauerianer einmal nicht nennen will.

7. Vaihinger's philosophischer Standpunkt.

Während Lange sich so zwischen zwei Stühle setzt (Schopenhauer und Fichte), die er beide nicht zu bemerken scheinen will, bildet Vaihinger diesen subjectiven Idealismus zu dem einzigen Ziele fort, zu dem er führen kann, wenn er nicht wieder in eine der geschichtlich bereits durchmessenen Bahnen einlenken will, zum Skepticismus. Er zeigt, dass die „physisch-psychische Organisation" Lange's, d. h. das der physischen Organisation und ihren psychischen Functionen zu Grunde liegende Unbekannte, ein ebenso negativer Grenzbegriff nach der subjectiven Seite sei, wie das Ding an sich nach der objectiven (S. 57), dass alle solche Kategorien blosse Nothbehelfe des Denkens, blosse Verlegenheitsbezeichnungen unsrer Unwissenheit, eigentlich also „Begriffe der Ignoranz" seien (62), dass mit einem Wort unser Erkennen ausschliesslich auf die Sphäre der subjectiven Erscheinung beschränkt sei. Hiernach sei das Resultat des Kriticismus ein rein negatives, und es komme darauf an, es als solches rein festzuhalten und nicht wieder aus menschlicher Schwäche der Null eine Zahl unterzuschieben (66). Der Kriticismus könne nur zerstören, nicht aufbauen, er sei die „Selbstzersetzung der Speculation", und Philosophie nur insoweit möglich, als das Geständniss, nichts zu wissen — eben auch Philosophie ist (67). Der Standpunkt des Kriticismus entspreche in theoretischer Beziehung dem Standpunkt der Resignation in praktischer Hinsicht (219). Selbst das kann der Kriticismus nicht mehr behaupten, dass unsere Welt Erscheinung sei; denn „Erscheinung" hat ja nur als Gegensatz zu „Ding an sich" einen Sinn, ist also selbst nur eine erkenntnisstheoretische Kategorie, so gut wie jenes (65—66).

Innerhalb der Welt der subjectiven Erscheinung treffen wir auf lauter Antinomien (z. B. Kraft und Stoff, Causalität und Teleologie, Wirklichkeit und Ideal, Freiheit und Nothwendigkeit, Optimismus und Pessimismus), die deshalb unlösbar sind, weil es kein Mittel giebt, um uns einen transsubjectiven Standpunkt der Betrachtung derselben zu erobern. Nun sind aber beide Seiten der Antinomien gleichmässig als nothwendige Folgen unsrer Organisation zu betrachten, also führen alle solche Antinomien auf fundamentale Widersprüche in unserer Organisation zurück, und die Einsicht in diese Fundamentalwidersprüche und die aus ihr folgende widerspruchsvolle Beschaffenheit der ganzen Wirklichkeit und all' unsres Denkens ist das Letzte und Höchste, wozu die menschliche Erkenntniss gelangen kann. Mit Widersprüchen beginnt unser Denken, in Widersprüche läuft es aus (6); das ist der „ewige Cirkel", in dem es sich bewegt (54). „Unser Denken giebt uns keine Wahrheit, nicht einmal Wahrscheinlichkeit, nur Widersprüche, Antinomien und antithetische Probleme, die unlösbar sind" (68). „Der kritische Skepticismus ist das eigentliche Resultat der Kantischen Erkenntnisstheorie, und Lange, wenn er es auch nicht recht Wort haben will, hebt den Widerspruch auf den Thron, d. h. er weist nach, dass alle unsere Erkenntnisse zuletzt in Widersprüche auslaufen" (72). So lange dieser kritische Skepticismus nicht sich selbst vergisst und in dogmatische Aufstellungen verfällt, kann er nach Vaihinger jedem Einwand entschlüpfen (67); es ist ihm eben deshalb mit den gewöhnlichen Mitteln der Kritik gar nicht beizukommen (35), weil diese auf der *reductio ad absurdum* fussen, und ein Standpunkt, der sich zum Widerspruch als letzter Wahrheit offen bekennt, nicht mehr *ad absurdum* zu führen ist.

In dieser Umbildung des Lange'schen Standpunktes durch Vaihinger vermag ich nur die heute mögliche Gestalt des nach allen grossen speculativen Perioden sein Haupt erhebenden Skepticismus zu sehen. Weder der antike, gegen die Zuverlässigkeit der sinnlichen Wahrnehmung gerichtete, noch der Hume'sche, gegen den Rationalismus gekehrte Skepticismus konnte heute erneuert werden; denn beide gehörten wesentlich der erkenntnisstheoretischen Phase des naiven Realismus an. Wohl aber konnte auf Grund einer consequenten Durchbildung des subjectiven Idealismus ein gegen alle transsubjectiven Positionen gerichteter Skepticismus erstehen, und sich als den Abschluss aller Metaphysik überhaupt, als Gipfel und Grab der Philosophie zugleich betrachten. Schon in der ersten Auflage der Phil. d. Unb. habe ich am Schluss darauf hingewiesen, dass eigentlich ein solcher Skepticismus hinter Hegel, Schopenhauer und Schelling hätte kommen müssen, und ich kann Lange nur die einzige geschichtliche Bedeutung zuerkennen, dass er diesen Skepticismus v o r b e r e i t e t hat, der in Vaihingers Schrift eine immerhin noch aphoristische und nicht völlig consequente Vertretung gefunden hat. Aphoristisch ist letztere, weil sie in einer halbpopulären Studie über mehrere neuere Philosophen in mehr andeutungsweiser Kürze dargestellt, statt in einer systematischen Arbeit entwickelt ist; die volle Consequenz aber lässt Vaihinger wiederum in zwiefacher Hinsicht vermissen. Erstens fällt er, ebenso wie Lange, bei seiner Polemik gegen einen positiven Dogmatismus in Hauptpunkten in das entgegengesetzte Extrem eines negativen Dogmatismus, der nicht minder dogmatisch und unkritisch ist wie jener; und zweitens haftet er noch immer an gewissen Resten des positiven Dogmatismus, die auch bei ihm noch der kritischen Zersetzung und Zerstörung sich entzogen haben.

Sehen wir von diesen Unzulänglichkeiten ab, oder nehmen wir an, dass Vaihinger in seiner weiteren Entwickelung dieselben beseitigen werde, so haben wir einen subjectivistischen Skepticismus vor uns, der alle bisher versuchten Lösungen des Erkenntnissproblems verwirft, weder Idealismus noch Realismus sein will, und den absoluten Illusionismus als ebenso dogmatisch perhorrescirt wie den Glauben an transcendente Wahrheit. Dieser Skepticismus ist eine völlig berechtigte Reaction gegen jeden Dogmatismus, der wie der Hegel'sche Idealismus oder der moderne Materialismus sich für absolutes Wissen hält; aber er ist ein in sich unmöglicher Standpunkt, der in keiner Weise haltbar ist, und deshalb nur den Uebergang zu einer zugleich kritischen und positiven Philosophie bilden kann. So lange der Skepticismus skeptisch bleiben will, ist es eine Verkennung des Möglichen, wenn er eine Idealwelt als Grundlage des religiösen und ethischen Lebens festhalten zu können wähnt; denn die als solche erkannte Unwahrheit festhalten wollen, ist Lüge, und Religion und Sittlichkeit auf die Lüge bauen wollen, ist

Wahnwitz. Sobald hingegen der Skepticismus seinen aus dem Realismus stammenden Wahrheitsbegriff im immanenten Sinne umbildet, tritt Idee und Erfahrung wieder in ein gleiches Verhältniss zur Wahrheit und hört der Skepticismus auf, skeptisch zu sein, indem er vollständig in Fichte'schen Idealismus umschlägt. Im ersteren Falle führt der theoretische Skepticismus zum praktischen Nihilismus, im letzteren Fall mündet die antiphilosophische Strömung wieder in den Hauptstrom der deutschen Speculation ein und muss nothwendig ebenso von Fichte zu Hegel gelangen, wie er von Kant zu Fichte gelangt ist. Drittens aber muss die Aufräumung mit allem Dogmatismus Platz machen für neue positive Aufstellungen des synthetischen Denkens, die nicht mehr den Anspruch auf apodictische Gewissheit, sondern nur auf hypothetische Gültigkeit von grösserer oder geringerer Wahrscheinlichkeit machen; es muss eben zwischen den verschiedenen Philosophien ein Unterschied im Werthe gemacht werden, der auf der relativen Grösse ihrer Wahrscheinlichkeit beruht. In diesem Sinne macht der Skepticismus Vaihingers reinen Tisch mit allen Systemen eines vorgeblichen absoluten Wissens und arbeitet dadurch direct meiner Philosophie des Wahrscheinlichen*) in die Hände, welche mit der inductiven Naturwissenschaft in der Methode wie im Resultat (dem transcendentalen Realismus) übereinstimmt.

Den geschichtlichen Werth eines blossen Uebergangsstandpunkts kann man nur nach dem Werth der Standpunkte beurtheilen, zu denen er hinüberleitet. Da müssen denn die beiden letzteren Perspectiven die erstere wieder gut machen, die in der That bedenklich genug, und um so bedenklicher ist, als der Fortgang zur Unphilosophie eines skeptischen Nihilismus der am leichtesten zu vollziehende und namentlich für junge Leute ohne speculative Anlagen der verlockendste ist. Man kommt damit zu einem unphilosophischen vulgären Skepticismus und praktischen Materialismus, in welchem der Geist in der Leugnung und Verhöhnung seiner selbst seine Triumphe feiert,**) zu einem philosophischen *marasmus senilis*, mit jener *facies hippocratica*, wie sie uns aus dem Standpunkte des

---

*) Vergl. Phil. d. Unb. Bd. I. S. 438—441.
**) Vergl. Ernst Zitelmann: „Der Materialismus in der Geschichtsschreibung" (Preuss. Jahrbücher 1876 Heft 2 u. 3).

gebildeten Japanesenthums oder der Socialdemokratie anstarrt.*)
So gewendet erscheint dieser Skepticismus als ein modernes Lotterbett der faulen Vernunft, von dem herab jeder Student nach einem Semester die armen Teufel von Philosophen vornehm und spöttisch belächeln kann, in dem behaglichen Glauben, in dieser so leicht zu begreifenden Skepsis der Weisheit letzten Schluss und namentlich die Quintessenz des hochgepriesenen Kant in sich aufgenommen zu haben, der doch nun einmal heutzutage Mode ist.

Der im Schwange gehenden Kantomanie huldigt auch Vaihinger, obschon er den Kriticismus Kants, der die höhere speculative Synthese von Dogmatismus (Wolf) und Skepticismus (Hume) sein will, wiederum zu dem einen dieser Extreme entstellt und verzerrt. Diese Kantvergötterung unserer Zeit neben der bedauerlichsten Verkennung der ungleich grösseren Leistungen seiner Nachfolger muss demjenigen ganz unbegreiflich scheinen, der die historische Bedeutung dieser Repristination nicht versteht. Kant's Ethik, Religionsphilosophie und Aesthetik war genügend vom deutschen Volksgeist verdaut und assimilirt worden, nicht so aber seine Erkenntnisstheorie, die ebenso wie die rein theoretischen Leistungen Fichte's, Schelling's und Hegel's der Nation als solchen (selbst in ihren gebildeten Schichten) fast unbekannt und mindestens unverstanden geblieben waren. Schopenhauer war der einzige, der die Erkenntnisstheorie als solche weiter bearbeitet hatte, und darum war es vorzugsweise das Bekanntwerden seiner Werke, welches uns auf Kant zurückführte. Die grossartige Entwickelung der deutschen Philosophie war eben der nationalen Bildung um zwei bis drei Menschenalter vorausgeeilt, und als die deutsche Nation anfing, sich auf ihre grossen Denker zu besinnen,

---

*) George Bousquet charakterisirt die erstere (in der „Revue des deux mondes") mit den Worten: „Das Weltall ist ihm ein Traum, das Resultat einer Katastrophe, das Leben ein bedauerlicher Zufall, ohne Zweck, wie ohne vernünftige Ursache... Alles ist eitel und das Thun und Treiben des Menschen nichts als das stupide Umhertappen des Affen im Käfig." — Dietzgen verräth die letztere im „Volksstaat" 1873 Nr. 25 (in einem Artikel: „Die Wissenschaft und die Socialdemocratie), indem er sagt: „Der Fundamentalsatz der socialistischen Induction lautet: kein ideales Princip, keine Offenbarung, keine nationale Begeisterung, keine Schwärmerei, weder die Idee des Göttlichen, noch des Gerechten, noch die des Freien, sondern materielles Interesse regiert die Menschenwelt. — Weit entfernt, dieses Factum zu bejammern, erkennen wir es vielmehr als absolut vernünftig und nothwendig an."

musste sie die Assimilation ihrer Geistesthaten nothwendig bei dem Ausgangspunkt der Bewegung, bei Kant, beginnen, mit dessen Verdauung sie jetzt seit einem Jahrzehnt beschäftigt ist. Diese Arbeit wird nur dann intensiv genug vollzogen, wenn sie sich auf ihr Object concentrirt, also ihre Augen vorläufig bis zur vollbrachten Verdauung Kant's gegen die Leistungen seiner Nachfolger verschliesst. Daraus erklärt sich der bornirte Hochmuth der Neukantianer gegen Fichte, Schelling und Hegel.

Es ist geschichtlich ganz folgerichtig, dass der Neukantianismus im Ganzen um eben so viel skeptischer als Kant ist, wie die genannten Nachfolger dogmatischer als Kant waren; in Lange und Vaihinger aber wird es schon heute klar, dass derselbe damit nichts erreicht als die Beschleunigung des Fortgangs von Kant zu Fichte und seinen Nachfolgern. Der Neukantianismus muss vom Neufichteanismus und dieser vom Neuhegelianismus abgelöst werden, damit die Gedankenkreise aller dieser Denker der deutschen Bildung in derselben Weise zu eigen werden, wie der Schopenhauer'sche es Dank seiner klaren und anziehenden Darstellung bereits ist. Dabei handelt es sich wohlverstanden nur um eine Wiederbelebung des wahren und werthvollen Kerns ihrer Gedanken, nicht der vergänglichen und zum Theil abschreckenden Schale, in welche sie denselben verhüllt haben. Wie die zahlreichen neukantischen Schriften, die heute den Büchermarkt überschwemmen, sich ganz anders lesen als die Kritik der reinen Vernunft mit ihrer pedantisch-zopfigen Scholastik, so werden auch die neufichteschen Schriften dereinst sich anders lesen als die „Wissenschaftslehre", und die neuhegelschen anders als Hegel's Logik. Die Wiedererweckung betrifft nur den Geist, nicht den Buchstaben, denn nur der Geist ist es, der lebendig macht. Auch werden der Neufichteanismus und der Neuhegelianismus in weit geringerem Grade Dogmatismus sein müssen, als ihre Urbilder; dafür sorgt schon die skeptische Gestalt unseres Neukantianismus und auch dieses Verdienst soll ihm nicht vergessen sein.

Ein solcher Skepticismus verkennt nun aber vollständig seine geschichtliche Stellung und seine philosophische Bedeutung, wenn er sich an die Aufgabe macht, sich als das Höhere einer Philosophie zu erweisen, die Dogmatismus und Skepticismus in gleicher Weise durch systematische Ausbildung des Kriticismus überwunden, und eben darum Fichte und Schopenhauer, Lange und Vaihinger in gleichem Sinne wie Kant selbst **hinter sich** hat. Nur die **Kritik** ist negativ zerstörend und führt zum Skepticismus; der **Kriticismus** aber ist ein auf Erfahrung begründetes, durch synthetisches Denken errichtetes, aber durch Kritik in allen Punkten geprüftes und corrigirtes positives System der Philosophie. Nichts anderes hat Kant mit seinem Kriticismus beabsichtigt, und wenn Lange sich gescheut hat, in die Vaihinger'sche Consequenz des Skepticismus hineinzusegeln, so war es gewiss hauptsächlich deshalb, weil er damit den Kant'schen Begriff des Kriticismus verlassen hätte, und in das eine der Extreme zurückgefallen wäre, deren höhere Synthese eben der Kriticismus bilden soll.

Vaihinger's vergebliches Bemühen wird dadurch um nichts gebessert, dass er der „Philosophie des Unbewussten" eine ungeschickt gewählte Antithese beigesellt, und seinen Skepticismus als die Synthese beider zu erweisen sucht. Der Skepticismus kann überhaupt niemals eine positive, sondern nur eine negative Synthese liefern; er kann seiner Natur nach niemals zeigen, inwiefern beide Gegensätze im **Recht**, sondern nur inwiefern beide im **Unrecht** sind. Eine negative Synthese ist aber so wenig eine Synthese oder Versöhnung der Gegensätze, wie es eine Versöhnung streitender Parteien wäre, wenn der Richter beide hinauswerfen liesse. Die **Synthese** hätte also Vaihinger auch dann noch misslingen müssen, wenn ihm die **Antithese** geglückt wäre. Letzteres wäre etwa der Fall gewesen, wenn er Hegel und Büchner einander gegenübergestellt hätte, als den Dogmatismus der Idee und der Materie. Mich konnte er schon deshalb nicht nehmen, weil meine Philosophie gar kein Dogmatismus ist, sondern Kriticismus oder Philosophie des Wahrscheinlichen, deren Unmöglichkeit er nur ein einziges Mal behauptet, ohne irgend einen Grund dafür anzugeben. Er setzt meine Philosophie als Idealismus einem Realismus gegenüber, während mein Standpunkt in der Erkenntnisstheorie selbst reiner Realismus (obschon kein naiver), in der Metaphysik aber weder Idealismus noch Realismus, sondern die höhere Synthese beider, nämlich Idealrealismus oder Realidealismus ist. Er setzt ferner meine Philosophie als einseitigen Spiritualismus (oder gar Spiritismus) einem einseitigen Materialismus gegenüber, während nach meiner Ansicht der absolute oder unbewusste Geist gar nicht actuell sein kann, ohne sich zu materialisiren, und selbst das unbekannte Dritte oder die gemeinsame metaphysische Wurzel von bewusstem Geist und Materie, von innerer und äusserer Erscheinung bildet. Wie mein Standpunkt in methodologischer Hinsicht als Kriticismus die Synthese von Dogmatismus und Skepticismus darstellt, so bildet er in metaphysischer Hinsicht als „Philosophie des Unbewussten" die Synthese von blindem Naturalismus und dem bisherigen anthropomorphischem Spiritualismus. So ist Vaihinger's principielle Stellungnahme zu mir in jeder Hinsicht eine verkehrte, und es würde nicht lohnen, eine auf dieselbe gestützte Kritik im Einzelnen zu verfolgen, wenn nicht zu hoffen wäre, dass gerade bei der heutigen Verbreitung des Neukantianismus namentlich unter der akademischen Jugend eine weitere Erörterung des Lange-Vaihinger'schen Standpunkts für manch' Einen lehrreich und nützlich werden könnte. Denn bei der schillernden Haltung des Vaihinger'schen Skepticismus werden mannigfache Seitenblicke unumgänglich sein, so dass meine ganze Erörterung nicht bloss die persönliche Ansicht Vaihinger's, sondern den Typus des Neukantianismus (wenigstens die in ihm überwiegende subjectivistische Richtung) erschöpfend behandeln wird, in demselben Sinne, wie die Vaihinger'sche Kritik meines Standpunkts als typisch für die Stellungnahme des ganzen Neukantianismus zu mir gelten kann.

8. Frauenstädt's philosophischer Standpunkt.

Frauenstädt bezeichnet in seiner Kritik der ersten Auflage der Phil. d. Unbew.*) die Lehren Fichte's, Schelling's und Hegel's in Schopenhauer'scher Manier ohne Weiteres als eine falsche Philosophie, die mit Recht in Verfall sei, und stellt derselben die Schopenhauer'sche Philosophie als die **wahre** gegenüber. Er erklärt ebendaselbst, mir keinen Vorwurf daraus machen zu können, dass ich mich durch den scheinbaren Widerspruch des Begriffes „unbewusste Vorstellung" nicht habe abhalten lassen, jenen Begriff aufzunehmen und dessen Bedeutung nachzuweisen. Er zeigt, dass die Verallgemeinerung der Vorstellungsfähigkeit und die Anerkennung einer hellsehenden, über Raum und Zeit erhabenen unbewussten Naturweisheit nicht von der Hand zu weisende Consequenzen des

---

*) Vossische Zeitung, 1870 Sonntagsbeilage Nr. 8 u 9.

Schopenhauer'schen Systems seien*) und verwahrt sich nur dagegen, dass ich mit Schelling die Stellung der Principien Wille und Vorstellung als eine **coordinirte**, anstatt mit Schopenhauer als eine **subordinirte** auffasse.

Es scheint, als ob Frauenstädt sich durch weiteres Nachdenken überzeugt habe, dass die Stellung einer vor aller Organisation vorhergehenden, unbewussten, überbewussten und höchst weisen Intuition doch nicht füglich als eine dem blinden Naturwillen subordinirte festzuhalten sei, und dass er aus diesem Grunde in seinen „Neuen Briefen" diese unbewusste Weisheit des Naturwillens, wie er selbst sie als bei Schopenhauer gefordert nachgewiesen hatte, ignorirt, den angeblichen inneren Widerspruch einer absolut unbewussten Vorstellung nun seinerseits betont und sich mit der Generalisirung des Bewusstwerdens oder Empfindens für alle Stufen der Willensobjectivation begnügt, — eine Form der Vorstellung, für welche selbstverständlich die **Subordination** unter den Naturwillen nicht zweifelhaft sein kann. Frauenstädt hat mithin vor seinem eigenen Zugeständniss an mich Angst bekommen und dasselbe, wenn auch nicht ausdrücklich, so doch stillschweigend zurückzunehmen versucht.

Dieser Versuch musste aber so lange ein vergeblicher bleiben, als er die metaphysischen Grundlagen des Schopenhauer'schen Systems bestehen liess, aus welchen die unbewusste, überbewusste Intuition als nothwendige Consequenz hervorging, und als er an der Erklärung der Entstehung der zweckmässigen Organismen aus einer „Idee" festhielt. Dadurch wird der Standpunkt, den er in seiner letzten Schrift einzunehmen bemüht ist, ein in sich haltloser und zerfahrener, der nur durch Wiederaufnahme seines früheren Zugeständnisses Geschlossenheit und Consequenz erhalten kann. Eine unabweisliche Folgerung aus der Einräumung der unbewussten intuitiven Weisheit des Naturwillens ist aber wiederum der Verzicht auf die Behauptung der Subordination dieser Idee unter den blinden Willen und die Anerkennung ihrer **Coordination**, d. h. aber der vollständige Uebertritt auf den Standpunkt der Phil. d. Unbewussten. Mit dieser Anerkennung der „Idee" als der „absolut unbewussten Vorstellung" im Schopenhauer'schen System, und mit der Anerkennung,

---

*) Vgl. auch Frauenstädt's Abhandlung „Schopenhauer und seine Gegner" („Unsere Zeit" 1869 Heft 21 S. 705).

dass das Subordinationsverhältniss des bewussten discursiven Gehirnintellects zu dem concreten (d. h. ideeerfüllten) Naturwillen nicht auf das Verhältniss der absoluten Idee zum Allwillen übertragen werden darf, werden aber die beiden Hauptvorwürfe, die Frauenstädt in seiner neuesten Schrift (S. 38) gegen mich erhebt, hinfällig, und damit schwindet auch der Grund, weshalb er meinen Fortbildungsversuch der Schopenhauer'schen Philosophie im Vergleich mit dem seinigen als eine „Verschlechterung" derselben verwerfen zu sollen glaubt (ebenda im Vorwort S. 6). Den Nachweis im Einzelnen darüber beizubringen, dass Frauenstädt bei dem von ihm principiell eingeschlagenen Wege sich nur durch logische Inconsequenzen vor dem Aufgehen in den Standpunkt der Phil. d. Unb. zu retten weiss, würde hier zu weit führen. Es würde sich dabei sogar zeigen, dass er durch Verwerfen des negativen Endzwecks Schopenhauers und Annahme eines Weltenplans für die Weltentwickelung im positiven Sinne dem Hegelianismus, ohne es zu wissen, noch näher gerückt ist als ich.

9. Bahnsen's philosophischer Standpunkt.

Bahnsen gelangt in der letzten von ihm veröffentlichten Schrift („Zur Philosophie der Geschichte") zu folgendem Endurtheil: „Wer also auf der Seite Schopenhauers steht und stehen bleiben will, der wird dem System Hartmanns auch nur so weit folgen, als er mit der inductiven Klarheit des Urhebers der Willensmetaphysik der eigenen, in der That imposanten, weil von keinerlei irgendwie subjectivistischen Anwandlungen beirrten, Nüchternheit getreu bleibt, und als Prophet des fassbarsten und gesundesten Verstandes jedes unbefangene Denken mit sich fortreisst; während alsobald seine Sprache eine andere wird, sowie sein Fuss den Boden betritt, auf welchem er zur speculativen Abrundung seines Baues die Rotunde seines Schlusscapitels errichtet — ein auch architektonisch durch und durch trockenes Campanile neben den Prachtkuppeln seines Marcusdoms" (S. 84). Und auf der Seite vorher wirft er mir vor, „Schopenhauers Manen gekränkt" zu haben, indem ich „bei Hegel eine Bettelanleihe zu Flickmaterial aufnahm, um in einem consequenteren Ausbau zu Ende zu führen, was mit gutem Fug als ein Lückenhaftes vom Meister uns hinterlassen worden." Bahnsen verzichtet allerdings auf systematischen Ausbau und behält „mit gutem Fug" jene Lückenhaftigkeit bei, welche keineswegs dem Schopenhauer'schen System, wie es vom Meister hinterlassen worden, vorzuwerfen ist, sondern welche erst durch jene kritischen Amputationen und Eliminationen herbeigeführt worden, in deren Unabweislichkeit Bahnsen mit Frauenstädt und mir. grossentheils übereinstimmt. Nichtsdestoweniger aber fühlt Bahnsen sich trotz seines Verzichts auf consequenten Ausbau doch auch noch veranlasst, die Manen seines Meisters durch eine Bettelanleihe bei Hegel zu kränken. Er sagt selbst darüber Folgendes: „Vielleicht könnte ein kritischer Betrachter meiner Gedanken in Mit- oder Nachwelt geneigt sein, mir die Ehre einer historischen Einreihung in der Weise anzuthun, dass er mich als die dialectisch correlativ geforderte Ergänzung E. v. Hartmanns bezeichnete. — Immer wieder aber wird sich dies an unsere beiderseitige Position je zu Schopenhauer und Hegel anzulehnen haben und kaum vermieden werden können, unser Verhalten zu den mit diesen Namen gekennzeichneten Weltanschauungen ein in wesentlichen Beziehungen diametral entgegengesetztes zu nennen; indem ich nämlich einerseits an dem festhalte, was für Hartmann das an Beiden zu Ueberwindende ist, und andrerseits eben das perhorrescire, was er jedem von diesen beiden Heroen am wärmsten nachrühmt, um so den von ihm angestrebten Synkretismus zu vermitteln. Gewissermassen habe ja auch ich es auf eine Concrescenz dieser beiden feindlichen Lehrsysteme abgesehen und angelegt — nur eben in gerade umgekehrter Richtung wie Hartmann („Zur Phil. d. Gesch." S. 1). „Hartmann perhorrescirt an Hegel das Dialectische, ich das Logische, und zwar dergestalt, dass mir der reale Weltprocess durch und durch dialectischer Natur zu sein scheint, während das Logische seinen Bereich nur innerhalb des (psychologisch-) subjectiven Denkens behält, wogegen Hartmann dem Weltprocess einen von Grund aus logischen Charakter vindiciren möchte, und die dialectische „Bewegung" höchstens für die völlig objectivitätslosen, eigentlich fieberphantasieartigen Spielereien einer gänzlich uncontrolirten, von der intuitiven Grundlage der Anschauungswelt radical losgerissenen Abstraction discursiven Denkens gelten lassen will." (S. 2.)

Bahnsen perhorrescirt also die Hegel'sche Begriffsdialectik, und bekämpft Hegels Behauptung, durch dialectische Denkprocesse die Wirklichkeit nachconstruiren zu können; in dieser Hinsicht billigt er meine Kritik der Hegel'schen Dialectik. Aber er geht nicht mit mir zu dem Schlusse weiter, dass die logischen Gesetze in ihrer Integrität **wiederhergestellt** und ihre Gültigkeit nicht bloss für das Denken, **sondern auch für das Sein** behauptet werden müsse. Vielmehr hält er die Wirklichkeit, nicht bloss der Form ihrer Existenz nach, sondern auch ihrem Inhalt nach, für unlogisch, und sieht demnach gerade in der Aufhebung der logischen Gesetze für das Sein die Grossthat Hegels. Nicht im Denken, sondern in der Realität findet er dialectische Processe, und spricht deshalb auch nur von „Realdialectik". „So gipfelt die Realdialectik in dem Aufdrängen des Satzes, dass das logisch **Unmögliche** zugleich das dialectisch factisch **Mögliche**, und das logisch nicht bloss Mögliche, sondern **Nothwendige** (das vom Zwange des logischen Denkens postulirte Widerspruchslose) für den factischen Bestand des dialectisch Wirklichen ein **Unmögliches** ist, d. h. dass die (ideal abstrahirte) Idee sich ewig nicht realisiren **kann**" (ebenda S. 53—54).

Dass dies in der Consequenz des einseitigen Schopenhauer'schen Willensprincips gedacht ist, ist nicht zu leugnen. Denn ist der Wille, der blinde, vernunftlose Trieb, das Alles Seiende, so muss auch alles Wirkliche vernunftlos sein. Nur entsteht die Schwierigkeit, dass doch das Logische nicht ganz wegzuleugnen ist, zunächst als Subjectives, wo es doch auch erklärt sein will, und dann auch in der überall trotz Bahnsens Verwahrung hervortretenden Harmonie des wahrgenommenen Wirklichen mit dem subjectiv Logischen. Dieses Logische, diese auch von Bahnsen nicht bestrittene „partielle Weltvernunft" (S. 44), muss, wenn der Wille das einzige Princip sein soll, aus diesem Willen, d. h. aus dem Unlogischen abgeleitet werden (S. 38). Hiermit tritt Bahnsen in eine Antithese — nicht mehr zu mir — sondern zu Volkelt; dieser nämlich ist sich der Consequenz bewusst geworden, dass wenn nach Hegel das Logische das einzige Princip ist, dann auch das unleugbar vorhandene Unlogische aus dem Logischen selbst müsse hervorgegangen sein.

Ich halte Beides für gleich unmöglich. Wenn das Logische in den Objectivationen des Willens zu finden ist, so muss es als Logisches schon in dem Willen dringesteckt haben, d. h. dann muss eben der Weltwille nicht bloss das Unlogische, sondern auch das

Logische in sich schliessen, und da die **Form** des Wollens ganz unlogisch ist, so kann er das Logische nicht in **sich** (als Function des Wollens), sondern nur in dem **Inhalt** seiner selbst (d. h. in der Idee) getragen haben. Umgekehrt: wenn das Resultat des logischen Processes in der Idee das ist, dass ihre logische Idealität in den unlogischen Trieb der Selbstentäusserung und Selbstverwirklichung umschlägt, dann muss dieser unlogische Trieb schon immer neben der unlogischen Idee bestanden haben, und das Sollicitirende schon für den ersten Anfang jenes angeblichen idealen Processes gewesen sein, der in ein so unlogisches Resultat ausmündet. Deshalb stehe ich zwischen Schopenhauer und Hegel, zwischen Bahnsen und Volkelt **in der Mitte**, und vermeide beider Ungeheuerlichkeiten, wenn ich das Logische und das Unlogische, die Idee und den Trieb ihrer Realisirung, die Weisheit und die Macht, den Weltenplan und die Weltkraft, den Willensinhalt und den Willen als zwei **gleich ursprüngliche Seiten** des Absoluten ansehe, von denen **keine** sein könnte **ohne die andere**, von denen aber noch weniger eine aus der andern **abgeleitet** oder erzeugt werden kann.

Insofern Bahnsen und Volkelt beide die Nothwendigkeit beider Seiten anerkennen, unterscheide ich mich von beiden nur dadurch, dass ich auf die Anmaassung einer scheinbaren Ableitung der einen Seite aus der andern bescheiden verzichte, und mich nicht vermesse, eine als gegeben hinzunehmende Zweiheit entgegengesetzter, aber von einander untrennbarer Pole durch eine **Herabdrückung** des einen denselben zu einem **Appendix** des andern erklären zu wollen. Ich erkenne an, dass das All-Eine gar nicht zu einem Process gelangen könnte, wenn es nicht in sich zwiespältig wäre; aber ich hüte mich vor dem Fehler, **die eine Seite** dieses innern Zwiespalts auf den Thron des Einen Ganzen zu erheben, und hernach die andere Seite als etwas Subordinirtes aus ihr ableiten zu wollen.

Der letzte Grund dieses Fehlers ist wohl darin zu suchen, dass der Schopenhauerianer wie der Hegelianer **gewöhnt** sind, ein blosses **Attribut** als Substanz zu betrachten; da es nun selbstverständlich **zwei** Substanzen nicht geben kann, so erscheint jedem von ihnen der Gegenpol als blosses Accidenz an **seiner** vermeintlichen Substanz. Nun kann aber weder die Idee oder Vorstellung, noch der Wille eine **Substanz** sein; sowohl Vorstellen wie Wollen sind blosse **Functionen**, die ein Subject als substantiellen Träger **voraussetzen**. Ist diese von Schopenhauer wie von Hegel verabsäumte Wahrheit erst wieder in ihr Recht gesetzt, so ergiebt es sich von selbst, dass Wille und Vorstellung nur zwei Functionen oder zwei **Attribute** des All-Einen Scienden, der absoluten Substanz sind. Dann aber verschwindet auch jeder Grund, dem einen von beiden einen Vorzug vor dem andern zuzugestehen; vereinzelt gedacht sind sie **gleich nichtig**, aber in ihrer Vereinigung sind sie einander **gleichwerthig**, trotz oder grade wegen ihrer attributiven Gegensätzlichkeit.

Neben diesem Gegensatz in der Stellung des Logischen zum Unlogischen läuft ein zweiter, fast noch wichtigerer Gegensatz bei Bahnsen einher, dieser aber ist ein solcher, der ihn mit Schopenhauer, Hegel und mir in gleicher Weise in Opposition versetzt, und ihn Herbart annähert. Bahnsen ist nämlich in **erster Reihe Individualist**, und da er klar genug denkt, um die Unvereinbarkeit substantiell-selbstständiger Individuen mit einem Absoluten zu erkennen, so opfert er in diesem Dilemma lieber das Sein des Absoluten als die substantielle Selbstständigkeit des Individuums. Das All-Eine zerfällt ihm in ein Aggregat von Individuen, in „eine — allerdings in sich zusammenhangende und zusammengehörige, geschlossene und in dieser ihrer Geschlossenheit mit constanten Kräften sich in sich selber wechselseitig bedingende — Summe von Individuallebensfactoren" (S. 64). Dabei aber verhält er sich durchaus antipathisch gegen das Herbart'sche Philosophiren und unterscheidet sich von Herbart wie von Leibniz in gleicher Weise nicht blos durch seine antilogische Realdialectik, sondern auch durch seinen schroffen Atheismus, der jedes, gleichviel wie bestimmte, einheitliche Absolute negirt. Eine solche unbeirrte Consequenz verdient jedenfalls mehr Achtung als die durchweg unhaltbaren Vermittelungsversuche zwischen der Annahme einer wirklich absoluten Substanz und vieler von dieser geschaffener quasi-absoluter Substänzchen, mit welchen die christliche Theologie sich von jeher quält; die reinliche Entscheidung, auch wenn sie nach der verkehrten Seite fällt, lehrt wenigstens das Problem präcis erkennen und schärft das Denken für die nachmalige Erfassung der richtigen Lösung, während die Unklarheit schiefer Vermittelungen den Verstand für die wahre Erkenntniss untüchtig macht, indem sie ihn mit Scheinlösungen benebelt und einlullt.

Ausserdem aber hat der Individualismus als zeitweilige Reaction überall da einen geschichtlichen Werth, wo der Monismus den Bogen allzu straff gespannt hat. Dies nun war in der Schelling-Hegel'schen Philosophie ohne Zweifel der Fall; bei Schopenhauer war zwar der Bedeutung des Individuums ein grösserer Spielraum eingeräumt, aber dieses Zugeständniss war mit dem principiellen Monismus nicht organisch vermittelt, sondern stand als eine widerspruchsvolle Inconsequenz im System. Unter solchen Umständen erschien eine Reaction von Seiten einer consequenten Umbildung des Schopenhauer'schen Systems aus individualistischem Gesichtspunkte als nicht unberechtigt, wie Bahnsen sie in seiner Charakterologie zu geben beabsichtigte. Als dann bald nachher die „Philosophie des Unbewussten" erschien, konnte der von mir festgehaltene principielle Monismus natürlich dem einmal gewählten Standpunkte Bahnsens nicht Genüge thun, wenngleich hier zum ersten Mal versucht war, dem Individuum trotz seiner Phänomenalität eine würdigere Stellung als bisher in monistischen Systemen gegenüber dem absoluten oder All-Einen zu wahren, ohne doch dadurch einer Inconsequenz in das System Eingang zu gewähren. Bahnsen stellt mir das Zeugniss aus: „Mag ihm das All-Eine noch so souverän das Universum durchwalten: er behält doch das Auge zugleich offen für die Unersetzlichkeit und Unentbehrlichkeit des — auch in seiner Herrlichkeit — nur sich selber gleichen Individuellen" (S. 3). Wenn die individualistische Reaction die monistische Philosophie vor einer Unterschätzung und Ignorirung des Individuellen warnt und zu einer würdigen Einordnung desselben in das System zurückführt, so hat sie meines Erachtens ihre geschichtliche Aufgabe erfüllt. Ein individualistischer Pluralismus als solcher kann aber gar nicht danach streben, ein consequentes philosophisches System auszubauen; er wird sich „mit gutem Fug" darauf beschränken, den Nachkommen „ein Lückenhaftes zu hinterlassen" (S. 83). Erst wenn der Individualismus sich selbst untreu wird, und sein Gewölbe durch einen monistischen Schlussstein zu vollenden unternimmt, wie Leibniz und Herbart gethan haben, erst dann kann er aus der Form des fragmentarischen Philosophirens heraustreten und sich zu einem System abrunden.

Ein Willensindividualismus, der ein zweites Princip neben dem Willen leugnen möchte, dafür aber die Aseität und Ewigkeit des Individualwillens behauptet, wird seinen Schwerpunkt in der Betrachtung des Individualcharakters finden müssen, daher Bahnsens Hinwendung zur Charakterologie ganz natürlich ist. Zugleich wird er bemüht sein müssen, den Motivationsprocess auf eine Weise zu deuten, welche das Fehlen des zweiten Princips möglichst wenig vermissen lässt, und diesem Zwecke dient Bahnsens erste, zur Auseinandersetzung mit der Philosophie des Unbewussten bestimmte Broschüre.*) Endlich wird er mit Schopenhauer eine universelle Entwickelung der Welt leugnen müssen, aus dem doppelten Grunde, weil er ein einheitliches Weltwesen als Träger, und weil er die Herrschaft des Logischen als Formalprincip einer solchen Entwickelung leugnet. Er kann von seinem Standpunkte nur eine Individualentwickelung zugeben, aber auch nicht in dem Sinne, als ob das Wesen des Individuums von derselben berührt und verändert würde, sondern nur als eine der vielen Einzelphasen seines sich Auslebens von der phänomenalen Geburt bis zum phänomenalen Tode. Fragt man aber, was diese Entwickelungswellen des ewigen Individuums für Bahnsen eigentlich bedeuten, so ergiebt sich, dass sie nichts anderes sind, als die vom Willen gesuchten Gelegenheiten, seine ewige Selbstentzweiung und Selbstzerfleischung zu actualisiren und zum potenzirten Ausdruck zu bringen. Man kann diese raffinirte und doch blinde Selbstquälerei des Willens das Surrogat des Weltzwecks bei Bahnsen nennen, nur dass derselbe sich in einer zusammenhangslosen Vielheit von Einzelprocessen realisirt. Dieser Weltzweck wäre der Gegensatz aller logischen Zwecke, ein **positiv unlogischer Zweck**, und der Widerspruch, der in dieser Wortverbindung liegt, muss Bahnsen selbst als der real-dialectische Stempel der Wahrheit gelten. Dieser **positiv unlogische Zweck** Bahnsens tritt dem **positiv logischen** Weltzweck Hegels entgegen (der auch von Volkelt und Frauenstädt acceptirt wird), während ich den ersteren wegen seiner **Widersinnigkeit** und seines inneren Widerspruchs, den letzteren wegen seiner Unangebbarkeit und **Unmöglichkeit** verwerfen, und für den Weltzweck ebenso sehr auf der reinen **Logicität** der **Form** wie auf der allein

---

*) Zum Verhältniss zwischen Wille und Motiv. Eine metaphysische Voruntersuchung zur Charakterologie. Stolp u. Lauenburg i/P. bei Eschenhagen, 1870.

möglichen Negativität des Inhalts (als Negation des Unlogischen) bestehen muss. Ich nehme also auch in dieser Frage eine mittlere Stellung zwischen Bahnsen und Volkelt ein, die sich als unmittelbare Consequenz aus meiner Mittelstellung in Betreff des Verhältnisses des Logischen und Unlogischen zu einander ergiebt, und — wenn man Schelling ausser Acht lässt — in vieler Hinsicht Schopenhauer am nächsten steht.

Ueberhaupt kann man sagen, dass dem Standpunkt Schopenhauers derjenige der Philosophie des Unbewussten näher steht, als der des Bahnsen'schen Individualismus; ich habe nämlich die systematischen Principien der Schopenhauer'schen Metaphysik weiter ausgebaut, Bahnsen hingegen die Inconsequenzen dieses Systems. Alle Wunderlichkeiten des Bahnsen'schen Standpunkts entspringen daraus, dass er in einer dem Theismus wie dem Materialismus gleich feindlichen Weise, zum ersten Mal in der Geschichte der Philosophie, mit dem individualistischen Pluralismus Ernst macht. Dadurch begiebt er sich aber auch gleichzeitig in eine ganz isolirte Stellung, der gegenüber Hegel, Schopenhauer und ich eine geschlossene Phalanx bilden. In dieser Hinsicht ist er für mich entschieden der ungefährlichste der drei hier behandelten Gegner. — Nur in einem Hauptpunkte stimmt seine Umbildung der Schopenhauer'schen Philosophie mit den Tendenzen von Frauenstädt und mir überein, nämlich in der Verwerfung des subjectiven Idealismus. Er hat dieser wichtigen Opposition gegen die Grundlagen des Schopenhauer'schen Systems nicht nur gelegentlich in seinen angeführten Schriften, sondern auch in einem besondern, diesem Gegenstande gewidmeten Aufsatz*) Ausdruck gegeben, der zwar an Entschiedenheit in der Darlegung seines Standpunktes nichts zu wünschen, desto mehr aber eine Begründung desselben vermissen lässt.

10. Volkelt's und Rehmke's philosophischer Standpunkt.

Volkelt hat seinen Standpunkt mir gegenüber in seinem Hauptwerk so klar bezeichnet, dass ich am besten thue, ihm selbst das Wort zu lassen. Er sagt: („Das Unbewusste und der Pessimismus" S. 237—238): „Wenn wir also zeigten, dass das Hartmann'sche

---

*) Zur Kritik des Kriticismus. („Philosophische Monatshefte", 1871, Februarheft.)

System durch seine inneren Widersprüche zersetzt werde, so ist dies kein Beweis gegen den Fortschritt, den wir im Hartmann'schen Systeme — und zwar nach dieser seiner mit Schopenhauer zusammenhängenden Seite — fanden. Zwischen Schopenhauer und Hegel war eine klaffende Lücke; zwar kann man die positive Philosophie Schellings als eine Ausfüllung dieses Vacuum bezeichnen, allein als keine rationelle: denn sie verräth überall ihre Gefangenschaft in den Ketten des christlichen Dogmas. Jene Lücke musste rein philosophisch ausgefüllt werden. Ehe die Wahrheit sich in den Hegel'schen Principien, welche Hegel selbst in jenem Wettkampfe der Geister, in jenem Sturmlaufe des philosophischen Zeitgeistes, in kühner, noch allzu mystischer, und darum vielfach unvollkommener, den Keim zu Inconsequenzen in sich tragender Weise antecipirte, ein gesichertes festes Bestehen erkämpfen kann, muss sie sich in allen möglichen Vermittlungen der einseitigen Standpunkte mit den Hegel'schen Principien ausleben und gleichsam erschöpfen. Es müssen Annäherungen an Hegel, Verbindungsglieder geschaffen werden, um so das Hinübertreten der Geister in den Hegel'schen Gedankenkreis zu ermöglichen. Ein solches Verbindungsglied ist nun, wie wir zur Genüge dargethan haben, das Hartmann'sche System Seine Widersprüche stammen daher, dass Hartmann dem specifisch Schopenhauer'schen Princip, dem alogischen Willen, gleichsam die Hälfte der Welt einräumt, ihm **neben** der unbewussten logischen Idee eine **selbstständige** Stellung zuerkennt. Und das Product, das aus der Zersetzung und inneren Nichtigkeit dieser Widersprüche hervorgeht, das Resultat also der bewussten Erfassung der Widersprüche, ist — wie wir an vielen Punkten gezeigt haben — die dialectische unbewusste Idee Hegels. — Wir können diesen Fortschritt Hartmanns einen **relativen** nennen, zum Unterschiede von dem **absoluten**, welchen er, wie der erste Theil gezeigt, in der Klarstellung und Präcisirung des Begriffes des unbewusst Logischen und in dem inductiven Nachweise der bedeutungsvollen Rolle, die er auf allen Gebieten der Natur und des Geistes spielt, vollzogen hat."

Volkelt declarirt sich mithin als einen Hegelianer, der in der Lehre Hegels zwar einerseits die Wahrheit enthalten findet, andrerseits aber auch die Nothwendigkeit eines Hinausgehens über den Hegelianismus in seiner geschichtlich gegebenen Form einsieht, und in der Philosophie des Unbewussten einen wirklichen Fortschritt in der geforderten Richtung als vollzogen anerkennt. In ersterer Hinsicht sieht er in dem Gegenpol des Hegelianismus, in der Philosophie Schopenhauers durchaus nur eine wahrheitslose Verirrung, und findet die angeblichen Widersprüche meines Standpunktes durch die Aufnahme Schopenhauer'scher Gedankenelemente bedingt. In letzterer Hinsicht dagegen erscheint der Standpunkt Volkelts als der Versuch einer zeitgemässen Fortbildung des Hegelianismus vermittelst einer Synthese zwischen Hegelianismus und Philosophie des Unbewussten. In ersterer Hinsicht verhält er sich ungeschichtlich und reactionär, weil der Schopenhauerianismus heute nicht mehr als eine blosse wahrheitslose Verirrung bei Seite geschoben werden kann und darf; in letzterer Hinsicht aber nimmt er kräftig Theil an der Lösung der philosophischen Aufgaben der Gegenwart, indem er unbewusster Weise so viel Schopenhauerianismus, wie dazu unerlässlich ist, aus der Philosophie des Unbewussten mit einsaugt, grade so wie Frauenstädt gegen seinen Willen die unentbehrliche Zuthat von Hegelianismus in sich aufgenommen hat. Von besonderem Werth sind Volkelts Beiträge zur Geschichte des Begriffs des Unbewusst-Logischen (D. Unb. u. d. Pess. S. 1—101), insbesondere seine Darlegungen über Kant (in den Phil. Monatsheften), und über Hegels unbewusstes System des unbewusst Logischen (S. 62—78), so wie auch über des Letzeren Stellung zum Pessimismus (S. 246—255). Dagegen beruhen seine vermeintlichen Nachweise von Widersprüchen in der Phil. d. Unb. theils auf Missverständniss, theils auf mitgebrachten Hegelianischen Vorurtheilen und irrthümlichen Voraussetzungen seiner Kritik, wie wir dies unten sehen werden. Volkelt wie Bahnsen haben jeder darin Recht, dass er für sein Princip eine dem entgegengesetzten subordinirte Stellung zurückweist, Unrecht aber darin, dass er das Princip der entgegengesetzten Partei auf eine subordinirte Stellung herabzudrücken unternimmt. Ist keines der beiden Principien entbehrlich, darf aber auch keines dem andern subordinirt werden, so folgt daraus, dass sie coordinirt gedacht werden müssen.

Dass die Widersprüche, welche nach Ansicht beider Gegner aus dieser Coordination hervorgehen und dieselbe verbieten sollen, falscher Schein sind, werden die nachfolgenden Untersuchungen zu zeigen haben. Die Grundprincipien Hegels und Schopenhauers sind

so wenig mit einander unvereinbar, dass vielmehr in dem System
eines jeden der Beiden das Princip des Andern schon unvermerkt
mit eingeschlossen und als nothwendige Ergänzung des eignen stillschweigend vorausgesetzt ist, wie in den neueren Vertretern dieser
Richtungen mit verdoppelter Deutlichkeit hervortritt. Man sieht,
dass ich mich gleichsam in der günstigen Lage eines Ministers vor
dem Parlament befinde, der, von der Rechten wie von der Linken
wegen der nämlichen Massregel angegriffen, sein Verhalten in der
Hauptsache schon durch den Hinweis auf den sich gegenseitig auf-
hebenden Einspruch der entgegengesetzten Seiten des Hauses rechtfertigen kann, zumal beide etwas Gutes in derselben anerkennen,
und nur über die darin enthaltenen Concessionen an die Gegenpartei
sich ereifern.

Ueber Rehmke ist an dieser Stelle am wenigsten zu sagen,
weil er bisher am wenigsten seinen eigenen Standpunkt selbstständig
entwickelt hat, sondern denselben bei der Polemik gegen mich mehr
nur durchscheinen lässt. Im Allgemeinen wird man denselben als
Monismus des absoluten Geistes bezeichnen dürfen, wobei als der
Unterschied von dem meinigen hervorzuheben wäre, dass Rehmke
mit Biedermann Wesen und Actus im Absoluten identificirt und deshalb demselben eine actuelle Unendlichkeit zuschreibt. Es ergiebt
sich hieraus ein Monismus, der weit strenger ist als der meinige,
und es mir zum hauptsächlichen Vorwurf macht, den endlichen Individuen eine zu grosse Selbstständigkeit gegenüber dem Absoluten
eingeräumt zu haben. Rehmke steht also in Bezug auf das Verhältniss des All-Einen zu den Individuen in einem ganz analogen Gegensatz zu Bahnsen wie Volkelt in Bezug auf das Verhältniss der
Attribute unter einander. Volkelt hält an der Wahrheit, dass das
Alles seiende Absolute Eines sei, in abstracter Einseitigkeit fest,
wie Bahnsen an der Wahrheit, dass die Individuen viele seien;
jeder hat nur darin Unrecht, seine Wahrheit bis zur Negation des
Gegentheils zu überspannen, wodurch sie unwahr wird. Wie die
entgegengesetzten Vorwürfe Bahnsens und Volkelts gegen meinen
Standpunkt einander aufheben, so auch diejenigen Bahnsens und
Rehmke's; beide Paare von Gegensätzen dienen in gleicher Weise
zur Bestätigung meiner Aufstellungen. Wie mein Standpunkt die
Wahrheit der ersteren Gegensätze als höhere Synthese unter Vermeidung ihrer Unwahrheit vereinigt, so auch die der letzteren

Antithese, und er erreicht dies im letzteren Falle durch Sonderung der Sphäre, in welcher die Einheit gilt, von derjenigen, in welcher die Vielheit gilt. Diese Sonderung der Sphären für Einheit und Vielheit hat aber wieder die Unterscheidung von Wesen und Actus im Absoluten zur unerlässlichen Voraussetzung, und der Mangel dieser Voraussetzung ist es gerade, an dem Rehmke gescheitert ist. Zwischen Volkelt und Rehmke bestehen ferner erhebliche Unterschiede, in dem Sinne, dass in wichtigen Problemen, wo der eine meine Auffassung bekämpft, der andere sich ihr anschliesst, und umgekehrt. So z. B. ist Volkelt mit mir über die Unbewusstheit des Absoluten als solchen einverstanden, während Rehmke (nach Biedermanns Vorgang), wenn auch nicht die Persönlichkeit, so doch das Bewusstsein des absoluten Geistes zu retten sucht. Ebenso stimmt Volkelt meiner evolutionistischen Auslegung des Hegelianismus im Sinne einer historischen Weltanschauung bei, während Rehmke zu einer Interpretation des Hegel'schen Processes im Sinne des Spinozistischen ewigen Kreislaufs hinneigt. Auf der andern Seite nimmt Rehmke keinen Anstand, meine Coordination des Willens mit der Idee zu billigen, gegen welche Volkelt sich so entschieden sträubt. So finde ich auch in diesen Punkten jedesmal einen Vertheidiger, wo mir ein Angreifer ersteht.

Diese Einleitung wird ihren Zweck erfüllt haben, wenn sie eine vorläufige Orientirung geboten und die Gesichtspunkte klar gemacht hat, aus welchen der Zusammenhang der nachfolgenden Untersuchungen zu beurtheilen ist.

A.
Neukantianismus.

II.

Lange-Vaihinger's subjectivistischsr Skepticismus.

A. Die Philosophie als Wissenschaft.

1. Der Kriticismus.

„Während die aprioristische Methode vertrauensselig die subjectiven Begriffsgestaltungen oder „mystischen Eingebungen" für das Wahre hält, während die empiristische Methode die gegebene Wirklichkeit ungeprüft annimmt, trennt die kritische Methode vorsichtig und misstrauisch zwischen objectiv Gegebenem und subjectiven Zusätzen, und sucht sowohl die Tragweite des menschlichen Erkennens, als die Geltung des Gegebenen nach ihren Grenzen zu bestimmen, und die Widersprüche zu bestimmen, auf die zuletzt alle denkende Bearbeitung des Gegebenen führt" (Vaihinger S. 19). Die kritische Methode ist hiernach wesentlich analytisch, und ihr Hauptaugenmerk der Widerspruch, wobei vorläufig dahingestellt bleiben muss, ob der Widerspruch als ein überwindbarer oder als ein unlösbarer sich herausstellen wird. Auf anscheinende Grenzen der menschlichen Erkenntniss wird früher oder später jedes besonnene Philosophiren stossen;*) aber es würde dem

---

*) Auch ich habe eine solche Grenze angegeben (vgl. Phil. d. Unbew. am Schluss), und nur behauptet, dass die Aufstellung engerer Grenzen diesseits jener von mir bezeichneten irrthümlich und unbegründet sei. (Hiernach ist Vaihingers Bemerkung S. 41 Z. 13—9 von unten zu berichtigen.)

Geist des Kriticismus am wenigsten entsprechen, wenn ein Philosoph
den andern deshalb dogmatisch und unkritisch schelten wollte, weil
er seine Festsetzungen über die Lage dieser Grenzen nicht für
richtig hält. Im Uebrigen passt die Definition Vaihingers vom Kriticismus vollständig auf meine Philosophie, wenigstens was die Tendenzen derselben anbetrifft. Vaihinger selbst erklärt (235), dass der
Kriticismus nicht sowohl ein System als eine blosse Methode sei,
und zu dieser Methode bekennen sich fast ohne Ausnahme alle
besonnenen Philosophen der Gegenwart, wenn sie auch in der Handhabung derselben nicht alle gleich geschickt und glücklich sind.
Hiernach wäre aus obiger Definition noch nicht verständlich, wie
Vaihinger dazu kommt, den Standpunkt Lange's als Kriticismus
aller übrigen Philosophie, die nicht Neukantianismus der subjectivistischen Richtung ist, gegenüberzustellen. Dies wird erst dadurch
begreiflich, dass Vaihinger in dem Kriticismus eine ausschliesslich
destructive, zersetzende Methode sieht, dass er mit andern Worten
nur dem analytischen, nicht dem synthetischen Denken einen Platz
in der Wissenschaft (und speciell in der philosophischen Wissenschaft) einräumen will.

Nun sagt er aber selbst auf S. 19: „Lange weist somit nach,
dass die Philosophie" (hier als positive Speculation verstanden)
„kein besonderes Organ habe, sondern dass die in ihr wirksame
Thätigkeit des Geistes derselbe Grundtrieb ist, der sich
in allen Gebieten des Geisteslebens geltend macht",
und bezeichnet als diesen Grundtrieb oder als diese „fundamentale
Function der Psyche" die Synthesis. Der synthetische Trieb
Lange's fällt zusammen mit dem philosophischen Trieb Plato's (218),
und mit dem, was ich mystische Eingebung nenne. Vaihinger gesteht zu, dass die synthetische Function selbst etwas Mystisches sei
(15), und uns „als Eingebung erscheine, weil sie in den unbewussten Tiefen des Seelenlebens gebildet werde" (20). Dass
ich in diesem unbewusst psychischen Process des Individuums zugleich Partialfunctionen des All-Einen Unbewussten sehe, ist eine
hinzukommende metaphysische Ansicht, welche die erkenntnisstheoretische Seite der Frage gar nicht berührt, und es ist ein blosses
Missverständniss Vaihingers, wenn er in dieser metaphysischen
Beziehung des Vorganges auf das Absolute eine Beschränkung oder
gar Aufhebung des gesetzmässigen Mechanismus des individuellen

Seelenlebens sicht (11). Ebenso irrthümlich ist es, wenn er behauptet, dass ich mich jemals auf Eingebungen aus dem Unbewussten berufen hätte (11), da ich vielmehr die Vorgänger überall namhaft mache, und nur das Verdienst congenialer R e production unter einheitlichen synthetischen Gesichtspunkten in Anspruch nehme. Ist nun diese synthetische Function eine psychische Fundamentalfunction, die sich auf allen Gebieten des Geisteslebens geltend macht, so hat auch bei mir die Philosophie kein besonderes Organ, und es zeugt von einer geringen Vertrautheit Vaihingers mit meinen Grundgedanken, wenn er mir eine so absurde Annahme unterstellt (10). Grade ich habe darauf hingewiesen, dass nicht bloss in Kunst und Philosophie, sondern in all' und jedem menschlichen Denken kein wirklicher Denkschritt möglich ist, ohne mit dem Bewusstseinsinhalt eine unbewusst producirte Zuthat zu verknüpfen, welche dem Bewusstsein als Eingebung erscheinen muss.

„Diese schöpferische Gestaltungskraft des Menschen, das sicherst erkannte apriorische Element unsres Geistes, ist der in allem wirkende Trieb, das gegebene Mannichfaltige zur Einheit zu bringen und Harmonie in die Erscheinungen zu schaffen. Dieser synthetische Factor ... ist schon in den Sinneserscheinungen und in der Logik wirksam" (106). Alle unsere Empfindungen, Anschauungen, Wahrnehmungen und Vorstellungen sind selbst schon unbewusste Synthesen, und somit ist nicht nur die Logik, sondern auch die Erkenntnisstheorie auf die synthetische Function unsrer Seele ganz ebenso wie auf die analytische basirt. Wäre der Schluss Vaihinger's (19—20) richtig, dass die Philosophie als Speculation keine Wissenschaft sein könne, weil sie sich auf die der Einbildungskraft und dem Verstande gemeinsame synthetische Function stütze, so wäre es gewiss, dass aus demselben Grunde auch Erkenntnisstheorie und Logik nicht Wissenschaft sein können. Dies entspricht nicht Lange's Ansicht, aber Vaihinger dürfte als Skepticist diese Consequenz eher acceptiren, da er doch einmal die Wahrheit in jeder Hinsicht für unerreichbar erklärt (68); nur müsste er dann auch entschieden die Prätension Lange's desavouiren, dass der negative Theil der Philosophie, d. h. Erkenntnisstheorie und Logik, „vollständig auf wissenschaftliche Geltung Anspruch erheben darf."

Eine einseitige analytische Philosophie ist eben ein Unding. Analyse und Synthese gehören zusammen wie Ein- und Ausathmen, und wie beim Schluchzen das Einathmen, beim Seufzen das Ausathmen sich in den Vordergrund drängt, so ist in der Kritik die Analyse, in der positiven Systematik die Synthese das Hervorstechende. Die in empiristischen Vorurtheilen oder in subjectiv plausiblen Hypothesen enthaltenen Synthesen „vertrauensselig" und „ungeprüft" für wahr zu halten, beweist einen subjectiven Mangel analytischen Denkens, und ist ebenso verkehrt als die entgegengesetzte Tendenz, jede synthetische Behauptung ohne Unterschied als wahrheitslose subjective Einbildung zu ächten, bloss weil sie von mehr als analytischem Denken zeugt. Das erstere ist die dogmatische, das letztere die skeptische Einseitigkeit, und die letztere ist unbedingt gefährlicher.

Ein Dogmatiker ist niemals aus Princip Dogmatiker, sondern nur aus Fahrlässigkeit oder Unachtsamkeit; ein Skeptiker aber ist Skeptiker meistens aus principieller Verranntheit. Der Dogmatiker kann die versäumte Kritik nachholen, aber nicht so der Skeptiker die Synthese; denn ersterer erkennt die Berechtigung des analytischen und kritischen Denkens an und findet die Fähigkeit zu demselben als gemeinsame Eigenschaft des menschlichen Verstandes auch in sich selbst vor, — letzterer dagegen leugnet die Berechtigung der synthetischen Function in objectiver Hinsicht, und entbehrt meistens selbst der Fähigkeit zur schöpferischen Gestaltung. Der Dogmatiker kann allmählich mehr und mehr zum Kriticismus gelangen, wenn er die nöthige Energie der Besonnenheit besitzt; der Skeptiker entfernt sich um so weiter vom Kriticismus, je consequenter er sein pseudokritisches Dogma, dass die synthetische Function kein Product von transsubjectiver Bedeutung liefern könne, durchführt, und man muss ihm erst zeigen, dass sein Standpunkt consequent entwickelt ein übergeschnappter ist, um ihn eventuell zur principiellen Umkehr zu bewegen.

Niemand, der meine Schriften kennt, wird Vaihinger glauben, dass auf mich seine Signatur des Dogmatismus passe, dass ich es für richtig halte, vertrauensselig und ungeprüft Begriffsdichtungen oder mystische Eingebungen für das Wahre zu halten.*) Ich habe

---

*) Wenn nur der ein kritischer Philosoph heissen dürfte, der niemals in der Praxis gegen sein Princip verstossen hätte, dann wäre es überhaupt nicht menschenmöglich, diesen Titel zu verdienen. Es kann der Standpunkt eines

immer betont, dass die mystische Eingebung oder synthetische Function nur **heuristisches** Princip und nichts weiter sein dürfe, und dass das so Gewonnene niemals einen Anspruch auf objective Gültigkeit erheben dürfe, wenn es nicht, unabhängig von seiner Gewinnung, deductiv **bewährt** oder inductiv **begründet** sei. Die Methode der **Demonstration** trenne ich also durchaus von der Methode der **Heuristik**, wie dies selbst in der Mathematik schon eingesehen werden kann. Es geht niemand etwas an, ob ich eine Wahrheit im Traum gefunden, oder ob sie mir vom heiligen Geist eingegeben, oder ob ich sie mir erquält und errechnet habe; wenn ich sie nur nachträglich **beweisen** kann, so **muss** sie Jedermann als Wahrheit gelten lassen.

Die Kritik hat eben die Aufgabe, jeden synthetischen Schritt zu prüfen, und keinen unbesehen durchschlüpfen zu lassen. Sie darf aber auch nicht mit der vorwitzigen Absicht herankommen, sich dadurch in ihrer Virtuosität zu zeigen, dass sie nichts unzerzaust und unzerfetzt passiren lässt; denn dann wird sie zur vorlauten Sophistik, die der Wahrheit ebenso wenig dient wie der kritiklose Glaube. Die Kritik muss selbstverläugnend und ohne Eitelkeit verfahren; sie muss ihre Beschränkung auf die Negation und den überlegenen Werth der positiven Synthese bescheiden anerkennen. Sie gleicht nicht der zeugenden Natur, sondern dem Gärtner, der die geilen Schösslinge abschneidet, damit die Bäume um so schöner wachsen. Eine von fester Basis ausgehende, stets von Kritik begleitete und geschützte synthetische Geistesarbeit ist Wissenschaft, und auf philosophischem Gebiet wird sie im Unterschied von Dogmatismus und Skepticismus Kriticismus genannt.

Was für ein philosophischer Standpunkt bei diesem methodologischen Kriticismus endlich herauskommen werde, kann erst die Geschichte der Zukunft lehren. Wenn ich mich dahin geäussert habe, dass der so durch den Kriticismus zu erringende Inhalt schon heute auf die Standpunkte des Naturalismus und des spiritualistischen Monismus einzuschränken sei, so ist das natürlich bloss eine subjective Ansicht, die Andersdenkende bekämpfen

---

Philosophen nicht darum vom Kriticismus ausgeschlossen werden, weil es etwa gelingt, ihm nachzuweisen, dass er einzelne Behauptungen ohne genügende Begründung aufgestellt habe.

mögen; wenn aber Vaihinger dieselbe als „ein Symptom einer vollständigen Verkennung der Situation und eine geradezu antiquirte Anschauung" herunterkanzelt, weil dabei der einzig mögliche dritte Standpunkt, der Kriticismus, vergessen sei (235), so beweist das nichts weiter, als dass er derselben Confusion methodologischer und inhaltlicher Standpunktsbezeichnungen verfallen ist, vor welcher er an derselben Stelle zu warnen sich gedrungen fühlt.

2. Die Aufgabe der Philosophie als Erklärung der Wirklichkeit.

Die **Aufgabe** der Philosophie präcisirt Vaihinger mit Lange dahin, erstens als negative Philosophie „zu zeigen, dass sie selbst als **Wissenschaft unmöglich sei**," und zweitens als positive Philosophie, „zwar Speculation zu sein, aber mit dem Bewusstsein, **nur Dichtung, nicht Wahrheit** zu geben" (18). Sehen wir von der später zu erörternden zweiten Bestimmung hier ab, da dieselbe keinenfalls mehr philosophisch oder wissenschaftlich genannt werden kann, so fällt sofort in die Augen, dass die Unmöglichkeit der Philosophie als Wissenschaft sich wohl **hintennach** als **Resultat** missglückter Versuche zum wissenschaftlichen Philosophiren herausstellen kann, dass es aber nimmermehr von vornherein als Aufgabe der Philosophie bezeichnet werden kann, ihre Unmöglichkeit zu erweisen. Wer mit der Absicht zu philosophiren anfängt, die Philosophie als Verirrung darzuthun, der beginnt nicht unbefangen, sondern vorurtheilsvoll, nicht kritisch, sondern dogmatisch. Es ist ja möglich, dass alle Philosophie mit ihrer Selbstzersetzung endet, wer aber dieses eventuelle Resultat schon in die **Aufgabe** der Philosophie, wo man doch das Ende noch nicht wissen kann, hineinlegt, der zeigt eben damit, dass er sich in einem Dogmatismus befindet, der darum nicht weniger dogmatisch ist, weil er zufällig einen negativen Glaubensinhalt hat.

Selbst wenn Vaihinger's Bestimmung der Philosophie im Resultat richtig wäre, so müsste doch die Bestimmung ihrer Aufgabe anders gefasst werden. Dies liegt auch sogar in seinem Wortlaut. Wäre die Aufgabe der Philosophie nichts weiter als der Nachweis ihrer Unmöglichkeit, so wäre sie ja wirklich vollendet, also nicht unmöglich; dass sie die Unmöglichkeit der Erfüllung ihrer Aufgabe zum Resultat haben soll, darin liegt schon, dass ihre Aufgabe eine andre sein muss als der Nachweis ihrer Unmöglichkeit, den sie ja thatsächlich geliefert haben soll.*) Vaihinger's Definition der Philosophie als Leistung fordert eine solche Bestimmung ihrer Aufgabe, welche zu erfüllen nach seiner Ansicht nicht möglich sein soll. Was aber nach seiner Ansicht unmöglich ist, das ist die Erlangung der Wahrheit (68), das Hindurchdringen zur wahren und eigentlichen Realität (55), und die Erklärung unserer empirisch gegebenen Wirklichkeit aus jener Sphäre einer höheren Realität. Dies also müsste auch Vaihinger als die Aufgabe der Philosophie betrachten, und damit die von mir gegebene Bestimmung über dieselbe sanctioniren. Diese Bestimmung ist nur der Ausdruck eines in unsrer Organisation thatsächlich gegebenen Bedürfnisses, und sie enthält nichts Dogmatisches in sich, da sie die Frage, ob die so gestellte Aufgabe unlösbar oder lösbar, beziehungsweise in welchem Grade sie lösbar sei, völlig offen lässt.**) Eine gebieterische Nothwendigkeit, die aus der Einrichtung unsers Intellects stammt, zwingt uns unablässig, uns um Erklärung der Wirklichkeit zu bemühen. Dieses Erklären oder sich klar Machen des Gegebenen hat aber drei Stufen: auf der ersten Stufe wird die Masse der uns überstürzenden Erfahrungen gesichtet und nach den Kategorien der Aehnlichkeit und Verschiedenheit geordnet; auf der zweiten werden die causalen, teleologischen und sonstigen Beziehungen zwischen den geordneten Erfahrungsobjecten aufgesucht; auf der dritten Stufe endlich werden die Beziehungen des gesammten Erfahrungsinhalts zu supponirten transcendenten Ursachen in Erwägung gezogen. Auf der ersten Stufe streben wir nach der Classification, auf der zweiten nach dem phänomenalen Zusammenhang der Erscheinung, auf der dritten nach ihrem Wesen; die erste Stufe heisst Kunde, die zweite Wissenschaft,

---

*) Man kann den Widersinn der Vaihinger'schen Aufgabebestimmung durch Zusammenstellung folgender Definitionen illustriren:

Wissenschaftlich ist diejenige Philosophie, welche die Unwissenschaftlichkeit der Philosophie behauptet.

Unwissenschaftlich ist diejenige Philosophie, welche die Wissenschaftlichkeit der Philosophie behauptet.

Diese Definitionen geben zugleich einen Anhaltspunkt, um im Sinne des Neukantianismus zu bestimmen, zu welcher von beiden Arten eine Philosophie gehören muss, welche auf dem Titel (z. B. eines Buches oder einer Zeitschrift) von sich behauptet, dass sie wissenschaftlich sei.

**) Dies verkennt Vaihinger auf S. 10 Z. 9—12.

die dritte Philosophie. Das Erklären auf der ersten Stufe ist noch Information, auf der zweiten wird es Orientirung, auf der dritten Verständniss. Wir können der Kunde nicht völlig Herr werden, die Classification der Dinge nach einem n a t ü r l i c h e n System nicht durchführen, ohne die Wissenschaft ihrer causalen und teleologischen Beziehungen zu Hülfe zu nehmen; wir können die Orientirung über die phänomenalen Zusammenhänge gar nicht ermöglichen, ohne auf die coordinirte transcendente Bedingtheit der Einzelerscheinungen zu recurriren. So fordert jede niedere Stufe des Erklärens die nächsthöhere, und das Erklären vollendet sich erst in der Philosophie.

„Begreifen," sagt Vaihinger (63), „heisst zurückführen auf die Ursachen," und die Aufgabe der exacten Wissenschaften sei, diese Ursachen innerhalb der Erfahrungswelt zu suchen;*) nur das unbegründete negative Dogma von der transcendenten Ungültigkeit und Bedeutungslosigkeit der Kategorien hindert ihn, anzunehmen, dass die Aufgabe der Philosophie sei, die Ursachen a u s s e r h a l b der Erfahrungswelt zu suchen. Hypothetisch und unwahrnehmbar ist auch in den exacten Wissenschaften ein grosser Theil der Ursachen, und gerade der wichtigste Theil derselben ist es durchweg; die h y p o t h e t i s c h e Beschaffenheit der transcendenten Erklärungen der Philosophie kann also keinenfalls ein Einwand gegen deren Wissenschaftlichkeit und Wahrheit sein.

Ob „die l e t z t e n Thatsachen der Wirklichkeit nicht mehr erklärbar sind" (24) oder doch, hängt davon ab, was man unter Wirklichkeit versteht; Vaihinger, der jede Möglichkeit eines Hinausgehens über die Welt der subjectiven Erscheinung leugnet, kann mit Wirklichkeit selbstverständlich nur die unmittelbare empirische R_alität des immanenten Bewusstseinsinhalts meinen. Nun ist aber eine immanente Causalität der subjectiven Erscheinungen unter einander ganz ausser Stande, eine orientirende Erklärung derselben zu liefern, die auch nur für die einfachsten praktischen Bedürfnisse ausreichte,**) und deshalb ist das Erklärungsbedürfniss schlechterdings

---

*) Wenn unter „Erfahrungswelt" hier die Welt der subjectiven Erscheinung verstanden werden soll, so ist dieser Satz grundfalsch.
**) Den Beweis hierfür habe ich geliefert in meiner „Krit. Grundl. des transcend. Realism.": V. „Transcendente und immanente Causalität," speciell S. 78—95. Gegen die dort geführte Argumentation hat die gesammte idealistische Schule Kants noch keinen Einspruch zu erheben versucht.

genöthigt, die Succession der subjectiven Erscheinungen aus der transcendenten Causalität von hypothetischen Dingen an sich zu erklären, welche einerseits unsere Sinne afficiren, und deren Veränderungen andererseits durch transcendente Causalität unter einander verknüpft sind. Diese für alle Subjecte gemeinsame Welt der raumzeitlichen causal verknüpften Dinge an sich ist in der That erst das Object der exacten (historischen und Natur-) Wissenschaften; aber die causalen Beziehungen dieser Dinge an sich würden sammt ihren sie beherrschenden Gesetzen wiederum als endlose Kette in der Luft schweben, wenn sie nicht auf transcendent-metaphysische Ursachen gegründet wären. Versteht man die letzten Hypothesen, zu denen so das Erklärungsbedürfniss führt, unter dem Ausdruck: „letzte Thatsachen der Wirklichkeit", dann sind dieselben in der That für mich ebenso wie für Vaihinger „nicht mehr erklärbar".

Weil Vaihinger die Sphäre der subjectiven Erscheinung hypothetisch zu überschreiten sich weigert, darum verschlägt er sich den einzigen Weg, sich in der Welt zu orientiren, darum muss er nothwendig bei dem Resultat anlangen, dass die empirisch gegebene Welt uns nicht nur schlechthin unerklärlich sei, sondern dass sogar die Beschaffenheit dieser Welt, oder unserer Organisation (von der jene abhängt), eine solche sei, dass wir bei jedem Versuch, uns in derselben zu orientiren, uns nothwendig in unlösbare Antinomien und allerwärts (auch in den Fundamentalbegriffen der exacten Wissenschaften) verborgene Widersprüche verfangen.

3. Der subjective Idealismus und seine Ueberwindung durch den transcendentalen Realismus.

Fragen wir nun nach dem Grund, warum Vaihinger die Erklärung der Erscheinungswelt durch transcendente Ursachen, welche die gewünschte Orientirung und Befreiung aus den Widersprüchen liefert, so entschieden perhorrescirt, so kommen wir wiederum auf ein dogmatisches Vorurtheil von gleichfalls negativem Inhalt. Dieses Dogma ist der Glaube an das Kant'sche Verbot eines transcendentalen Gebrauchs der Kategorien, oder anders ausgedrückt: die eingebildete Unmöglichkeit einer transsubjectiven Gültigkeit, Herrschaft und Bedeutung derselben. Wenn dieses Dogma in die Behauptung der nur oder bloss subjectiven Bedeutung der Kategorien eingekleidet wird (58), so verliert es nur scheinbar seine Negativität, denn diese steckt eben in dem Wörtchen „bloss", auf dem der ganze Schwerpunkt der Behauptung ruht. Diese Behauptung ist im negativen Sinne ganz ebenso dogmatisch, als der positive Glaube es ist, dass die Kategorien und Anschauungsformen *eo ipso*, unmittelbar und selbstverständlich eine keines Beweises bedürftige transcendentale Bedeutung hätten und haben müssten. Der eine negirt, der andere ponirt vom Standpunkt der Bewusstseinsimmanenz aus etwas, was jenseits derselben liegt, worüber also von diesem Standpunkt aus unmittelbar gar nichts ausgemacht werden kann.

Sowohl Kant wie die moderne Sinnesphysiologie haben durchaus nur für die s u b j e c t i v e Natur und Entstehung unserer Anschauungs- und Denkformen argumentirt, aber über die „b l o s s e" Subjectivität derselben haben beide mit den Mitteln, mit denen sie operirten, gar nichts ausmachen k ö n n e n. Jede entgegengesetzte Auffassung involvirt nicht nur ein thatsächliches und historisches Missverständniss, sondern documentirt auch eine wissenschaftliche Unklarheit über das Problem selbst. Alle Argumentationen der Idealisten führen nicht weiter als bis zur Zerstörung des oben genannten positiven Dogmas als unmittelbarer Wahrheit, und zur Constatirung, dass demjenigen, der über eine transcendentale Gültigkeit der subjectiven Formen eine mittelbar begründete Behauptung aufstellen will, d i e B e w e i s l a s t o b l i e g t.

Der Idealismus kann nur sagen: b i s z u e r b r a c h t e m B e w e i s e ist Niemand berechtigt, die transcendentale Gültigkeit der subjectiven Formen zu behaupten, und deshalb müssen wir bis zu erbrachtem Beweise des Gegentheils eine solche Annahme als u n- l e g i t i m i r t bekämpfen; aber niemals kann der Idealismus beweisen, dass eine solche transcendentale Gültigkeit überhaupt nicht bewiesen werden k ö n n e, oder dass dieselbe begrifflich oder factisch u n m ö g l i c h sei. Dergleichen zu beweisen ist nicht nur niemals versucht worden, es wäre auch ein solcher Versuch in sich w i d e r- s i n n i g, weil eben der Standpunkt der reinen Immanenz, auf den der Idealismus sich zurückgezogen hat, gleich unfähig zu negativen wie zu positiven Behauptungen über die transcendente Sphäre sein muss. Wer sich von jedem unkritischen Dogmatismus freihalten will, darf nur sagen: die einzige uns u n m i t t e l b a r gewisse Bedeutung der fraglichen Formen ist die s u b j e c t i v e, und wir wissen nicht, ob dieselben ausserdem eine transsubjective Bedeutung haben oder nicht, oder ob wir darüber jemals mittelbar etwas erkennen werden oder nicht. Dies allein ist kritisch gedacht, und nur diese Stellung durfte Vaihinger einnehmen, anstatt, wie Lange, mit den negativen Dogmatikern des subjectiven Idealismus einen Strang zu ziehen (vgl. S. 61).

Nun habe ich aber den verlangten mittelbaren Beweis erbracht. Er liegt mit zwei Worten darin, dass eine Orientirung in der Erscheinungswelt vom Standpunkt des subjectiven Idealismus unmöglich, vom Standpunkt des transcendentalen Realismus aber sehr wohl möglich ist, dass die innere Widersinnigkeit des ersteren (die Vaihinger vollständig zugiebt) zu einer Hypothese drängt, welche diesen Widersinn beseitigt und eine allseitig befriedigende Erklärung liefert. Diese bereits von Kant acceptirte Hypothese besteht in der Annahme positiver Dinge an sich, die unseren Erscheinungsobjecten correspondiren, und die Beschaffenheit der letzteren dadurch bedingen, dass sie unsre Sinnlichkeit mit einer transcendenten Causalität afficiren. Diese Hypothese findet ihre wissenschaftliche Legitimation darin, dass sie alles erklärt, worum es sich in der Erkenntnisstheorie handelt. Sie ist nicht nur von allen sonst denkbaren Hypothesen (Malebranche's und Berkeley's unmittelbare Einwirkung Gottes auf die Seele, Fichte's Selbstbestimmung des Ich, Leibniz's prästabilirte Harmonie im Vorstellungsablauf der Monaden) die relativ brauchbarste, sondern sie ist von allen die einzig annehmbare, weil eben alle andern das zu Erklärende nicht durch natürliche Ursachen begreiflich machen.

Diese Annahme ist kein Dogmatismus, kein unbegründetes Vorurtheil, kein naiver Glaube, sondern sie ist kritisch vermitteltes und wohlbegründetes Resultat. Sie ist keine apodiktische Behauptung, wie der dogmatische naive Realismus sie aufstellt, sondern eine hypothetische; sie leugnet nicht die Möglichkeit, dass es sich anders verhalte, sondern nur die Wissenschaftlichkeit und kritische Haltbarkeit einer anderweitigen Annahme bei dem gegenwärtigen Stande unserer Kenntnisse; sie prätendirt nicht gewisse, sondern nur wahrscheinliche Erkenntniss zu sein. Sie hat den Skepticismus nicht mehr zu fürchten, weil der Skepticismus nur dem Dogmatismus gegenüber eine Macht ist, aber nicht dem Kriticismus gegenüber. Sie geht eben aus der wissenschaftlichen Ueberwindung des Skepticismus hervor, und hat diesen ebenso hinter sich wie den Dogmatismus.

Vaihinger, der da meint, dass der Kriticismus eigentlich Skepticismus heissen sollte, hat natürlich für den von Kant angestrebten und von mir ausgeführten wahren Kriticismus kein Verständniss. Wenn ich im Angesicht der dargethanen Möglichkeit einer befriedigenden und widerspruchslosen Erklärung der Wirklichkeit durch obige Hypothese es für unkritisch erachte, auf dem Standpunkt der „theoretischen Resignation", d. h. der Verzweiflung an einer Erklärbarkeit und Verständlichmachung der Welt, eigensinnig zu verharren, so sieht Vaihinger in solcher echt kritischen Ueberwindung des unfruchtbaren Skepticismus verkehrter Weise einen neuen Dogmatismus, den er unkritisch schelten zu dürfen glaubt; wenn ich dagegen meinen ganzen positiven systematischen Aufbau in kritischer Besonnenheit für bloss hypothetisch oder problematisch erkläre, wenn ich insbesondere betone, dass alle Begründung des transcendentalen Realismus nur eine problematische Bedeutung habe, so liest Vaihinger darin das ehrenwerthe Geständniss, dass mein System nur ein „metaphysischer Roman" (76), und dass meine erkenntnisstheoretische Beweisführung „ungenügend" sei (223). Wenn ich überhaupt etwas Positives zu bieten wage, so genügt ihm dies, mich als Dogmatiker zu verschreien; wenn ich aber auf apodiktische Gewissheit verzichte, so verdreht er mir dies zu einem Geständniss der Unerwiesenheit meiner Positionen. So haut er rechts und links bei meiner wahren Stellung vorbei, weil er nichts davon weiss, dass der Kriticismus im Sinne seines Begründers wie im Geiste der Wissenschaft die höhere Synthese von Dogmatismus und Skepticismus ist.

Nirgends habe ich gesagt, was Vaihinger mir (76) in den Mund legt, „dass eigentlich für Idealismus und Realismus in der Erkenntnisstheorie gleich viele Gründe sprächen;" nirgends habe ich den transcendentalen Realismus auf den „Glauben" gestützt, dass die gütige Natur uns wohl nicht prellen werde, sondern allein auf den oben angeführten Gedankengang, wenn schon ich darauf aufmerksam gemacht habe, dass es als anderweitige Bestätigung und Bewährung des erhaltenen Resultats gelten könne, wenn in einer durchweg vernünftig und zweckmässig eingerichteten Natur auch unsere Erkenntnissinstincte sich als vernünftig und zweckmässig herausstellen. Da nun der Intellect die Erkenntniss zum Zweck hat, so würde es Niemand für vernünftig und zweckmässig halten, wenn unsere theoretischen oder intellectuellen Instincte darauf angelegt wären, unsern Erkenntnisstrieb durch unentrinnbare Illusionen zu prellen, ihm jede Wahrheit unerreichbar zu machen, und ihn statt dessen in unlösbare Widersprüche zu verstricken; in den praktischen Trieben dagegen werden alle instinctiven Illusionen als vernünftig und zweckmässig zu bezeichnen sein, welche dazu dienen, den Egoismus zu prellen und den Eigenwillen mit dem ihm zu Gebote stehenden Maass von Energie und Leistungsfähigkeit der universellen Vernunft und ihren Zwecken dienstbar zu machen. Vaihinger macht also einen sehr oberflächlichen und voreiligen Schluss, wenn er aus dem thatsächlichen Bestehen praktischer Illusionen die Wahrscheinlichkeit theoretischer oder intellectueller Illusionen folgern will (38, 133).

4. **Der Skepticismus und seine Ueberwindung durch den Kriticismus.**

Vaihinger gesteht zu, dass auch der nach seiner Meinung echte Kriticismus, d. h. der Skepticismus, sich der Thatsache nicht entziehen können, dass wir „vermöge unsrer Verstandeseinrichtung uns das Verhältniss so denken müssen, als ob es Dinge an sich gäbe, theils Geister, theils unbekannte Ursachen, aus deren Zusammenwirken die Welt der Erscheinung in uns entstehe," nicht aber sage er, dass es so sei.

Hiermit räumt er ein, dass das menschliche Denken, wenn es zum Verständniss seiner selbst gelangt ist (also die Confusion des naiven Realismus und die Verblendung des subjectiven Idealismus überwunden hat), durch seine Organisation darauf angelegt sei, die Welt vom Standpunkt des transcendentalen Realismus aus zu betrachten. In dieser Behauptung stimmt er mit mir ganz ebenso überein, wie in der einschränkenden Bemerkung, dass wir keineswegs wissen können, ob diese Annahmen, zu denen unser Verstand, d. h. unser vernunftgemässes Denken uns nöthigt, auch richtig seien, d. h. uns beiden bleibt die Möglichkeit offen, dass unser transcendentaler Instinct eine Illusion sei. Es handelt sich mithin bei der Frage nach der objectiven Wahrheit oder Unwahrheit unseres intellectuellen Instincts schlechterdings um eine einfache Alternative:

entweder transcendentaler Realismus oder absoluter Illusionismus, — entweder ist unsere Erscheinungswelt subjectives Abbild einer transcendenten Welt, oder sie ist schlechthin blosse Illusion, da sie uns eine solche doch vorspiegelt. Die Entscheidung kann eine dreifache sein: entweder der Realismus oder der Illusionismus wird als absolute Gewissheit in Anspruch genommen, oder es wird jeder von beiden als möglich zugestanden. Die ersteren beiden Fälle wären bei der Unbegründbarkeit einer solchen absoluten Gewissheit Rückfall in den Dogmatismus, die letztere Entscheidung ist der Uebergang zum Kriticismus. Vaihinger tritt mit mir der Entscheidung im letzteren Sinne bei, aber er fällt in den Skepticismus zurück, indem er bei der blossen abstracten Möglichkeit beider Seiten der Alternative stehen bleibt und auf eine Entscheidung über die grössere oder geringere Wahrscheinlichkeit derselben durch eigensinnige Wahlenthaltung verzichtet. Er geht aber noch weiter: er tadelt jeden, der seinen Standpunkt willkürlicher Verzichtleistung auf weitere Untersuchung nicht theilen mag, und verfällt in negativen Dogmatismus, wenn er jede Ermittelung über die grössere oder geringere Wahrscheinlichkeit der beiden Seiten der Alternative *a priori* für unmöglich erklärt.

Nun ist aber seine Ablehnung einer Wahl selbst ein ganz unhaltbarer Standpunkt; auf Orientirung in der empirisch gegebenen Welt freiwillig verzichten, heisst aufhören, Mensch zu sein. Ob der Mensch unter Umständen fähig ist, auf das **Handeln** zu verzichten, mag hier dahingestellt bleiben, dass er aber auf das Denken gar nicht verzichten **kann**, so lange er lebt, das kann keinem Zweifel unterliegen. Auf die nähere Untersuchung der Alternative verzichten, deren Entscheidung uns erst die Grundlage bieten kann zu einer Orientirung in der Welt, heisst aber: auf das Denken selber verzichten. Darum ist der Skepticismus in seiner Reinheit nur eine künstliche Fiction, die auf der unstatthaften Voraussetzung ruht, dass es dem Menschen möglich sei, vom Denken selber willkürlich zu abstrahiren; **der Gedanke im Stadium des Denkverzichts** ist eine abstracte Fiction ohne allen thatsächlichen Boden und ohne philosophischen Werth. Es **hat** noch keinen Skeptiker gegeben, der diesem abstracten Ideal des Skepticismus entsprochen hätte, und **wird** auch nie einen geben, weil es keinen geben **kann**. Auch Vaihinger ist ebenso wie Lange thatsächlich transcendentaler

Realist, hat also seine Entscheidung trotz seiner proclamirten Wahlenthaltung ebenso wie ich getroffen, was ich bald näher darthun werde. Dass ausserdem alle Skeptiker und subjectiven Idealisten ihr **praktisches** Verhalten so einrichten, als ob die Hypothese des transcendentalen Realismus objective Wahrheit wäre, braucht ebenso wenig besonders erwähnt zu werden, als dass sie bei den Folgen dieses Verhaltens die Voraussetzung, auf welche dasselbe gebaut war, noch niemals desavouirt gesehen haben.

Ist die Vaihinger'sche Wahlenthaltung ebenso unausführbar wie unwissenschaftlich, so haben wir festzuhalten, dass die Alternative lautet: transcendentaler Realismus oder absoluter Illusionismus. Da Vaihinger diese Alternative einräumt, so giebt er damit *eo ipso* zu, dass wenn die Wahrscheinlichkeit der einen Seite derselben $= \frac{1}{x}$ gesetzt wird, die der andern $= 1 - \frac{1}{x}$ sei, oder mit andern Worten, dass die Wahrscheinlichkeit 1 auf beide Seiten zu repartiren sei; — denn das ist der logische Sinn des Ausdrucks Alternative. Je geringer die Wahrscheinlichkeit der einen Seite wird, desto grösser wird die der andern. Gesetzt also, die Wahrscheinlichkeit, dass die subjective Erscheinungswelt ein Schein ohne Wesen, eine absolute Illusion sei, wäre der Null sehr nahe, so würde die Wahrscheinlichkeit des transcendentalen Realismus der Eins (oder Gewissheit) sehr nahe sein. Dies ist der Sinn der Vaihinger'schen Bemerkung, dass ich den absoluten Illusionismus „den philosophischen Kindern als Popanz vorzuhalten pflege" (38). Thatsächlich hat noch Niemand gewagt, den absoluten Illusionismus zu vertheidigen, ebenso wenig wie Jemand versucht hat, meine Behauptung zu widerlegen, dass der transcendentale Realismus die gegebene Welt der subjectiven Erscheinung erkläre, d. h. verständlich mache und von Widersprüchen befreie, — eine Behauptung, die Vaihinger „höchstens — ein Lächeln abgewinnen kann" (224). Ist die Aufgabe der Philosophie Erklärung des Gegebenen, so ist der Illusionismus ebenso wie der Skepticismus **Unphilosophie**, und nur Kriticismus ist wirklich Philosophie, insofern er als transcendentaler Realismus die Aufgabe der Philosophie für das Gebiet der Erkenntnisstheorie löst und erfüllt, und dadurch wenigstens den Boden bereitet, auf dem die weiteren Aufgaben der Wissenschaft, und speciell der Philosophie, in Angriff genommen werden können. Wenn dieses Resultat noch einer Bestätigung bedarf, so ist die Betrachtung der exacten Wissenschaften in ihren Beziehungen zur Philosophie geeignet, dieselbe zu liefern.

5. Die Naturwissenschaft als transcendentaler Realismus.

Die ganze moderne Naturwissenschaft — ja überhaupt die ganze moderne Wissenschaft — ist Wissenschaft nur unter der Bedingung, dass der transcendentale Realismus, unter dessen Schablone die Naturforscher die Welt denken, Wahrheit sei; dass dieselben zwar genöthigt seien, sie auf diese Weise zu denken, dass aber dies gar nichts damit zu thun habe, ob dem wirklich so sei, dieser Gedanke würde vermuthlich den Naturforschern höchstens — ein Lächeln abgewinnen. Die gesammten historischen und Natur-Wissenschaften fussen auf der Wahrheit des transcendentalen Realismus, und hören mit der objectiven Gültigkeit desselben auf, Wissenschaften zu sein, indem sie zu subjectiven Begriffsdichtungen ohne alle objective Bedeutung herabsinken, an denen nur unphilosophische Kinder sich ergötzen können. Deshalb muss ich mit voller Schärfe aufrecht erhalten, was ich anderwärts gesagt habe,*) dass überhaupt nur die transcendentalen Realisten unter den Philosophen mit der Naturwissenschaft im Einklang sein können, aber niemals subjective Idealisten wie Lange, oder subjectivistische Skeptiker, wie Vaihinger einer sein will. Der transcendentale Realismus ist der unerlässliche gemeinsame Boden, um überhaupt von irgendwelcher Uebereinstimmung mit der Naturwissenschaft reden zu können, mag dieselbe nun eine grössere oder geringere sein. Ohne diesen gemeinsamen Boden können alle sonstigen wörtlichen Uebereinstimmungen nur den falschen Schein einer sachlichen Uebereinstimmung erwecken, insofern dieselben Worte von den Philosophen idealistisch, von den Naturforschern realistisch verstanden werden. Darum beruht Lange's

---

*) Krit. Grundl. d. transc. Real. S. 90—95; Phil. d. Unb. 7. Aufl. Bd. I. S. 462—465 u. 449—451. Wenn Vaihinger die erstere Stelle „logisch das Schwächste in dem sonst so ungemein scharfsinnigen Buche" nennt, so finde ich darin ebenso wenig eine Widerlegung, als wenn er meine berechtigte und gebotene **Abwehr** gegen Lange's mehr als „bissige" Angriffe zu einer „**Vergeltung**" erniedrigt.

ganze Prätension einer Uebereinstimmung mit der Naturwissenschaft auf reiner Erschleichung, durch die leider auch viele Naturforscher sich haben täuschen lassen.

So gewiss die moderne Naturwissenschaft Lange's und meine Ansicht unterstützt, dass die Anschauungs- (und Denk-) Formen subjectiven Ursprungs seien, so gewiss perhorrescirt sie mit mir die Annahme Lange's, dass durch den subjectiven Ursprung dieser Formen ihre Gültigkeit und Bedeutung auf die „bloss" subjective Sphäre des Bewusstseinsinhalts eingeschränkt würden, weil dieses negative Dogma jeder Begründung entbehrt und dem kritischen oder transcendentalen Realismus widerspricht.*) Die Naturwissenschaft giebt also eine „Rechtfertigung des Kantianismus" (56) gerade nur insoweit, als auch ich Kantianer bin, d. h. als die Wahrheit des subjectiven Idealismus zum aufgehobenen Moment im transcendentalen Realismus herabgesetzt ist, aber keineswegs der einseitig idealistischen Schule des Kantianismus, die sich völlig von der Naturwissenschaft, überhaupt von den Realwissenschaften und dem ganzen realistischen modernen Bewusstsein entfernt.

Die Naturwissenschaft ist nur deshalb Wissenschaft, weil sie das Wirkliche, die gegebenen Erscheinungen erklärt; ihre Erklärungen aber betreffen ausschliesslich transcendente Ursachen, deren Beziehungen unter einander und auf unsere Sinne. Wer der Naturwissenschaft die transcendente Causalität abschneidet, macht ihr das Erklären der gegebenen Wirklichkeit unmöglich; wer das Erklären der Wirklichkeit für unmöglich erklärt, hebt damit nicht nur die Möglichkeit der Philosophie, sondern auch der Naturwissenschaft als Wissenschaft auf. Wer dem menschlichen Erkennen nicht bloss die Fähigkeit abspricht, zur Wahrheit, sondern auch diejenige, zur Wahrscheinlichkeit zu gelangen (68), der negirt damit nicht bloss die Philosophie, sondern die Wissenschaft schlechthin. Ursachen innerhalb der subjectiven Erscheinungswelt, d. h. innerhalb des Bewusstseinsinhalts aufzusuchen (63), ist lediglich Aufgabe der Psychologie, nicht der Physik; da aber ohne vorherige Orientirung in der objectiven Welt auch keine Psychologie möglich ist, so ist auch hier jeder Faden abgeschnitten. Es ist nicht mehr ersichtlich,

---

*) Vaihinger befindet sich bei der Behandlung dieser Frage mitten in der Confusion der Idealisten zwischen „Subjectivität" und „blosser Subjectivität" (216).

inwiefern Ursachen, die innerhalb der Erfahrung liegen, einen Vorzug haben sollen vor solchen ausserhalb derselben (63), wenn doch die ganze Erfahrung nur ein *phaenomenon* ist, das man keineswegs mit Leibniz *bene fundatum* nennen kann (59), wenn die ganze Welt der Erfahrung nur ein Product der subjectiven Geistesthätigkeit, des Geistes ureigne Schöpfung ist, und nur durch Illusion für ein von aussen gegebenes Resultat gehalten wird (59).

Als intellectueller Instinct ist die Causalität durchaus nur in ihrer t r a n s c e n d e n t e n Bedeutung unsrer Organisation eingepflanzt, und Vaihinger selbst giebt dies zu (67 oben). Zu behaupten, dass wir einen Instinct hätten, unsere immanenten Vorstellungen causal auf einander zu beziehen, ist eine idealistische Verdrehung der Thatsachen, welche sich durch den Unsinn, der bei jedem Versuch einer Durchführung dieser immanenten Causalität zu Tage kommt, bestraft; nur die instinctiv supponirten Dinge an sich, welche uns durch unsre Vorstellungsobjecte für das Bewusstsein repräsentirt werden, sind wir durch unsre Organisation instinctiv genöthigt, in ihren Veränderungen causal auf einander zu beziehen. Wenn aber dieser Instinct uns keine Wahrheit bietet, wenn die Causalität die transcendentale Bedeutung, die sie uns instinctiv vorspiegelt, nicht besitzt, wenn sie mit andern Worten eine Illusion ist, dann ist auch der ganze vermeintlich wahre Wissenschaftsbau, das ganze Weltbild, das die Naturwissenschaft auf dem Fundament dieses trügerischen Instincts aufführt, ein wahrheitsloses Phantasiegebilde, eine Begriffsdichtung ohne objective Bedeutung, genau in demselben Sinne, wie die Philosophie nach Lange eine solche ist, — dann hat es aber auch keinen Sinn mehr, die Naturwissenschaft als e x a c t e Wissenschaft der Philosophie gegenüberzustellen, und aus dem Vorzug der Exactheit der Erfahrungswissenschaft Rückschlüsse auf den Vorzug der innerhalb der Erfahrung aufgesuchten Ursachen zu machen (63).

6. Die Versöhnung zwischen Philosophie und Naturwissenschaft.

Vom Standpunkt des subjectiven Idealismus verschwindet jeder Vorzug der Wissenschaftlichkeit, den Lange und Vaihinger ganz mit Unrecht der Causalität vor der Teleologie zuschreiben. Ist ihnen gleich die Teleologie „eine rein subjective Kategorie" (115), so gilt doch genau dasselbe auch für die Causalität; entbehrt die

Zweckvorstellung der transcendentalen Bedeutung, so ist das bei der Vorstellung der realen Ursache nicht minder der Fall; duldet die Kategorie der Causalität nichts anderes neben sich, und will sie Alleinherrscherin sein (64), so lässt sich dasselbe von der Teleologie mit gleichem Recht behaupten. Vaihinger kann daraus nur das folgern, dass Causalität und Teleologie eine der ursprünglichen, unlösbaren Antinomien unsrer Organisation bilden, deren beide Seiten gleiches Recht an uns haben, und deren keine gegen die andere zurückgesetzt werden darf, die uns aber beide mit der Vorspiegelung, uns Wahrheit zu vermitteln, in gleicher Weise täuschen. Eine causale Erklärung lässt die teleologische Beziehung unbegriffen, und eine teleologische Erklärung lässt die causale Vermittlung unverstanden; eine causale Erklärung ist keine teleologische Erklärung und eine teleologische Erklärung ist keine causale Erklärung, aber beide sind Erklärungen, insofern sie uns über Beziehungen orientiren, welche anzuerkennen wir durch unsre Organisation genöthigt sind.

Beschränkt sich nun eine Specialwissenschaft, wie z. B. die Naturwissenschaft, auf die Untersuchung causaler Beziehungen, so muss sie natürlich über eine teleologische Erklärung das Urtheil abgeben, dass das keine naturwissenschaftliche Erklärung sei; mit demselben Recht wird aber eine andre Wissenschaft, z. B. die Philosophie, welche sich die Aufgabe stellt, die Welt nach allen Richtungen zu verstehen, über eine causale Erklärung der Naturwissenschaft das Urtheil abgeben, dass damit für das philosophische Verständniss der fraglichen Erscheinung noch wenig oder gar nichts gewonnen sei. Wenn es eine Philosophie gäbe, welche jede causale Erklärung als wissenschaftlich völlig werthlos, also als keine Erklärung, zurückwiese, dann würde nach Lange's Principien das Recht zwischen einer solchen Philosophie und der antiteleologischen Naturwissenschaft gleich vertheilt sein; sie würden als wissenschaftliche Disciplinen die angebliche Antinomie unsrer geistigen Organisation getreu wiederspiegeln.

Eine solche Philosophie giebt es aber nicht. Nur die Naturwissenschaft hat sich in einem Theil ihrer Vertreter zu der unbesonnenen Einseitigkeit hinreissen lassen, der teleologischen Erklärung jedes Recht abzusprechen; die Philosophie dagegen hat sich stets soviel kritische Besonnenheit bewahrt, die relative Bedeutung, ja sogar die Unentbehrlichkeit der causalen Erklärung zuzugeben, wenn sie auch meist ihre Unzulänglichkeit und Ergänzungsbedürftigkeit betonte. Wenn Lange und Vaihinger sich zu Schleppenträgern jenes unbesonnenen Theils der Vertreter der Naturwissenschaft hergeben, so schlagen sie damit nicht nur, wie gezeigt, ihren eigenen Principien in's Gesicht, sondern sie fördern auch nicht einmal die Versöhnung von Naturwissenschaft und Philosophie, wie ihre Absicht ist. Wenn die Philosophie zum Selbstmord schreitet, um ihren Thron für die Naturwissenschaft vacant zu machen, so ist das eben keine Versöhnung zweier Streitenden mehr; wenn aber die Naturwissenschaft eine Philosophie belobigt, die sich freiwillig beerdigt, so triumphirt sie zu früh, da die Principien dieser Philosophie, wie gezeigt, gleich vernichtend für die Naturwissenschaft wie für die Philosophie sind. Vielleicht aber findet Vaihinger seinen classischen Begriff der „negativen Versöhnung" gerade an diesem Beispiel in idealer Weise realisirt: die negative Versöhnung zwischen Philosophie und Naturwissenschaft bestände danach darin, beide für gleich unmöglich zu erklären. Ich bezweifle nur, dass die Naturwissenschaft sich für eine solche Versöhnung mit der Philosophie dankbar erweisen wird.

Die positive Versöhnung hingegen müsste darin bestehen, dass man erstens die Naturwissenschaft in ihrer Beschränkung auf causale Zusammenhänge als berechtigtes und unentbehrliches Glied der gesammten Erkenntniss anerkennt, und zweitens die fragliche Antinomie zwischen Causalität und Teleologie, durch welche die Naturwissenschaft ihrerseits sich von der Anerkennung der Philosophie abhalten liess, als eine bloss scheinbare darthut, indem man sie durch die Aufstellung ihrer höheren Synthese (der logischen Nothwendigkeit) löst. Diesen Weg habe ich eingeschlagen und an verschiedenen Orten zu begründen versucht.

Vaihinger hat von diesen Bestrebungen in seiner Schrift keine Notiz genommen; vielmehr behauptet er, ohne jede Begründung, was ich anderwärts*) bereits ausführlich widerlegt habe, dass die transcendente Gültigkeit der Zweckvorstellung eine Durchbrechung des (von mir ausdrücklich anerkannten) Gesetzes der Erhaltung der Kraft involviren würde (103, 115), und decretirt lediglich auf diese

---

*) „Wahrheit und Irrthum im Darwinismus" Cap. VII. S. 166—174, und Phil. d. Unb. 7. Aufl., Bd. I. S. 393—396.

unbegründete und unzutreffende Behauptung gestützt, dass meine Teleologie „der Naturwissenschaft in's Gesicht schlage" (71). Er behauptet ferner, dass ich das Princip der Lebenskraft *in optima forma* wieder einführe (82), während ich ausdrücklich erkläre, dass „L e b e n s k r a f t" für die organisirende Thätigkeit des Unbewussten eine ganz unpassende Bezeichnung sei, weil keine Kraft im Sinne der Mechanik dabei ausgeübt, also auch keine nach mechanischen Aequivalenten messbare Arbeit dabei geleistet werde (115). Er verkennt eben, dass alle m e c h a n i s c h e A r b e i t bei mir rein von den A t o m e n geleistet wird, während die organisirenden Functionen des Unbewussten nur für die Art und Weise, für die F o r m, in der die mechanischen Atomkräfte cooperiren, mitbestimmend wirken; nur weil er gar nicht versteht, dass alle höheren Functionen des Unbewussten nichts weniger als mechanische Kraftgrössen repräsentiren, kann er sich darüber wundern, dass diese „unbewussten psychischen Actionen ohne entsprechenden Kraftverbrauch vor sich gehen sollen ohne den Aufwand einer äquivalenten mechanischen Arbeit" (85). Grade diese Verwunderung hätte es ihm nahe legen sollen, seinen unzutreffenden Vorwurf einer Durchbrechung des Gesetzes der Erhaltung der Kraft nochmals zu überdenken. Zwischen einer sich ihrer Grenzen bewussten Naturwissenschaft und meiner Philosophie besteht keinerlei principielle Differenz mehr; eine Naturwissenschaft aber, die sich als Specialität und mit ihren specialistischen Schranken an die Stelle der Wissenschaft schlechthin setzen will, eine solche sich überhebende Naturwissenschaft, kann es nicht mehr die Aufgabe der Philosophie sein, zu versöhnen, sondern zur Raison zu bringen.

7. Der Kriticismus als Identitätsphilosophie.

Nach diesen Erörterungen ist die Frage nicht schwer zu beantworten, ob Lange seine Absicht einer Verschmelzung des Materialismus und subjectiven Idealismus erreicht habe. Materialismus und subjectiver Idealismus sind eben Gegensätze, die sich schlechterdings ausschliessen und keine Versöhnung zulassen. Alles, was gegen den Confusionismus dieser Vereinigung bei Schopenhauer geltend gemacht ist (am nachdrücklichsten von Moritz Venetianer in seinem Werk: „Schopenhauer als Scholastiker"), bleibt auch gegen Lange gültig. Der Materialismus setzt die Materie als Princip, und ist deshalb nur unter der Voraussetzung einer realistischen Erkenntnisstheorie möglich, welche die Annahme einer unabhängig vom Bewusstsein real seienden Materie zulässig macht; die idealistische Erkenntnisstheorie dagegen führt nothwendig zum Spiritualismus, da sie die Materie zur subjectiven Erscheinung für das Bewusstsein und damit zu einem Product des Geistes herabsetzt. Dem Materialismus gilt der Geist als eine aus dem Mechanismus der materiellen Elemente resultirende Erscheinung; dem subjectiven Idealismus dagegen ist die Materie nichts als eine aus dem psychologischen Process resultirende Erscheinung. Wer beides festhalten will, setzt die Materie wie den Geist als die Wirkung einer Ursache, deren Ursache sie zugleich sein soll. Es giebt aus diesem Confusionismus nur drei Auswege: entweder man hält den Materialismus fest und lässt den subjectiven Idealismus fallen, oder man hält den subjectiven Idealismus fest und lässt den Materialismus fallen, oder man setzt beide zu aufgehobenen Momenten im transcendentalen Realismus herab.

Vaihinger schreibt auf S. 58: „Lange behauptet, dass alle, auch die höchsten psychischen Functionen auf einem physischen Mechanismus beruhen. Dies klingt materialistisch. Allein gewöhnlich vergisst man den Nachsatz, dass ja auch dieser ganze physische Mechanismus nur unsere Vorstellung ist, gebildet auf Grund unbekannter Ursachen. Hier schlägt also der Materialismus in Idealismus um." Auf derselben Seite oben sagt er ferner, dass jener mechanische Vorgang nur zunächst als etwas Aeusserliches gelte, „bei tieferer Betrachtung aber selbst auch nur als subjectiv erkannt werde." Hier steht der Lange'sche Confusionismus noch in voller Blüthe. Ist der mechanische Vorgang, auf dem mein Vorstellen beruhen soll, nur etwas Subjectives, nur meine Vorstellung, so soll das Product meiner Geistesthätigkeit zugleich deren Grundlage, Bedingung oder Voraussetzung sein. Dieser Confusion wird erst dann abgeholfen, wenn unzweideutig anerkannt wird, dass es grundfalsch ist, zu sagen, die subjective Erscheinung des mechanischen Vorgangs habe mit der psychischen Function irgend eine directe Beziehung, und wenn eingestanden wird, dass eine solche Beziehung höchstens zwischen den unbekannten transcendenten Ursachen einerseits unserer subjectiven Erscheinung und andererseits unsrer bewussten psychischen Function angenommen werden könne. Die letztere Annahme ist aber der Uebergang vom subjectiven Idealismus zum transcendentalen Realismus, und Vaihinger selbst sieht sich zu diesem Schritt unabwendlich hingedrängt, indem er sich bemüht, den Lange'schen Confusionismus zu berichtigen. Er erkennt ausdrücklich an, dass die mechanische Causalreihe und die psychologische Reihe ganz getrennt von einander zu halten sind, dass dieselben für uns gar nichts mit einander zu schaffen haben, und dass keinerlei Uebergang oder Causalzusammenhang zwischen denselben stattfindet (118—119). Damit ist die Lange'sche Auffassung, dass die psychologischen Functionen im materialistischen Sinne auf mechanischen Vorgängen im Gehirn beruhen, allerdings in stringenter Form widerrufen, zugleich aber auch der **Dualismus von Materialismus und Spiritualismus** (mechanischer und psychologischer Reihe) wiederhergestellt. Will Vaihinger als Skeptiker bei der Behauptung, dass „das Verhältniss beider Reihen uns **unerklärlich** sei" (118), als bei einem Letzten stehen bleiben, so erklärt er damit auch den Dualismus von Materialismus und Spiritualismus für **unüberwindlich**, für eine nothwendige und unlösbare Antinomie; will er aber über diesen von, ihm verpönten Dualismus hinaus, so kann er dies nur durch die von ihm noch mehr verpönte (67) Identitätsphilosophie.

Die Identitätsphilosophie kann in doppelter Weise verstanden werden, je nachdem man die Identität von Denken und Sein im Sinne des subjectiven Idealismus oder im Sinne des transcendentalen Realismus fasst. Ist nämlich Vaihinger's subjectivistisches Dogma richtig, „dass es unserm Denken gar nicht möglich ist, zur Realität zu gelangen" (55), oder „das eigentlich seiende, supponirte Object herauszuschälen" (56), dann giebt es keine andere Realität mehr für uns als die empirische, kein anderes Sein mehr als das der subjectiven Erscheinung, dann ist „Sein = Vorgestelltwerden" oder Sein und Denken sind **unmittelbar identisch**. Ist dagegen das subjectivistische Dogma unhaltbar, sind „Erscheinung und Wesen", „Vorstellungsobject und Ding an sich", nicht bloss subjective Kategorien, sondern Begriffe von objectiver Gültigkeit und transcendenter Wahrheit, dann und nur unter dieser transcendental-realistischen Voraussetzung — „sind diese beiden parallelen Reihen **in der Welt der Dinge an sich identisch**" (118). Die erstere

Auffassung würde den absoluten Illusionismus inauguriren, wie die letztere den transcendentalen Realismus installirt; indem Vaihinger die letztere für „höchstwahrscheinlich" erklärt, erkennt er mittelbar zugleich den transcendentalen Realismus als höchstwahrscheinlich an, widerruft also seinen negativ-dogmatischen Subjectivismus ebenso wie seinen Skepticismus, und tritt auf den von mir vertretenen und von ihm so hartnäckig bekämpften Standpunkt hinüber. Er behauptet nun weder mit dem Materialismus, dass der mechanische Process der Materie den Geistesfunctionen zu Grunde liege, noch mit dem subjectiven Idealismus, dass die subjective Geistesfunction der Erscheinung der Materie zu Grunde liege, sondern er statuirt mit dem transcendentalen Realismus „ein unbekanntes Drittes, das eben sowohl den materiellen wie den geistigen Erscheinungen zugleich zu Grunde liegt" (22).

Indem er diese Anschauungsweise ausdrücklich als diejenige des **Kriticismus** hervorhebt (22), erkennt er an, dass mein Standpunkt Kriticismus sei, und sein Skepticismus es nicht sei; indem er „Geistiges und Materielles als verschiedene Erscheinungsweisen **eines und desselben** Dritten fasst" (124), giebt er zu, dass beide nur der Erscheinung nach verschieden, dem Wesen nach aber identisch seien (vgl. S. 118 Z. 13—5 von unten) und dass Schelling mit seiner zu **Spinoza** zurückkehrenden und „Kant mit Spinoza verbindenden" Identitätsphilosophie auf dem richtigen Wege war, — nur dass er „Lange" statt „Schelling" sagt (124). Ist es aber „höchstwahrscheinlich", dass wir mit diesem identischen Wesen der äussern und innern Erscheinung, des Daseins und Bewusstseins, das wahrhaft Seiende ergriffen haben, welches die transcendente Ursache nach der subjectiven wie nach der objectiven Seite auch für die Entstehung unserer Wahrnehmungen bildet, so sind wir ja mitten drin in der positiven Speculation, welche selbst als bloss „wahrscheinliche" von Vaihinger perhorrescirt wurde. Ist dies Kriticismus, so ist eben auch der Skepticismus kein Kriticismus, und es fragt sich nur, ob wir beim ersten Schritte stehen bleiben dürfen.

Soll das „unbekannte Dritte" den materiellen mechanischen Vorgängen wie den psychischen Functionen, und zwar den ersteren als transcendente Ursache im objectiven Sinne, den letzteren als transcendente Ursache im subjectiven Sinne, „zu Grunde liegen", so muss es nothwendig von derjenigen Beschaffenheit sein, dass es so verschiedenartige Wirkungen erzielen kann, dass es z. B. dem mein Gehirn secirenden Anatomen als mechanischer Nervenprocess, mir aber als Empfindung erscheinen kann. Nun erscheint es aber mir unmittelbar, dem Anatomen dagegen nur mittelbar, nämlich vermittelt durch die Vorstellungen, welche sein Gehirnwesen auf Grund der von dem meinigen empfangenen Affection producirt. Dies lässt schon vermuthen, dass die innere Erscheinung der Empfindung dem Wesen näher steht als diejenige subjective Erscheinung, welche wir äussere nennen; die Empfindung berührt so zu sagen unmittelbar das empfindende Wesen, die Wahrnehmung aber steht nur in mittelbarem Connex mit dem wahrgenommenen Wesen. Hieraus lässt sich zweierlei entnehmen: erstens dass das Wesen mit der psychischen Erscheinung enger verwandt sein wird, als mit dem „mechanischen Vorgang", und zweitens, dass wir auch das Mittelglied nicht vernachlässigen dürfen, durch welches z. B. mein Gehirnwesen mit der Vorstellung des Anatomen von meinem Gehirn verbunden wird, nämlich die transcendente Causalität, mit welcher mein Gehirnwesen auf das Gehirnwesen des dasselbe secirenden Anatomen afficirend einwirkt. Dieses Mittelglied wird von der idealistischen Schule ebenso vernachlässigt, wie es übersehen wird, dass das „unbekannte Dritte" mit der psychischen Function in einer engeren Verwandtschaft steht als mit dem mechanischen Vorgang.

Die Summe der Mittelglieder nun, durch welche mein Gehirnwesen mit dem Bewusstsein aller möglichen Beobachter in Beziehung tritt, die Summe aller transcendent-causalen Einwirkungen, welche es sowohl auf die Sinne der Beobachter als auf alle übrigen Wesen im Universum übt, nenne ich seine objective Erscheinung. Erscheinung nenne ich sie, weil in ihr erst das Wesen aus seinem Ansichsein heraustritt, also sich manifestirt; objective Erscheinung aber nenne ich sie im Gegensatz zu den subjectiven Erscheinungen, welche die Gehirnwesen anderer Beobachter produciren, wenn sie von diesen Einwirkungen afficirt werden. Was also durch die subjective Erscheinung im Bewusstsein nachgebildet oder repräsentirt wird, ist nicht sowohl das Wesen als solches, welches ja unräumlich und unzeitlich in Ruhe verharrt, sondern die Summe seiner Manifestationen, oder wie ich es nenne, die objective Erscheinung. Darum ist die objective Erscheinung das transcendente Correlat des Wahrnehmungsobjectes, oder das Ding an sich; nicht aber gilt dies vom

Wesen selbst, welches in ruhender Einheit als Substanz verharrt, während es in einer Vielheit von objectiven Erscheinungen sich manifestirt.*)

Die objective Erscheinung ist Erscheinung des Wesens, auch wenn kein wahrnehmendes Subject vorhanden ist, welches durch sie afficirt und zur Production einer subjectiven Erscheinung angeregt wird; sie ist schon dadurch Erscheinung des Wesens, dass sie auf andere objective Erscheinungen einwirkt, auch wenn dieselben einer Subjectivität entbehren sollten. Wesen und objective Erscheinung verhalten sich genau wie Kraft und Kraftäusserung; die Kraft äussert sich, oder gelangt zur Erscheinung, sobald andere Kräfte da sind, mit deren Aeusserungen sie collidiren kann, gleichviel ob Jemand da ist, der dieses objective Spiel der an einander zur Erscheinung kommenden Kräfte subjectiv wahrnimmt oder nicht. Als eines, absolutes Subject genommen, erscheint das Wesen dadurch, dass seine Totalfunction sich in sich in eine Summe von Partialfunctionen gliedert, welche mit einander in Collision sind. Es erscheinen also die Partialfunctionen des absoluten Wesens im objectiven Sinne an einander, ohne dass sie deshalb auch schon dem Wesen als solchen im subjectiven Sinne erschienen.

Dies alles hat Vaihinger gar nicht verstanden (37); er verdreht meinen Ausdruck „objective Erscheinung" hartnäckig in den völlig widersinnigen Ausdruck: „objectiver Schein", und wundert sich dann über den Widersinn, den er mir aufgebürdet (225). Schein ist eine Erscheinung, welche Erscheinung eines Wesens nur zu sein scheint, ohne es wirklich zu sein; der Schein kann also seinem Begriff nach niemals objectiv sein, sondern nur aus dem Subject stammen. Erscheinung dagegen ist das Heraustreten des Wesens aus der reinen Wesenheit in's Werden, aus dem Uebersein in das wirkliche Sein, oder aus dem metaphysischen Sein in's Dasein, also ein völlig objectiver Vorgang. Jenseits der objectiven Erscheinung ist kein reales Dasein mehr (wie Vaihinger mir irrthümlich unterstellt [40]), sondern nur Uebersein oder Wesen; die Wirklichkeit liegt nur im Wirken, d. h. im objectiven Erscheinen. Realität und Phänomenalität im

---

*) Es ist also ein Irrthum Vaihinger's, wenn er mir hinter der subjectiven und objectiven Erscheinungsreihe noch eine dritte Reihe, „eine wahre Wesensreihe im metaphysischen Sein" zuschreibt (36).

objectiven Sinne sind daher stricte Wechselbegriffe, und Vaihinger's Düfteln und Deuteln an der Realität meines transcendentalen Realismus (33, 39—40) ist ebenso verkehrt wie sein mir octroyirter Musterbegriff des „objectiven Scheins".

8. Der Kriticismus als Philosophie des Unbewussten und Psychismus.

Sagt nun Vaihinger wirklich gar nichts aus über das Wesen? Ist es ihm ein völlig unbekanntes? Doch wohl nicht, denn er nennt es ja das „unbekannte Dritte". Ein Drittes wäre es aber nicht, wenn es mit dem Ersten oder Zweiten identisch wäre. Der Kriticismus fiele in Materialismus zurück, wenn er das Dritte selbst als materiell setzte; er fiele in anthropomorphischen Spiritualismus zurück, wenn er es als bewusst setzte. Wenn Materie und Bewusstsein Erscheinungen des Dritten sein sollen, so muss das Dritte, sofern es noch nicht als Erscheinung, sondern als Wesen genommen wird, ein immaterielles Unbewusstes sein, oder der Kriticismus muss einerseits Immaterialismus, andrerseits Philosophie des Unbewussten sein. Dieses Resultat liegt in Vaihinger's Worten, ich lege es nicht hinein. Vaihinger kommt also genau auf meinen Standpunkt heraus, den er aus baarem Missverständniss bekämpft. Die Philosophie des Unbewussten ist die höhere Synthese des Materialismus und anthropomorphischen Spiritualismus.

Dass mir das Unbewusste als Wesen immateriell ist, giebt Vaihinger keinen Grund, meinen Staudpunkt als Spiritismus zu verhöhnen (85), da er mit dem seinigen in dieser Hinsicht identisch ist. Weit mehr Grund hätte ich, ihn als Spiritisten zu denunciren; denn er leugnet ja die reale Materie und lässt nur einen subjectiven Schein derselben gelten, behauptet also, dass der geistige Process ohne das Correlat eines realen materiellen Processes vor sich gehe. Nach meiner Ansicht kann das Unbewusste gar nicht actuell sein, ohne sich *eo ipso* reell zu materialisiren und kann das individuelle Bewusstsein nur resultiren aus einem realen materiellen Organismus und dessen mechanischen Processen; nach Vaihinger dagegen besteht die Welt aus einer Anzahl von individuellen Bewusstseinen mit unbewusst psychischen Hintergründen, aus denen unter anderm für jedes der Bewusstseine auch der Schein eines materiellen Processes ausstrahlt. Nach mir verkehren die verschiedenen Bewusstseine durch die Vermittelung der transcendenten Causalität einer einzigen, für alle gemeinsamen, objectiv-realen, materiellen Welt; nach Vaihinger sind alle Vorstellungen der Bewusstseine über solche transcendente Vermittelung untereinander nur subjectiver Schein ohne objective Wahrheit, und es kann demnach unter den verschiedenen Bewusstseinen nur entweder gar keine, oder eine mystisch-magische directe Beziehung bestehen. Ich dächte doch, das wäre Spiritismus von der klobigsten Sorte, während mein Standpunkt dem Spiritismus, d. h. dem Glauben an die Existenz reiner Geister, oder körperloser Bewusstseinsindividuen, so fern wie möglich steht. Es ist dabei ganz einflusslos, wenn Vaihinger sich zu einer „Psychologie ohne Seele" bekennt (119); denn mag man über den substantiellen Träger der psychischen Functionen denken wie man wolle, so kann doch kein Mensch bestreiten, dass das Leben eines individuellen Bewusstseins ein bewusster Individualgeist genannt werden darf und muss.

So wenig es der Frage, was ein geistiges Individuum seinem Wesen nach sei, präjudicirt, wenn wir die Summe der bewussten psychischen Functionen, die zu einem Bewusstsein gehören, unter dem Collectivnamen Geist zusammenfassen, so wenig greift es der metaphysischen Untersuchung des Problems, was die Seele sei, vor, wenn wir die Summe der unbewussten psychischen Functionen, welche den Hintergrund eines Bewusstseins bilden, unter dem Collectivnamen der unbewussten Psyche vereinigen. Vaihinger erkennt an, dass unser Bewusstseinsinhalt durchweg aus unbewussten psychischen Processen resultirt, die sich nach bestimmten Gesetzen vollziehen (so z. B. für den Raum S. 59—60); er erkennt damit an, dass die Summe dieser unbewussten psychischen Processe einerseits den bewussten psychischen Functionen und andrerseits der äusseren materiellen Erscheinungsreihe zu Grunde liegt. Das beiden Reihen „zu Grunde Liegende" aber ist ja das gesuchte „unbekannte Dritte", und es passen beide für letzteres ermittelten Merkmale: die Immaterialität und die Unbewusstheit, vollkommen auf diese unbewussten psychischen Processe. Vaihinger wird also nicht umhin können, die Identität der unbewussten Psyche mit dem „unbekannten Dritten" einzuräumen, d. h. zuzugestehen, dass der Kriticismus *eo ipso* Psychismus ist, was ich immer behauptet habe, und was er bei mir so hartnäckig bekämpft.

Die unbewussten psychischen Functionen müssen, um sowohl die äussere als die innere Erscheinung hervorbringen zu können, dasjenige sein oder besitzen, was in beiden sich offenbart, nämlich einerseits Activität, Energie, Kraft oder Wille und andrerseits repräsentative Anticipation eines noch nicht Seienden, oder ideelle Prädetermination des Werdenden, oder Vorstellung. Mit diesen beiden Attributen ausgerüstet, sind sie mit allem versehen, um hier die gesetzmässige Veränderung der Ortsbeziehung von Atomen, dort die höchsten Leistungen des Heroen oder des Genies hervorzubringen. Der Umstand, dass diese unbewussten psychischen Functionen den bewussten psychischen Functionen näher verwandt zu sein scheinen als den materiellen Vorgängen, muss uns als Bestätigung ihrer Identificirung mit dem „unbekannten Dritten" dienen, da wir oben sehen, dass wir dieses Merkmal von dem letzteren erwarten mussten.

Allerdings bleibt vorläufig der Unterschied zwischen Vaihinger und mir bestehen, dass sein Psychismus individualistisch und subjectivistisch, der meinige universalistisch und absolut ist; dieser Unterschied entspringt daraus, dass nach Vaihinger die Materie als subjectiver Schein für jedes Bewusstsein besonders von seiner unbewussten Psyche producirt wird, während nach mir die Materie als objective Erscheinung für alle Bewusstseine gemeinsam von der Panpsyche producirt wird. Wenn Vaihinger aber consequenterweise gezwungen sein sollte, vom subjectiven Idealismus zum transcendentalen Realismus, und damit von der Auffassung der Materie als subjectivem Schein zu derjenigen als objectiver Erscheinung fortzuschreiten, so ergiebt sich der Fortgang vom individualistischen Psychismus zum Panpsychismus von selbst.

9. Die Realität der Gattung.

Dass Vaihinger wirklich zu diesem Fortgang gezwungen ist, ist schon durch die ganze Erörterung über das „höchstwahrscheinliche" unbekannte Dritte erwiesen; denn diese ganze Annahme ist, wie gezeigt, nur unter der Voraussetzung des transcendentalen Realismus zulässig, beim Festhalten am subjectiven Idealismus oder am Skepticismus dagegen un möglich. Aber der Nachweis, dass Vaihinger im Grunde seines Herzens ebenso gut wie ich transcendentaler Realist ist, ruht nicht etwa bloss auf diesem einen Argument,

dass das unbekannte Dritte etwas Transcendentes und doch kein
negativer Grenzbegriff ist, sondern eine ganz positive Hypothese zur
„Erklärung" der gesammten Wirklichkeit (inneren und äusseren Erscheinung). Noch viel weiter im transcendentalen Realismus geht
sein Zugeständniss, dass der Philosophirende doch nur ein einzelnes
Exemplar der Gattung Mensch sei, von der es neben und ausser
ihm (also nicht bloss in seinem Bewusstsein) noch viele andere
Exemplare gebe. Dieses Zugeständniss ist enthalten erstens in der
Erklärung, dass die sogenannte Wirklichkeit, d. h. die äussere Welt
der Erscheinung, zwar nur subjectiver Schein, aber doch nicht bloss
ein individueller, sondern ein genereller Schein, eine Erscheinung
für die Gattung, ein *idolum tribus* sei (25), und zweitens in der
geschichtsphilosophischen Behauptung, „dass ein Rückschritt der
Cultur immer dann vorhanden ist, wenn der Egoismus und der
atomistische Individualismus über den Gemeinsinn siegt," dass
also der eigentliche Strom des Fortschrittes, auch für die Gegenwart,
„allein in der Richtung des Gemeinsinnes liege" (188).

Soll Gemeinsinn möglich sein, so muss er sich auf andere Individuen derselben Gattung beziehen, und Wechselwirkung zwischen
denselben möglich sein; soll die subjective Erscheinungswelt nicht
bloss ein individueller, sondern ein genereller Schein für die
ganze Gattung Mensch sein, so muss die Gattung mehr Individuen
als das eine umfassen, welches grade philosophirt. Diese Individuen
sollen zwar als materielle Erscheinungen blosser Schein (obschon
genereller Schein) sein, aber als geistige Individuen sollen sie eine
Existenz an und für sich haben, die nicht bedingt ist davon, ob sie
von einem andern Individuum ihrer Gattung vorgestellt werden, und
doch soll diese Existenz von mir vorgestellt werden können, denn
sonst könnte ich ja nicht behaupten, Exemplar einer Gattung zu
sein. Mit anderen Worten: die übrigen Individuen meiner Gattung
sind etwas ausserhalb der Sphäre meines Bewusstseins Belegenes,
nicht meinem Bewusstsein Immanentes, also für mich erkenntnisstheoretisch Transcendentes oder Transsubjectives, d. h. Dinge an
sich. Gleichwohl wird ihre Erkennbarkeit behauptet; es wird von
denselben erstens die Existenz, zweitens die Vielheit und drittens
ihre positive Beschaffenheit als Exemplare der Gattung Mensch
ausgesagt, und dies alles in transcendentaler Bedeutung, d. h. mit
dem Anspruch auf transcendente Gültigkeit und Wahrheit.

Das ganze geistige Individuum meines Freundes in seiner Totalität ist für mich das Ding an sich oder positive X. Ich unterscheide aber an demselben nach Analogie meiner selbst drei Sphären: erstens die Sphäre seines Bewusstseins, welche sowohl die bewusstpsychischen Functionen als seine subjective Erscheinungswelt umfasst, zweitens die Sphäre seiner unbewussten psychischen Functionen, und drittens den Träger aller dieser bewussten und unbewussten Functionen, dasjenige, was Vaihinger in sich selbst als das dem X des Dinges an sich subjectiv correspondirende Y, oder mit Lange als die physisch-psychische Organisation bezeichnet (57). So wird das, was mir an mir Y ist, meinem Freunde zum X; wenn aber dem letzteren dieses X etwas Positives ist, so kann mir das Y auch nicht mehr bloss ein negativer Grenzbegriff sein. Wenn meine Vorstellung von der geistigen Persönlichkeit meines Freundes eine transsubjective Bedeutung, eine transcendente Wahrheit hat, so ist eben die Behauptung Vaihinger's, dass wir unseren Vorstellungen unter keiner Bedingung eine transsubjective Bedeutung beimessen dürfen, weil wir ja aus der Sphäre der Subjectivität auf keine Weise hinauskönnen, thatsächlich aufgegeben und desavouirt (56), und für das gesammte Gebiet der Erkenntniss menschlicher geistiger Persönlichkeiten der transcendentale Realismus *in optima forma* installirt.

Will er dies nicht, so darf er auch nicht von generellem Schein reden, sondern muss dabei stehen bleiben, dass die Welt ein rein individueller Schein ist, in welchem ja immerhin neben so vielen anderen Illusionen auch die Illusion ihren Platz finden mag, dass es andere Menschen neben uns gebe, welche den gleichen Gesetzen der Vorstellungsproduction unterworfen sind. Es bleibt ja dem Skepticismus auch in meiner Philosophie eingeräumt, dass dieser Standpunkt des Solipsismus, den selbst Schopenhauer, der subjective Idealist, in's Tollhaus verwies, **möglich** sei; ich verlange nur von Vaihinger das Zugeständniss, dass er höchstunwahrscheinlich sei, und dass dagegen die reale Existenz anderer Menschen nicht bloss eine schätzbare und praktisch werthvolle Dichtung meiner Phantasie, sondern **aus dem Gesichtspunkt des Kriticismus höchstwahrscheinlich** sei.

Giebt er das zu, so giebt er den transcendentalen Realismus in seinem ganzen Umfang zu, wie ich sogleich zeigen werde;

giebt er das nicht zu, so zerreisst er den letzten dünnen Faden, der seinen Skepticismus mit der Vernunft verbindet.

Da die Zahl der Menschen auf der Erde auf 1300 Millionen geschätzt wird, so haben wir mit der Anerkennung der Existenz der lebenden Mitmenschen schon eine so erkleckliche Anzahl positiver Dinge an sich, dass wir die Zahl der Gestorbenen nicht erst heranzuziehen brauchen. Ob 1300 Millionen oder Quadrillionen „Dinge an sich" zugestanden werden, ist am Ende für die Wahrheit des transcendentalen Realismus gleichgültig; die transcendentale Gültigkeit der Kategorien der Realität und Vielheit sind damit ohnehin schon anerkannt.

Aber es scheint logisch unzulässig, den Buschmann als positives Ding an sich anzuerkennen, und dem Gorilla diese Ehre zu verweigern, — das neugeborne Kind als etwas Ansichseiendes zu achten, und den Fötus als blossen negativen Grenzbegriff für die Vorstellungen eines Fötus gelten zu lassen, welche die Schwangere oder ihr Hausarzt von demselben haben. Freilich der materielle Organismus des Gorilla kann keine höheren Ansprüche erheben als der des Buschmann; beide sollen also vorläufig nur als subjectiver Schein in Bewusstseinen existiren. Aber wenn der Buschmann als geistiges Individuum und als individuelle unbewusste Psyche eine von jedem Vorgestelltwerden unabhängige Existenz hat, wie sollte dasselbe nicht auch von dem Gorilla behauptet werden müssen? Und wenn der Säugling trotz seiner geringen Entfaltung bewusster psychischer Functionen doch schon wegen seiner unbewussten Psyche als Persönlichkeit anerkannt wird, wie dürfte man dem Fötus, bei dem die bewussten psychischen Functionen auf ein Minimum zusammenschrumpfen, die gleiche Anerkennung versagen? Wenn der blinde Bettler seinen letzten treuen Freund und Helfer, seinen Hund, nicht mehr als positives Ding an sich achten soll, wie soll er es dann gegenüber dem Fremden, der als subjective Erscheinung bei ihm vorbei geht, ohne sich seiner Noth zu erbarmen?

Soll es nur eine real existirende Gattung in der Welt geben, den Menschen, und alle andern Gattungen mit allen den von ihnen umfassten Individuen nur subjectiver Schein für jene erstere sein? Vaihinger steht hier vor der Entscheidung über die transcendentale Realität des Thierreichs: verneint er dieselbe, so behauptet er zwischen Mensch und Thier eine vollständige Heterogenität, wie sie zwischen Sein und Schein besteht, und schlägt allen Anschauungen der modernen Naturwissenschaft, der Descendenztheorie und der vergleichenden Psychologie in's Gesicht; bejaht er dieselbe, so vollzieht er damit den grossen Schritt von Fichte's Wissenschaftslehre zu Schelling's Naturphilosophie, und erkennt die Wahrheit des transcendentalen Realismus für die gesammte beseelte und belebte Natur an. Denn wenn die höheren Thiere positive Dinge an sich sind, so sind es auch die niederen; eine feste Grenze ist in der Natur nicht zu ziehen, und die Protisten und Pflanzen fallen mit unter den Gesichtspunkt einer unbewussten Psyche, die (wie beim Fötus) in höherem oder geringerem Maasse bewusster psychischer Actionen fähig ist.

10. Die Wechselwirkung zwischen geistigen Individuen.

Mit alledem wäre aber nichts weniger als dem Kriticismus Genüge geschehen; ein transcendentaler Realismus, zu dem man sich nur deshalb bekennte, um sich nicht für übergeschnappt halten zu müssen, wäre doch ein blosser Dogmatismus. Der Kriticismus verlangt zu wissen, wie ich dazu komme, zu den verschiedenen Vorstellungsobjecten von Menschen, Affen, Hunden u. s. w., welche sich in der von mir producirten subjectiven Erscheinungswelt vorfinden, transcendente Correlate zu supponiren, welche als real existirende Menschen, Affen, Hunde u. s. w. wirklich die Summe geistiger und psychischer Eigenschaften besitzen, welche ich ihnen transcendental zuschreibe.

Diese Uebereinstimmung zwischen meinen Vorstellungen und den transcendenten Correlaten ist nun entweder eine von innen oder eine von aussen bestimmte und hervorgebrachte. Im ersteren Fall gehört die Wechselwirkung zwischen verschiedenen Individuen zum subjectiven Schein, dem keine transcendente Realität entspricht, während sie im letzteren Falle subjective Erscheinung einer transcendenten Wechselwirkung der realen Individuen ist. Im ersteren Fall würde also die Uebereinstimmung zwischen meiner Vorstellung von der geistigen Persönlichkeit meines Freundes und dieser selbst, sowie die Uebereinstimmung zwischen den Veränderungen in den subjectiven Erscheinungswelten mehrerer Zeugen desselben realen Vorgangs nur Folgen einer prästabilirten Harmonie sein, im letzteren

Falle dagegen Folgen einer transcendenten Causalität. Gegen die prästabilirte Harmonie*) habe ich hier nur das eine zu bemerken, dass, wenn dieselbe bestände, die Existenz der von mir vorgestellten Individuen auf mich und meinen Vorstellungsablauf ohne jeden Einfluss wäre, und mich nicht anders dastehen liesse als im Solipsismus. Wäre selbst die prästabilirte Harmonie wahr, so wäre sie uns doch unerkennbar, und wir müssten auch dann beim Solipsismus, als der strengeren Form des subjectiven Idealismus stehen bleiben. Deshalb giebt es nur in dem einzigen Falle eine Möglichkeit zur Ueberwindung des reinen Subjectivismus, das ist, wenn unsre Vorstellung von der Wechselwirkung der Individuen ein subjectives Abbild einer realen transcendenten Wechselwirkung zwischen denselben ist.

Wenn z B. Vaihinger meine Schriften liest und ich die seinigen, so sind wir durch unsre Organisation genöthigt, anzunehmen, dass sich dabei eine Wechselwirkung zwischen unseren Geistern vollzieht. Wäre aber diese Vorstellung bloss subjectiver Schein, so müsste meine Vorstellung von der philosophischen Leistung Vaihinger's ohne jede directe oder indirecte Relation zwischen uns zu Stande gekommen sein, etwa wie ich mir im Traume einbilde, einen philosophischen Einwurf von ihm zu hören. Dann ist es aber für mich völlig indifferent, ob eine Persönlichkeit „Vaihinger" wirklich existirt oder nicht, und ob dieselbe auf gleiche Weise meine Gedanken producirt, ohne von mir thatsächlich beeinflusst zu sein. Wir gehen dann jeder unsern Weg, ohne des andern zu bedürfen, da jeder selbstständig die Gedanken des Andern in sich und aus sich producirt; wir sind also ein Jeder genau so gestellt, als ob Jeder von uns nur allein existirte, und sind deshalb auch ausser Stande, aus unseren Vorstellungen über einander darauf zu schliessen, ob der andre nun wirklich existirt oder nicht. Das Gleiche würde aber für den Fall gelten, dass wir zwar eine transcendente Einwirkung auf einander üben, aber eine directe magisch-mystische Einwirkung von Seele zu Seele, welche sich unserm Bewusstsein gänzlich entzöge, und mit der Art von Vermittelung, die unsre subjective Erscheinungswelt

---

*) Dieser Begriff umfasst hier sowohl eine von Ewigkeit her prästabilirte Ordnung (Leibniz), als auch eine in jedem Augenblick erst von Gott hergestellte (Malebranche und Berkeley).

uns vorspiegelt (Schreiben und Lesen von Schriften), weder Aehnlichkeit noch Beziehung hätte. Auch in diesem Falle würde die vorgestellte Vermittelung der Wechselwirkung ein wahrheitsloser subjectiver Schein sein, und da die reale transcendente Vermittelung uns völlig unbewusst bliebe, so würde auch in diesem Falle uns jede kritische Berechtigung fehlen, auf die Existenz des Andern zu schliessen.

Es giebt also nur einen Fall, in welchem es nicht unkritisch ist, die Existenz anderer Personen zu behaupten, das ist der, wenn es kritisch gerechtfertigt ist, unsre Vorstellung von der zwischen den Personen bestehenden Wechselwirkung als subjectives Abbild der zwischen ihnen wirklich bestehenden transcendenten Vermittelung anzusehen. Nun sind wir aber durch unsre geistige Organisation genöthigt, alle Wechselwirkung zwischen Personen als eine durch materielle mechanische Vorgänge vermittelte zu denken; wenn es also unkritisch ist, zu diesen materiellen Bindegliedern in unsrer subjectiven Erscheinungswelt transcendente Correlate zu supponiren, so ist es auch unkritisch, die Existenz anderer Personen anzunehmen. Der Geist übt alle seine Wirkungen auf andere Geister durch den Körper; ist es nun unkritisch, zu meiner Vorstellung von Vaihinger's Körper ein entsprechendes positives Ding an sich und eine transcendente Causalität dieses Dinges an sich auf das Ding an sich meines Körpers zu supponiren, so ist es erst recht unkritisch, zu meiner Vorstellung von Vaihinger's geistiger Persönlichkeit ein entsprechendes positives Ding an sich und eine Einwirkung desselben auf meine Gedanken anzunehmen. Diesen Fehler begeht aber Vaihinger; er will zwar an's andre Ufer gelangen, aber er bricht die einzige Brücke ab, die dahin führt, und sein transcendentaler Realismus ist deshalb ein dogmatischer, ein Rückfall in positives Dogma.

Nun hindert ihn aber gar nichts daran, denselben mit einem Schlage zu einem kritisch-befestigten Besitz zu machen, als das Missverständniss meines Begriffs der objectiven Erscheinung, und die Einsicht, dass die absolut getrennten subjectiven Erscheinungswelten verschiedener Bewusstseine nur durch die reale Existenz der einen, objectiven Erscheinungswelt mit einander correspondiren können, welche zugleich die Welt der Dinge an sich für alle unsere Vorstellungsobjecte materieller Art ist. Metaphysisch gesprochen haben wir von den Protistenseelen und den Zellenseelen, die in den Pflanzen schon gruppenweise ein äusseres Individuum constituiren, zu jener einfachsten Gestalt hinabzusteigen, in welcher die unbewusste Psyche im constituirenden Element der Materie, im Atom, sich darstellt. Das Ding an sich der subjectiven Erscheinung eines materiellen Dinges ist also eine Gruppe von Atomseelen, welche gesetzmässige räumliche Kraftäusserungen von sich giebt, und dadurch auch die unsern Organismus, speciell unsere Sinnesorgane constituirenden Gruppen von Atomseelen mit transcendenter Causalität afficirt.

Ist meine subjective Erscheinung von dem Buche Vaihinger's, dessen Lectüre mich zu dieser Auseinandersetzung veranlasst, blosser subjectiver Schein ohne ein mich afficirendes Ding an sich dahinter, dann ist auch meine ganze Vorstellung von Vaihinger ein blosser subjectiver Schein ohne ein Ding an sich dahinter. Verlangt Vaihinger, dass ich ihm seine eigne Existenz zugestehe, so muss er mir vorher die transcendente Realität des von mir gelesenen Exemplars seines Buches einräumen. Der transcendentale Realismus in Bezug auf geistige Persönlichkeiten wird erst dadurch dem Dogmatismus entrückt, dass seine Wahrheit auch für materielle Dinge anerkannt wird. An dieser letzteren Anerkennung aber wird derjenige durch nichts mehr gehindert, der mit dem unbegründeten negativen Dogma von der „bloss" subjectiven Gültigkeit der Anschauungs- und Denkformen doch einmal gebrochen hat, indem er die Kategorien auf transcendente Individuen seiner Gattung anwendet.

Auf halbem Wege stehen zu bleiben, nachdem man mit den Principien gebrochen hat, ist unmöglich; man muss entweder wieder umkehren (d. h. zum Solipsismus zurückgehen) oder vorwärts schreiten (zur allgemeinen Gültigkeit des transcendentalen Realismus, die erst dadurch eine kritisch begründete wird). Der subjective Idealismus wie der Skepticismus haben sich somit in jeder Hinsicht als erkenntnisstheoretische Durchgangsstufen erwiesen, bei denen sich zu beruhigen nur der Inconsequenz oder dem energielosen Denken möglich ist; die consequente logische Penetration führt überall über diese Halbheiten und schiefen Einseitigkeiten hinaus und findet ihren endgültigen Abschluss allein im transcendentalen Realismus, der eben damit als das erkenntnisstheoretische Resultat des Kriticismus sich enthüllt. Nicht unsre Organisation ist eine widerspruchsvolle, sondern die Standpunkte des subjectiven Idealismus und Skepticismus beruhen auf verkehrten, in sich widerspruchsvollen Voraussetzungen, und nur darum verstrickt sich eine aus diesen Gesichtspunkten construirte Weltanschauung in lauter Widersprüche, die im transcendentalen Realismus und seinem widerspruchslosen Weltbilde verschwinden.

Die Hinneigung Fichte's, Schelling's und Hegel's zur dialectischen Methode, d. h. zu dem Versuch, die Widersprüche zwar anzuerkennen, aber logisch zu überwinden, war vielleicht mitbedingt durch ihre erkenntnisstheoretische Unklarheit (ihr nominelles Festhängen am erkenntnisstheoretischen Idealismus, den sie thatsächlich durch ihre Metaphysik längst überwunden hatten); es spricht wenigstens das dafür, dass Schelling in seiner letzten Periode, als er sich offen und entschieden vom transcendentalen Idealismus lossagte, auch der dialectischen Methode den Rücken kehrte. Sollte es Vaihinger's Skepticismus gelingen, für seine Lehre von der durchweg widerspruchsvollen Beschaffenheit unsrer Organisation und des aus ihr hervorgehenden Weltbildes Anhänger zu gewinnen, so würde dies geschichtlich nichts weiter als eine Vorbereitung für einen neuen Aufschwung der Hegel'schen Dialectik darstellen; denn auch das ist eine Nothwendigkeit, die aus unsrer geistigen Organisation entspringt, dass es uns unmöglich ist, uns beim Widerspruch zu beruhigen und dass wir nicht aufhören können, nach seiner Ueberwindung zu trachten. Sträubt sich der Eigensinn oder das Vorurtheil gegen die wahrhafte Beseitigung der vermeintlichen Widersprüche durch die Correctur der ihnen zu Grunde liegenden irrthümlichen erkenntnisstheoretischen Voraussetzungen, so klammert er sich an eine illusorische Ueberwindung durch logische Synthesen, wie Hegel's Dialectik sie lehrt.

B. Die Philosophie als Dichtung.

11. Der illusorische objective Idealismus.

Es war einmal eine gastrosophische Gesellschaft, welche von ihren Mitgliedern der Reihe nach mit auserlesenen Gastmählern bewirthet wurde. Eines Tages, als die Gesellschaft zur Tafel versammelt war und der erwarteten Genüsse harrte, erhob sich der Gastgeber und sprach: „Meine Herren! Ich habe die Ehre, Ihnen hiermit eine Auswahl der köstlichsten Speisezettel vorzulegen, aus denen jeder nach seinem Geschmack sich einen wählen möge." Die Gesellschaft war über eine solche noch nicht dagewesene Liberalität nicht wenig erstaunt, und Jeder wählte dasjenige Menu, welches seinem Geschmack am meisten zusagte. Darauf begann der Gastgeber von Neuem: „Nun, meine Herren, versenken Sie sich mit allen Kräften Ihrer Seele in die herrlichen gastrosophischen Menus, welche Sie sich gewählt haben! Durchkosten Sie die Lieblichkeit der angeführten Speisen und Weine mit der ganzen Gluth Ihrer Phantasie, und schmecken Sie mit dem intensivsten Bewusstsein die künstlerische Wahrheit in der Zusammenstellung Ihrer Menu's! So werden Sie allen den Fehlern entgehen, durch welche mangelhafte Rohstoffe oder ungeschickte Köche bisher stets unsere scientifischen Intentionen durchkreuzt und verdorben haben, und werden zu einem völlig reinen, idealen Genuss gelangen. Nur davor möchte ich Sie schliesslich warnen, dass Sie nicht Ihre idealen Phantasieproducte mit gemeiner Wirklichkeit verwechseln, und sich etwa einbilden, von denselben satt werden zu können. Das ist ja der grosse Irrthum unseres bisherigen Strebens gewesen, dass wir meinten, die Gastrosophie solle unsern Magen füllen; nein, meine Herren, ihre Aufgabe ist eine rein künstlerische und ideale, und indem ich Ihnen heute diese grosse Wahrheit enthüllt habe, glaube ich mich als den ersten wahren Gastrosophen und zugleich als den Gastrosophen der Zukunft bezeichnen zu dürfen!" — Die Ansichten der enttäuschten Gesellschaft waren beim Auseinandergehen getheilt; nur über einen Punkt waren alle einig, dass diese Art, seiner Gastgeberpflicht zu genügen, eine sehr **wohlfeile** sei.

Seit einigen tausend Jahren besteht ohne Statuten eine Gesellschaft von φιλόσοφοι, d. h. solchen, die da hungern und dürsten nach der Erkenntniss der Wahrheit. Jeder setzt sich bei den Andern zu Gaste; aber wem seine Mittel keine Bewirthung Anderer erlauben, dem erlässt man sie gerne. Lange ist der erste, der deshalb als Philosoph gerühmt wird, weil er diejenigen, die an seinem Tische Sättigung ihres Wahrheitsdurstes suchen, auf die Quellen ihrer eignen dichterischen Phantasie verweist. In der That ist diese Art, sich als Philosoph zu geriren, mindestens sehr **wohlfeil**, wenn man dem Hungernden statt des Brodes der Wahrheit den „Schatten" der Dichtung bietet.

Hatte die Philosophie als Wissenschaft nach Lange die Aufgabe, die **Unmöglichkeit** der Erkenntniss zu zeigen, so liess sie doch zugleich die aus unsrer geistigen Organisation entspringende **Unentbehrlichkeit** der Philosophie als Speculation unangetastet (Vaihinger S. 105, 106). Wir sind also gezwungen, eine metaphysische Weltanschauung (ebenso gut wie eine Religion) wohl zu **haben**, trotzdem es uns kritisch unmöglich geworden ist, an dieselben zu **glauben** (23, 107, 193). Wir sollen zwar aus der Erkenntnisstheorie gelernt haben, dass alle speculative Philosophie nur Begriffsdichtung, also als Philosophie genommen blosse Illusion sei; aber wir sollen uns der so bewusstgewordenen Illusion bei Leibe nicht entschlagen, sondern dieselbe als bewusste Illusion weiter conserviren und cultiviren. Wir sollen uns stets gegenwärtig halten, dass es vergebliche Mühe ist, nach Wahrheit zu forschen (die uns selbst als Wahrscheinlichkeit unerreichbar bleibt); aber wir sollen trotzdem nicht aufhören, Systeme zu dichten, **als ob** sie Wahrheit wären. Ja sogar auf der bewussten Selbsttäuschung dieser Fictionen sollen (wie bisher auf der vorausgesetzten Wahrheit der Metaphysik) die höchsten Güter der Menschheit, Religion und Sittlichkeit, ruhen und sich gründen. Die bisher unbewusste Illusion sollen wir als „bewusste Illusion" (18) als „eine Art **bewusster Selbsttäuschung**," wissentlich d. h. als **Lüge** festhalten; diese **Lüge** sollen wir hätscheln, und die edelsten Kräfte unseres Geistes auf ihre Ausbildung und Ausschmückung verwenden; auf dem Fundament der so gehätschelten Lüge endlich sollen wir das Gebäude der Religion und Sittlichkeit errichten, das unser Verhalten zum Absoluten und zu den Mitmenschen bestimmt, die Lüge soll die Basis unseres gesammten praktischen Verhaltens, unsres höheren Trieb-, Gefühlsund Vorstellungs-Lebens bilden.

Diese Zumuthungen sind nicht nur aberwitzig und absurd, sie sind auch tief unsittlich und verwerflich. — Als ich zum ersten Male diese Theorie in Lange's Gesch. d. Mat. entwickelt fand, brach ich unwillkürlich in ein helles herzliches Lachen aus über die objective Komik, welche in den hier zusammengehäuften Absurditäten liegt. Die Harmlosigkeit dieses Lachens wurde durch keinen Gedanken an die Möglichkeit gestört, dass ein solcher Aberwitz Bewunderer, ja sogar Nachbeter und Nachtreter finden könne. Ich hielt eben diese tollhäuslerische Verlegenheitsausflucht eines edlen, an der Philosophie als Wissenschaft verzweifelnden Menschen für ein curioses Unicum, das als solches völlig unschädlich sei. Aber ich hatte die Ansteckungskraft des Wahnsinns unterschätzt, die ja unter begünstigenden Umständen sogar einen epidemischen Charakter annehmen kann. Diese begünstigenden Umstände waren aber in dem Umsichgreifen des Neukantianismus einerseits und einer blasirten skeptischen Grundstimmung unsrer studirenden Jugend andrerseits gegeben.

Die Lange'sche Ausflucht bietet nämlich eine scheinbare Rückendeckung gegen den Vorwurf, durch den theoretischen Skepticismus den praktischen Idealismus mit zu untergraben, und deshalb wird sie nicht nur von solchen acceptirt, die selbst noch ideale Bedürfnisse haben, sondern auch von solchen, die sich nur dem Verdacht zu entziehen wünschen, als ob sie den praktischen Idealismus in Andern nicht mehr achteten. Durch diese Ansteckung aber wirkt der Lange'sche Aberwitz in dreifacher Hinsicht gemeinschädlich: erstens verdirbt er die Köpfe der Studirenden durch die autoritative Zumuthung, eine Ausgeburt des an sich selbst verzweifelnden Denkens als Kriticismus zu ehren; zweitens vergiftet er das religiöse und sittliche Bewusstsein durch die Gewöhnung an den Gedanken, Religion und Sittlichkeit auf die Lüge, d. h. auf bewussten Selbstbetrug zu basiren, und drittens bereitet er den praktischen Materialismus und blasirten Nihilismus vor, da die gesunde Vernunft sich auf die Dauer doch nicht zum Narren haben lässt, sondern aus dem einmal befestigten Skepticismus über kurz oder lang doch die unabweisliche Consequenz der Nichtigkeit der illusorischen Ideale zieht und praktisch zur Geltung bringt.

Diese Gemeinschädlichkeit allein ist es, welche mich bestimmt, eine Lehre ernsthaft zu kritisiren, die man füglich ihrer eigenen Absurdität sollte überlassen können.

12. Die geschichtlichen Anlehnungspunkte.

Lange schliesst sich auch in seinem objectiven Idealismus auf das Engste an Schopenhauer an. Er erkennt wie dieser in dem „metaphysischen Bedürfniss" des Menschen die unausrottbare Wurzel der philosophischen Speculation, setzt wie dieser Metaphysik, Religion und Poesie in nahe Beziehung zu einander, und schwärmt wie dieser für einen platonischen Idealismus als die tiefsinnigste, schönste, edelste und praktisch werthvollste Gestalt der Metaphysik (Vaihinger 122). Aber während Schopenhauer sich in dem Irrthum befindet, als ob die Vereinigung des erkenntnisstheoretischen subjectiven Idealismus mit dem metaphysischen objectiven Idealismus möglich sei, hat Lange diesen Irrthum überwunden. Da er den subjectiven (Kant'schen) Idealismus als Wahrheit festhält, muss er den objectiven (Platonischen) Idealismus als Irrthum bezeichnen. Sein Verstand „erblickt in dieser Welt der Ideen nichts weiter als subjective Gestaltungen ohne jeden Erkenntnisswerth" (104), aber sein Herz lässt es sich nicht nehmen, mit aller Begeisterung an diesen Träumen der Phantasie trotz ihrer „objectiven Werthlosigkeit" (106) zu hangen. Sein Herz spottet seines Verstandes und der von demselben vertretenen verschrobenen Schulmeinungen, und es hat Recht, das zu thun; sein Verstand spottet der „Privatweltanschauung" (122) seines Herzens, und er hat Unrecht, das zu thun, da er ein abstracter und einseitiger Geselle ist, der sich in grosse Dummheiten verrannt hat.

Bei diesem Widerspruch zwischen Herz und Verstand sind nur zwei Fälle möglich: Entweder der Verstand hat Recht, dann ist der Einspruch des Herzens Resultat von Gefühlsdispositionen, die aus früheren Culturperioden rückständig sind, — dann ist auch deren gänzliche Beseitigung und Vernichtung durch die zersetzende Lauge des Verstandes nur eine Frage der Zeit. Oder aber das Herz hat Recht, dann hat es nur darum Recht, weil es mit der unbewussten Vernunft des Instincts eine höhere Gestalt der Wahrheit ergriffen hat als der Verstand mit seiner abstracten discursiven

Reflexion, — dann wird das Herz aber auch Recht behalten und seine Ideale schliesslich auch vom Verstande als W a h r h e i t anerkannt sehen. In beiden Fällen ist der Widerspruch zwischen Herz und Verstand nicht eine ewige Antinomie, die mit Nothwendigkeit aus unsrer geistigen Organisation folgt, sondern gährende Conflicte eines U e b e r g a n g s s t a d i u m s, sei es, dass der Verstand von einer geschlossenen Weltanschauung zur andern durch einseitige Zerrbilder hindurchgeht (wie dies bei Lange der Fall ist), sei es, dass das Herz von den Idealen eines Culturzustandes zu denen eines andern übergeht, und der ihm um einen Posttag vorausgeeilte Verstand nun seine zersetzende Logik gegen die alten rückständigen Ideale richtet, ohne von den neu sich bildenden etwas zu wissen.

Die Schüler Lange's, die wie Vaihinger an die Richtigkeit seiner negativen Erkenntnisstheorie glauben, haben die Wahl: entweder müssen sie anerkennen, dass das Herz mit seinen wissenschaftlich als Irrthümer verurtheilten Idealen Unrecht hat, und die Ausrottung der Dispositionen zu diesen wahrheitswidrigen Dichtungen durch die zersetzende Arbeit des Verstandes so sehr als möglich beschleunigt werden muss; oder sie müssen, wenn sie die Ideale des Herzens gelten lassen wollen, zugeben, dass ihr Verstand sich dann nothwendig auf dem Holzwege befindet, und dass der Verdacht gegen die Richtigkeit der Verstandesansicht zu doppelt sorgfältiger Prüfung aller ihrer Voraussetzungen und Schlussfolgerungen auffordert.

Die studirende Jugend schenkt leider dem discursiven Verstand ein viel zu grosses Vertrauen im Verhältniss zur unbewussten Vernunft, und wird deshalb ein abstracter Rationalismus, der einmal dazu gelangt ist, die Lange'sche Erkenntnisstheorie für richtig zu halten, unzweifelhaft bei der völligen Zerstörung der Dispositionen zu den Gemüthsidealen enden. Ob der Beharrungswiderstand dieser Dispositionen dabei gross genug ist, um die zersetzenden Verstandeseinflüsse eines Menschenlebens zu überdauern, kommt dabei nicht in Betracht, denn culturgeschichtlich genommen ist es gleichgültig, ob die Lange'sche Lehre schon die erste, oder erst die zweite oder dritte Generation zum Nihilismus führt. Lange bekennt ganz offen, welches der Grund sein könne, der einen Mann „von scharfem Verstand und gediegener Bildung" dazu bringen könne, für seine Person z. B. an einer Religion festzuhalten, in welcher „des Unsinns kein Ende" ist. Der Grund kann nur der sein, dass er „von Kind auf ein reiches Gemüthsleben geführt hat und mit tausend Wurzeln der Phantasie, des Herzens und der Erinnerung an geweihte schöne Stunden sich an den alten vertrauten Boden anklammert" (Gesch. d. Mat. II. 555). Diese Erinnerung und Gewohnheit hat doch aber nur deshalb Macht über ihn, weil jene Stunden geweiht waren durch den noch unerschütterten Glauben an die Wahrheit jener Illusionen, und weil jene Weihe im kindlichen Gemüth erzeugt war durch die ehrliche Ueberzeugungstreue der Eltern und Lehrer, welche diese Illusionen als heilige Wahrheit überlieferten. Eine Generation, deren Eltern und Lehrer die religiösen Illusionen um geweihter Kindheitserinnerungen willen nur durch absichtliche Selbsttäuschung festhalten, wird dereinst vergebens in ihrem Innern nach solchen Reminiscenzen an geweihte schöne Stunden suchen, denn die Kinder haben ein sehr feines Gefühl für die subjective Wahrhaftigkeit ihrer Erzieher.

Wenn Lange selbst sich diese Consequenz seiner Lehre nicht klar gemacht hat, so ist das bei der Stärke seines Enthusiasmus für die Ideale allenfalls verständlich; dass aber Vaihinger, der an die Lehre Lange's als an etwas objectiv Gegebenes herantritt, dieser Consequenz seine Augen sollte verschliessen können, scheint mir kaum glaublich. Hierin wird man bestärkt, wenn man bei Vaihinger mit Bezug auf Lange's Hinneigung zum Platonischen Idealismus den Vorwurf ausgesprochen findet (123), dass auch Lange nicht immer die Klippe vermieden habe, an der Kant's System gescheitert sei, an der Gefahr, den Begriff des Dinges an sich oder des Transcendenten „zweideutig und schwankend zu bestimmen und ihn zur Stütze unserer subjectiven Ideen zu missbrauchen. Auch bei Lange ist der Sieg des Geistes" (d. h. des skeptischen Verstandes) „über alles Heterokosmische und Mystische noch nicht vollständig gewonnen; auch er hat noch nicht ganz mit dem gefährlichen "Princip des Tiefsinns", wie man es neuerdings genannt hat, gebrochen, und volle Klarheit hat auch er nicht erreicht." Diese Andeutungen lassen keinen Zweifel darüber, dass in der Lange'schen Schule die Bewegung zunächst nur in der Richtung auf völligen Nihilismus weitergehen dürfte, während Lange noch der Ansicht huldigt, dass es bei einem solchen Conflict „im Ganzen besser sei, einstweilen die Aufklärung zu opfern als die Kraft" (Gesch. d. Mat. II. 559).

Wenn Lange's enthusiastischer Idealismus sich auf Schiller und insbesondere auf dessen Gedicht „das Reich der Schatten" oder „das Ideal und das Leben" stützt (Vaihinger 182, 184), so ist das sehr charakteristisch für ihn und bestätigend für meine Behauptung. Der „ewige Widerspruch" zwischen Ideal und Leben besteht nur für denjenigen, der die Idealität aus der Wirklichkeit (als eine vermeintlich „bloss" subjective Zuthat) hinausgeworfen und in ein abstractes „Reich der Schatten" verbannt hat. Diesem so erzeugten abstracten Idealismus müssen Leben und Wirklichkeit allerdings widersprechen, aber nicht etwa deshalb, weil sie der Idealität entbehrten, sondern weil jener Idealismus eine **unwahre Abstraction** ist. Ich habe anderwärts*) gezeigt, dass Schiller selbst gleich nach der Composition dieses Gedichtes die Unwahrheit dieses abstracten Idealismus einsah und in dem Gedicht „die Ideale" eingestand.

Plato ist der Erste, der die Schuld auf sich lud, dem Idealismus diesen von der Realität losgelösten Charakter zu geben, und durch ihn sind zahlreiche Nachfolger zu dem gleichen Fehler verführt worden. Der Platonische Idealismus ist deshalb weit entfernt, die denkbar höchste Form der Metaphysik zu sein, und vielmehr nur eine sehr unvollkommene und relativ unwahre Stufe ihrer Entwickelung. Dies gilt nicht bloss für die Metaphysik, sondern auch für die Aesthetik, wie besonders Schasler hervorgehoben hat, durch dessen „kritische Geschichte der Aesthetik" sich der Kampf gegen den unwahren, abstracten, Platonischen Idealismus wie ein rother Faden hindurchzieht, um einem immanenten, echten, concreten Idealismus oder Realidealismus Raum zu schaffen. Selbst Hegel, der die Wendung nahm, die Idee als das allein Seiende und den Inhalt aller Wirklichkeit zu erweisen, bleibt noch in gewissem Sinne in dem einseitigen Idealismus stecken, und erst Schelling war es vorbehalten, die Wirklichkeit als Verwirklichung der Idee zu erkennen, ohne ihr dabei den Charakter der Wirklichkeit zu beeinträchtigen. Schillers Lebensarbeit bestand darin, sich auf dieselbe Weise, wie es von Kant bis Schelling in der Philosophie geschah, in der Poesie vom abstracten Idealismus los zu reissen und zu einem ideedurchtränkten Realismus hindurchzuringen. Davon hat Lange keine

---

*) „Gesammelte Studien und Aufsätze" B. VII.

Ahnung; er kennt Schiller nur als den abstracten Idealisten, als der er z. B. in dem Gedicht „das Ideal und das Leben" erscheint; und an diesen Puppenzustand unsers grossen Dichters klammert er sich an, der wesentlich nur den fehlerhaften Ausgangspunkt seiner Entwickelung repräsentirt.

13. Die blosse Subjectivität der Idee.

Wenn die Physik nur wahrheitslose Begriffsdichtung von bloss subjectivem Werth ist, so steht sie ganz im Privatbelieben des Einzelnen und lassen sich über diese subjectiven Gestaltungen keinerlei allgemein gültige Vorschriften geben (Vaihinger 111). Hat objectiv genommen alle Metaphysik gleich Unrecht, so hat dafür auch subjectiv genommen jede Metaphysik gleich Recht. Keiner kann sich in die Subjectivität des Andern hineinversetzen, um zu beurtheilen, ob dessen Metaphysik dessen Subjectivität besser oder weniger gut entspreche, als seine Metaphysik seiner eigenen Subjectivität entspricht; es fehlt jeder Maassstab für den Vergleich des subjectiven Werths verschiedener metaphysischer Weltanschauungen, die objectiv genommen gleich werthlos sind. Da nicht der Verstand, sondern die Phantasie der Erzeuger der Metaphysik sein soll, und der Verstand nur negativ gegen dieselbe reagirt, so hört jede Möglichkeit einer vergleichenden Werthschätzung verschiedener metaphysischer Systeme auf, und die Warnung, nicht in's Phantastische zu gerathen (109), entspricht der Warnung, beim Waschen ja den Pelz nicht nass zu machen. Jedes ist gut für den, der es hat, wenn es seiner Subjectivität entspricht, gleichviel ob er selbst daran glaubt oder nicht. Dem Andern seine Metaphysik aufdrängen wollen kann nur derjenige, welcher an den überlegenen Werth der seinigen glaubt; mit der Möglichkeit der Werthvergleichung hört auch die Möglichkeit der Propaganda auf. Man muss eben Jeden mit seiner Metaphysik laufen lassen; wenn sie mir noch unsinniger scheint als die meinige, so ist das falscher Schein, da in Wahrheit beide gleich unsinnig sind.

Nun ist Lange's „Privatmetaphysik" der Platonische Idealismus; folglich hat auch dieser bloss einen subjectiven Werth für Lange; ob er noch für andere Individuen ausser Lange einen subjectiven Werth haben könne, oder haben müsse, darüber ist *a priori* gar

nichts auszumachen, das kann jeder nur für sich ermitteln. Lange
schlägt also seinen eigenen Principien in's Gesicht, wenn er doch
wieder behauptet, dass der Platonische Idealismus die schönste,
edelste u. s. w. Form der Metaphysik sei; er hätte hinzusetzen
müssen: „das ist er nach meinem Geschmack — aber über den
Geschmack ist nicht zu streiten." Lange muss für andere Individuen
principiell die gleiche Berechtigung jeder beliebigen andern Form
der Metaphysik zugestehen, welche seinem Idealismus schnurstracks
entgegengesetzt ist. Er muss auch einräumen, dass es Individuen
genug giebt, die in sinnlichem Wohlleben aufgehen, und deren Phantasie sich auf ganz andere Dinge richtet, als auf die Gewinnung
eines „harmonischen Weltbildes." Da bei diesen Leuten der Widerspruch zwischen Verstand und Herz, Wahrheit und Dichtung, Leben
und Ideal, Erkenntnisstheorie und Metaphysik wegfällt, an dem er
sich abwürgt, so müsste er eigentlich diese Menschen beneiden.
Keine Metaphysik ist für denjenigen, dessen Subjectivität dieser
Zustand entspricht, ebenso gut eine Metaphysik, wie die Ignoranztheorie für Lange eine Erkenntnisstheorie ist, und Lange muss auch
der reinen Negation aller Begriffsdichtung mindestens das gleiche
subjective Recht mit seinen positiven Dichtungen zugestehen. Lange
stellt also die Metaphysik schlechterdings auf die Willkür der subjectiven Phantasie, und somit ist bei ihm die Willkür der subjectiven
Phantasie, des grundlosen und vernunftlosen Meinens
und Träumens, das letzte Fundament von Sittlichkeit und Religion.

Es ist selbstverständlich, dass auf diesem Wege Sittlichkeit und
Religion überhaupt nicht zu Stande kommen können, und dass sie,
wenn sie doch so zu Stande kämen, ebenso wie ihre Quelle einen
nur subjectiven, niemals einen objectiven Werth beanspruchen könnten. Denn was ist der Pflichtbegriff als der Glaube an die objective Gültigkeit und allgemeine Verbindlichkeit eines
moralischen Gesetzes, und wie soll eine Idee ohne objective Gültigkeit einen objectiv gültigen Pflichtbegriff hervorbringen, oder wie
soll eine Illusion, die aus dem subjectiven Belieben der Phantasie
entspringt, zu einem allgemein verbindlichen Gesetze werden? Nun
findet aber Lange die Annahme eines objectiven Werthes von
Sittlichkeit und Religion als allgemein anerkannt vor, und anstatt
daraus zu schliessen, dass ihre Genesis nicht aus subjectiven Begriffsdichtungen ohne objectiven Werth herstammen könne, sucht er

umgekehrt aus der **dogmatischen** Annahme des objectiven Werthes von Religion und Sittlichkeit für die von ihm **irrthümlich** präsumirten Quellen derselben einen objectiven Werth in **praktischer** Hinsicht abzuleiten (20, 192).

Die Erinnerung, dass man den objectiven Werth der Sittlichkeit und Religion nicht dogmatisch postuliren darf, möchte für Lange und Vaihinger genügen, um sich auf die einzige für sie mögliche Position zurückzuziehen, nämlich die, dass Sittlichkeit und Religion **selbst nur Ideale** in ihrer Welt der Ideen sind, und dass sie vom Standpunkt einer wissenschaftlichen Philosophie ebenso sehr jeder objectiven Wahrheit entbehren, wie die übrigen Ideale. Wir sollen uns sittlich verhalten gegen Mitmenschen und religiös verhalten gegen Gott; aber die Erkenntnisstheorie Lange's lehrt uns, dass wir schlechterdings in unsre Subjectivität gebannt sind, und die reale Existenz von Mitmenschen und Gott uns völlig unerkennbar ist. Somit ist ein angemessenes Verhalten gegen Wesen, die bloss Erdichtungen unsrer Phantasie sind, selbst ein bloss fingirtes Postulat, ein subjectives Ideal ohne objective Gültigkeit.

Und das ist „der Fels der Pflicht" (20), der aus dem Meer des Zweifels und der Verzweiflung hervorragt? Und auf diesen Felsen sollen wir die Kirche der Ideenwelt, die Summe „alles Hohen und Heiligen" bauen (109)? Aus der Lüge dieser bewussten Selbsttäuschung mit wissenschaftlich unhaltbaren Fictionen sollen wir „ethische Erhebung schöpfen" (107)? Auf diesen hohlen Trug soll der **Adel** unserer Handlungen sich gründen und mit der objectiven Existenz der Ideen erbleichen (109)? Die letztere Behauptung bezeichnet den Culminationspunkt des Lange'schen Aberwitzes.

Sind Sittlichkeit und Religion nur subjective Ideale, gehören sie zu Lange's Platonischem Idealismus, so sind sie Bestandtheile einer objectiv berechtigungslosen Metaphysik, der mit dem **gleichen** subjectiven Recht das **Gegentheil** substituirt werden kann. Dass aber aus solchen entgegengesetzten Auffassungen ein realer Nachtheil für die menschliche Gesellschaft entstehen würde, wäre ein Einwurf, der erstens die Moral und Religion auf socialen Eudämonismus zurückführen würde, und der zweitens gar nicht im Ernste erhoben werden kann von einem Subjectivismus, dem jede Realität ausserhalb des eignen Bewusstseins, also auch die Realität einer menschlichen Gesellschaft, völlig problematisch ist.

Es ist hiernach erwiesen, dass es keinen deutlich ausgesprochenen Bestandtheil in der Lange'schen Philosophie giebt, welcher es verhindern könnte, dass die von ihm auf den Thron der praktischen Philosophie erhobene subjective Willkür der sich selbst belügenden Phantasie in völlige Zügellosigkeit und in Nihilismus übergehe, wohin sie von dem negativen Einfluss des verstandesmässigen Skepticismus mit unerbittlicher Nothwendigkeit gedrängt wird.

14. Der Uebergang zu Fichte.

Ist nun aber der ganze Gewinn, den wir aus der Betrachtung von Lange's praktischem Idealismus ziehen können, ein rein negativer? Müssen wir uns damit begnügen, seinen „Standpunkt des Ideals" als eine Verirrung aufgezeigt zu haben, die beim Festhalten des theoretischen Skepticismus nothwendig zum ethischen Nihilismus und praktischen Materialismus führt? In der Erkenntnisstheorie Lange's sahen wir deutlich die Anknüpfungspunkte, welche unter Vermeidung des leeren Skepticismus einerseits zu Fichte und Hegel und andrerseits zum transcendentalen Realismus führen konnten; sollte sich das Bild der Lange'schen Philosophie nicht erst dann geschichtlich abrunden, wenn wir die Ansätze zu einem positiven Fortgang auch in seinem Standpunkt des Ideals nachweisen können?

In der That sind diese Ansätze auch hier gegeben, Lange und Vaihinger haben nur die Wahl, entweder der Unphilosophie des Nihilismus zu verfallen, oder zu dem Wiederaufbau einer **wissenschaftlichen** Metaphysik fortzuschreiten; diese letztere aber kann entweder der Standpunkt Fichte's oder der meinige sein. Was sie sind, **können** sie nicht bleiben, wollen sie nicht aufhören, Philosophen zu sein, so müssen sie entweder den Schritt vom Neukantianismus zum Neufichteanismus auch auf metaphysischem und ethischem Gebiet ebenso wie auf erkenntnisstheoretischem Gebiet vollziehen, also den Gang, den die geschichtliche Entwickelung genommen hat, treu copiren; oder sie müssen diese Entwickelungsstufe überspringen, und direct zu meinem Standpunkt herübertreten.

Der Grundirrthum Lange's in seiner Erkenntnisstheorie war der, dass er die in ein Product der geistigen Organisation aufgelöste Erfahrungswelt noch immer als eine objective Welt, die Erfahrung als eine Sache von objectiver Gültigkeit, die als **blossen Schein** enthüllte Erscheinung noch immer als Erscheinung eines Wirklichen festhalten zu können glaubte. Gleichviel ob der Schein der Erfahrung ein bloss subjectiver, oder ob er (was Lange eigentlich gar nicht zugeben darf) seinen Formen nach ein genereller Schein ist, so bleibt er doch immer Schein, d. h. ein *phaenomenon*, von dem man nicht sagen kann, dass es *bene fundatum* sei, ein blosses Product der Sinnlichkeit, des Verstandes und des synthetischen Factors der Phanthasie. Die Anschauungs- und Denkformen gelten ihm in demselben Sinne wie die Ideen für bloss subjectiv, und haben ebenso wenig wie diese eine transsubjective Gültigkeit oder Bedeutung (64). Der synthetische Factor der Phantasie, welcher die Metaphysik angeblich so verdächtig macht, ist ebenso gut „schon in den Sinneserscheinungen und in der Logik wirksam" (106), und andrerseits wird man nicht behaupten, dass bei der Production von Vernunftideen und metaphysischen Begriffsdichtungen durch die Phantasie die Mitwirkung von Vernunft und Verstand gänzlich ausgeschlossen sei (111).

Es ist mithin gar nicht abzusehen, warum die Welt der Ideen mit anderem Maasse gemessen werden soll als die der sinnlichen Erfahrung oder deren logischer Verarbeitung; denn die letztere führt uns ebenso wenig wie die erstere über die Sphäre der Subjectivität hinaus. Es ist nach Lange's eigenen Worten „dieselbe Nothwendigkeit, dieselbe transcendente Wurzel unsres Menschenwesens, welche uns durch die Sinne die Welt der Wirklichkeit giebt, und welche uns dazu führt, in der höchsten Function dichtender und schaffender Synthesis eine Welt des Ideals zu erzeugen, in die wir aus den Schranken der Sinne flüchten können, und in der wir die wahre Heimath unsres Geistes wiederfinden" (Gesch. d. Mat. II. Vorwort S. VI).

Sind nun Sinnenwelt und Ideenwelt Producte aus einer Wurzel und beide gleichmässig Gestaltungen ohne Anspruch auf transsubjective Gültigkeit und Bedeutung, so ist es auch ungerecht, nur die eine der beiden Seiten als wahrheitslose Dichtung zu brandmarken und der andern den falschen Nimbus einer Wahrheit zu gönnen, der aus der unvermerkten Beibehaltung eines realistischen Begriffs der Erfahrung entströmt. Die Stellung der Sinnenwelt und Ideenwelt zum Prädicat der Wahrheit muss auf dem Standpunkt Lange's nothwendig eine und dieselbe sein; entweder die Wahrheit wird beiden gleichmässig abgesprochen, oder beiden gleichmässig zugesprochen. Im ersteren Falle kann sich Lange dem absoluten Nihilismus folgerechterweise gar nicht entziehen, im letztern Falle muss er aufhören, von uns zu verlangen, dass wir unsere metaphysischen Begriffsdichtungen deshalb als wahrheitslose Illusionen betrachten sollen, weil sie subjectiven Ursprungs sind und der „synthetische Factor" bei ihrer Entstehung mitgewirkt hat.

Nun besteht der fundamentale Fehler Lange's darin, dass er einen realistischen, materialen oder transcendenten Wahrheitsbegriff festhielt und als Maassstab an seine Metaphysik anlegte, obwohl er nach seiner Erkenntnisstheorie nur einen idealistischen, formalen und immanenten Wahrheitsbegriff haben und gelten lassen durfte. An dem ersteren gemessen mussten ihm beide Welten als wahrheitslos sich herausstellen (was ihm für die Sinnenwelt nur entging); an dem letzteren gemessen dagegen erweisen sich beide Welten als wahr.

Es wäre ja auch zu widersinnig, wenn die Ideenwelt, die „wahre Heimath des Geistes", die Unwahrheit repräsentiren sollte, die Sinnenwelt aber trotz ihres objectiv unbegründeten Scheins die Wahrheit für sich allein beanspruchen wollte. Bedeutet Wahrheit die Uebereinstimmung des Bewusstseinsinhalts mit der transcendenten Realität, so kann von Wahrheit in einer Erkenntnisstheorie, welche alle transcendente Realität in Frage stellt und mindestens für unerreichbar für uns erklärt, überhaupt nicht mehr die Rede sein. Dieser Umstand zwingt aber gerade zu einer Revision des Wahrheitsbegriffs im Sinne der blossen Subjectivität oder Immanenz. Hätten Lange und Vaihinger nicht diese Revision des Wahrheitsbegriffes nach Maassgabe ihrer Erkenntnisstheorie versäumt, so hätten sie nie in den Irrthum verfallen können, die Metaphysik, Religion und Ethik für wahrheitslose Illusionen zu erklären.

Wenn die Sphäre meiner Subjectivität für mich schlechterdings unüberschreitbar ist, so kann unter Wahrheit nichts anderes mehr verstanden werden, als die Uebereinstimmung meiner Vorstellungen **unter einander** und mit den **Bedingungen meiner geistigen Organisation**. Alles ist wahr, was aus den Anlagen meines Geistes consequent entwickelt ist, falsch, was aus inconsequenten Vorstellungsabläufen resultirt; das Symptom für die Uebereinstimmung der Vorstellungen mit den gegebenen Grundbedingungen der geistigen Organisation kann aber für uns wiederum nur die Harmonie der aus diesen Vorstellungsabläufen hervorgehenden Vorstellungsresultate unter einander sein, die innere Harmonie des errungenen Weltbildes. Diese Sätze sind selbstverständlich, und unter andern von J. Bergmann in seinen „Grundlinien einer Theorie des Bewusstseins" als eine nothwendige Consequenz der Grundsätze des transcendentalen Idealismus vertreten worden. Würde nun Vaihinger diese Revision des Wahrheitsbegriffs als nothwendige Folge seiner Erkenntnisstheorie anerkennen, so würde er damit vollständig zu dem Fichte'schen Standpunkt, nicht bloss in erkenntnisstheoretischer, sondern principiell auch in metaphysischer Beziehung fortschreiten, und der Geist würde dann erst in Wahrheit seine „Heimath" finden in der Ideenwelt, zu der die Sinnenwelt nur eine selbstproducirte Vorhalle oder Treppe ist. Es ist oft genug ausgesprochen worden, dass Fichte's Philosophie in erster Reihe ethischer Idealismus ist, und subjectiver Idealismus nur, um desto ungestörter ethischer Idealismus sein zu können. Lange hat ersichtlich die Tendenz, es auch in dieser Hinsicht Fichte gleichzuthun; aber er macht seine Tendenz selbst zum Gespött, indem er dem ethischen Idealismus die Wahrheit abspricht, und ihn für Dichtung erklärt. Wie soll man sich begeistern für diesen Idealismus, wenn man ihn nicht für ernste, heilige Wahrheit ansieht, wie Fichte es that?

Würde durch die angezeigte Revision des Wahrheitsbegriffes den sämmtlichen folgerichtigen Producten der „einen transcendenten Wurzel des Menschenwesens" das Prädicat der Wahrheit zurückgegeben, so würde selbstverständlich den höheren Producten dieser gemeinsamen Wurzel der höhere Rang über die niederen wieder zuerkannt, der ihnen durch die einseitige Aberkennung der Wahrheit durch Lange in Frage gestellt war. Der Vorwurf der „Dichtung", den Lange gegen die Metaphysik gerichtet hat, würde dann aufhören, und der so in's rechte Fahrwasser zurückgeleitete Nachen der Philosophie würde lustig mit dem noch eben perhorrescirten geschichtlichen Strome der Speculation weiter treiben. Nur die inconsequente Beibehaltung eines seiner Erkenntnisstheorie widersprechenden Wahrheitsbegriffs ist es demnach, welche Lange zu seiner Opposition gegen die idealistische Metaphysik treibt, und Vaihinger hat von diesem Fehler seines Meisters auch nichts gemerkt.

Eine andere Frage ist freilich, ob der auf dem Lange'schen Standpunkt geforderte Wahrheitsbegriff sich auf die Dauer behaupten könne. Diese Frage hat die Geschichte der Philosophie schon einmal verneinend entschieden, indem sie von Fichte's subjectivem Idealismus zu Hegel's absolutem Idealismus und von diesem zu Schelling's Idealrealismus fortschritt. Die innere Triebfeder dieser Bewegung war das Bestreben, zu einem in **sich harmonischen Weltbilde** zu gelangen, dessen Theilvorstellungen einander nicht widersprächen, und das Resultat dieses Bestrebens war die Einsicht, dass eine formale Uebereinstimmung unserer Vorstellungen unter einander nur möglich sei unter der Voraussetzung ihrer materialen Uebereinstimmung mit der transcendent-realen Welt. Mit anderen Worten: der immanente Wahrheitsbegriff **hob sich selbst auf**, indem er den ihn überflüssig machenden transcendenten Wahrheitsbegriff als unerlässliche Voraussetzung seiner selbst forderte. Dasselbe Resultat erhalten wir aber auch unmittelbar durch die Erwägung, dass der immanente Wahrheitsbegriff doch am Ende weiter nichts ist, als die Consequenz einer unwahren Erkenntnisstheorie, also selbst unwahr sein muss. Hiernach wird der Durchgang durch den Fichteanismus für die Fortbildung des Lange'schen Standpunktes **überflüssig**, wenn dieselbe mit der Revision der Erkenntnisstheorie und der Ersetzung des subjectiven Idealismus durch den transcendentalen Realismus begonnen wird. Dann führt diese Fortbildung sogleich zu dem letzten von der geschichtlichen Entwickelung erreichten Standpunkt, zu dem transcendentalen Realismus der Phil. d. Unb. hierüber. Auch hierzu sind unverkennbare Ansätze bei Lange und Vaihinger zu finden.

15. Die transcendentale Wahrheit der Ideen.

Ich habe schon mehrfach auf die Unrichtigkeit der Schlussfolgerung aufmerksam gemacht, dass die Metaphysik deshalb unwahr sein müsse, weil das schöpferische Element bei ihrer Hervorbringung der synthetetische Factor der Phantasie sei. Will man alles Dichtung nennen, was auf diesem Factor beruht, so giebt es nichts mehr, was nicht unsere Dichtung wäre. Der Irrthum liegt nur darin, dass etwas darum, weil es Dichtung sei, nicht Wahrheit sein könne. Hat doch schon Aristoteles gesagt, dass die Poesie philosophischer sei als die Geschichte, in dem Sinne, dass sie einen grösseren und tieferen Wahrheitsgehalt in sich berge, als diese. Vaihinger sagt: „Das Schöne widerspricht der Wirklichkeit direct, es besteht **nur in der Dichtung**" (180). Dass das Schöne nur in der Dichtung bestehe,

kann er nur behaupten, wenn er die ganze Sinnenwelt und ihre
Naturschönheit ebenso wie die Ideenwelt als Dichtung betrachtet;
dann aber widerspricht wiederum dieses Schöne nicht der Wirklichkeit, da wir ausser ihr dann gar keine Wirklichkeit haben und
kennen. Nur zwischen poetischer und prosaischer Wirklichkeit giebt
es einen Gegensatz; die Dichtung darf nicht die prosaische Wirklichkeit copiren, aber sie darf noch weniger etwas bieten, was der
Wirklichkeit widerspricht, was nicht als eine Wirklichkeit vorkommen könnte, die man alsdann auch als Wirklichkeit poetisch
finden würde.

Die Dichtung ist so wenig ein Gegensatz der Wahrheit, dass
alle abstract idealistische Kunst verwerflich, und nur eine realistische
Kunst als wahre Kunst anzuerkennen ist, welche uns eine ideale
oder poetische Wirklichkeit vorführt. Das Werk der Phantasie wird
zum Kunstwerk erst da, wo es Wahrheit giebt, freilich nicht Wahrheit im Sinne einer gedankenlosen Empirie, welche fragt, ob Othello
und Desdemona denn auch wirklich gelebt haben, sondern Wahrheit im Sinne der inductiven Realwissenschaften, welche die Einzelerscheinungen nur als Material zur Ermittelung der in ihnen herrschenden Gesetze brauchen. Der Unterschied bleibt bestehen, dass
die Wahrheit des typischen Gesetzes von der Kunst durch typische
Anschauungen, von der Wissenschaft durch abstracte Begriffe wiedergegeben wird; da aber Lange die Metaphysik als Dichtung in
Begriffen bezeichnet, so unterliegt es keinem Zweifel, dass auch
er die Metaphysik hinsichtlich der Darstellungsmittel der Wahrheit
zur Wissenschaft und nicht zur Kunst stellen muss.

Diese Darstellungsmittel als solche sind nun auf beiden Seiten
gleich unwahr; auf Seiten der Kunst bestehen sie in dem
ästhetischen Schein, auf Seiten der Wissenschaft in Abstractionen und discursiven Reflexionen auf dem Boden
der Sprache. Es ist unwahr, das Ding von seinen Eigenschaften,
oder die Beziehungen von dem Bezogenen zu trennen, und doch
operirt die Wissenschaft nur mit diesen Trennstücken; das in vieler
Hinsicht so zufällige Gewand der Sprache ist nicht nur ihr alleiniges
Medium, es ist eben damit auch ihre Fessel und Schranke, welche
alle ihre Anstrengungen, zum adäquaten Ausdruck der Wirklichkeit zu gelangen, nothwendig vereiteln muss. Dies mag bei den
letzten metaphysischen Speculationen sich etwas lebhafter als sonst

dem Bewusstsein des Forschers aufdrängen; aber die Thatsache bleibt ganz dieselbe für die einfachsten Elemente der empirischen Realwissenschaften. Darum ist alle unsere Erkenntniss dazu verurtheilt, inadäquate Erkenntniss, oder relative Unwahrheit zu bleiben, was aber doch nicht hindern darf, auch die Seite der relativen Wahrheit in ihr anzuerkennen. Unsere wissenschaftliche Erkenntniss ist nicht Wahrheit im Sinne einer Identität der Vorstellung mit der transcendenten Realität, sondern nur im Sinne einer Analogie, Correlation oder Correspondenz; mit anderen Worten: die in das Gewand der menschlichen Sprache gehüllte Erkenntniss kann nur ein Bild oder Symbol der adäquaten Wahrheit sein, welche das Ideal unseres Forschens bildet.

Das Gleiche gilt vom ästhetischen Schein. Er ist nicht Trug, oder Illusion, denn er will uns ja gar nicht glauben machen, dass er gemeine Wirklichkeit, dass z. B. die gemalte Weintraube eine wirkliche essbare Weintraube sei; er ist auch nicht als Erscheinung für uns wichtig, denn die Farbenklexe und die Leinwand, deren subjective Erscheinung unser Vorstellungsobject des Bildes ist, gehen uns gar nichts an; er ist eben ästhetischer Schein, d. h. künstlerisches Ausdrucksmittel einer idealen Wahrheit, wie die Sprache wissenschaftliches Ausdrucksmittel einer idealen Wahrheit ist. In der Poesie ist die inadäquate Vermittelung sogar eine doppelte, indem zunächst die Sprache als Mittel verwandt wird, um unsre Phantasie zur selbstthätigen Production des ästhetischen Scheins anzuregen, der nur erst Ausdrucksmittel jener idealen Wahrheit ist, welche die Substanz der Dichtung bildet.

Lange und Vaihinger haben nun zwar eingesehen, dass beim Kunstwerk, wenn überhaupt bei demselben von einer Wahrheit gesprochen werden könne, nur von einer bildlichen oder symbolischen Wahrheit gesprochen werden könne, aber sie haben erstens verkannt, dass dasselbe auch von der wissenschaftlichen Erkenntniss gelte, insofern sie sich des Mediums der Sprache bedient, über das selbst das Bewusstsein des Empfangenden nicht hinaus kann und haben zweitens verkannt, dass in Bezug auf die Darstellungsmittel der idealen Wahrheit die Metaphysik nicht zu den Künsten, sondern zu den Wissenschaften gehört, da sie nicht mit ästhetischem Schein, nicht mit sinnlichen Anschauungen und concreten Typen, sondern mit abstracten Begriffen und discursiven Reflexionen operirt, und methodologisch Kriticismus sein soll. Sie sprechen von dem Gegensatz zwischen Kunst und Wissenschaft so, als ob gegenüber der bildlichen oder symbolischen Wahrheit der Kunst und Religion die Wissenschaft eine absolut adäquate Wahrheit zu bieten habe, während nach ihren eigenen Auslassungen die Sache doch ganz anders liegt. Lehrt uns die Erkenntnisstheorie, dass eine adäquate Wahrheit, d. h. eine Wahrheit im gewöhnlichen, unkritischen Sinne, uns überhaupt unerreichbar sei, so werden wir zufrieden sein dürfen, wenn wir an Stelle eines absoluten Mangels an Wahrheit uns wenigstens des Besitzes einer bildlichen oder symbolischen Wahrheit rühmen dürfen. Dieselbe würde dann jedenfalls den Werth der einzigen uns zu Gebote stehenden Wahrheit haben, obzwar sie nur als eine relative Wahrheit bezeichnet werden kann, und die in diesem Sinne von der Metaphysik zu erwartende Wahrheit würde die Metaphysik auf den Thron einer relativen und zugleich höchstmöglichen Erkenntniss selbst dann wieder einsetzen, wenn dieselbe den Ausdrucksmitteln der Kunst so nahe stände, wie Lange und Vaihinger es irrthümlich annehmen.

Wenn also Vaihinger von einer „doppelten Wahrheit" spricht (192), von einer im gewöhnlichen und im ungewöhnlichen, bildlichen oder symbolischen Sinne (108), so ist diese Unterscheidung ja nicht zu verwechseln mit der von mir oben gemachten des transcendenten und immanenten Wahrheitsbegriffs, da sich die Wahrheit im gewöhnlichen (adäquaten), wie die im symbolischen Sinne beide auf dem Boden des transcendenten Wahrheitsbegriffs bewegen. Es ist ferner zu bemerken, dass der Besitz einer adäquaten Wahrheit durch den Kriticismus als Illusion erwiesen ist, und dass es sich bei der menschlichen Erkenntniss überhaupt nicht um absolute, sondern um relative Wahrheit in dem bisher „ungewöhnlichen" Sinne handeln kann, dass also dieser ganze Skepticismus zu nichts weiter führt, als zur Glorification und dem Triumph der speculativen Philosophie, zu deren Vernichtung er in's Feld gerückt war.

Allerdings ist die Anerkennung einer wenn auch nur relativen Wahrheit in der menschlichen Ideologie, welche Kunst, Religion und Metaphysik unter sich befassen soll, eine schreiende Inconsequenz gegen Lange's „Standpunkt des Ideals", auf welchem alle Ideen für blosse bewusste Illusionen ohne alle objective Bedeutung erklärt worden sind. Aber diese Inconsequenz, dieser implicite Widerruf des ganzen Standpunktes, ist doch gewissermaassen der einzige Zoll, den Lange und Vaihinger der gesunden Vernunft entrichtet haben, um sich vor dem Vorwurf des absoluten Aberwitzes zu schützen. Es wird nämlich einerseits der ewige Widerspruch zwischen Sinnenwelt und Ideenwelt als unlösbare Antinomie proclamirt (108), und andrerseits wird verlangt, dass die metaphysische Weltanschauung als subjectiv unentbehrliches „Ergänzungsstück" der gegebenen Wirklichkeit (d. h. der Sinnenwelt) „nicht total widerspreche" (109 unten). Es sollen beide Welten wahr sein, aber gerade darum im ewigen Widerspruch stehen, und doch soll aus dem Vorhandensein zweier angeblich sich widersprechender, also doch wohl möglichst heterogener Sorten von Wahrheit, und der Forderung, beide als Wahrheit festzuhalten, nicht auf die Zumuthung einer „doppelten Buchführung" im Geiste des Menschen geschlossen werden dürfen (108). Die Wirklichkeit soll unerkennbar, und die Metaphysik blosse subjective Dichtung sein, und doch wird verlangt, dass die Metaphysik sich „an die Wirklichkeit anschliesse", also mindestens „ein unruhiges Oscilliren zwischen Wirklichkeit und Idealwelt" repräsentire (106). Alle solche Widersprüche sind nur der Ausdruck des Lange'schen Confusionismus, der dem Aberwitz des illusorischen objectiven Idealismus entfliehen möchte, es aber nicht kann, ohne seinen ganzen Standpunkt zu widerrufen.

Es wäre wohl denkbar, dass Vaihinger, auf die Inconsequenz des Zugeständnisses einer relativen Wahrheit der Metaphysik aufmerksam gemacht, dieser Inconsequenz dadurch die Spitze abzubrechen suchte, dass er die „Wahrheit im ungewöhnlichen Sinne" nach meinen obigen Andeutungen zu einer Wahrheit im rein immanenten Sinne umzudeuten suchte, und damit sich definitiv für den Standpunkt Fichte's entschiede. Abgesehen davon, dass damit die unzweifelhaft transcendentale Bedeutung der symbolischen Wahrheit bei Lange und der allgemein anerkannte Sinn des Ausdrucks: „Wahrheit eines Kunstwerks"*) preisgegeben würde, so würde eine

---

*) Die Tragödie „Othello" ist nicht deshalb wahr, weil ihre Theilvorstellungen in meinem Bewusstsein harmoniren, sondern weil sie mit meisterhafter realistischer Treue den Typus jener Leidenschaft der Eifersucht anschaulich vorführt, welcher als das psychologische Gesetz dieser Leidenschaft in der transcendenten Realität der menschlichen Gattung thatsächlich herrscht.

solche Umdeutung schon deshalb zu keinem befriedigenden und haltbaren Resultate führen, weil der Subjectivismus auf praktischem Gebiet ebenso unzulänglich ist wie auf theoretischem, weil z. B. die Idee der Sittlichkeit mit noch weit zwingenderer Nothwendigkeit als etwa die Anschauungsform des Raumes oder die Kategorie der Causalität als *idolum tribus* oder als Schein für die Gattung anerkannt werden muss. Die Idee der Sittlichkeit, d. h. des sittlichen Verhaltens gegen Mitmenschen ist widersinnig ohne die Voraussetzungen, dass erstens Mitmenschen real existiren, dass ich zweitens gegen dieselben handeln, d. h. durch transcendente Causalität auf dieselben reale Einwirkungen hervorbringen kann, und dass dieselben drittens von der nämlichen Idee der Sittlichkeit beherrscht sind wie ich. Mit andern Worten: nur wenn die Idee des sittlichen Handelns Wahrheit im transcendenten Sinne besitzt, kann sie eine objective Gültigkeit und subjective Verbindlichkeit beanspruchen; die Wahrheit dieser Idee auf eine bewusstseins-immanente Bedeutung einschränken, heisst sie vernichten. Dies ist der wichtigste Grund, dass der Fortschritt zum Fichteanismus, wenn er vom Neukantianismus vollzogen würde, auch wieder nur die Bedeutung eines Uebergangsstadiums haben könnte, und dass ein relativer Ruhepunkt der Bewegung erst in dem transcendentalen Realismus gewonnen werden kann.

16. Die relative Wahrheit der metaphysischen Systeme.

Halten wir an dem Gedanken Lange's fest, dass die von den verschiedenen metaphysischen Systemen der Ethik gelieferte Stütze und Förderung ein gutes Merkmal für die Abschätzung ihres Werthes sei, und fügen wir hinzu, dass die Idee der Sittlichkeit nothwendig eine über die subjective Bedeutung hinausgehende objective Gültigkeit und generelle Verbindlichkeit beanspruchen und mehr und mehr erobern müsse, so erkennen wir sofort, dass dieser Werthmesser nicht bloss einen subjectiven, sondern einen objectiven Werth der metaphysischen Systeme misst. Hieraus folgt erstens, dass dieselben wirklich einen objectiven Werth haben, der mit dem Werth der subjectiven Befriedigung, welche sie gewähren, nichts zu thun hat; zweitens, dass dieser objective Werth ihnen nur insoweit zukommen kann, als ihnen eine relative Wahrheit beiwohnt, nicht aber insofern sie bewusste Illusionen sind; drittens, dass es unsre Aufgabe sein muss, die Anerkennung und Verbreitung der relativ wahreren metaphysischen Systeme zu fördern, schon aus dem Grunde, um der Idee der Sittlichkeit in den Menschengeistern bessere Stützen zu gewähren. Hiermit sind die Behauptungen umgestossen, dass metaphysische Systeme einen bloss subjectiven Werth haben, und als Gestaltungen des subjectiven Beliebens objectiv genommen gleich werthlos seien.

Wie sollen wir nun aber über den grösseren oder geringeren Wahrheitsgehalt der verschiedenen Systeme ein directes Urtheil gewinnen, auch abgesehen von ihrer Rückwirkung auf die Ethik? Auch hierfür finden wir Andeutungen. Von zwei Weltanschauungen, deren eine der Wirklichkeit total widerspricht, die andre nicht, wird offenbar die letztere den Vorzug verdienen (109); von zweien, die in verschiedenem Grade der Wirklichkeit widersprechen, wird diejenige den grösseren objectiven Werth beanspruchen dürfen, welche der Wirklichkeit im geringeren Maasse widerspricht. Von zwei Systemen, deren eines „bloss nach Andeutung der Sinne", das andre mit Vernunft „gedichtet" ist, wird das letztere den Preis gewinnen (111 oben); von zwei Systemen, von denen das eine durch ungezügelte Phantasie entstanden, und daher „in's Phantastische gerathen" ist, das andre aber durch eine von der Vernunft und Erfahrung kritisch gezügelte Phantasie producirt ist, wird man nicht anstehen, das letztere für das bessere zu halten (109 unten). Mit andern Worten: eine schöpferische Productionskraft muss mit besonnenem Kriticismus Hand in Hand gehen, und von allen Producten des synthetischen Factors darf die kritische Analyse keinen gelten lassen, den sie nicht geprüft und ausreichend legitimirt befunden hat; diese Arbeit zu leisten ist Sache der Menschheit in der geschichtlichen Entwickelung der Philosophie, an ihr mitzuwirken Aufgabe eines Jeden, der sich zu philosophischer Bethätigung und philosophischen Kundgebungen berufen glaubt.

Das Ende schliesst sich also mit dem Anfang unsrer Betrachtung zusammen: die Metaphysik muss Kriticismus sein, um ein Maximum relativer Wahrheit beanspruchen zu können, und indem ich gezeigt zu haben glaube, dass meine Metaphysik dieser Anforderung entspricht, während der Lange-Vaihinger'sche Standpunkt ihr nicht entspricht, glaube ich dem letzteren gegenüber den

Anspruch auf ein Maximum relativer Wahrheit für meine Metaphysik gerechtfertigt zu haben. Eine absolut wahre Metaphysik aufstellen wollen, hiesse in Dogmatismus zurückfallen; die relativwahrste für alle Zeiten geben wollen, hiesse das Wesen der geschichtlichen Entwickelung im Reiche der Wissenschaft verkennen. Aber indem ich so (neben der Inadäquatheit des sprachlichen Ausdrucks) die doppelte Relativität meiner Wahrheit anerkenne, proclamire ich nicht deren Unzulänglichkeit, sondern erachte mich berechtigt zu der Behauptung, dass meine Metaphysik die höchste im Entwickelungsprocess der Wahrheit bisher erreichte Stufe repräsentire, und in diesem Sinne die philosophische Wahrheit unsrer Zeit sei, was dann erst rechte Anerkennung finden wird, wenn Neukantianismus, Neufichteanismus und womöglich auch noch Neuhegelianismus ihre oben bezeichnete Aufgabe erfüllt und damit sich abgewirthschaftet haben werden.

Die Kritik des Lange-Vaihinger'schen Standpunktes kann hiermit als erledigt angesehen werden, und damit zugleich der Anspruch dieses Standpunktes, sich dem meinigen als den höheren gegenüberstellen zu wollen. Nach der erschöpfenden principiellen Widerlegung müsste es überflüssig scheinen, noch auf Besprechung zahlreicher Einzelirrthümer Vaihinger's über meine Ansichten einzugehen,*)

---

*) So behauptet er z. B., dass ich eine Erkenntniss nicht durch Sinne und Verstand, sondern durch Ideen und Vernunft vertrete (54), dass ich zwei Ketten der Causalität annehme (70), dass ich ein ausserweltliches Wesen (77) und ein extramundanes Bewusstsein im unendlichen Raum (41) statuire, dass ich die Materie dem Unbewussten als etwas Anderes und Fremdes dualistisch gegenüberstelle (80, 82), dass ich die Attribute der Substanz hypostasire, d. h. zu Substanzen, ja sogar zu getrennten Personen verselbstständige (74, 78), dass das All-Eine Unbewusste oder absolute metaphysische Subject (welches doch das schlechthin Allgemeine und als solches Charakterlose ist) nur eine moderne Auflage des „intelligiblen Charakters" sei (85) und die Qual des Weltprocesses in seinem Bewusstsein vereinige (100), dass ich einen Zufall — das Wort im Gegensatz zur menschlich berechnenden Intelligenz genommen (113) — leugne (83), dass meine Ethik eudämonistisch und heteronom sei (174), dass ich einen Massenselbstmord der Menschheit lehre (186), nach welchem die vernichtete Menschheit gleichwohl noch ein Gefühl der Befriedigung und Erlösung habe (176), dass nach mir Philosophie und Religion sich gleich stehen (12), Philosophie die Religion ganz ersetzen könne (27), und das mystische Gefühl ein „doppelseitiger Affect" sei (16). Alle diese irrthümlichen Unterstellungen gestatten um so weniger eine Discussion, als ihnen nicht nur jeder Versuch einer Begründung, sondern selbst die Angabe der Stellen fehlt, welche von Vaihinger missverstanden sind.

und ich will mich damit begnügen, noch einige Bemerkungen über seine Stellung zu der Frage des Pessimismus und Optimismus anzufügen.

17. Optimismus und Pessimismus.

Vaihinger behauptet (179), dass Optimismus und Pessimismus zwei Anschauungsweisen des Seins darstellen, „die in ihrer Art gleichberechtigt sind, ohne dass der Menschengeist beide jemals versöhnen kann"; der Pessimismus sei die Anschauungsweise des Werktags, während die Seele am Sonntag mit dem Optimismus Staat mache (181). Hieraus wäre nun zu schliessen, dass von einer Polemik gegen eine der beiden Seiten bei Vaihinger nicht mehr die Rede sein könne, da beide gleich wahr und gleich falsch sein sollen. Gleich wahr sind sie als „gleichberechtigte" Anschauungsweisen, die aus der widerspruchsvollen Organisation unsres Geistes mit Nothwendigkeit abfliessen, — gleich falsch, weil beide „als Erzeugnisse menschlicher Ideologie" gleichmässig jeder transcendentalen Wahrheit entbehren, weil „die Welt der Wirklichkeit an sich weder schlecht noch gut ist" (178). Damit ist zugleich die beliebte „negative Versöhnung" vollzogen, während eine positive Vermittlung wegen der widerspruchsvollen Natur unsres Geistes für unmöglich erklärt wird. Die beiden gleichberechtigten Anschauungsweisen werden ohne positive Vermittelung als ewige Antinomie neben einander fortbestehen. „Wie in der Metaphysik unser Urtheil schwankt, so wechselt hier unser Gefühl ab, und wo dies nicht der Fall ist, da sind wir schon einseitig" (172), sind wir nicht mehr normale Menschen.

Diesen Standpunkt aber hält Vaihinger nicht fest, neben ihm her läuft eine zweite, mit ihm unvereinbare Ansicht, nach welcher nicht der Pessimismus, sondern nur der Optimismus der menschlichen Ideologie angehört, während der Pessimismus als treues Abbild der empirischen Wirklichkeit anerkannt wird. „Genau wie Lange dem Materialismus im Empirischen und Einzelnen Recht giebt gegenüber dem dogmatischen Idealismus, so giebt er auch dem Pessimismus gegenüber einem dogmatischen Optimismus im Einzelnen und Empirischen Recht... Hätte uns Lange etwa mit einer „Geschichte des Pessimismus und Kritik seiner Bedeutung in der Gegenwart" beschenkt, so hätte er den Pessimismus ganz genau ebenso behandelt wie den Materialismus, und nachgewiesen, wie auch der Pessimismus am entscheidenden Punkte in idealen Optimismus umschlage" (178—179). Der entscheidende Punkt ist wiederum die Idee des Sittlichen, welche eines idealen Optimismus bedarf (was für deren höhere Formen zuzugeben ist). „Der Pessimismus hat, wie der Materialismus, ein ungemein hohes Verdienst, nämlich den ihm entgegengesetzten Dogmatismus vernichtet zu haben" (179). „Also: wir müssen den Optimismus festhalten, aber nur als Ideal, und mit dem Bewusstsein, dass er nur eine Art bewusster Selbsttäuschung, wissentlich verfälschender Einbildung ist, und nur ein Gedicht, dem keine Wirklichkeit entspricht" (181).

Offenbar ist die zweite Ansicht die relativ richtigere und zugleich diejenige, auf welche Lange ursprünglich gekommen ist. Denn wenn der Pessimismus ebenso wie der Optimismus nur ein Product menschlicher Ideologie wäre, so fehlte ihm ja jede Kraft, um den letzteren zu bekämpfen oder gar zu widerlegen (172 Z. 22—24); nur indem er sich auf die Beweiskraft der empirischen Wirklichkeit stützt, gelingt es ihm, die vermeintliche Wahrheit des Optimismus über den Haufen zu werfen. Hat aber der Pessimismus Recht für die Welt der Erfahrung und gegebenen Wirklichkeit, so ist er auch keine Illusion mehr, sondern empirische Wahrheit, also etwas specifisch Anderes als der illusorische Optimismus. Wie der Optimismus durch eine blosse Illusion nicht kritisch widerlegt werden kann, so kann er auch durch eine blosse Illusion nicht gestützt werden; mag er noch so unentbehrlich für die „Idee" der Sittlichkeit sein, er verfällt doch der obigen Kritik über Lange's illusorischen Idealismus, und der Pessimismus in seiner empirischen Begründung bleibt als alleinige Wahrheit bestehen. Aber das gerade fürchten Lange und Vaihinger, und um den Schein einer Erhabenheit ihres Standpunktes über beide Extreme zu retten, lassen sie die empirische Wahrheit des Pessimismus, von der sie ausgingen, unvermerkt unter den Tisch fallen, und erklären Optimismus und Pessimismus in gleicher Weise für unbegründete, wahrheitslose Illusionen.

Erst eine Consequenz hiervon ist die Behauptung, dass „die Welt der Wirklichkeit an sich weder schlecht noch gut sei." Aber welche Wirklichkeit? Die empirische? Von ihr ist ja zugegeben, dass der Pessimismus für sie im Rechte sei! Oder die an sich seiende? Aber diese soll ja für uns schlechthin unerreichbar und unzugänglich sein; wie können da auch nur negative Dogmen („weder schlecht, noch gut") über sie aufgestellt werden? Diese falsche Consequenz führt die Behauptung *ad absurdum*, aus welcher sie abfliesst (dass Optimismus und Pessimismus wahrheitslose Illusionen seien), jene Behauptung, welche nur durch eine Escamotage aus Lange's und Vaihinger's eigentlichem Standpunkt hervorgegangen ist und diesem direct widerspricht.

Wir haben dabei stehen zu bleiben, dass für die empirische Wirklichkeit „der Pessimismus der erfahrungsmässigen Reflexion" (182) im Rechte ist, und dass der illusorische Optimismus der allgemeinen Kritik des illusorischen Idealismus verfällt. Das „harmonische Weltbild," das dieser Optimismus uns vorgaukelt, ist L ü g e, wenn es das Bild einer r e a l e n Welt vorstellen will, und n i c h t i ger Schaum, wenn es bloss als wahrheitsloses Luftschloss aufgefasst wird. Ob solche Einbildungs welten gut oder schlecht seien, ist eine Frage, die mit dem axiologischen*) Problem, mit der Frage, ob die real existirnde Welt gut oder schlecht sei, gar nichts zu schaffen hat. Mögen jene Phantasmagorien so lieblich sein, wie die Welt des Reichthums und der Herrschermacht, die der Wahnsinnige hinter seinen Gittern sich erdichtet, das ändert gar nichts an der traurigen Beschaffenheit der wirklichen Welt, so wenig wie das illusorische Glück des Verrückten an der traurigen Thatsache seines Wahnsinns etwas ändert. (Vaihinger's Weltideal wäre, dass wir alle des Sonntags in's Irrenhaus oder in die Haschischkneipe gingen.) Für die wirkliche Welt kommen solche Dichtungen nur soweit in Betracht, als sie im Stande sind, durch ihre Verwirklichung deren reale Beschaffenheit zu verbessern; das können sie aber höchstens in dem Grade, als die reale Verbesserungsfähigkeit der Welt es zulässt, und wenn, wie ich behaupte, der Pessimismus in Betreff

---

*) Ich gebe dem Terminus „Axiologie" (oder Lehre von dem Werth der Welt) den Vorzug vor dem von Vaihinger vorgeschlagenen „Metamoral," weil letzterer auf der irrthümlichen Voraussetzung beruht, dass die Frage nach dem Pessimismus sich genau so zur Moral verhalte wie die Metaphysik zur Physik (230). Die Axiologie beschäftigt sich aber nur mit der Bemessung von Lust und Unlust, die als psychologische Facta der Welt der subjectiven Erscheinung angehören, und keineswegs wie die Metaphysik hinter jene in die Welt der Dinge an sich oder gar in das Wesen derselben zurückweisen.

der letzteren Recht behält, so behält er es in letzter Instanz überhaupt.

So wenig man einen illusorischen metaphysischen Idealismus gelten lassen kann, so wenig einen illusorischen Optimismus; der illusorische Optimismus Lange's muss sich ebenso wie sein illusorischer Idealismus überhaupt in ein bis zwei Generationen in Nihilismus zersetzen, und den nackten einseitigen Pessimismus als Sieger auf der Wahlstatt lassen. Nur wenn der Optimismus ebenso wie der Pessimismus eine Wahrheit in Bezug auf die wirkliche Welt beanspruchen kann, nur dann hat er eine Berechtigung. Ist die Culturgeschichte das eigentliche Feld des Optimismus und der Fortschritt oder die Entwickelung in ihr in allen Beziehungen unverkennbar (176), so ist dem culturgeschichtlichen Optimismus, d. h. dem von mir vertretenen evolutionistischen Optimismus eben damit auch eine transcendentale Wahrheit zugestanden. Dann sind Pessimismus und Optimismus Anschauungsweisen, welche nicht bloss aus unsrer Subjectivität entspringen, sondern einer transcendenten Realität entsprechen; dann ist aber auch die Möglichkeit einer negativen Versöhnung beider (durch Unwahrerklärung beider) beseitigt, und eine positive Vermittelung zur unabweisbaren Forderung geworden, wie sie von mir und von Volkelt in verschiedener Weise versucht ist.*)

Vaihinger befindet sich bei der ganzen Fragestellung in Betreff des Optimismus und Pessimismus in einer ziemlichen Unklarheit, da er glaubt, dass das über diese Frage entscheidende Werthurtheil „aus ästhetischem oder ethischem oder eudämonologischem Gesichtspunkte aus gefällt werden kann" (127). Ob in der Welt das Schöne

---

*) Die von Vaihinger beliebte antithetische Gegenüberstellung Dührings erweisst sich nirgends so unpassend als bei seinem, mit dem Flittergold socialistischer Zukunftsutopien verbrämten und mit dem wüsten Gebelfer eines „ethischen Entrüstungspessimismus" gepfefferten vulgären Optimismus, dessen völlig unphilosophische Banalität jeden Versuch einer Antithese mit meinen Ansichten ohne Entstellung und Verzerrung der letzteren unmöglich macht. Eine Richtigstellung im Einzelnen würde im Vergleich zu deren Nutzen einen unverhältnissmässigen Raum einnehmen; ich bemerke nur, dass Vaihinger meine ganze Synthese von eudämonologischem Pessimismus und evolutionistischem Optimismus gar nicht verstanden hat (142, 173) und keine Ahnung hat von der subjectiven Gemüthsstimmung, welche diesem meinen Standpunkt consequenter Weise entspricht.

oder das Hässliche, das Sittliche oder das Unsittliche im Uebergewicht sei, das sind Fragen, deren Entscheidung direct genommen für das Problem des Pessimismus völlig indifferent ist. Es kann sich nur und ausschliesslich um die Frage handeln, ob Lust oder Schmerz überwiege; denn nur dieses Urtheil kann darüber entscheiden, ob das Sein oder das Nichtsein der Welt den Vorzug verdiene. Vaihinger verkennt dies deshalb, weil er als Maassstab der Beurtheilung des Scienden nicht den reinen Begriff des *(per impossibile)* supponirten Nichtseins desselben nimmt, sondern den völlig illusorischen Maassstab eines eingebildeten Seinsollenden (179), wozu er dann natürlich die sämmtlichen ästhetischen, ethischen und sonstigen Ideale rechnet.*)

Der ästhetische und ethische Werth der Welt sind für das Pessimismusproblem nur insoweit von Bedeutung, als sie die Summe der Lust oder Unlust in der Welt alteriren; insoweit sind sie allerdings zu berücksichtigen, aber nur als integrirende Bestandtheile des eudämonologischen Werthurtheils. Wenn Vaihinger letzteres mit dem „sinnlichen" Werthurtheil identificirt (126) oder behauptet, dass es die „gemeine" Lustempfindung sei, an der ich das Leben messe (134), so sind dergleichen banale Einwürfe bereits mehrfach erledigt.**) Vaihinger setzt Schopenhauer, der in Allem die „ewige Qual" sehe, Goethe entgegen, der in Allem die „ewige Zier" sehe (199); er nimmt also an, dass Schopenhauer ästhetischer Pessimist sei (169), während derselbe, ebenso wie ich, der entschiedenste ästhetische Optimist ist, und auf diesen ästhetischen Optimismus, auf die Thatsache der höchstmöglichen Schönheit in der Natur, die Wahrheit seines metaphysischen Idealismus stützt. Den Confusionismus zwischen ästhetischem und eudämonologischem Werthurtheil hat also Vaihinger erst in Schopenhauer hineingetragen; aber den

---

*) Dieser Irrthum giebt vielleicht auch die psychologische Erklärung dazu, wie er zu dem Glauben kam, den Pessimismus ebenso wie den Optimismus zu einer Illusion herabsetzen zu können. Er dachte so: der Optimismus ist Illusion; der Pessimismus ist nur der Contrast der Wirklichkeit gegen diese Illusion, also ist er auch Illusion (178 unten). Das ist aber eine arge Sophistik. Die Realität des Schmerzes ist von keiner vorgängigen optimistischen Illusion abhängig; nur die Reflexion über die Summe der Schmerzen hat ihre Wahrheit zu erobern im kritischen Kampfe gegen instinctive (unbewusste) optimistische Illusionen, ohne dass diese Gegnerschaft ihre siegreiche Wahrheit illusorisch macht.

**) Z. B. von A. Taubert: „Der Pessimismus und seine Gegner" S. 21—22.

Confusionismus zwischen ethischem und eudämonologischem Werthurtheil hat er allerdings in demselben vorgefunden. Ich rechne es mir zum Verdienst an, diesen Confusionismus Schopenhauer's gründlich beseitigt, und den Pessimismus **ausschliesslich** auf das eudämonologische Werthurtheil gestützt zu haben.

Glaubt Vaihinger etwa, dass ich um höchst wirkungsvolle Declamationen gegen die moralische Schlechtigkeit der Welt in Verlegenheit gewesen wäre? Glaubt er nicht, dass es mich Ueberwindung gekostet hat, auf dieses scheinbar so plausible Fundament des Pessimismus zu verzichten, das dem glücklichen Besitzer seinen Pessimismus obenein noch mit einer „ethischen Atmosphäre" umhüllt? Aber wenn die Welt noch zehnmal unsittlicher wäre als sie ist, und sich dabei **wohl befände**, so könnte man nicht mehr sagen, dass ihr Nichtsein ihrem Sein vorzuziehen wäre, d. h. dass der Pessimismus im Rechte sei. Seine „Gesinnungs-Tüchtigkeit" durch einen krass aufgetragenen „ethischen Entrüstungspessimismus" zu documentiren, ist ein wohlfeiler Kunstgriff, den die Philister der Bierbank von jeher geübt haben, und der jederzeit am kräftigsten von behäbigen Pfaffen und gesinnungslosen Agitatoren ausgebeutet ist; die Philosophie hat mit dergleichen Schaugerichten nichts zu schaffen, — sie hat nicht die Aufgabe, sich über die Dinge zu **entrüsten**, sondern sie zu **verstehen** und *sine ira et studio* zu beurtheilen, und zwar nicht am Maassstab subjectiver Ideale, sondern reiner Begriffe. Ethische Kategorien sind nur aus der Beziehung von Individuen unter einander abstrahirt; sie von Partialindividuen auf die Welt als Ganzes oder gar auf das ihr zu Grunde liegende Wesen übertragen, heisst sie **ihrem Sinn zuwider** gebrauchen, und deshalb ist jedes ethische Werthurtheil über die Welt als Ganzes oder über das ihr zu Grunde liegende Wesen **widersinnig**, während ein eudämonologisches Werthurtheil über das Weltganze als Totalität empfindender Erscheinungsindividuen nicht nur berechtigt, sondern geradezu gefordert ist.*) Es scheint mir nach alledem, dass Vaihinger keinen Grund hat, sich dessen zu rühmen, dass er gegenüber meiner Reinigung des axiologischen Problems von ungehörigen ethischen Beimischungen auf den Schopenhauer'schen

---

*) Vgl. auch Taubert a. a. O. S. 11—15.

Confusionismus zurückgegriffen und mir die Vermeidung desselben als Fehler angerechnet hat.

Das rein eudämonologische Werthurtheil sucht Vaihinger nun wieder dadurch zu verwirren, dass er an Stelle des theoretischen Pessimismus den Stimmungspessimismus, an Stelle der wissenschaftlichen, durch erfahrungsmässige Reflexion gewonnenen Ueberzeugung von der Beschaffenheit der wirklichen Welt das wechselnde subjective Gefühl unterschiebt. „Die pessimistische Ermüdung hat ihre Zeit und ihr Recht; und die optimistische Energie hat auch ihre Zeit und ihr Recht; und beide wechseln ab, und dieser Wechsel selbst kann wieder als angenehm oder unangenehm betrachtet werden. Hier so wenig wie in der Metaphysik giebt es etwas Sicheres und Beständiges" (172). Entweder giebt Vaihinger zu, dass dieser Wechsel der Stimmungen die unerschütterliche Beständigkeit der aus allen diesen Vorgängen ein für allemal zu gewinnenden wissenschaftlichen Ansicht ganz unberührt lässt, oder er giebt damit die Erklärung ab, dass er die bewunderungswürdige Versatilität besitzt, seine metaphysischen und axiologischen Theorien an einem Tage zehnmal mit seinen Stimmungen zu ändern, wie ein Weib seine Ansichten mit seinen Launen wechselt.

18. Vischer's und Volkelt's Ansichten über die Illusion.

Friedrich Vischer hat in seinem Werk über Goethe's Faust*) S. 291—303 den Pessimismus dadurch zu entkräften gesucht, dass er die Conservirung der beglückenden Illusionen aus eudämonologischen Gründen für empfehlenswerth und möglich hält, und Johannes Volkelt hat diese Theorie sich angeeignet und vertreten in einem kleinen Aufsatz: „Glück und Werth der Illusion."**) Da diese Theorie mit Lange's illusorischem Idealismus auf gleichem Boden steht, so scheint mir hier der geeignete Ort, um etwas über dieselbe zu sagen.

Vischer erklärt den Rechnungsansatz in meiner Behandlung des axiologischen Problems deshalb für falsch, weil ich mit zwei

---

*) Goethe's Faust. Neue Beiträge zur Kritik des Gedichts. Stuttgart, bei Meyer und Zeller, 1873.
**) „Im neuen Reich", Jahrgang 1876 Bd. II. S. 175—185.

Colonnen operire (?), einer der wahren Lust und einer der Illusion, und nimmt an, dass ich durch den Nachweis der illusorischen Beschaffenheit der Vorstellungsgrundlagen eines Gefühls zugleich den Beweis geführt zu haben glaube, dass dies Gefühl keine Lust sei (a. a. O. S. 293). Diese Unterstellung beweist nichts als die Oberflächlichkeit der Lectüre, deren Vischer mein Pessimismuscapitel gewürdigt hat.*) Ich habe (Phil. d. Unbew. II. 290) nachdrücklich erklärt, dass der illusorische Charakter der Vorstellungsgrundlagen für die Realität des Gefühls ganz einflusslos sei, und dass und weshalb trotzdem der Nachweis solcher Gefühle stark zu Gunsten des Pessimismus in die Waagschale fällt (ebd. 293—294). Der Grund ist ein doppelter: erstens, individuell genommen, weil der Täuschung in den meisten concreten Fällen die Enttäuschung folgt, und die Enttäuschung meistens bitterer ist als die Täuschung süss war, und zweitens, universell genommen, weil die Illusionen von der Kritik des Verstandes mehr und mehr zerfressen werden, und die Lust, deren Vorstellungsgrundlagen als Illusionen durchschaut sind, vergiftet ist, selbst dann, wenn die Illusionen und das auf ihr ruhende Gefühl vorläufig dem Verstande zum Trotz fortdauern.

Beides hat Vischer einfach ignorirt. Wenn er z. B. (S. 300) sagt, dass die wichtigste praktische Illusion in der Täuschung bestehe, als ob wir mit unserm Wirken mehr erreichten, als wirklich der Fall ist, und dass wir uns dieser Täuschung wissentlich hingeben sollen, so vergisst er, dass die unausbleibliche Enttäuschung leicht das Gemüth verbittern und die Arbeitslust und Arbeitskraft gänzlich lähmen kann, während die wahrheitsgemässe Einsicht, dass der Einfluss des Einzelnen ein sehr geringer ist, dass aber trotzdem (wie Leibniz sagt) „keine Kraft sich verliert", praktisch ausreichend ist und vor den Bitterkeiten getäuschter Erwartungen bewahrt. Dass das ethische Verdienst ein grösseres ist, wenn die Leistung nicht durch die Treibhauswärme solcher künstlich genährten Illusionen gezeitigt

---

*) Dass Vischer im Uebrigen meine Schriften gar nicht gelesen haben kann, geht aus S. 255 seines Buches hervor, wo er meinen historischen und teleologischen Evolutionismus mit Schopenhauer's ungeschichtlicher Weltanschauung und blindem Kreislauf confundirt, und über mich den Stab zu brechen glaubt, indem er die letztere verdammt. Ich bedaure bei der Verehrung, die ich für Vischer's Verdienste hege, aufrichtig, ihm den Vorwurf leichtfertigen Absprechens nicht ersparen zu können.

wird, sondern aus der nüchternen und ehrlichen Auffassung der Wirklichkeit entspringt, will ich hier gar nicht betonen

Volkelt unterscheidet sehr richtig zwischen den blossen ornamentalen Zuthaten der Phantasie und der principiellen Illusion. Was die ersteren betrifft, so urgirt er nur die Thatsache, dass die Lust, welche auf der Verschönerung der Wirklichkeit durch die Phantasie beruht, darum nicht minder reale Lust ist (was ganz meine Ansicht ist), und geht an der Frage vorbei, ob die Zuthaten der Phantasie zu der Auffassung der Wirklichkeit im Grossen und Ganzen genommen mehr erfreuender oder betrübender, erhebender oder deprimirender Natur sind (a. a. O. S. 177). Da er selbst am wenigsten das Uebergewicht einer unlusterzeugenden Phantasiethätigkeit bestreiten wird, so kann die Begründung des Pessimismus durch die nähere Untersuchung der auf Phantasiethätigkeit beruhenden Lust und Unlust nur eine neue Stütze erhalten, aber in keiner Weise erschüttert werden. Wenn Vischer glaubt, dass die Vernunft die sorgenbringende Thätigkeit der Phantasie einschränken könne, ohne in mindestens gleichem Maasse auch ihre freudenschaffende Kraft zu lähmen, so erweist er sich damit als ein schlechter Psychologe.

Was dagegen die principiellen Illusionen, d. h. diejenigen Gefühle anbetrifft, welche in ihrem innersten Kern und Wesen auf illusorischen Vorstellungsgrundlagen beruhen, so muss ich erstens das Bestreben, dieselben **um ihrer selbst willen**, um der von ihnen gebotenen **Lust** willen, zu conserviren, nur für **verkehrt** halten, weil bei demselben eben übersehen wird, dass der durch dieselben gelieferten Lust eine Unlust der Enttäuschung gegenübersteht, welche durchschnittlich bei weitem schwerer in's Gewicht fällt, weil also der eudämonologische Calcul der Optimisten, welche die Illusion auch **als** Illusion retten zu können vermeinen, schon im Rechnungsansatz verfehlt ist. Zweitens aber ist das Bestreben, die lustbringenden Illusionen auch nach Durchschauung ihrer illusorischen Beschaffenheit aus gleichviel welchen Gründen conserviren zu wollen, ein **erfolgloses**, weil an **innerem Widerspruch** krankendes Bestreben. Die Instincte bestehen fort, weil sie vorläufig stärker sind als der Verstand, aber sie bestehen fort mit dem Bewusstsein der inneren Unwahrheit und Verkehrtheit und das aus ihnen entspringende Gefühl ist **ein in sich gebrochenes**, ist

wie eine Blüthe, in welcher der giftige Wurm nagt, und welche
Keinen mehr erfreut, der den Wurm nagen sieht. Auf die Dauer
der Generationen aber ist der unermüdlich nagende und zersetzende
Verstand stärker als die überkommenen Dispositionen der Instincte
und zerstört deren Kraft in ihrer Wurzel.

Vischer selbst sagt in demselben Buche (S. 151) von der dichterischen und philosophischen Kraft, dass es ihre Vereinigung „nicht
giebt." „Beide Kräfte, jede als ganz und ungetheilt gedacht,
schliessen sich aus. Die Menschen-Natur kann das nicht in
sich vereinigen, dass Ein Mann wahrer Dichter und Philosoph sei,
denn die Philosophie zersetzt den Schein, der Dichter braucht
den ganzen Schein und lebt in ihm." Wenn es der Philosophie
eigenthümlich ist, den Schein zu zersetzen, und Vischer mich tadelt,
dass ich den optimistischen Schein zersetze, so tadelt er mich doch
nur darum, dass ich Philosophie treibe. Wenn er ausruft (S. 295):
„Die Illusion ist das Gut der Güter. Ein Narr, wer sie sich zerstört," — so muss Vischer entweder selbst solcher Narr sein, oder
nach seinen eigenen Definitionen auf den Namen eines Philosophen
verzichten. Wenn er fordert, dass man den Schein der instinctiven
Illusionen der zersetzenden Philosophie zum Trotz bewahren solle,
so verlangt er nichts andres, als dass die Menschheit sich der Philosophie entschlagen solle, und er würde gut thun, das Verbot der
Philosophie den Staatslenkern an's Herz zu legen. Aber Vischer
kennt genug Geschichte, um zu wissen, dass die Menschheit trotz
des mit Folter und Scheiterhaufen Jahrhunderte lang durchgeführten
Verbots der Philosophie dennoch sich mit Philosophie beschäftigt,
und zu einem Zustande durchgerungen hat, wo Philosophiren erlaubt
ist. Denn die Philosophie ist die grösste Macht unter allen Mächten
des Geistes, und auch der Schrecken eines alternden Aesthetikers
vor ihrer neuesten, ihm unverständlich gebliebenen Phase wird ihren
ruhigen Gang nicht hemmen.

Auch der Gedanke gehorcht einem kategorischen Imperativ,
und auch der Verstand hat ein Gewissen, und deshalb thun die
auflösenden Kräfte nur ihre Schuldigkeit, wenn sie den Schein der
Illusionen zersetzen. *) Konnte selbst Goethe den Philosophen und

---

*) Dies erkennt auch Lange mit fast den gleichen Worten an: Gesch. d. Mat.
II. S. 500 Z. 8—6 von unten.

Dichter nicht in sich vereinigen, um wie viel weniger wird es der gewöhnliche Mensch können, wenn er den Schein festhalten soll, welchen fortbestehen zu lassen, sein Verstand vor seinem Gewissen gar nicht verantworten kann. Musste Vischer schon den ästhetischen Schein der Dichtung für unvereinbar mit der Philosophie erklären, um wie viel weniger wird der trügerische und lügnerische Schein der praktischen Illusionen mit dem Gewissen des Verstandes vereinbar sein.

Hier kommen wir auf einen Punkt, in welchem die Theorie Vischer's und Volkelt's eine weitere schlimme Blösse bietet. Beide stützen nämlich ihre Annahme, dass die Conservirung der durchschauten praktischen Illusionen möglich sei, auf die Analogie, dass die Conservirung des ästhetischen Scheins, trotz seiner Durchschauung als Schein, möglich sei. Nun sagt aber Volkelt selbst (a. a. O. S. 178): „Illusion ist nur da, wo der Schein für volle Wirklichkeit genommen wird, wo das Wissen davon, dass wir blosse Phantasiebilder vor uns haben, gänzlich fehlt." Wie kann Volkelt nach dieser Definition im Ernst behaupten, dass alle Schönheit auf Illusion beruhe (S. 179 u. 180)? Hat er jemals einen gemalten oder gemeisselten Löwen „für vollwirkliche Gegenwart gehalten," so dass er sich vor demselben gefürchtet hätte und davon gelaufen wäre? Ist er jemals bei der Betrachtung eines Kunstwerks darüber in Zweifel gerathen, ob das Bild aus Leinwand und Farben, und die Statue aus Stein besteht? Will er mir im Ernste vorreden, er habe die Heiterkeit oder Betrübtheit des Himmels jemals für mehr als eine von ihm vollzogene symbolische Hineintragung, habe sie jemals für eine reale Thatsache gehalten?

Volkelt täuscht sich selbst durch zweideutige Worte, weil er sich durch den Ausdruck „Schein" irreleiten lässt. Volkelt ist kein Aesthetiker, aber Vischer ist einer, und noch dazu ein berühmter; er wenigstens sollte es wissen, dass der ästhetische Schein so wenig wie die Sprache eine Illusion ist, noch sein will, dass er in dem Augenblick, wo er zur Illusion würde, aufhören würde, ästhetischer Schein zu sein, und dass dies ebenso gültig ist für den ersten Höhlenbewohner, welcher Figuren in einen Knochen ritzte, als für den eine raphaelische Madonna bewundernden modernen Kunstkenner. Deshalb besteht aber auch zwischen dem ästhetischen Schein und der praktischen Illusion keine Analogie, welche von dem einen auf die andere zu schliessen erlaubte, sondern ein schroffer begrifflicher Gegensatz. Indem ich den ästhetischen Schein als Schein aufnehme, ohne ihm vorzuwerfen, dass er keine reale Wirklichkeit sei, mache ich mich erst fähig, den Tempel der Kunst zu betreten; eine Enttäuschung kann hier nie Platz greifen, einfach deshalb, weil niemals eine Täuschung dabei stattgefunden hat. Wenn dagegen ein junges Mädchen nach Vischer's Recept die Illusion festhält, dass ein schöner aber leichtsinniger junger Mann „der vollkommne Mann" sei, und ihm Leib und Vermögen anvertraut, so kann sie die unangenehme Erfahrung machen, dass diese Illusion bei Schlägen und Hunger und liederlicher Verschwendung von Seiten des Mannes doch nicht ganz leicht aufrecht zu erhalten ist. Ein solches Beispiel ist wohl geeignet, den Unterschied zwischen ästhetischem Schein und realem Leben zu zeigen; auf ersterem Gebiet ist der Schein *conditio sine qua non*, aber Täuschung und Enttäuschung gleich unmöglich, — auf letzterem Gebiet ist Aufrichtung oder Zulassung eines Scheines gleissnerischer Selbstbetrug, dem die bittere Strafe auf dem Fusse folgt.

Es ergiebt sich aus alledem, dass es ebenso verkehrt, wie auf die Dauer unmöglich ist, praktische Illusionen, welche der Verstand einmal entlarvt hat, aus irgend welchen Gründen conserviren zu wollen, und selbst die edelsten Motive können den in sich widersinnigen Selbstbetrug nicht rechtfertigen. Von dieser Seite den Pessimismus angreifen zu wollen, ist ein vergebliches Unterfangen. Die Versöhnung kann nur und ausschliesslich in der Richtung gesucht werden, in welcher ich sie vollzogen habe, nämlich in der Einsicht, dass die fraglichen Instincte **nur** in Bezug auf den glücksuchenden **Eigenwillen** Illusionen sind, dass aber in der Unwahrheit eben dieses Gesichtspunktes **ihre Wahrheit**, und in ihrer Förderung der unbewussten Naturzwecke ihre teleologische **Rechtfertigung** liegt. Wer dies einmal eingesehen, der hält diese für den Egoismus illusorischen Instincte nunmehr als objectiv werthvolle Wahrheiten fest; aber er kann dies nur unter Resignation auf seinen Egoismus und sein individuelles Glück. Das Resultat meiner Kritik ist also **nicht** die Zerstörung der **Instincte**, welche nur dem Egoismus sich als illusorisch erweisen, sondern die Zerstörung **des egoistischen Trachtens nach individuellem Glück**, d. h. die Negation jedes **eudämonologischen Optimismus** und die Installirung des Pessimismus der ethischen Resignation.

Von diesem ganzen Gedankengang und der ethischen Ueberlegenheit desselben über seinen fadenscheinigen Rest von illusorischem Optimismus hat Vischer gar nichts gemerkt, und Volkelt hat sich von der Autorität Vischer's mit auf den Holzweg locken lassen.

19. Ein Platonisches Gespräch.

Ehe wir nun von Vaihinger Abschied nehmen, möchte es sich empfehlen, seinen Standpunkt an einem concreten Beispiel zu illustriren und zugleich zu resumiren.

Setzen wir den Fall, Herr Vaihinger stände im Begriff, um die Hand einer Dame anzuhalten, so könnte sich etwa folgende Unterhaltung entspinnen:

Hr. Vaihinger: „Mein Fräulein, ich liebe Sie! Bevor Sie Sich aber entschliessen, Sich meiner Führung durch's Leben anzuvertrauen, fühle ich mich als redlicher Mann verpflichtet, Sie nicht darüber in Zweifel zu lassen, in welchem Lichte Sie mir erscheinen. So schön Sie auch sind, so ist nämlich Ihre Schönheit doch nur die ureigenste Schöpfung meines Geistes, und Ihr holder jungfräulicher Leib ein reines Product meines Vorstellungsvermögens."

Die Dame: „Herr Doctor, ich bin Ihnen zwar sehr verpflichtet, dass Sie die Güte gehabt haben, mich zu produciren, indessen unter diesen Umständen . . ."

Hr. Vaihinger: „Entschuldigen Sie, mein Fräulein, auch von Anderen werden Sie auf dieselbe Weise wie von mir producirt, aber keiner von Ihren Bewunderern trägt dem lieblichen Schein, den er sich geschaffen, die gleiche Verehrung und Anbetung entgegen wie ich."

Die Dame: „Aber, Herr Doctor, Sie werden doch nicht leugnen wollen, dass dieser Ihrer Erscheinung von mir eine Wirklichkeit entspricht."

Hr. Vaihinger: „So leid es mir thut, so muss ich doch, um ganz ehrlich gegen meine eventuelle Zukünftige zu sein, Ihnen gestehen, dass ich kein Mittel für möglich halte, um über die blosse Subjectivität dieses Scheines hinauszukommen, oder denselben als einen durch eine entsprechende Wirklichkeit „wohl begründeten" anzuerkennen."

Die Dame: „Aber mein Herr, Sie sprechen mir ja damit geradezu meine selbstständige Existenz ab!"

Hr. Vaihinger: „Um Vergebung, liebes Fräulein, in eine solche dogmatische Negation werde ich mich wohl hüten zu verfallen."

Die Dame: „Kurz und gut, Herr Doctor, halten Sie mich, abgesehen von Ihrer so schmeichelhaften Vorstellung von mir, für existirend oder nicht?"

Hr. Vaihinger: „Ich bedaure, die Entscheidung, zu der Sie mich drängen wollen, als kritischer Denker ablehnen zu müssen. Selbst am Tage unsrer goldnen Hochzeit würde ich so wenig wie heut in der Lage sein, Ihnen diese Frage zu beantworten."

Die Dame: „Sie geben vor, mich zu lieben, und glauben nicht einmal an meine Existenz?"

Hr. Vaihinger: „O theuerstes Fräulein, gewiss glaube ich an Ihre Existenz, so fest wie an die höchsten und heiligsten Träume des Menschenherzens, an das Gute und Schöne, — nur Ihre Existenz zu wissen musste ich ablehnen. Sie sind mir mehr als Wirklichkeit, Sie sind mein Ideal!"

Die Dame: „Herr Doctor, ich verstehe Sie nicht; wie können Sie an etwas glauben, von dessen Existenz Sie nichts wissen zu können behaupten?"

Hr. Vaihinger: „Ich glaube an Sie wie an die ewige Wahrheit der Poesie; ich bete Sie an als mein Gedicht, als das schönste und herrlichste, das mir je gelungen!"

Die Dame: „Sehr verbunden! Dann hätte ich also nicht bloss die Ehre, ein Product Ihrer Sinnlichkeit, sondern auch eine Schöpfung Ihrer dichterischen Phantasie zu sein!"

Hr. Vaihinger: „Allerdings, mein Fräulein, und ich werde Sie ehren mein Lebelang, wie ich die Ideale meiner Jugend ehren werde."

Die Dame: „Aber würden Sie mich dann nicht eines Tages als eine „bewusste Illusion" betrachten?"

Hr. Vaihinger: „Sein Sie unbesorgt, Sie werden mir mit der Zeit zur „habituellen Illusion" werden, wie meine Liebe selbst."

Die Dame: „Gleichviel, einmal durchschaute Illusionen pflegt man sich nur noch so lange gefallen zu lassen, als sie süss, einschmeichelnd und angenehm sind, und ich habe keine Garantie, das wirklich zu sein, geschweige denn, es immer zu bleiben. Wenn also Ihr Glaube an meine Existenz Ihnen bis jetzt nur als eine poetische Illusion Ihrer genialen Phantasie gilt, so habe ich von Ihrer interessanten Lection doch soviel kritische Vorsicht gelernt, um auf die Wahlentscheidung über Ihre Frage, ob ich Ihre Frau werden wolle, mindestens für so lange zu verzichten, als Sie auf die theoretische Entscheidung meiner Frage, ob ich existire oder nicht, verzichten zu müssen behaupten."

H r. V a i h i n g e r : „O mein Fräulein, wenn Sie nur ein Semester meine Collegien mit anhören würden . . ."

D i e D a m e : „Gott schütze mich!" (Sie entflieht.)

B.
Schopenhauerianismus.

III.

Frauenstädt's Umbildung der Schopenhauer'schen Philosophie.

1. Der subjective Idealismus.

Bei der Besprechung des Frauenstädt'schen Umbildungsversuches scheint es mir zweckmässig, mich in der Reihenfolge mehr der Schopenhauer'schen Darstellung als der Kritik Frauenstädt's in seinen „Neuen Briefen" anzuschliessen, weil der architektonische Aufbau des Schopenhauer'schen Systems im Ganzen ein wohlbegründeter ist. Das erste und zweite Buch seines Hauptwerkes enthalten den theoretischen, das dritte den ästhetischen, das vierte den ethischen Theil seines Systems, und der theoretische Theil ist so gegliedert, dass im ersten Buche die Erkenntnisstheorie als die Grundlage und der Eckstein aller Philosophie durchgearbeitet wird, und erst im zweiten Buche auf diesem Fundament der Thurmbau seiner eigenthümlichen Metaphysik errichtet wird. Die Erkenntnisstheorie nun, welche im ersten Buch entwickelt wird, ist — das erkennt auch Frauenstädt an — der subjective Idealismus, d. h. die Lehre, dass alle empirische Realität der wahrgenommenen Dinge lediglich im Bewusstseinsinhalt, in der Welt der subjectiven Erscheinung zu suchen sei. Dieselbe stützt sich auf Kant's transcendentale Aesthetik und Analytik, d. h. auf die Lehre, dass die Anschauungs- und Denkformen spontane Producte der Seele und keines über das Gebiet der subjectiven Erscheinung hinausreichenden Gebrauches fähig seien.

Bei Kant läuft neben diesem transcendentalen Idealismus der Vorstellungsformen ein transcendentaler Realismus des Vorstellungsinhalts her, insofern derselbe die Materie der Anschauung durch eine transcendente Causalität des Dinges an sich auf den äussern Sinn gegeben sein lässt. Diesen transcendentalen Realismus Kant's verwirft Schopenhauer unbedingt, weil derselbe eben auf dem transcendentalen Gebrauch des Causalitätsbegriffes beruht, welchen die Grundsätze seines transcendentalen Idealismus verbieten (vgl. „Die Welt als Wille und Vorstellung", 3. Aufl. I., 516—517), und weil er in letzteren Grundsätzen die unsterbliche und ewig unvergängliche, zugleich aber auch die einzig haltbare philosophische Leistung Kant's erblickt, deren Evidenz ihm als über allen Zweifel erhaben gilt (ebd. 518). Zu keiner Zeit seines Lebens hat er aufgehört von Kant und seinem transcendentalen Idealismus mit der grössten Bewunderung zu sprechen; niemals hat er den Versuch gemacht, die Thatsache des unversöhnlichen Widerspruchs zwischen dieser Lehre und der Annahme einer transcendenten Causalität des Dinges an sich auf das Wahrnehmungsvermögen vertuschen zu wollen, und am wenigsten ist es ihm je in den Sinn gekommen, dass die wahre Entscheidung zwischen den unverträglichen Elementen in der Kant'schen Erkenntnisstheorie die umgekehrte sein müsse, als er sie in seinem Hauptwerk getroffen. Zu keiner Zeit hat er von seinem erkenntnisstheoretischen Idealismus irgend ein Düttelchen widerrufen, und nichts berechtigt Frauenstädt, seine eigene entgegengesetzte Entscheidung in jener Alternative Schopenhauer unterzuschieben und diesen so zu behandeln, als ob sein Idealismus bloss eine Jugendverirrung gewesen wäre, die man ihm nicht anrechnen könne. Vielmehr ist der subjective Idealismus der Grundpfeiler des historisch gegebenen Schopenhauer'schen Systems; er verhält sich wie ein Farbstoff, der einem Organismus in's Blut gespritzt wird, d. h. er durchdringt ihn in seinen feinsten Geweben und ist in jedem kleinsten Punkte bestimmend für seine eigenthümliche Färbung.

Allerdings ist Schopenhauer, ausserdem dass er erkenntnisstheoretischer Idealist ist, auch noch metaphysischer Realist. Der subjective Idealismus, consequent durchgeführt, mündet, wie ich anderwärts gezeigt habe*), in absoluten Illusionismus aus, in welchem sowohl das Ding an sich als auch das Ich an sich zur Illusion wird und die Welt zu einem einzigen Bewusstseinstraum ohne Träumer herabsinkt. Vor diesen Consequenzen glaubte Schopenhauer dadurch geschützt zu sein, dass er das Ding an sich durch einen geheimen Gang von innen als Willen constatiren zu können wähnte, und gerade dieser Glaube gab ihm den Muth, die Kantische Grundlage eines transcendentalen Realismus (die transcendente Causalität) scrupellos über Bord zu werfen.

Nun ist erstens die Schopenhauer'sche vermeintlich unmittelbare Ableitung des Dinges an sich keine; zweitens, wenn sie eine wäre, würde sie nur das Ich an sich sicherstellen, aber niemals irgendetwas über ein Ding an sich neben dem Ich ausmachen können; und drittens widerspricht sie dem subjectiven Idealismus ganz ebenso wie die Kantische Ableitung des Ding an sich aus der transcendenten Causalität. Von dem ersten und dritten Punkte scheint Schopenhauer niemals eine Ahnung aufgegangen zu sein, wohl aber von dem zweiten. Das Erfassen des eignen Wesens als Wille konnte nämlich nur über das transcendente Correlat des Vorstellungssubjects, niemals über dasjenige des Vorstellungsobjects Aufschluss geben. Wenn auf irgendwelchem Wege ein transcendentes Correlat des Vorstellungsobjects abgeleitet ist, dann kann allerdings der Verstand durch Analogieschlüsse dasselbe als ein Ich, und somit als einen Willen construiren; aber ob dem Vorstellungsobject irgend ein transcendentes Correlat entspreche oder nicht, dafür kann die Selbsterfassung des Ich als Wille nicht den geringsten Anhalt gewähren. Schopenhauer erkennt dies an, wenn er die Unwiderleglichkeit des „theoretischen Egoismus" eingesteht; er hilft sich mit einem blinden Glauben an das, was er nicht beweisen zu können einräumt, weil der theoretische Egoismus seinem Gefühle nicht acceptabel erscheint.

In seiner spätern Zeit aber scheint eine Ahnung bei ihm aufzudämmern, dass der theoretische Egoismus nur dadurch positiv zu überwinden ist, wenn zwischen dem Vorstellungsobject und seinem transcendentalen Correlat eine inhaltliche Correspondenz stattfindet. (Vgl. Frauenstädt's „Neue Briefe" S. 104.) Dass aber, wenn man

---

*) Vgl. „Kritische Grundlegung des transcendentalen Realismus" (2. Aufl. Berlin 1875).

die prästabilirte Harmonie ausschliesst, eine solche specielle Correlation beider nur durch transcendente Causalität möglich ist, dass also eine Ausführung dieses Gedankens ihn zu der von ihm perhorrescirten Kantischen Grundlage des transcendentalen Realismus (als unentbehrlicher Ergänzung der seinigen) und zu dem aufgedeckten Kantischen Selbstwiderspruch zurückführt, das scheint ihm in keiner Weise zum Bewusstsein gekommen zu sein. Denn die Consequenz davon wäre der völlige Widerruf der Grundlagen gewesen, auf denen er sein System als auf einem unerschütterlichen Fundament errichtet zu haben fest überzeugt war. Schopenhauer war am wenigsten dazu veranlagt, sein einmal fixirtes System einer Revision oder gar einem solchen Neubau von Grund aus zu unterziehen, wie er es nothwendig hätte thun müssen, wenn er jene Consequenzen in seinem Bewusstsein hätte platzgreifen lassen. Wenn ja eine Ahnung von klaffenden Rissen in seinem *monumentum aere perennius* in ihm aufgestiegen ist, so hat ihm doch der Gedanke, ganze Hauptpfeiler desselben abtragen zu müssen, gewiss völlig fern gelegen, und er ist sicher gewesen, diese Risse mit kleinen aufgeklebten neuen Flicken schliessen zu können, ohne die Unverträglichkeit dieser Flicken mit dem Bestehenden auch nur zu bemerken.

Ein grosser Theil der Anhänger Schopenhauer's sieht heute noch in seinem subjectiven Idealismus und in dessen Reinigung von dem bei Kant nebenherlaufenden transcendentalen Realismus nicht nur das unerschütterliche Fundament, sondern auch das grösste und bleibendste Verdienst seiner Lehre, und erachtet die damit unverträglichen, später aufgeklebten Flicken für blosse *lapsus calami*, die dem alternden Denker zu verzeihen sind;*) diese Auffassung hat jedenfalls mehr historische Berechtigung als diejenige Frauenstädt's, wenngleich die letztere die sachliche Berechtigung für sich hat.

Ich selbst habe mit dem subjectiven Idealismus Kant's vollständig gebrochen und ausführlich nachgewiesen, dass und weshalb es eine immanente Causalität (zwischen Vorstellungsobjecten) gar nicht geben kann, sondern nur eine transcendente (zwischen Dingen und sich), und dass demnach die Entscheidung zwischen den sich

---

*) So z. B. den von Frauenstädt (S. 108) citirten Satz aus der Schrift „Ueber das Sehen und die Farben": „Der Körper ist roth, bedeutet, dass er im Auge die rothe Farbe bewirkt."

widersprechenden idealistischen und realistischen Lehren Kant's im umgekehrten Sinne zu treffen sei, als dies von Schopenhauer geschehen ist. Ich habe aber auch gezeigt, dass damit ein dem Schopenhauer'schen diametral entgegengesetzter Ausgangspunkt für eine neue Systembildung gewonnen ist, dessen umkehrender Einfluss sich bis in die feinsten Verzweigungen des Organismus fühlbar machen muss. Wenn Bahnsen und Frauenstädt denselben Weg gehen zu müssen erkennen, so kann mich diese Uebereinstimmung nur freuen, aber ich muss darum doch gegen die historische Unterstellung protestiren, als ob das Schopenhauer'sche System als solches jemals einem erkenntnisstheoretischen Realismus Eingang gewährt hätte oder gewähren könnte, und sei es nur in demselben Sinne wie das Kantische (d. h. in Bezug auf die Materie der Anschauung im Unterschied von ihrer Form).

So lange die transcendente Causalität als im Widerspruch mit den unumstösslichen Grundsätzen der transcendentalen Aesthetik und Analytik ausdrücklich perhorrescirt wird, so lange kann alle Anerkennung oder vielmehr aller Glaube an eine Correspondenz oder Correlation zwischen Vorstellungsobject und Ding an sich nur auf etwas Unerklärliches gerichtet sein, das sich unserm nähern Verständniss entzieht, und nur ganz unbestimmt in der (bei Schopenhauer) unmittelbar hinter der subjectiven Erscheinung beginnenden metaphysischen Wesenseinheit gesucht werden kann. In Wahrheit ist Form und Inhalt der Anschauung in gleicher Weise spontan und unbewusst von der Seele producirt, aber in der concreten Beschaffenheit des Producirens in gleicher Weise durch die concrete Beschaffenheit des Dinges an sich und seine transcendente Causalität bestimmt, also die Kant'sche Unterscheidung zwischen Form und Inhalt in jeder Beziehung hinfällig und in der Schopenhauer'schen Abschwächung erst recht werthlos. Gestalt, Grösse, Geschwindigkeit der Bewegung und andere raumzeitliche Bestimmungen informiren uns gerade ebenso gut über die reale Beschaffenheit der Dinge an sich wie Farbe, Ton u. s. w. Frauenstädt wird dies von seinem Standpunkt aus gewiss nicht in Abrede stellen wollen; auch Helmholtz, den er heranzieht, muss als Naturforscher voraussetzen, dass die von der Seele spontan erzeugten Formen des Raumes und der Zeit in ihrer concreten Beschaffenheit ebenso gut wie die sinnlichen Empfindungsqualitäten durch die bestimmte Einwirkung der Sinne bedingt sind. Dann aber unterscheidet sich in diesem Punkte Schopenhauer's Lehre auch nach Frauenstädt's Darstellung immer noch wesentlich von dem durch Helmholtz repräsentirten naturwissenschaftlichen Realismus, auch wenn wir von dem noch weit tieferen Unterschiede absehen, dass in Wirklichkeit Schopenhauer nur immanente, der naturwissenschaftliche Realismus nur transcendente Causalität anerkennt und gelten lässt.

Frauenstädt sagt zur Vertheidigung seiner Interpretation Schopenhauer's Folgendes: „Wo ein Philosoph einander widersprechende Behauptungen aufstellt, können nicht beide für seine eigentliche und wahre Meinung gelten, sondern nur eine von beiden; und die andere muss dann als durch seine wahre Meinung aufgegeben betrachtet werden" (S. 177). Dieser Satz ist falsch. Die Widersprüche im Kopfe eines originellen Selbstdenkers entstehen dadurch, dass er von verschiedenen Gesichtspunkten oder von verschiedenen Erfahrungsgebieten aus zu Conclusionen gelangt, die einander ausschliessen, und deren Widerspruch durch Synthese zu überwinden er nicht die speculative Kraft besitzt. Den höhern Gesichtspunkt zu finden, aus welchem die relative Wahrheit der Gegensätze erkennbar wird, bleibt seinen Nachfolgern überlassen. Scheidet man aber vorzeitig durch negative Kritik eine der beiden Seiten des Gegensatzes aus, so macht man die Systeme dadurch zwar widerspruchsfreier, aber auch leerer und dürftiger. Daher ist auch von dem subjectiven Idealismus etwas festzuhalten, und derselbe nicht als ganz und gar aufgegeben zu betrachten: das ist die errungene Einsicht in die Heterogenität von Ding (an sich) und (Vorstellungs-) Object, und die Erkenntniss, dass sowohl der Inhalt wie die Form der Anschauung lediglich vom Subject vorbewusst und selbstthätig (aber allerdings nach Maassgabe der vom Dinge erhaltenen causalen Einwirkung) producirt wird. Dies ist die Wahrheit, durch welche der subjective Idealismus über dem naiven Realismus steht, der die Dinge und Objecte identificirt und Inhalt wie Form der Anschauung vom Dinge aus in die Seele hineinströmen lässt. Mit obiger Wahrheit wird der subjective Idealismus zum aufgehobenen Moment im transcendentalen Realismus herabgesetzt, verliert aber eben damit seine selbstständige Bedeutung und wird als subjectiver Idealismus (im Gegensatz zum Realismus) vernichtet. Diese Art der Elimination durch Aufhebung in einen höhern Standpunkt ist allerdings nicht mehr als eine blosse „Auslegung" desselben zu bezeichnen (105); nicht darum kann es sich handeln, den subjectiven Idealismus der systematischen Schopenhauer'schen Schriften nach späteren vereinzelten realistischen Anwandlungen auszulegen, sondern darum, ihn durch Aufhebung in einen höhern Standpunkt als das, was er ist und sein will, zu vernichten.

Thut man dies aber, wie Frauenstädt und Bahnsen es gethan haben, so darf man sich auch nicht darüber unklar sein, dass man mit einem solchen Schritt allein schon aus dem Rahmen des historisch gegebenen Systems herausgetreten ist und dasselbe positiv überwunden hat. Das geschichtlich treue Bild der Schopenhauer'schen Lehre darf nur das bieten, was er in systematischem Zusammenhange ausgeführt hat, muss Widersprüche, die sich darin vorfinden, als historische Thatsache respectiren, und darf nur die Bemerkung hinzufügen, dass Schopenhauer in späteren Jahren sporadisch realistische Velleitäten zeigte, die aber niemals feste Gestalt gewannen und noch weniger ihm mit ihren unausbleiblichen Consequenzen für das System zum Bewusstsein gelangten. Auch bei Kant wird es dem Geschichtsforscher nicht einfallen, nur die erste oder nur die zweite Auflage seiner „Vernunftkritik" als authentisch gelten zu lassen (105), sondern er wird das volle Bild der Kantischen Lehre sammt deren nicht wegzuleugnenden Widersprüchen aus sämmtlichen Schriften des Philosophen zusammengenommen zu reconstruiren bemüht sein. Am allerwenigsten kann die Thatsache, dass der subjective Idealismus auch schon im Rahmen der ersten Auflage des Schopenhauer'schen Hauptwerks den übrigen Stücken des Systems (dem metaphysischen Willensrealismus, dem objectiven Idealismus und dessen realistischer Teleologie, dem Materialismus und dem Mitleid gegen andere Individuen) widerspricht, einen Vorwand abgeben, den ersteren als nicht der eigentlichen und wahren Meinung des Philosophen entsprechend zu eliminiren, wie Frauenstädt dies in der schon oben citirten Stelle (177) verlangt. Insbesondere kann eine Apologetik, die sich auf ein so eingreifend verändertes System bezieht, nicht mehr als eine wirkliche Vertheidigung Schopenhauer's gegen die ihm von seinen Gegnern mit Recht vorgeworfenen Widersprüche und Inconsequenzen gelten, wenngleich eine solche Umbildung sich rein sachlich betrachtet auf dem rechten Wege befindet.

2. Die Sphäre der Individuation.

Der subjective Idealismus hat für Schopenhauer zunächst die doppelte Bedeutung, ihm einerseits den Monismus des Weltwesens zu verbürgen und andrerseits das Räthsel der Individuation zu lösen. Indem er mit Recht Raum und Zeit als das *principium individuationis* hinstellt, ergiebt sich ihm die strenge Folgerung aus der transcendentalen Aesthetik Kant's, dass die Vielheit nur in der Welt der subjectiven Erscheinung, aber nicht im Ding an sich möglich sei, da eben Raum und Zeit jenseit der Sphäre der subjectiven Erscheinung keine Gültigkeit haben sollen. Hiermit ist der Monismus für das erkenntnisstheoretische Ding an sich streng erwiesen, und das Individuationsproblem dadurch gelöst, dass es aus dem realistischen Gebiet des Daseins in dasjenige der subjectiven Erscheinung verlegt ist. Streicht man nun mit Frauenstädt und Bahnsen den subjectiven Idealismus aus dem System Schopenhauer's, so enthüllt sich die vermeintliche idealistische Lösung des Individuationsproblems als trügerischer Schein und der Monismus sinkt zu einer unbegründeten persönlichen Ansicht herab. Es ist daher eine folgerichtige Consequenz der Beseitigung des subjectiven Idealismus, dass Frauenstädt eine wirkliche, d. h. realistische Lösung des Individuationsproblems bei Schopenhauer vermisst, und dass Bahnsen freie Hand zu haben glaubte, den Monismus seines Meisters gänzlich zu verwerfen und die Vielheit der Individuen realistisch als eine substantielle und ewige zu behaupten. Bei Frauenstädt vermisse ich die Einsicht, dass er für den Monismus, den er festhalten will, neue Stützen zu suchen verbunden ist, und dass die Schopenhauer'sche Lösung des Individuationsproblems nur dann keine ist, wenn man, wie er thut, den subjectiven Idealismus verwirft. Frauenstädt hat weder eine neue Begründung des Monismus, noch eine eigene Lösung des Individuationsproblems aufzustellen versucht, lässt also die grössten Lücken in seiner „Umbildung" offen, während ich dieselben im Sinne des Schopenhauer'schen metaphysischen Realismus zu schliessen versucht habe (Phil. d. Unb. Cap. C VII u. IX).

Darin stimmt Frauenstädt mit mir überein, dass die reell vorhandene Vielheit von Individuen weder in der Sphäre des absoluten und einen Allwillens, noch in der subjectiven Erscheinungswelt eines individuellen Bewusstseins, sondern nur in einer mittlern Sphäre gesucht werden könne, welche recht eigentlich als Sphäre der Individuation zu bezeichnen ist und sich zum einen Allwillen wie eine Manifestation, Objectivation oder objective Erscheinung zu ihrem Wesen, zu dem Vorstellungsobject des Bewusstseins aber wie das Ding an sich zur subjectiven Erscheinung verhält (111). Desgleichen sind wir darin einig, dass Raum und Zeit als *principium individuationis* festzuhalten seien und deshalb ebensowohl Formen des realen Daseins in dieser Sphäre der Individuation oder objectiven Erscheinung wie Formen der Anschauung in der Sphäre des Bewusstseins sein müssen (110, 113, 115 u. a. m.). Beide Punkte sind aber Interpolationen in das System Schopenhauer's, welche dasselbe völlig aus den Fugen rücken, und von Seiten Schopenhauer's ebenso wenig Billigung gefunden haben würden, als sie ihnen jetzt von Seiten der Mehrzahl jener Schopenhauerianer zu Theil wird, die dem Standpunkt des Meisters in der Hauptsache treu bleiben wollen.

Schopenhauer hat das Wort „Erscheinung" ebenso wie Kant niemals in einem andern Sinne als dem des Erscheinens für ein wahrnehmendes Subject verstanden, und würde eine Erscheinung ohne einen, dem sie erscheint, für Unsinn erklärt haben. Alle Stellen, die Frauenstädt anführt, um sie in unserm Sinne zu deuten, lassen sich ebensowohl und noch besser im Sinne der subjectiven Erscheinung auslegen, und selbst die Manifestation oder Objectivation des Willens, von der Schopenhauer spricht, ist nicht als ein Zweites neben und über der subjectiven Erscheinung zu verstehen, sondern als die subjective Erscheinung selbst, insofern dieselbe in ihrer Beziehung zu ihrem transcendenten Correlat eines concreten Willens aufgefasst wird. Das „Eingehen" des Willens in die Formen der Erscheinung (114 Z. 25) bedeutet bei Schopenhauer nichts anderes als das Hineintreten in ein Bewusstsein, d. h. als Vorgestelltwerden, und selbst der Ausdruck „Natur" (115 Z. 25) ist nur als Inbegriff der subjectiven Erscheinungen in ihrem immanent causalen Zusammenhange auszulegen. Das mindeste, was selbst Frauenstädt zugestehen muss, ist, dass alle diese Ausdrücke zweideutig, und demnach seine Auslegungen im realistischen Sinne zweifelhaft, also keinenfalls geeignet sind, rückwärts zur Begründung seiner Behauptung beizutragen, dass Schopenhauer's eigentliche und wahre Meinung der Widerruf seines subjectiven Idealismus gewesen sei.

3. Die Causalität.

Die zwischen der All-Einheit des Weltwesens und der subjectiven Erscheinungswelt in der Mitte liegende, Schopenhauer unbekannte Sphäre der realen Individuation ist nicht nur die Sphäre des wirklichen Raums und der wirklichen Zeit, sondern auch diejenige der wirklichen Causalität, während Raum, Zeit und Causalität als subjective Anschauungs- und Denkformen nur ideelle Nachbilder jener realen Daseinsformen repräsentiren. Diese Auffassung muss natürlich von Schopenhauer und den echten Schopenhauerianern als höchst ketzerisch perhorrescirt werden, und die Bemühungen Frauenstädt's im 23. und 24. Briefe, seinem Meister eine reale, d. h. bewusstseins-transcendente Causalität zu imputiren, beweisen das Gegentheil von dem, was sie beabsichtigen. Schopenhauer statuirt durchaus nur eine immanente Causalität der Vorstellungsobjecte untereinander, und die Aengstlichkeit, mit welcher er diese Grenze der Geltung der Causalität hütet, zeigt sich auch darin, dass er jeden *influxus*, der jenseit dieser Grenze fällt, mit hartnäckigem Eigensinn unter den Begriff der Causalität zu subsumiren sich weigert. Dies gilt insbesondere für den Einfluss des Willens auf die Erscheinungswelt, beziehungsweise der Naturkräfte auf die Naturerscheinungen, sowie auch auf den gegenseitigen Einfluss, den Ding und Ich auf einander ausüben.

Schopenhauer erkennt an, dass jede Veränderung das Product zweier Factoren, eines innern constanten und eines äussern variablen, ist (123); aber in ersterm erkennt er das constante Princip oder Wesen der Erscheinungen, und nur letztern lässt er als Ursache gelten, der freilich durch ersteres erst „die Möglichkeit zu wirken" (122) ertheilt wird. Er warnt vor Verwechselung von Kraft und Ursache, bestreitet, dass der Wille jemals Ursache sei, und beschränkt alle Ursachen auf Gelegenheitsursachen (124).*) Dies ist auf dem Standpunkte der immanenten Causalität ganz folgerichtig, da die

---

*) Hegel verfällt, um Ursache und Wirkung für identisch ausgeben zu können, in die entgegengesetzte Einseitigkeit, nur das sich in beiden gleichbleibende Kraftquantum als die wahre Ursache gelten zu lassen, und die Form, in welcher diese Kraft sich darstellt, sowie die concreten Bedingungen, von denen die Art und Weise ihrer Umsetzung abhängt, als nebensächlich und unwesentlich auszuscheiden. (Vgl. meine Schrift: „Ueber die dialectische Methode" S. 86.)

Kraft oder der Wille, wenn sie als Ursache anerkannt werden, eben damit auch als transcendente Ursachen anerkannt sind, was Schopenhauer nicht will noch kann. Hieraus ergiebt sich, wie unstichhaltig Frauenstädt's Versuch ist, daraus, dass die Naturkräfte reale Ursachen seien, die Realität der Causalität im transcendenten Sinne zu begründen, und auf diese Weise den Realismus Schopenhauer's und dadurch mittelbar dessen Abstandnahme von seinem subjectiven Idealismus zu erweisen (113).

Das Gleiche gilt von seinen Bemühungen, das Bestehen einer realen Causalität zwischen Object und Subject in Schopenhauer's System zu erweisen, wobei noch hinzukommt, dass er Ding (an sich) und Object einerseits und reales Subject der Vorstellungsfunction und ideales Vorstellungssubject andrerseits beständig confundirt. Subject und Object sind bei Schopenhauer beide in gleichem Maasse nur Erzeugnisse der subjectiven Erscheinung, gleichsam die beiden untrennbaren Pole der bewussten Vorstellung, und können so verstanden gar keinen *influxus* auf einander üben, weder einen causalen im Sinne Schopenhauer's, noch sonst irgendwelchen andern; sie sind Correlatbegriffe wie rechts und links, oben und unten, Ursache und Wirkung u. s. w., deren jeder mit dem andern *eo ipso* mitgesetzt ist. Ganz anders, wenn man Subject und Object nicht mehr in ihrer subjectiv-idealen Bedeutung als Pole der bewussten Vorstellung nimmt, sondern als Repräsentanten der ihnen correspondirenden transcendenten Correlate, des „Ich an sich" und des „Ding an sich". Da erscheint uns natürlich das Vorstellungsobject als beeinflusst durch die producirende Thätigkeit des Ich an sich und durch die den äussern Sinn afficirende transcendente Causalität des Ding an sich, welche zugleich ein Afficirtwerden des Ich selber ist. Aber wir wissen, dass dies Schopenhauer nicht so erscheint, wenigstens nicht in der eigentlichen Beleuchtung seines Systems. Hier bleibt die geahnte und geglaubte Correspondenz zwischen Vorstellungsobject und Ding an sich als ein unerklärliches und keinenfalls durch Causalität zu erklärendes Problem stehen, und die producirende Thätigkeit des Ich an sich fällt unter den Begriff der Kraftäusserung, die gleichfalls der Verwechselung mit Causalität entrückt ist. Fassen wir aber den subjectiven Idealismus noch strenger im Sinne des jugendlichen Schopenhauer, so ist zu bemerken, dass die anscheinende Zweiheit von Ding an sich und Ich an sich überhaupt keine reale

9*

sein kann, sondern nur eine aus dem transcendentalen Gebrauch immanenter Kategorien (Vielheit u. s. w.) entspringende falsche Einbildung, dass also von einem Einfluss beider auf einander schon deshalb nicht die Rede sein kann, weil in Wahrheit beide nur Eins sind. Hier reducirt sich also das ganze Problem darauf, dass die Production der bestimmten Vorstellung (mit ihren beiden Polen Subject und Object) eine concrete Kraftäusserung des einheitlichen Ichansich-Dingansich ist, welche als Kraftäusserung dem Begriff der Causalität entrückt ist.

4. Die Motivation.

Immerhin bleibt es auch aus diesem Gesichtspunkt richtig, dass kein Geschehen, also auch keine Causalität möglich ist ohne Wille (36); denn da zwei Factoren zum Geschehen zusammenwirken müssen, kann keiner von beiden activ wirksam werden ohne den andern, d. h. eine Veränderung kann nicht Ursache werden, ohne dass ein Wille als die dem Vorgang zu Grunde liegende Kraft functionirt, und ein Wille kann nicht als concretes Wollen sich äussern, wenn es an der Gelegenheitsursache, d. h. dem Motiv fehlt. Keineswegs jedoch würde Schopenhauer Frauenstädt's und Bahnsen's Auffassung seiner Lehre gebilligt haben, als ob die Causalität des Motivs sich auf den Willen erstreckt, als ob das Motiv für den Willen Ursache des Functionirens sei (45—47). Dies muss aber Frauenstädt's Meinung sein, wenn er aus der Causalität des Motivs und der Identität der Causalität auf allen Stufen der Natur die Realität der Causalität im transcendenten Sinne demonstriren zu können glaubt (35—36). Vielmehr ist Schopenhauer's wahre Meinung die, dass das concrete Wollen als zeitliche Function bereits auf die Seite der Erscheinung, d. h. der subjectiven Erscheinung falle, dass also die Causalität des Motivs ganz und gar in der immanenten Sphäre verharre, insofern sie nicht das Wollen als solches, sondern nur den Inhalt des bestimmten Willensactes als zeitliche subjective Erscheinung mitbestimmen helfe. Nach ihm hat nur jeder einzelne Willensact ein Motiv, der Wille überhaupt aber hat zu seinem Wollen (als Willensbejahung oder allgemeinen Willen zum Leben) keins (44); ebenso hat nach ihm jeder einzelne Act einen Zweck, das gesammte Wollen keinen (94), und der Zweck des Wollens ist aus dem Zusammenhange der Stelle als das bewusste Ziel oder der bewusste Inhalt des Wollens zu verstehen.*)

Frauenstädt bekämpft (94—96) Schopenhauer's richtige und tiefsinnige metaphysische Lehre, dass das Wollen überhaupt keinen Zweck und kein Motiv habe, ebenso wie Bahnsen; aber letzterer ist dabei von seinem Standpunkt aus im guten Recht, Frauenstädt von dem seinigen im Unrecht. Bahnsen nämlich leugnet einen absoluten all-einen Willen und schreibt dafür dem Individualwillen ewige Substantialität und Aseität zu; Frauenstädt dagegen acceptirt den einen Allwillen und leugnet die Substantialität und Aseität der Individualwillen. Bahnsen stützt sich mithin auf den intelligiblen Charakter, und würde nicht bestreiten, dass, wenn es einen absoluten Willen gäbe, derselbe nicht als Charakter (also auch nicht als Wille mit einem concreten Inhalt oder Zweck) gedacht werden könne; Frauenstädt hingegen, der nur dem all-einen Willen Aseität zuschreibt und mit Recht alle Individualcharaktere zur Sphäre der Erscheinung (d. h. der objectiven) rechnet, muss zugeben, dass der letzte innere Grund jeder einzelnen Handlung in jener metaphysischen Sphäre des All-Einen liegt, d. h. jenseit aller Individualcharaktere und ihrer Individualzwecke (238, 242). Spricht man von dem Willen im Sinne des Individualwillens mit bestimmtem Individualcharakter, so unterliegt es keinem Zweifel, dass es der Wille ist, der die auftauchenden Vorstellungen zu Motiven stempelt, d. h. ihnen die Macht zu wirken verleiht (und auch ich habe es nie anders aufgefasst und dargestellt); spricht man aber vom Willen im Sinne des über der Sphäre der Erscheinung stehenden und diese bestimmenden Princips, so kann von einem Charakter, d. h. einer Präformation des eventuellen Willensinhalts durch die Beschaffenheit des Willens als solchen nicht mehr die Rede sein (47).

Hier enthüllt sich dann eben der tiefste Sinn der Motivation als einer Bestimmung von Vorstellung durch Vorstellung (nicht von Wille durch Vorstellung), d. h. absolut genommen wird nur der Vorstellungsinhalt des Allwillens, nicht dieser selbst, von Motiven

---

*) Ich habe letztern auch „Object des Wollens" genannt, ohne ihn darum jemals, wie Bahnsen und Frauenstädt (46) annehmen, mit dem „Object des Vorstellens" oder gar mit dem diesem Vorstellungsobject correspondirenden Ding an sich zu verwechseln.

berührt, und nur weil die Individuen Erscheinungen sind, die selbst schon durch Specification des absoluten Willensinhalts (d. h. der Idee) gesetzt werden, entsteht bei ihnen der Schein, als ob durch die Motive auf den Willen selbst eine Causalität ausgeübt würde. Indem Frauenstädt diesen Schein für eine metaphysische Wahrheit nimmt, verwirft er die betreffende tiefere Wahrheit, die sein Meister schon besessen hatte (die Zweck- und Motivlosigkeit des Allwillens), und bekämpft mich, weil ich an dieser bedeutenden metaphysischen Einsicht Schopenhauer's festhalte.

Wie im Allgemeinen der bleibende Werth des subjectiven Idealismus in dem Ergreifen der Wahrheit besteht, dass nur durch eine idealistische Supposition überhaupt das Erkenntnissproblem lösbar werde*), so besteht im Besondern der Werth des subjectiven Idealismus für das Problem der Motivation in der Erkenntniss, dass auch dieses Problem nur lösbar sei unter der Voraussetzung, dass bei dem Motivationsprocess nicht der dem Vorstellen völlig heterogene Wille als solcher, sondern nur ein idealer Inhalt desselben alterirt und modificirt werde. Der Fehler liegt beidemal nur darin, dass die unentbehrliche idealistische Supposition im subjectivistischen Sinne genommen wird, so dass doch nur eine Scheinlösung der Probleme dabei herauskommt, die auf die Dauer nicht befriedigt und mit andern Seiten des Gegebenen in Widersprüche verwickelt. So geräth z. B. Schopenhauer's subjectivistische Theorie der Motivation in den Widerspruch, dass nach ihr das Handeln der Naturkräfte auf äussere Ursachen nur in der Bedeutung der Natur als meiner subjectiven Erscheinungswelt, also eigentlich nur als Function meines Willens zu verstehen wäre, was die Naturkräfte als selbstständige Willensactionen zu falschem Schein degradiren würde. Deshalb erfordert Schopenhauer's subjectiv-idealistische Theorie der Motivation allerdings eine Correctur, aber nicht eine solche, die ihren idealistischen Charakter beseitigt, sondern nur eine solche, die sie aus der Sphäre des subjectiven in die des objectiven Idealismus erhebt; da die metaphysische Grundlage des Willensrealismus erst durch diese Correctur zur widerspruchslosen Geltung gelangt, so bedeutet diese Correctur zugleich den Uebergang von einem ein-

---

*) Vgl. meine „Krit. Grundlegung des transcendentalen Realismus" (2. Aufl.) S. 104—108.

seitigen Illusionismus zu einem harmonisch in sich versöhnten Idealrealismus, nach welchem gerade unsere Zeit ersichtlich auf allen Gebieten strebt. Dass Frauenstädt diesen Schritt, den er für den subjectiven Idealismus Schopenhauer's im Allgemeinen gleich mir vornimmt, in diesem besondern Falle unterlässt, ist um so mehr zu verwundern, als er ja den objectiven Idealismus Schopenhauer's in seiner metaphysischen Bedeutung aufrecht erhält (was Bahnsen nicht thut).

5. Die Generalisirung des Bewusstwerdens.

Soll mit der Identität des Willens auf allen Stufen der Natur und demzufolge auch mit der Identität des Processes der Entäusserung der Kraft auf Anlass von Motiven, Reizen oder Ursachen Ernst gemacht werden, so muss die Auffassung der Gelegenheitsursache von Seiten der Kraft, oder die Perception des Reizes, oder das Bewusstwerden des Motivs gleichfalls auf allen Stufen der Natur als dem Wesen nach identisch gesetzt werden. Diese Empfänglichkeit oder Perceptionsfähigkeit der Kraft oder des Willens für die Gelegenheitsursache (Anlass, Reiz oder Motiv) ihrer Aeusserung ist aber ein „Insichfinden" oder „Innewerden", d. h. ein „Empfinden" oder „Bewusstwerden" des Motivs, oder mit andern Worten: Schopenhauer's Generalisirung des Willens und der Motivation hat als nothwendige Consequenz die Generalisirung der Empfindung oder des Bewusstwerdens für alle Stufen der Willensobjectivation im Gefolge, und Frauenstädt hat ganz recht, die Unausweichlichkeit dieser bei Schopenhauer nur zaghaft angedeuteten Consequenz scharf hervorzuheben (35—38).

Ich habe in der „Philosophie des Unbewussten" im Anschluss an Leibniz diese Consequenz vor Frauenstädt und Drossbach geltend gemacht, z. B. in Cap. A. I für die Thiere und für die niederen Centralorgane des menschlichen und thierischen Nervensystems, in Cap. C. IV, 2 für die niedrigsten Thiere, Protisten und Pflanzen, und habe in Cap. C. III, 1 u. 2 (7. Aufl. II, 35 fg. und 468 fg.) die allgemeinen Bedingungen und die Genesis der Empfindung und des Bewusstwerdens erörtert. Ueberall habe ich nachdrücklich betont, dass jedes subjective Aufnehmen eines Impulses, Percipiren eines Reizes oder Empfinden eines Eindrucks *eo ipso* ein bewusstes sein muss, weil es, wenn es nicht als bewusstes zu Stande kommt, eben überhaupt nicht zu Stande kommt; ebenso habe ich die angeführten Betrachtungen von denen des Unbewussten schon auf äusserlich erkennbare Weise gesondert*) und vor Verwechselung der unbewussten Vorstellung mit der dunklen Empfindung selbst für den Fall nachdrücklich gewarnt, dass letztere als Perception niederer Nervencentra einen relativ unbewussten, d. h. für das Hauptcentrum des Bewusstseins im Organismus unbewussten Charakter erhält.**)

Selbstverständlich greifen in der Wirklichkeit die dunkle Perception und die unbewusste Vorstellung überall ineinander, aber im Begriff müssen sie streng auseinander gehalten werden. Denn die Empfindung auf ihren niedern Stufen oder die dunkle, unklare, dürftige Perception gehört eben unter den Begriff des Bewusstwerdens oder Bewusstseins, steht also im contradictorischen Gegensatz zur Vorstellungsseite (oder Idee) des Unbewussten. Wenn Frauenstädt gleichwohl beides (das generalisirte Bewusstwerden und die unbewusste Idee) bei seiner Umbildung der Schopenhauer'schen Teleologie miteinander confundirt, so thut er es im Gegensatz zu meiner Auffassung. Wie er aber dazu kommt, mir seine irrthümliche Verwechselung in die Schuhe zu schieben, ist mir gänzlich unerfindlich. Und doch thut er dies dadurch, dass er als den Hauptgrund, warum mein System nicht eine Verbesserung, sondern eine Verschlechterung des Schopenhauer'schen sei, den anführt (44 u. 41), dass ich an Stelle der Schopenhauer'schen Subordination der Vorstellung unter den Willen eine Coordination und Gleichberechtigung beider setze, wobei er aber unter Vorstellung ausdrücklich die Generalisation des Bewusstwerdens versteht (38). Nun habe ich mich jedoch immer zu Schopenhauer's Lehre vom Primat des Willens im Selbstbewusstsein bekannt und dieselbe vertheidigt, d. h. die Subordination der bewussten Vorstellung unter den Willen und die secundäre abgeleitete Beschaffenheit derselben vertreten; †) diese Subordination gilt sogar für die höchste Stufe des menschlichen Intellects, um wie viel mehr für das dumpfe Empfinden auf niedern Naturstufen! Eine Coordination

---

*) Z. B. das Cap. C. IV, eingetheilt in 1. „die unbewusste Seelenthätigkeit der Pflanze" und 2. „das Bewusstsein in der Pflanze."
**) I. 67, vgl. auch S. 16 und 28—32.
†) Vgl. „Phil. d. Unbew." Cap. C. III, 1.

mit dem Willen habe ich nur für die echte unbewusste Vorstellung behauptet, niemals für das generalisirte Bewusstwerden. Dass ich neben jener dunkeln Perception, die Frauenstädt als richtig anerkennt, noch eine absolut unbewusste Vorstellung annehme, bezeichnet er (38) als den zweiten Fehler meines Systems im Vergleich mit dem Schopenhauer'schen (natürlich in der von ihm umgeformten Gestalt); es wird sich aber zeigen, erstens, dass auch sein Umbildungsstandpunkt diese absolut unbewusste Vorstellung besitzt und sich ihrer Anerkennung noch weniger als Schopenhauer*) entziehen kann, und zweitens, dass auch er dieser unbewussten Vorstellung (sobald er nur aufhört, sie mit dem generalisirten Bewusstwerden zu verwechseln) eine dem Willen coordinirte Stellung im System gar nicht versagen kann.

6. Die Teleologie.

In der „Philosophie des Unbewussten" habe ich die Hypothese der unbewussten Vorstellung in erster Reihe aus teleologischen Erwägungsgründen zu erweisen gesucht, und wird es daher unsere nächste Aufgabe sein, zu betrachten, welche Stellung der Frauenstädt'sche Umbildungsstandpunkt zur Teleologie einnimmt. Bei Schopenhauer schillert die Ansicht über die Teleologie zwischen einer subjectiv-idealistischen und einer objectiv-idealistischen (oder realistischen) Auffassung. In seinem Hauptwerk überwiegt unter Anlehnung an Kant's „Kritik der Urtheilskraft" die erstere, in seinen spätern Schriften, z. B. in derjenigen „Ueber den Willen in der Natur", wächst die Hinneigung zu der realistischen Auffassung, ohne dass doch mit der erstern gebrochen würde, oder auch nur die Verschiedenheit beider Betrachtungsweisen und ihre Unvereinbarkeit ihm zum Bewusstsein käme.

Die subjectivistische Lehre Kant's besteht darin, dass die reale Natur als solche keine Zweckmässigkeit enthält, sondern dass die letztere erst von dem urtheilenden Verstande durch einen unabweislichen Zwang seiner Veranlagung hineingetragen wird. Die

---

*) Für diesen habe ich es bereits in meinen „Gesammelten philosophischen Abhandlungen" (wieder abgedruckt in den „Gesammelten Studien und Aufsätzen", D. IV, Nr. 5 u. 6) dargethan, worauf ich hier verweisen muss.

teleologische Betrachtungsweise hat demnach nur insoweit eine Bedeutung, als die Natur Product unserer Vorstellung, d. h. subjective Erscheinung ist; sie entbehrt dagegen jeder transcendentalen Bedeutung, d. h. jeder Anwendbarkeit auf die Natur, insofern unter ihr eine Welt der Dinge an sich verstanden wird; sie ist, ebenso wie die Causalität, eine Wahrheit für die subjective Erscheinungswelt, aber auch ebenso wie die Causalität eine trügerische Illusion in Bezug auf eine unabhängig von unserm Bewusstsein bestehende Welt.*) Was man in dieser Lehre vermisst, ist der Versuch, zu erklären, wie der Intellect dazu komme, eine teleologische Betrachtungsweise in die Dinge hineinzulegen, denen doch jede Zweckbestimmung fern sein soll. Diese Lücke hat Schopenhauer in geistreicher Weise auszufüllen versucht, ohne damit aus dem Rahmen der subjectivistischen Auffassung der Teleologie herauszutreten. Er stützt sich dabei darauf, dass die Vielheit des Nacheinander und Nebeneinander gleichfalls erst durch die subjectiven Anschauungsformen der Zeit und des Raumes erzeugt werde, während der einheitliche Willensact oder die objective Idee, welche der subjectiven Wahrnehmung als Ding an sich correspondirt, zeit- und raumlos sei. Soll nun eine gewisse inhaltliche Correlation zwischen den Vorstellungsobjecten und dem Ding an sich gewahrt bleiben, so muss die Einheit des Dinges an sich in die Vielheit der Vorstellungen als irgend eine Art einheitlicher Beziehung derselben auf einen ideellen Mittelpunkt hineinschimmern, und dieses ist der Zweck.

Gegen diese Erklärung ist dreierlei zu bemerken. Erstens fehlt der Nachweis, dass die in die Vielheit der Vorstellungen hineinschimmernde einheitliche Beziehungsform auch wirklich der Zweckbegriff und kein anderer Beziehungsbegriff sei; man würde vielmehr von vornherein eher zu vermuthen geneigt sein, dass die so gefor-

---

*) Diese Gleichstellung von Causalität und Teleologie in Bezug auf den Wahrheitsgehalt und die Gültigkeitssphäre beider Betrachtungsweisen übersehen diejenigen vollständig, welche ihre Gegnerschaft gegen die Teleologie auf die Autorität Kant's stützen zu können vermeinen, während sie gleichzeitig der Causalität eine unbeschränkte Gültigkeit zuschreiben. Mit ungefähr gleichem Rechte könnte sich Jemand auf Kant berufen, dem es etwa beliebte, die Causalität als eine illusorische Verstandesfunction ohne jede Bedeutung für die wirkliche (d. h. unabhängig vom Bewusstsein bestehende) Welt zu bekämpfen und die Teleologie als die allein gültige Betrachtungsweise geltend zu machen. (Vgl. oben S. 62—63.)

derte Harmonie sich in sehr verschiedener und mannigfaltiger Weise offenbaren könne: zunächst als ideelle Einheit in der Mannichfaltigkeit, d. h. als Schönheit, speciell als Maass, Symmetrie u. s. w., sodann als Causalität, Wechselwirkung und in vielen andern Gestalten, unter denen möglicherweise auch die Zweckbeziehung sei. Zweitens wird der ganze Erklärungsversuch hinfällig, wenn man Schopenhauer's Lehre als unhaltbar erkennt, dass der inhaltlich bestimmte concrete Willensact, oder die objective Idee, raum- und zeitlos sei und jenseit der Sphäre der Individuation und Vielheit liege. Drittens endlich wird er dadurch hinfällig, wenn man die Unrichtigkeit der Schopenhauer'schen Annahme erkennt, dass allererst durch die subjectiven Anschauungsformen im Bewusstsein die metaphysische Einheit zur Vielheit entfaltet werde. Da Frauenstädt sowohl die Lehre von der Zeit- und Raumlosigkeit der Idee, wie sie bei dieser Erklärung vorausgesetzt ist, bekämpft, als auch den subjectiven Idealismus als falsch aufgegeben hat, so hat Schopenhauer's Erklärungsversuch für ihn jede positive Bedeutung verloren, und es ist mir unverständlich, wie er (173—174) die einschlägigen Stellen Schopenhauer's als Belege für eine realistische Auffassung der Teleologie durch letztern anführen kann. Denn wenn die Bewunderung der Uebereinstimmung der Theile in der Vorstellung erst durch eine falsche Auslegung dieser Uebereinstimmung von Seiten des Intellects entstanden ist, so heisst das doch nichts anderes, als dass die teleologische Betrachtungsweise auf einer trügerischen Illusion und auf einem Verkennen der wahren Quelle dieser Uebereinstimmung (durch welche jeder Zweckbegriff eliminirt wird) beruht. Streichen wir die falsche Auslegung des Verstandes, d. h. die Art, wie wir uns die Zweckmässigkeit denken, so bleibt nicht, wie Frauenstädt (177) meint, „die Zweckmässigkeit an sich" übrig, sondern die metaphysische Einheit des Willenswesens, die ebenso gut jenseit aller Teleologie, wie jenseit aller Causalität liegt. Von dieser Lehre Schopenhauer's ist also gar nichts aufrecht zu erhalten, sie muss nothwendig dem gleichen Schicksal wie sein subjectiver Idealismus überhaupt verfallen.

Unvermittelt nebenher läuft aber eine zweite, realistische Auffassung der Teleologie bei Schopenhauer, welche besonders bei der Betrachtung des Instincts und der organischen Bildungsthätigkeit mit ihren zweckvollen Resultaten zum Ausdruck gelangt. Diese letztere wird von

Frauenstädt mit Recht beibehalten und in seinem 31. Briefe weiter zu entwickeln versucht. Er erinnert hierbei, ebenfalls mit Recht, an die früher von ihm dargethane Nothwendigkeit einer Generalisirung des Bewusstwerdens und des Empfindens, und weist auf diese als auf eine unentbehrliche Ergänzung zum Verständniss des instinctiven Trieblebens der Thiere und Pflanzen hin. Leider befindet er sich in dem Irrthum, durch dieses unklare Empfinden, welches zur Uebermittelung der Motive und Reize gewiss nicht vermisst werden kann, einen Ersatz bieten zu können für die schöpferische unbewusste Vorstellung und ihre Anticipation des Zukünftigen. Dagegen sagt er selbst in seiner Kritik der ersten Auflage meiner „Philosophie des Unbewussten"*): „Schopenhauer stellt sogar die unbewusste Naturweisheit, die sich in der zweckmässigen Bildung der Organismen, in den Instincten und Kunsttrieben und in der geschlechtlichen Auswahl äussert, hoch über alle menschliche bewusste Weisheit. Das unbewusste Wissen des Naturwillens ist ihm ein über alles bewusste Wissen individueller Menschengeister unendlich erhabenes. Das grosse Gewicht, das Schopenhauer auf die Intuition, die Divination, das Hellsehen als ein die Schranken des Raumes und der Zeit durchbrechendes Wissen legt (man vergleiche die Abhandlungen „Ueber die anscheinende Absichtlichkeit im Schicksale des Einzelnen" und „Ueber das Geistersehen und was damit zusammenhängt', im ersten Band der „Parerga"), kann allein schon dazu dienen, zu zeigen, dass Schopenhauer die unbewusste Vorstellung nicht bloss gekannt, sondern dass er sogar mehr als irgend ein anderer Philosoph vor ihm die grosse Bedeutung derselben erkannt und hervorgehoben hat . . . ." Und in seiner Abhandlung „Arthur Schopenhauer und seine Gegner"**) sagt er: „Wenn Schopenhauer dem Naturwillen, obgleich er seinem Wirken Gesetzund Zweckmässigkeit beilegt, Erkenntniss abspricht, so muss man, um dies richtig zu verstehen, auf die Motive sehen, weshalb er es thut. Schopenhauer versteht unter Erkenntniss jene dem individuellen Willen eines animalischen Wesens die Anschauung der Gegenstände, welche Motive für seinen Willen sind, vermittelnde Gehirnfunction, welche das Wort Erkenntniss bezeichnet. Diese an die

---

*) Sonntagsbeilage Nr. 8 der „Vossischen Zeitung" 1870.
**) Vgl. „Unsere Zeit", 1869, 1. Novemberheft.

Schranken des Raumes und der Zeit gebundene Function, die erst auf einer bestimmten Stufe der Natur eintritt, hält Schopenhauer für eine viel zu beschränkte, viel zu untergeordnete, um sie dem Naturwillen beizulegen. Die Werke der Natur sind nach Schopenhauer so erhaben über die verstandesmässigen Werke des Menschen, letztere sind gegen erstere so stümperhaft (W. a. W. u. V. II 397 fg.), dass, wenn der Natur Erkenntniss beigelegt werden sollte, es jedenfalls eine ganz anderartige, höhere, weisere, durchdringendere Erkenntniss sein müsste als die uns allein bekannte des animalischen Intellects (Gehirns). Schopenhauer, der tiefer als irgend einer in die innere Zweckmässigkeit der Natur einzudringen und die Weisheit der Natur zu bewundern verstand, würde gewiss nichts dagegen gehabt haben, dem Naturwillen Erkenntniss beizulegen, wenn man ihm nur zugegeben hätte, dass das die Schranken des Raumes und der Zeit durchbrechende Erkennen des Naturwillens, dieses Hellsehen, welches noch in das somnambule Hellsehen und den Instinct hereinspielt, ein anderartiges und weit erhabeneres ist als das beschränkte Erkennen des animalischen Individuums."

Wenn jene „unbewusste Naturweisheit" nach Schopenhauer's eigener Lehre ein „hoch über alle menschliche bewusste Weisheit" und „über alles bewusste Wissen individueller Menschengeister unendlich erhabenes", „die Schranken des Raumes und der Zeit durchbrechendes Wissen" ist, und Frauenstädt seinerseits diese Consequenz der Schopenhauer'schen Philosophie nicht ablehnt, so muss er doch zugestehen, dass jene „ganz anderartige, höhere, weisere, durchdringendere Erkenntniss" über die dunkle Empfindung niederer Organismen oder untergeordneter Nervencentra in noch weit eminenterm Grade erhaben sein muss als über die höchsten Formen bewusster menschlicher Klugheit und Einsicht. Wenn schon das Menschenhirn dem aus ihm entspringenden Erkennen Schranken auferlegt, welche dasselbe zur Leitung des Naturwillens untähig machen, um wie viel mehr muss dies von niedern Ganglienknoten oder gar von pflanzlichem Protoplasma gelten! Die dunkle Perception kann immer nur gegenwärtige Zustände (der äussern Umgebung oder des eigenen Organismus) zur Kenntniss des Bewusstseins bringen, aber schwerlich jene „Anticipation des Zukünftigen" vollbringen, die im Instinct wie im organischen Bilden den hervorstechendsten Charakterzug der teleologischen Wirksamkeit der unbewussten Vorstellung bildet (181). Die Zwecktbätigkeit der unbewussten Vorstellung im Instinct ist nur eine Fortsetzung derjenigen im organischen Bilden; die letztere aber ist das Prius der Entstehung des Organs, durch dessen Functioniren erst die dunkle Empfindung oder Perception zu Stande kommt. Somit ist die unbewusste Vorstellung das zweifache Prius der dunkeln Perception, und letztere kann weder mit der erstern identificirt werden, von der sie durch das Zwischenglied der Organbildung getrennt ist, noch kann sie als Ursache für die Entstehung des Organismus gelten, zu dem sie sich als Wirkung verhält. Nur ein hochentwickelter Intellect von ungetrübter Bewusstseinsschärfe kann innerhalb des Bereichs seiner Erfahrungen aus der percipirten Gegenwart Schlussfolgerungen ziehen, welche die Zukunft anticipiren; ein Intellect mit dunkeln „Empfindungen" und ärmlichem, trübem Bewusstseinsinhalt wird dazu schwerlich fähig sein. Der erstere erschliesst die Zukunft mit Hülfe seiner discursiven Reflexion; der letztere wird selten eine so entwickelte Fähigkeit zur discursiven Reflexion besitzen, um vermittelst derselben etwas Zukünftiges erschliessen zu können. Aber auch wenn er diese Fähigkeit besässe, würde sie doch nicht diejenige Art von Anticipation des Zukünftigen liefern, welche allein der unbewussten Weisheit des Naturwillens zugeschrieben werden kann, nämlich die reflexionslose (177), intuitive (186), divinatorische (vgl. die obigen Citate).

Aus allen diesen Gründen muss Frauenstädt's Bestreben, die teleologische Intelligenz des Naturwillens in dem generalisirten Bewusstwerden zu suchen, als verfehlt bezeichnet werden, und als eine Verwechselung zwischen dunkler Perception und unbewusster Vorstellung, vor welcher man ihn durch die Kenntniss der Philosophie des Unbewussten hätte geschützt glauben sollen. Frauenstädt hat nur die Alternative, entweder jedes teleologische Princip aufzugeben und auf den Standpunkt des Darwinismus hinüberzutreten, welchen er (in seinem 29. Briefe) in der Person des anonymen Kritikers der „Philosophie des Unbewussten" mit richtigen Gründen bekämpft, oder aber Schopenhauer's Andeutungen über eine unbewusste Weisheit des Naturwillens weiter auszubauen, d. h. in dem Willen eine reflexionslose, intuitive, von den Schranken alles Hirnbewusstseins freie (d. h. unbewusste) und über dasselbe erhabene (überbewusste) Intelligenz anzuerkennen, d. h. den Standpunkt der Philosophie des

Unbewussten zu dem seinigen zu machen. Den letztern Weg hat er in den angeführten Stellen aus den Jahren 1869 und 1870 im Princip bereits eingeschlagen, und in seinen „Neuen Briefen" wird er durch seine Stellungnahme zu der Lebenskraft, sowie zur Ideenlehre Schopenhauer's unaufhaltsam zu der gleichen Entscheidung gedrängt.

„Die Zweckursache ist so gut eine gesetzmässig wirkende Ursache, eine Kraft, wie die sogenannten wirkenden Ursachen. Jene ist bloss eine höher wirkende Ursache, eine dominirende, die mechanischen und chemischen in ihren Dienst nehmende Ursache" (169). „In dem Gegensatz der bildenden Kraft zu dem bildsamen Stoff steht folglich nur eine Kraft der andern Kraft gegenüber, nämlich organisirende Kraft den unorganischen Kräften. Jene ist nicht minder natürlich als diese, und wirkt nicht minder gesetzmässig als diese. Jene unterscheidet sich von diesen nur wie eine höhere Naturkraft von den niedern, und ihre Gesetze sind bloss andere als die dieser" (168). Zu beachten ist, „dass sie nicht wie die Kräfte der unorganischen Natur an dem blossen Stoff, sondern zunächst an der Form haftet. Ihre Thätigkeit besteht ja eben in der Hervorbringung und Erhaltung dieser Form" (170).

Es kommt hier nicht darauf an, die Bezeichnung „Lebenskraft", welche Schopenhauer den naturwissenschaftlichen Ansichten seiner Zeit gemäss für das organisirende oder formirende Princip wählt, zu kritisiren; es genügt darauf hinzuweisen, dass dieser Ausdruck gegenwärtig von der Naturwissenschaft verworfen wird, weil er den falschen Schein erweckt, als ob das organisirende Princip eine materielle oder mechanische Kraft von gleicher Ordnung mit den übrigen Naturkräften sein könne.*) Thatsächlich meint auch Schopenhauer und Frauenstädt, ebenso wie ich, ein immaterielles metaphysisches Princip, welches weder an eine bestimmte Art von Stoff (Nervengeist), noch an bestimmte Centralatome der Organismen gebunden ist, und dessen Wirkungen nicht wie diejenigen aller übrigen Naturkräfte die Eigenschaft haben, centrifugal oder centripetal auf einen bestimmten Raumpunkt als imaginären Sitz der Kraft bezogen zu sein. Diesen Unterschied des organisirenden Princips von den

---

*) Vgl. meinen Aufsatz „Ueber die Lebenskraft" in den „Gesammelten Abhandlungen" (S. 106—110) („Gesammelte Studien und Aufsätze" C. Nr. IV).

materiellen Naturkräften sich klar zu machen, hatte Schopenhauer
um so weniger Anlass, als ihm auch in Bezug auf letztere der
Begriff der mechanischen, d..h. räumlich präcisirten Kraftwirkung
noch fehlte, und dieselben ihm in einem unklaren Begriff dynamischer
Action verschwammen.

Für Frauenstädt hätte es nahe gelegen, an diesem Punkte eine
dem gegenwärtigen Stande der Naturwissenschaften mehr entsprechende Präcisirung vorzunehmen. Wir haben uns daran zu halten,
dass auch er anerkennt, dass das organisirende Princip, welches
vorzugsweise berufen ist, die Teleologie in der Natur zu verwirklichen, eine Idee im Schopenhauer'schen Sinne des Wortes ist (169).
Er verwahrt sich nur dagegen, als ob es eine blosse Idee, oder
blosse Vorstellung ohne das Vermögen der Selbstverwirklichung,
d. h. ohne Willensenergie oder schöpferische Kraft wäre (167); in
der That ist mir aber keine Philosophie bekannt, welche die Naturideen als blosse Ideen ohne Trieb und Kraft zur Verwirklichung
verstände. Als blosse „Idee des Lebens" (169) kann das organisirende Princip nur in abstracter Redeweise bezeichnet werden, während in Wirklichkeit das organisirende Princip immer nur die
Realisirung einer ganz bestimmten concreten Form anstreben kann,
also auch selbst ganz bestimmte und concrete Formidee sein muss.
So wie man die „Lebenskraft" als Idee versteht, muss man in ihr
das Collectivum erkennen, welches alle concreten Organisationsideen
unter sich befasst, oder mit andern Worten die Totalidee der orga-
nisirten Natur, welche alle einzelnen Naturideen als ihre idealen
Theile in sich schliesst.

So spitzt sich Schopenhauer's realistische Teleologie zu seiner
Lehre von der Lebenskraft zu, diese aber erhält ihre concrete Ausführung wiederum in seiner Ideenlehre. Darum konnte ich oben
die realistische und die objectiv-idealistische Auffassung Schopenhauer's von der Teleologie als Wechselbegriffe brauchen, und andererseits enthüllt sich die (von Frauenstädt irrthümlich in dem dunkeln
Empfinden gesuchte) unbewusste Vorstellung des zweckthätigen
Naturwillens als die objective Idee Schopenhauer's, von welcher
auch Frauenstädt anerkennt, dass sie, „weit entfernt, bloss subjective Vorstellung im (subjectiv-) idealistischen Sinne zu sein,
vielmehr die erste, unmittelbarste, allgemeinste und adäquateste

Offenbarung" des Urwillens, also das Prius der erst mittelbar und secundär mit ihrer Hülfe zu Stande kommenden Dinge und Individuen ist.

7. Die Idee.

Schopenhauer's Ideenlehre ist nach seiner eigenen Angabe als eine Verknüpfung Kantischer und Platonischer Gedankenelemente zu betrachten. Wie ihm aus dem Kantischen Gegensatz von Erscheinung und Ding an sich der Gegensatz der Vorstellung und des Willens erwuchs, so gestaltete er den Kantischen Gegensatz des *mundus phaenomenon* und des *mundus noumenon* zu seinem Gegensatz der subjectiven Vorstellung und der objectiven Idee um. Dass er letztere mit der Platonischen Ideenlehre in Zusammenhang brachte, war insofern historisch berechtigt, als Kant selbst zu seiner Confusion des An-sich-seienden und des Intelligiblen durch Reminiscenzen aus der Leibniz'schen Erkenntnisstheorie verleitet war, welche ihrerseits wieder sich an den Platonischen Idealismus anlehnte. Dass dagegen die angeblich treue Wiederbelebung des letzteren durch Schopenhauer als eine treue Reconstruction der griechischen Ideenlehre zu betrachten sei, wird kein Kenner Plato's behaupten; vielmehr scheint es mir, als ob Schopenhauer den hellenischen Philosophen wesentlich durch die Brille Schelling's gesehen hätte, welcher in seiner Naturphilosophie, den ästhetischen Theilen seines transcendentalen Idealismus und sogar formell in seinem Gespräch „Bruno" eine Wiederbelebung des Platonismus anderthalb bis zwei Decennien vor Schopenhauer mit Erfolg angestrebt hatte.

Indem letzterer einerseits mit Plato die Idee als das Prius der realen Individuen festhielt, und andererseits die Grundsätze des Kantischen transcendentalen Idealismus zum unerschütterlichen Ausgangspunkt seines Philosophirens nahm, musste er nothwendig der objectiven Ideenwelt jene Anschauungs- und Denkformen absprechen, welche nach Kant ausschliesslich in der Sphäre der subjectiven Erscheinung ihre Gültigkeit haben. Er musste deshalb nothwendig die Idee für erhaben über Raum und Zeit erklären, und es war ihm völlig Ernst damit, diese wunderliche Behauptung trotz des Widerspruchs unserer ästhetischen Anschauung aufrecht zu erhalten, welche gerade in den räumlichen Verhältnissen der Gestalt und in den zeitlichen Verhältnissen des Rhythmus und der poetischen

Handlung das Medium der idealen Schönheit erkennt (vgl. Brief 31, S. 190—194). Er machte hiergegen geltend, dass nicht die uns vorschwebende räumliche Gestalt, sondern ihr innerstes Wesen eigentlich die Idee sei (190), obschon dieses „innerste Wesen" ersichtlich ein ganz unklarer und unfassbarer Begriff ist. Erst durch Aufgeben des subjectiven Idealismus hätte Schopenhauer sich zu dem Zugeständniss emporschwingen können, dass die Idee als solche (nicht bloss die Reproduction derselben durch unsere ästhetische Anschauung) Raum und Zeit im idealen Sinne in sich habe, wenngleich auch dann noch der Satz wahr bleibt, dass sie nicht in dem (erst durch ihre Realisirung entstehenden, für Schopenhauer überhaupt nicht existirenden) realen Raum und Zeit sei. Hätten diejenigen recht, welche Schopenhauer's objectiven Idealismus als eine nur im ästhetischen Interesse aufgestellte Hypothese betrachten, so wäre Schopenhauer's Sträuben gegen die auf der Hand liegende Thatsache, dass die künstlerische Intuition sich in den Formen von Raum und Zeit bewegt, psychologisch ganz unerklärlich; daraus aber, dass er erst in dem unräumlichen „innersten Wesen" jener Intuition die eigentliche Idee sucht, erhellt, dass es ein eminent metaphysisches Interesse war, was ihn zur Verschmelzung des Kantischen *mundus noumenon* mit der Platonischen Ideenwelt drängte, und dass er nur nebenher diese metaphysische Hypothese für die Zwecke der Aesthetik verwerthete.

Die Idee soll nach Schopenhauer unter den Gattungsbegriff Vorstellung fallen. Da sie aber andererseits das Prius der materiellen Organisation ist, aus welcher die bewusste Vorstellung erst entspringen kann, so ist der Schluss aus den Schopenhauer'schen Prämissen unabweislich, dass sie eine Vorstellung ohne die Eigenschaft des Bewusstseins, d. h. eine unbewusste, und zwar absolut unbewusste Vorstellung sein muss. Schopenhauer beschreibt die Idee als ewiges Object eines ewigen Subjects, und zwar des absoluten Subjects, das in allen die Idee reproducirenden Individuen eins und dasselbe und mit sich identisch ist. Er beschreibt sie ferner als die Intuition, in welcher der Gegensatz von Subject und Object wieder untergegangen, beziehungsweise noch gar nicht aufgegangen ist, d. h. er erklärt die Idee für die absolute Identität, beziehungsweise Indifferenz von Subject und Object, und es ist auch *a priori* begreiflich, dass in einer solchen Vorstellung vom Bewusstsein, welches ja gerade auf dem Gegensatze von Subject und Object beruht, keine Rede sein kann.*)

In der Idee besitzt also in der That das Schopenhauer'sche System, wenngleich unbewussterweise, jene absolut unbewusste Vorstellung, deren willkürliche Hinzufügung zu demselben mir Frauenstädt als meinen zweiten Hauptfehler anrechnet (38). Wenn Frauenstädt darin Recht hätte, dass eine „absolut unbewusste Vorstellung" eine unlogische (40), gar nicht denkbare, widersinnige *contradictio in adjecto* wäre (39), so müsste er diesen Vorwurf ebenso gut gegen den objectiven Idealismus seines Meisters wie gegen mich kehren, da ich nur die von Schopenhauer bereits in derselben Weise combinirten Begriffe beim rechten Namen genannt habe; ja sogar er müsste ihn gegen sich selbst kehren, da er sachlich dieselben Begriffscombinationen festhält, und sich nur gegen meine nominelle Bezeichnung sträubt.

Frauenstädt kann sich den hier von mir gezogenen Consequenzen gar nicht entziehen, so lange er sich nicht entschliesst, den objectiven Idealismus Schopenhauer's aus seiner „Umbildung" des Systems ebenso wie den subjectiven Idealismus, den Materialismus, den Pessimismus, den Quietismus, die Ascese und die Lehre von der Freiheit zu streichen. Wie er für seine Stellung zur Teleologie nur die Wahl hat zwischen dem antiteleologischen Darwinismus und der Philosophie des Unbewussten, so hat er für seine Stellung zum objectiven Idealismus nur die Wahl zwischen dem Standpunkte Bahnsen's und dem meinigen. Entweder muss er mit mir die objective Idee als den unbewussten Vorstellungsinhalt der concreten Willensacte des All-Einen anerkennen, oder er muss mit Bahnsen die Bedeutung der Idee auf die subjective Sphäre der ästhetischen Anschauung beschränken, jede metaphysische Bedeutung derselben leugnen, und bestreiten, dass für den wahren Willensinhalt (welcher der ästhetischen Idee als ihr zeit- und raumloses „innerstes Wesen" entsprechen soll), die Bezeichnung „Idee" noch irgendwie zulässig sei. Dass er mit letzterem Schritt eine in sich haltbare Position erreicht haben würde, könnte ich freilich selbst dann noch nicht einräumen, wenn er von der Elimination des objectiven Idealismus auch noch die unvermeidliche Consequenz zöge, die Teleologie im

---

*) Vgl. „Ges. philos. Abhdlg." S. 63—65; „Ges. Studien u. Aufsätze"S. 642—644.

realistischen Sinne ebenso wie im subjectiv-idealistischen fallen zu
lassen; denn so lange der Wille noch metaphysisch als das durch
seinen Inhalt das zukünftige Geschehen anticipirende Princip aufrecht erhalten wird, ist es ein ganz vergebliches Sträuben, dieser
zwar nicht realen, aber doch vorhandenen Anticipation des Zukünftigen das Prädicat einer idealen vorenthalten, d. h. den Willensinhalt
von der Idee unterscheiden zu wollen. Bahnsen kann sich als
Pluralist eher gegen diesen einfachen Sachverhalt verblenden;
Frauenstädt als ein Monist, der in der Natur eine ideell vorgezeich-
nete Entwickelung, in der Geschichte eine Entfaltung der Vernunft
und in dem Erkenntnissdrange die höchste Form des Willens sieht
(65), ja der nicht bloss den Willen, sondern im Erkenntnisswillen
auch den Intellect für unsterblich hält (69—70), kann dies unmöglich. Er kann, ohne die Totalität seiner Weltanschauung unheilbar
zu zerrütten, die objective Idee Schopenhauer's nicht fallen lassen,
und deshalb bleibt ihm in der That keine Wahl, als die Consequenzen aus dieser metaphysischen Hypothese für die unbewusste Vorstellung und die Teleologie streng anzuerkennen, welche ich in der
„Philosophie des Unbewussten" entwickelt habe, und in den oben
angeführten Stellen aus den Jahren 1869 und 1870 hat er ja dies
auch eigentlich schon in aller Form gethan.

Frauenstädt erachtet Schopenhauer's Lehre von der Ewigkeit
der Ideen für widerlegt durch die von Darwin neu begründete Entwickelungstheorie und ist der Meinung, dass auch „die Aesthetik
jener Annahme der Ewigkeit der Ideen oder Typen der Dinge gar
nicht bedarf" (193). Letzteres ist unzweifelhaft richtig, und, wie
ich schon oben bemerkte, hat auch Schopenhauer die Ewigkeit der
Ideen keineswegs aus ästhetischen Gründen behauptet. Metaphysisch
genommen hat diese Lehre auch nach Aufhebung des subjectiven
Idealismus noch ihre volle Berechtigung, wenn man nur von dem
Gedanken ablässt, dass das ewige Sein der Ideen nothwendig als
ein explicirtes und actuelles zu verstehen sei, woran Schopenhauer
allerdings nicht gezweifelt hat, da er die unendliche Dauer der
Arten als das empirische Correlat der Ewigkeit der Ideen hinstellte.
Die Unveränderlichkeit und unendliche Dauer der Arten ist allerdings
eine Hypothese, welche vor der neuern inductiven Forschung nicht
bestehen kann und deshalb zu Gunsten einer evolutionistischen Na-
turauffassung fallen gelassen werden muss. Aber mit dem allmählichen

Werden und Wandeln der Arten verträgt sich doch sehr wohl die Annahme einer ewigen idealen Präformation dieser Typen, insofern dieselbe nur nicht als ein beständig actueller Willensinhalt, sondern als implicite gegebene ideale Prädestination eventueller Entwickelung verstanden wird.

Selbst Schopenhauer's Auffassung der Idee gewährt dieser Interpretation einige Anknüpfungspunkte, nämlich seine Bemerkung, dass die Idee nicht wie der Begriff einem todten Behältniss, sondern „einem lebendigen, sich entwickelnden, mit Zeugungskraft begabten Organismus gleicht". Nimmt man hierzu die Thatsache, dass er ängstlich bemüht ist, von der Ideenwelt jede Vielheit auszuschliessen, also dasjenige, was unserer bruchstückweisen Anschauung als eine Vielheit idealer Typen erscheint, doch jedenfalls nur als innere Gliederung und ideale Mannichfaltigkeit in der schlechthin einheitlichen Totalidee der Natur verstanden wissen will, so liegt es auf der Hand, dass der wahre Sinn der Schopenhauer'schen Ideenlehre der ist, die Totalität aller actuellen Ideen als einen lebendigen, sich beständig fortentwickelnden idealen Organismus zu betrachten, der jederzeit den Prototyp der realen Natur bildet, dessen sämmtliche Entwickelungsmöglichkeiten aber zugleich in der Beschaffenheit dieses Organismus und seiner Zeugungsfähigkeit als ewig prädeterminirte gelten müssen.

Das Aufgeben des subjectiven Idealismus führt, wie oben bemerkt, die räumlichen und zeitlichen Verhältnisse in den idealen Inhalt der unbewussten Intuition des Absoluten (als Urbild der realen räumlichen und zeitlichen Verhältnisse) ein, und diese Einführung der zeitlichen Verhältnisse drückt sich eben als Entwickelung aus. Dass Schopenhauer's Naturphilosophie „doch im wesentlichen Entwickelungstheorie sei" (193), wird man Frauenstädt nicht zugeben können, sondern nur, dass Schopenhauer bei seinen realistischen Velleitäten auf naturphilosophischem Gebiet gelegentlich auch den Boden der Entwickelungstheorie berührt. Systematisch genommen ist vielmehr festzuhalten, dass Schopenhauer die Ewigkeit der Ideen als unendliche Dauer unveränderlicher Arten verstanden, und das beobachtete Erlöschen mancher Arten auf unserm Planeten durch den Hinweis auf die Möglichkeit ihres Fortbestehens auf anderen Weltkörpern zu paralysiren gesucht hat. Schopenhauer war also ein principieller Leugner der Entwickelung, er sah in allem Seienden nur ein ewiges Zugleichsein, in allem Process nur einen subjectiven Schein, und in der scheinbaren Entwickelung nur den ewigen Kreislauf der subjectiven Erscheinung. Verfehlt ist darum Frauenstädt's Versuch, aus der Identität der Ideen mit den Naturkräften nachzuweisen, dass bereits Schopenhauer selbst auf diesem Punkte seinen subjectiven Idealismus aufgegeben (112); anerkennenswerth hingegen ist Frauenstädt's Einsicht, dass mindestens auf dem Gebiete der Naturphilosophie eine Entwickelungstheorie im realistischen Sinne, d. h. aber der Ersatz des Spinozistischen ewigen Kreislaufs durch ein wahrhaft historisches, kosmogonisches Philosophiren das allein Richtige sei (193—194).

8. Die historische Weltanschauung.

Denselben Uebergang von der spinozistisch-schopenhauerischen ungeschichtlichen Weltanschauung zu der geschichtlichen (d. h. zu Hegel und Schelling) erkennt Frauenstädt auch in der Auffassung der Kunst und der Geschichte für nothwendig. Er bezeichnet im 36. Briefe die Lindner'sche Auffassung der Aesthetik als eine nothwendige Ergänzung der Schopenhauer'schen, insofern sie das geschichtliche Werden des ästhetischen Ideals in seinem causalen Zusammenhange mit Culturgeschichte und Religionsentwickelung als diejenige Betrachtungsweise aufzeigt, in welcher die ästhetische Idee erst zu ihrer correcten Erfüllung, d. h. zu ihrer Wahrheit gelangt, und es ist nur zu verwundern, dass er sich dabei nicht des Umstandes erinnert hat, dass dieselbe Erkenntniss bereits durch Hegel und seine Schule eine weit umfassendere Darstellung und einen tieferen Ausdruck erhalten hat, als durch Ernst Otto Lindner.

In Betreff der Geschichte zeigt Frauenstädt im 34. Briefe, dass sie in den Jugendmanuscripten Schopenhauer's ihre gedrückte Stellung mit der Wissenschaft habe theilen müssen, und dass erst später derselbe sich entschlossen habe, die Wissenschaft mit Kunst und Philosophie auf annähernd gleiche Stufe zu stellen, so dass nun die Geschichte allein das Aschenbrödel blieb. Weil Schopenhauer die Zeit für eine bloss subjective Anschauungsform hält, gilt ihm alles Werden und Geschehen als ein rein subjectiver Schein, dem keine Wahrheit in Bezug auf das ewig unveränderliche Sein zukommt. Darum kann ihm die Geschichte nur als der „lange, schwere und verworrene Traum der Menschheit" erscheinen, in dem kein vernünftiger Zusammenhang, kein Plan, kein Fortschritt ist, in dem nichts Neues geschieht, sondern stets nur dasselbe in aller Verschiedenheit des Costüms sich wiederholt. Die Rückerinnerung an diesen langen, verworrenen und beängstigenden Traum kann der Menschheit nur darum werthvoll sein, weil sie durch dieselbe es sich zum Bewusstsein bringt, dass sie bisher geträumt habe, und weil dieses Bewusstsein die Bedingung zum Erwachen (d. h. der Willensverneinung) ist (211). Nur in diesem Sinne ist die Geschichte nach Schopenhauer anzusehen „als die Vernunft oder das besonnene Bewusstsein des menschlichen Geschlechts" (210). Dass Schopenhauer sich zu keiner Zeit seines Lebens von dieser Verachtung der Geschichte zu emancipiren vermochte, ist der beste Beweis dafür, dass er niemals mit dem subjectiven Idealismus gebrochen hat. Für Frauenstädt, der diesen Bruch definitiv vollzogen hat, war es freilich leicht, den Schopenhauer'schen Standpunkt auch an dieser Stelle zu corrigiren, und gehört der betreffende 35. Brief zu den ansprechendsten Stellen seines Buches.

Er sagt: „Die Schopenhauer'sche Entgegensetzung der Geschichte gegen die Wissenschaft, Kunst und Philosophie scheint mir nach allem diesem nicht gerechtfertigt Die Geschichtschreibung braucht sich nur mit Wissenschaft, Kunst und Philosophie zu verbinden, braucht ihren Stoff nur mit wissentchaftlichen, künstlerischen und philosophischen Augen anzusehen, um demselben Werth zu verleihen, um ihn der Verachtung zu entreissen, um ihn für die Erkenntniss des Wesens der Menschheit lehrreich zu machen. Wenn Schopenhauer den Biographien, vornehmlich den Autobiographien, in Hinsicht auf die Erkenntniss des Wesens der Menschheit einen grössern Werth beilegt als der Geschichte, so muss ich hierzu bemerken, dass doch auch die Biogr phien, um lehrreich zu sein, das Individuum nicht losgerissen von seinem geschichtlichen Boden, sondern in stetem Zusammenhange mit der Geschichte seiner Zeit darstellen müssen.... Folglich wäre eine Biographie, die diesen Zusammenhang nicht abspiegelte, mangelhaft, und die Biographie kann also nicht im Gegensatze zur Geschichte, sondern nur im Vereine mit derselben den Werth erhalten, den ihr Schopenhauer beilegt. Ja nicht bloss Biographien, sondern auch epische und dramatische Dichtungen sind um so werthvoller, je mehr sie sich auf geschichtlichem Boden bewegen" (207—208). „Nur unter der Voraussetzung, dass in der Geschichte ein Zweck, ein Plan waltet, der die ganze Entwickelung bestimmt und beherrscht, kann es von Werth sein, die Vergangenheit zu kennen, um aus ihr die Gegenwart zu deuten und aus beiden die Zukunft zu anticipiren. Ein langer, schwerer und verworrener Traum ist der Rückerinnerung nicht werth und lässt keine Deutung zu" (210—211).

Frauenstädt tritt hier noch deutlicher als in der Naturphilosophie von Schopenhauer's ungeschichtlichem Philosophiren zu dem historischen Philosophiren über. Wer in dem Weltprocess eine naturgeschichtliche und menschheitsgeschichtliche Entwickelung anerkennt, der verzichtet eben damit darauf, die Welt als eine fertige zu betrachten, und gesteht zu, dass der Kosmos bis heute geworden und noch jetzt im Werden ist. Das historische Philosophiren ist daher, sobald es über die Menschheitsgeschichte übergreift und die planvolle Entwickelung auch im Reiche der Natur anerkennt, *eo ipso* ein kosmogonisches Philosophiren. Dass Schopenhauer vom Standpunkte seines subjectiven Idealismus sich auf das schärfste gegen ein solches aussprechen musste, ist ebenso selbstverständlich (13), als dass er selbst unwillkürlich überall da in dasselbe verfallen musste, wo er unvermerkt den Boden des subjectiven Idealismus verliess und sich in einer realistischen Denkweise bewegte. Unverständlich ist nur dies, dass Frauenstädt nach seinem Aufgeben des subjectiven Idealismus und trotz seiner Anerkennung der historischen Weltanschauung für Naturphilosophie und Geschichte doch noch theoretisch jene Consequenz des Subjectivismus festhalten will, und Schopenhauer wegen seines theilweisen Rückfalles in das historisch-kosmogonische Philosophiren tadelt (119), anstatt gerade diese Stellen als werthvolle Anknüpfungspunkte für seine realistische Umbildung des Systems zu benutzen.

So ist z. B. nach Schopenhauer „die Welt Folge eines Willensactes, und besteht nur so lange, als dieser Willensact bejaht wird, vergeht hingegen, sobald die Verneinung desselben eintritt" (124). Dies ist ein offenbarer Widerspruch zu der entgegengesezten Lehre Schopenhauer's, dass die Welt unentstanden sei (16), woran Frauenstädt mit Recht die Unvergänglichkeit anschliesst. Es ist dieser Widerspruch die Annahme beider entgegengesetzten Thesen der Kantischen Antinomien, und Schopenhauer's Kritik von Kant's kritischer Entscheidung des kosmologischen Streites*) giebt den unzweideutigsten Aufschluss darüber, dass die Annahme der Unendlichkeit die nothwendige Consequenz des transcendentalen Idealismus, die Annahme der Endlichkeit des Kosmos in Raum und Zeit die ebenso unausweisliche Consequenz des transcendentalen Realismus ist. Schopenhauer erklärt mit Recht die Unendlichkeit als gegebene Existenz für einen Selbstwiderspruch, und lehrt mit Aristoteles, dass dieselbe nur potentiell in der grenzenlosen Möglichkeit des Progressus oder Regressus zu suchen sei (W. a. W. u. V. I 593). Wären also Raum und Zeit reale Daseinsformen, so müsste die Welt ein an sich existirendes Ganzes sein: „ein an sich existirendes Ganzes kann aber durchaus nicht unendlich sein" (ebd. 594). Umgekehrt schliesst Schopenhauer aus der ihm feststehenden Unendlichkeit von Raum und Zeit, dass letztere und die in dieselben gefasste Erscheinungswelt bloss subjectiv sein können. Hier aber liegt eben die Unvollständigkeit der Argumentation. Was wir constatiren können, reicht nämlich nicht weiter, als dass der ideale Regressus unserer Vorstellungen in Raum und Zeit nirgends auf eine Grenze stösst; hiermit ist aber nichts constatirt über die Begrenztheit oder Unbegrenztheit der realen Zeit und des realen Raumes, für den Fall, dass es solche ausser unserm Bewusstsein gäbe. Der angeblich indirecte Beweis des transcendentalen Idealismus aus den Antinomien ist also bei Schopenhauer ganz ebenso verunglückt wie bei Kant; dagegen hat ersterer das zweifellos klar gestellt, dass die Entscheidung für die Thesis oder Antithesis lediglich von der Entscheidung für den transcendentalen Realismus oder Idealismus abhängt.

Da Frauenstädt sich für ersteren bestimmt entschieden, so muss er nothwendig auch für die Endlichkeit der Welt in Raum und Zeit eintreten, wenn er nicht ebenso mit sich selbst wie mit den begründeten Lehren seines Meisters in Widerspruch gerathen will. Da er die Zeit für eine reale Daseinsform erklärt und obenein den Weltprocess als planvolle teleologische Entwickelung anerkennt, so muss er nothwendig zugestehen, dass die Zeit, und der Weltprocess mit ihr, einen Anfang gehabt habe, da sonst der Widerspruch einer vollendeten Unendlichkeit hinter uns läge. Dieser Anfang kann vom Standpunkt der Schopenhauer'schen Willensmetaphysik aus

---

*) Vgl. „Die Welt als Wille und Vorstellung" (3. Aufl.) I. 592—594.

selbstverständlich nur die Erhebung des Willens zum Wollen sein. Da nicht ich erst, sondern schon Schopenhauer dieselbe gelehrt hat,*) so richtet Frauenstädt seine gegen mich gekehrte Bemerkung, dass dies „ein Ungedanke", „eine Absurdität" sei (118), an die unrechte Adresse. Denn vom realistischen Standpunkte des Schopenhauer'schen Willensmonismus, den ja auch Frauenstädt für den allein maassgebenden erachtet, ist nur die einzige Lehre möglich: das Wesen der Welt oder ihre Substanz, d. h. der Wille als Träger oder Subject der Function des Wollens, ist unentstanden und unvergänglich; die Welt, d. h. die Manifestation der Function des Wollens, ist entstanden (hätte auch unentstanden sein können) und vergänglich (womit aber nur gesagt ist, dass sie vergehen kann, nicht dass sie vergehen muss).**)

Wer das Weltwesen von einem wollen-Könnenden zu einem wollen-Müssenden herabsetzt, der degradirt es zu einer blinden Naturkraft und erklärt den von Schopenhauer gewählten Namen des Willens für einen irreleitenden anthropomorphischen Missgriff; denn nur das wollen- und nichtwollen-Könnende kann Wille heissen, nimmermehr das blindlings wollen-Müssende und nicht nichtwollen-Könnende. Wem aber diese Uebertragung des Willens auf das All-Eine schon zu anthropomorphisch ist, dem sollte doch die entsprechende Uebertragung der Idee und des Zweckbegriffes erst recht zu anthropomorphisch sein, d. h. er sollte die Metaphysik aufgeben und sich mit einem mehr oder minder materialistisch gefärbten Naturalismus begnügen, und so jeden Connex mit Schopenhauer's Metaphysik abbrechen. Denn Schopenhauer hat gerade von allen Philosophen das klarste Bewusstsein darüber gehabt, dass es nur Einen Weg giebt, zu einem wirklichen Verständniss der Dinge zu gelangen, nämlich die analoge Uebertragung unserer psychischen Grundfunctionen auf dieselben; und dieser Weg hat deshalb eine objective Berechtigung, weil die Welt ein einheitliches Ganzes ist und ihre elementaren Functionen in allen ihren Theilen die gleichen

---

*) Vgl. „Parerga" Bd II. § 162.
**) Frauenstädt hätte nach seinen auf S. 177 und 105 ausgesprochenen Grundsätzen schon deshalb Schopenhauer's realistische Ansicht auch über diesen Punkt als seine alleinige wahre und eigentliche Meinung ansehen müssen, weil sie die später entwickelte ist.

sind, ähnlich wie die chemischen Elemente der verschiedenen Weltkörper die gleichen sind. Alle Menschen suchen, ohne es zu wissen, auf diese Weise das Verständniss der Welt; der Philosoph thut es nur mit Bewusstsein.

9. Physik und Metaphysik.

In diesem Sinne hat auch Schopenhauer ganz Recht, dass die philosophische oder metaphysische Betrachtungsweise etwas Neues ist, das zu der empirischen oder specialwissenschaftlichen Betrachtungsweise hinzutritt, wie die dritte, oder Tiefendimension zur Fläche. Denn letztere bewegt sich an der Oberfläche der Erscheinung in die Breite und Weite, erstere aber sucht in das psychische Innere zu dringen und im Zusammenhange der innern und äussern Erscheinung das Wesen zu ergreifen. Frauenstädt bekämpft diese Unterscheidung Schopenhauer's mit Unrecht. Seine eigene Erklärung, dass die Philosophie sich zu den Specialwissenschaften wie die allgemeinste zu den besonderen Wissenschaften verhalte (21), sagt nichts Unrichtiges, trifft aber nicht das Wesen der Sache. Auch hier ist es wiederum der subjective Idealismus Schopenhauer's, der Frauenstädt irregeleitet hat. Derselbe nöthigt nämlich Schopenhauer ebenso wie Kant, den erkenntnisstheoretischen Gegensatz von Ding an sich und (subjectiver) Erscheinung mit dem metaphysischen Gegensatz von Wesen und objectiver Erscheinung zu confundiren und zu identificiren und dem Erkennen feste Grenzen zu ziehen, die nur durch ein Taschenspielerkunststück hinwegescamotirt werden. Gegen diesen Dualismus des Erkennbaren (Immanenten) und eigentlich Unerkennbaren (Transcendenten) wendet Frauenstädt sich mit vollem Rechte, da derselbe mit dem Aufgeben des subjectiven Idealismus hinfällig wird; aber er versäumt, Schopenhauer's falsche Identification beider Gegensätze wieder aufzulösen, verkennt, dass der metaphysische Gegensatz des Wesens und der (objectiven) Erscheinung durch die Elimination des subjectiven Idealismus nicht nur nicht beeinträchtigt, sondern sogar erst in sein vorher geschmälertes volles Recht eingesetzt wird, beachtet nicht, dass Schopenhauer's Unterscheidung zwischen Metaphysik und Physik sich in Wahrheit auf diesen Gegensatz (nicht auf den von Ding an sich und Erscheinung) stützte, und schüttet darum das Kind mit dem Bade aus.

Die Einsicht des transcendentalen Realismus, dass nur diejenigen Urtheile Erkenntnissurtheile sind, welche sich auf die Welt der Dinge an sich und deren Beschaffenheit beziehen, vernichtet in der That jenen eitlen negativen Dogmatismus, der *a priori* dem Erkennen unüberschreitbare Schranken setzen zu können wähnte, und eine Grenze zwischen Erkennbarem und Unerkennbarem ziehen wollte; aber die andere Einsicht desselben, dass die Welt der Dinge an sich doch nur wieder eine Welt der objectiven Erscheinung des ihr zu Grunde liegenden metaphysischen Wesens ist, lässt den Gegensatz einer auf die Beziehungen der Erscheinungen untereinander, und einer auf die Beziehungen der Erscheinungen zu ihrem Wesen gerichteten Erkenntniss, d. h. zwischen Physik und Metaphysik in voller Kraft bestehen.

Der Umstand, dass Frauenstädt die Geltung der realen Daseinsformen, Raum, Zeit und Causalität, ausdrücklich auf das Gebiet der objectiven Erscheinung beschränkt und streng vom Wesen fern hält, hätte ihm die Consequenz in Bezug auf den Unterschied von Physik und Metaphysik nahe legen sollen; aber der (übrigens von Schopenhauer bekämpfte) Irrthum steht ihm im Wege, dass die Physik es mit dem Wesen der Erscheinungen (wenn auch nur gewisser Klassen derselben) zu thun habe. In Wahrheit beschäftigt sich aber die Physik nur mit den causalen Beziehungen der Erscheinungen (den Gesetzen der Umwandlung der Kraft), nicht mit dem in den Erscheinungen sich offenbarenden Wesen (der Kraft selbst). Der sicherste Beweis hierfür liegt darin, dass die Naturforscher, sofern sie jede Metaphysik leugnen, auch danach streben, die Kraft zu leugnen, was ihnen darum für die Aufgaben der Naturwissenschaft so leicht wird, weil diese es nur mit Bewegung, Geschwindigkeit und Beschleunigung, sowie mit der Uebertragung dieser Erscheinungsformen der Kraft von einer Masse oder einem Atom auf das andere zu thun hat. Der letzte Begriff der Physik ist die Beschleunigung nach bestimmten Gesetzen; woher diese Beschleunigung stammt, danach hat sie als Physik gar nichts zu fragen.

Darum behält Schopenhauer Frauenstädt gegenüber durchaus Recht, dass mit der Vollendung der Physik und der Durchwanderung aller Planeten und Fixsterne noch nicht der kleinste Schritt zur Metaphysik gethan sei (17—18). Für den Schritt in die Tiefe ist an jedem Punkte des Universums das *„hic Rhodus, hic salta"*; wer ihn an einer Stelle mit vollem Bewusstsein vollzogen hat, hat es für das ganze Weltall gethan; wer ihn nicht an Einem Punkte zum ersten Male macht, wird nie mit ihm zu Stande kommen Dass die Breite des Wissens auch für das Forschen in die Tiefe von höchster Wichtigkeit ist, erkennen Schopenhauer wie Frauenstädt an (18—19); weil aber ersterer nicht zu sagen weiss, wie sich dies mit dem Vorhergesagten zusammenreimt, so glaubt letzterer, beide Ansichten für unvereinbar erklären und die erstere streichen zu müssen (91). Die Sache ist aber die: an jedem Punkte muss man erkennen können, dass das der objectiven Erscheinungswelt zu Grunde liegende Wesen formell genommen ein wollendes und vorstellendes ist; um aber zu erkennen, was der Inhalt dieses unbewussten Vorstellens sei, dazu muss man die ganze Breite der Erscheinung durchwandern und überall die Erscheinung in ihrer Beziehung auf das Wesen betrachten. Die Physik, welche die Beziehungen der Erscheinungen zu einander betrachtet, ist die Wissenschaft der wirkenden Ursachen; die Philosophie, welche die Beziehungen der Erscheinungen zu ihrem Wesen betrachtet, hat es nicht sowohl mit der Causalität als solcher wie mit dem Zusammenhange zwischen Causalität, Motivation, Teleologie und logischer Nothwendigkeit zu thun.

10. Der Wille und sein Inhalt.

Wir sahen oben, dass der Wille zwar in seinen bestimmten Acten Zwecke verfolgt, dass er aber, abgesehen von einem solchen concreten idealen Inhalt, zwecklos ist. Das Wollen an sich ist die rein formelle Seite der realen Function des All-Einen, welche darin besteht, das unbewusst Vorgestellte als Realität zu setzen; das, was gesetzt wird, ist nicht mehr im Willen als solchen präformirt, sondern in dem Inhalt des Willens, den wir als ideale Anticipation des Zukünftigen, d. h. als Idee, kennen gelernt haben. Wie in den einzelnen Willensacten einzelne Ideen den Inhalt bilden, so im Weltwollen als Ganzen die Totalität der Ideen, oder die absolute, allumfassende Idee; in ihr findet der Allwille allerdings einen Gesammtinhalt und damit auch einen Gesammtzweck seiner Bethätigung (94, 96), aber dieser Weltzweck liegt doch eben nicht im Wollen als solchen, oder gar in der Beschaffenheit des potentiellen Willens, sondern in der Idee, welche den Willen als sein Inhalt erfüllt. Wie die Vielheit der Ideen nur innere Mannigfaltigkeit der einen absoluten Idee ist, so ist auch die gleichzeitige Vielheit der Willensacte nur die gleichzeitige Realisirung der vielen von der einen Idee befassten Partialideen (91); es ist nicht ein anderer Wille, der hier, als der, welcher dort wirkt, sondern es sind nur verschiedene Seiten desselben einen Willens, und abgesehen von den Unterschieden des Was oder des idealen Inhalts, die den Willen als solchen nicht berühren, finden sich nur Unterschiede der Intensität vor. Der Intensität des Wirkens nach ist der Allwille freilich nicht in jeder Erscheinung ganz, wohl aber seinem Wesen oder seiner Substanz nach, weil dieselbe in ihrer schlechthin untheilbaren Einheit das in allem Dasein Seiende ist. Auch hierin behält also Schopenhauer gegen Frauenstädt (91) Recht; dagegen hat letzterer die Berichtigung eines anderen, sehr correcturbedürftigen Punktes versäumt, der abstrusen Ideenwelt Plato's vor und über der Realität.

Schopenhauer schiebt nämlich die Ideenwelt als ein Mittelglied zwischen den Willen als Weltwesen und die Erscheinungswelt ein, und will sie ebenso vom Willen ableiten wie die Erscheinungswelt von ihr; Frauenstädt aber scheint geneigt (111), dieser Dreiheit seine ganz anderartige Dreiheit von Wesen (Wille plus Idee), objectiver Erscheinungswelt oder Sphäre der realen Individuation und subjectiver Erscheinungswelt des Bewusstseins unterzuschieben, als ob beides sich ganz oder doch ungefähr deckte. Dann müsste er aber, genauer zu sprechen, vier Sphären der Reihe nach von einander ableiten; 1) den Willen, 2) die Ideenwelt, 3) die objective Erscheinungswelt der realen Dinge oder Individuen, und 4) die subjectiven Erscheinungswelten der vielen Individual-Bewusstseine. Ferner muss er zweierlei von seinem Standpunkte zugeben: erstens dass das Ding als objective Erscheinung nicht aus der Idee allein, d. h. aus der blossen Vorstellung hervorgehen kann, sondern nur aus der Idee plus Kraft oder Wille (167), d. h. dass die Sphäre der realen Individuen doch nur aus dem Zusammenwirken der ersten beiden Sphären (des Willens und der Ideenwelt) entspringen kann, und zweitens, dass das Wollen rein als solches, d. h. ohne einen idealen Inhalt oder eine absolute Idee, gar nicht im Stande wäre, sich in concreten Willensacten mit idealem Inhalt, d. h. in Partialideen zu manifestiren, oder mit andern Worten, dass die Verbindung der Individualwillen mit Singulärzwecken ohne die Verbindung des

Allwillens mit einem Universalzweck gar nicht denkbar und somit die von Schopenhauer behauptete Objectivirung des zwecklosen und inhaltlosen Urwillens zu Ideen unmöglich sei (96).

Hiermit ist aber der Ideenwelt die ihr bei Schopenhauer zukommende Stellung als selbstständiges Mittelglied zwischen Wille und Erscheinungswelt bereits geraubt, und sind die Partialideen als nur aus der Totalidee, wie die Individualwillen als nur aus dem Allwillen ableitbar erkannt, und die objective Erscheinung als unmittelbares Product aus beiden Factoren begriffen. Von einem Dualismus, von einer selbstständigen Existenz beider Factoren ist dabei gar nicht die Rede, nur von einer nothwendigen Unterscheidung zweier verschiedener Seiten am All-Einen. Es wird nur constatirt, dass die gegebene Welt ebenso wenig aus einer kraftlosen Idee (167) wie aus einem ideenlosen Willen (66) zu erklären sei, dass also an dem metaphysischen Wesen der Welt beide Seiten (die Kraft oder der Wille, und die Idee oder die [absolut] unbewusste Vorstellung) als gleich unentbehrlich und gleich ursprünglich (nicht von einander ableitbar) anerkannt werden müssen. Indem Frauenstädt dies in der angezeigten Weise thut, acceptirt er damit **thatsächlich** meine Coordination des Willens und der unbewussten Vorstellung, welche er **nominell** verwirft und als den Hauptfehler der Philosophie des Unbewussten im Vergleich zum Schopenhauer'schen System tadelt (38, 44).

Ich habe demnach gezeigt, dass die angeblichen beiden Hauptfehler, welche meinen Fortbildungsversuch des Schopenhauer'schen Systems zu einer Verschlechterung, anstatt zu einer Verbesserung desselben machen sollen, nämlich die Annahme einer absolut unbewussten Vorstellung und die Coordination derselben mit dem Willen, beide von dem Frauenstädt'schen Umbildungsstandpunkt getheilt werden, so dass die hieraus gegen mich erhobenen Anklagen entweder hinfällig sind, oder aber Frauenstädt's Umbildung gerade ebenso gut treffen wie die meinige. Es fehlt nur bei Frauenstädt der klare Ausdruck über die letzten Principien seines Standpunktes, was auf eine Unklarheit des Bewusstseins von denselben schliessen lässt; er sieht wohl die Nothwendigkeit ein, das Schopenhauer'sche System von Grund aus zu reformiren, aber nicht, dass er damit unfehlbar bei dem Standpunkt der Philosophie des Unbewussten anlangen muss, so lange er nach Elimination des subjectiven

Idealismus den objectiven festhält, hingegen bei dem Standpunkt des antiteleologischen Naturalismus (Materialismus oder Bahnsen'schen Willenspluralismus), sobald er auch noch den objectiven Idealismus ausscheidet. Thatsächlich steht Frauenstädt dem letzteren Standpunkte noch weit ferner als Schopenhauer und unterscheidet sich seine Umbildung in diesen letzten Principienfragen von der meinigen nur durch eine gewisse Zaghaftigkeit und Unsicherheit des Ausdrucks, die sich scheut, den Problemen offen in's Gesicht zu sehen und die Sache nach Aufstellung der richtigen Lösungen auch beim rechten Namen zu nennen.

Zur weiteren Erhärtung des Gesagten weise ich noch einmal darauf hin, dass nach Frauenstädt der Inhalt oder das Ziel des Allwillens wirklich Idee, d. h. ideale Anticipation des Zukünftigen ist. Ausschliesslich in der absoluten Idee, welche den absoluten Willen begleitet, kann jene unbewusste Weisheit gesucht werden, die über alle Weisheit bewusster Intelligenzen so hoch erhaben ist, und durch ihre unbewussten Intuitionen den planvollen Gang der Entwickelung leitet. Sie ist es, die dem Weltprocess seinen Universalzweck setzt, alle einzelnen im Verlauf des Weltprocesses in Natur und Geschichte vorkommenden Sonderzwecke nach diesem Universalzweck bemisst und bestimmt, und in allen Kräften der Natur und des Geistes das Was und Wie ihrer Wirksamkeit teleologisch und logisch ordnet. Bei einer solchen Auffassung hört natürlich der über die Befriedigung des gierigen Willens zum Leben hinausgehende Intellect auf, als ein Parasit am Naturorganismus zu gelten, und wird zur Blüthe und Frucht des Weltenbaumes, auf welche hin der ganze Organismus desselben planvoll und zweckmässig veranlagt war. Ja sogar dasjenige, worauf es bei der Weltentwickelung in letzter Instanz ankommt, was also das eigentliche Kriterium des Fortschritts in der Entwickelung von den niedrigsten Anfängen des Lebens bis zu seinem Gipfelpunkt bildet, bestimmt Frauenstädt in Uebereinstimmung mit mir, nämlich die Emancipation der Vorstellung vom Willen, oder in Schopenhauer'scher Redeweise: die fortschreitende „Ablösung des Intellects vom Willen", die er ganz richtig als eine nur relativ zu verstehende erklärt (64—65). Darin wiederum berichtigt er Schopenhauer, dass diese Ablösung und Steigerung des Intellects bis zum Genie unmöglich etwas accidentiell sich Einstellendes sein könne, sondern dass sie selbst eine ursprünglich gewollte und bezweckte, dass das höchste Wollen das Erkenntnisswollen, die Sehnsucht nach der Selbsterkenntniss der Idee sei (65), ein Ziel, das in der fortschreitenden Bildung und Wissenschaft der Menschheit sichtlich seiner Erfüllung immer näher rückt. Ist dies nun der letzte Inhalt aller planvollen Entwickelung, wie sollte das Zwecksetzende am Anfang, das sich das Selbstbewusstsein zum Ziel setzt, etwas anderes sein können als die Vorstellung oder Idee im Stande des noch-unbewusst-Seins?

11. Die Willensverneinung und der Pessimismus.

Nur den Endzweck dieses Mittelzwecks hat Frauenstädt nicht erfassen können, weil sein unrichtiges Stehenbleiben bei Schopenhauer's subjectivistischer Auffassung des Willens ihn die Möglichkeit der Willensverneinung als Endziel leugnen liess. Mag Frauenstädt von meiner Hypothese der universalen Willensverneinung denken, wie er will, so wird er doch nicht leugnen können, dass ich auch in diesem Punkte den Lehren Schopenhauer's treuer geblieben bin als er, während er mit der Aufstellung der Bewusstseinssteigerung als Selbstzwecks oder als letzten positiven Weltzwecks fast ganz auf den Boden des Hegelianismus hinübertritt. Meine ganze Modification an Schopenhauer's Lehre von der Willensverneinung besteht darin, dass ich die unabweisbare Consequenz seines Monismus gezogen habe, dass die Willensverneinung nicht individuell, sondern nur universell als möglich zu denken sei. Nach Analogie seiner Modification der Schopenhauer'schen Lehre von der Willensfreiheit würde Frauenstädt ohne Zweifel diese meine Consequenz aus dem Monismus billigen müssen, sobald er durch Anerkennung der Endlichkeit des Weltprocesses die Möglichkeit der einstigen Rückkehr des Wollens in den Zustand der Ruhe zugestehen würde. Gegen diese wesentliche Umgestaltung (der individuellen Willensverneinung in die universelle) erscheint die von Frauenstädt (295) hervorgehobene Modification, dass ich Quietismus und Ascese nicht für den zur Willensverneinung führenden Weg halten kann, um so mehr als untergeordnet, als Frauenstädt selbst (296) eine Stelle Schopenhauer's*) anführt, worin derselbe im Widerspruch mit seiner asceti-

---

*) Vgl. „Die Welt als Wille und Vorstellung" I. 473 sg.

tischen Theorie erklärt, dass „die Zwecke der Natur auf alle Weise zu fördern" seien; denn „die Natur führt eben den Willen zum Lichte, weil er nur am Lichte seine Erlösung finden kann."

Die „Enttäuschung" des Menschengeschlechts habe ich niemals, wie Frauenstädt (294) behauptet, als Zweck, sondern nur als Mittel für den Zweck der Universalwillensverneinung hingestellt, und darum lehre ich auch nicht „die absolute Werthlosigkeit des Weltfortschritts" (293), für den ich kräftige Betheiligung fordere, sondern nur dessen Werthlosigkeit im Sinne eines positiven Weltzwecks, die einen unendlich hohen Werth als Mittel für das negative Weltziel (die Befreiung von der Qual des Daseins) nicht ausschliesst. Dieser Zweck ist also auch nicht, wie Frauenstädt (294) meint, ein pessimistischer, sondern ein optimistischer, da er ja den bestmöglichen Gesammtzustand anstrebt, und ich kann nichts dafür, dass dieser bestmögliche Zustand das Nichtsein ist. Der Vorwurf, dass ich den Sprachgebrauch des Wortes Optimismus „gefälscht" hätte (295), beruht mithin auf Irrthum; den Begriff des Optimismus aber für die eudämonologische Betrachtung des Lebens als solchen zu verneinen und nur für die teleologische und evolutionistische zu bejahen, dazu wäre ich selbst dann berechtigt gewesen, wenn damit eine Modification der Bedeutung des Wortes im Vergleich zum bisherigen Sprachgebrauch verknüpft gewesen wäre. Dasselbe gilt für das Wort Pessimismus, welches Frauenstädt durchaus nur in einem superlativischen Sinne gelten lassen will, und einer Weltanschauung verweigert, die eine Möglichkeit der Verneinung des Wollens und seiner Qual zulässt (287). Diese terminologischen Meinungsverschiedenheiten berühren unsere sachlichen Ansichten gar nicht. Thatsache ist, dass Frauenstädt ebenso wie ich im Weltprocess einen durch die Idee bedingten teleologischen Evolutionismus und einen vom blinden Willen herrührenden Ueberschuss des Leides und der Uebel über die Freuden des Lebens anerkennt und zugesteht, dass in meiner Verbindung meines Optimismus mit meinem Pessimismus ein logischer Widerspruch nicht liege (294).

Auch in diesen Fragen entfernt sich daher Frauenstädt weiter als ich von Schopenhauer und ist die Differenz seines Standpunktes von dem meinigen weit geringer als die von dem Schopenhauer'schen; der Hauptunterschied liegt in seiner schon besprochenen Negation einer Möglichkeit der Willensverneinung als negativen Endzwecks des Weltprocesses und dann in einem gewissen Indifferentismus Frauenstädt's gegen das Problem des Pessimismus, insofern er die Gegensätze lieber abschwächt und verflaut, anstatt sich zur speculativen Ueberwindung derselben durch eine kühne Synthese aufzuraffen. Gerade diese thatsächliche Abschwächung in Verbindung mit seiner nominellen Verleugnung des Pessimismus entfernt aber aus der Physiognomie des Schopenhauer'schen Systems jenen charakteristischen Zug, welcher auch dem Laien sich sofort aufdrängt und in seinem Gedächtniss haftet; sie beraubt die ganze Weltanschauung seines Meisters jenes eigenthümlichen, unvergesslichen Parfums, der sie bis in ihre kleinsten Theile durchzieht. Die Schopenhauer'sche Philosophie mit ihrem indischen Pessimismus, Quietismus, Ascetismus und träumerischen Idealismus verhält sich zu Frauenstädt's Umbildung wie ein farbenglühender, narkotisch duftender Urwald zu einer graubestaubten Berliner Baumallee. Mag man den Quietismus und subjectiven Idealismus der Wahrheit zum Opfer bringen, so bleibt doch der charakteristische Grundzug der Schopenhauer'schen Weltanschauung gewahrt, so lange der Pessimismus festgehalten und zum Ersatz des Gestrichenen um so consequenter durchgebildet wird; sobald man auch diesen fallen lässt, kann von einer „Umbildung" der Schopenhauer'schen Philosophie als solchen doch nur noch bei einer ziemlich weiten Deutung dieses Ausdruckes die Rede sein.

12. Der Materialismus.

Wenn Frauenstädt in Bezug auf den Pessimismus und die Willensverneinung in der Veränderung der Lehren Schopenhauer's zu weit geht, so zeigt er in seiner Beleuchtung der Stellung Schopenhauer's zum Materialismus, ähnlich wie in derjenigen des objectiven Idealismus, eine Unentschiedenheit und Zaghaftigkeit, welche ersichtlich aus dem Bestreben entspringt, die Lehren des Meisters möglichst treu und pietätvoll zu conserviren. Dass er aber in Bezug auf Schopenhauer's widerspruchsvolle Stellung zum Materialismus noch an die Möglichkeit einer solchen Conservirung glaubt, hat darin seinen Grund, dass er sich (ebenso wie in Betreff des historischen und kosmogonischen Philosophirens) nicht zur vollen Klarheit gebracht hat, welche Elemente des Systems Consequenzen des subjectiven Idealismus sind, und welche Aenderungen aus der Ersetzung des transcendentalen Idealismus durch den transcendentalen Realismus mit Nothwendigkeit folgen.

Frauenstädt fasst die Ergebnisse seiner betreffenden Erörterungen folgendermaassen zusammen: „Die reine Materie . . . ist ein blosser Gedanke, eine Abstraction. In der realen Körperwelt treffen wir sie nirgends an, sondern hier finden wir überall schon specifisch wirkende Stoffe, also Materie mit bestimmter Form und bestimmter Qualität. Demnach lassen sich die Dinge nicht aus einer Materie ableiten; denn das hiesse sie aus einem blossen Begriff, aus einer abstracten Vorstellung ableiten. Wohl aber lassen sich die Dinge aus der „empirisch" gegebenen Materie, d. h. aus den specifisch wirkenden Kräften ableiten" (160). In dieser Auffassung findet Frauenstädt „Einheit und Ganzheit" (159), weil in derselben der Dualismus von Spiritualismus und Materialismus überwunden sei, ohne dass doch der Materialismus zur Alleinherrschaft gelangte (146—147), da der Idealismus als das Gegengewicht geltend gemacht sei (146).

Nun ist aber der Idealismus, in welchem Schopenhauer das wahre Gegengewicht des Materialismus sucht, nicht der objective, sondern der subjective, und letzterer beschränkt die Alleinherrschaft des Materialismus nur dadurch, dass er jede vom wahrnehmenden Subjecte unabhängige Existenz der Materie leugnet (145), und den aus den Kategorien der Substanz und der Ursache bestehenden Begriff der Materie zu einer „formalen, apriorischen, subjectiven Zuthat" zum empirischen concreten Wahrnehmungsinhalt ohne jede transcendentale Bedeutung (143), d. h. zu einer wahrheitslosen subjectivistischen Fiction und Illusion verflüchtigt. Da Frauenstädt diesen Idealismus principiell verwirft, so hat er damit dasjenige aus dem System Schopenhauer's eliminirt, worin dieser das wahre Gegengewicht des Materialismus sah, und musste demnach die Alleinherrschaft des Materialismus anerkennen, wenn Schopenhauer's Anspruch, den Spiritualismus kritisch beseitigt zu haben, begründet wäre.

Dass Frauenstädt dies nicht ausspricht, ist der erste Fehler seiner Behandlung dieses Gegenstandes; der zweite Fehler aber ist der, dass er jenen letztern Anspruch gelten lässt, anstatt ihn als einen Widerspruch mit der ganzen Schopenhauer'schen Metaphysik (und zwar sowohl mit seinem Willensrealismus als auch mit seinem objectiven Idealismus) nachzuweisen, welche reiner Spiritualismus und der unversöhnliche Gegensatz zu allem Materialismus ist. Sein dritter Fehler endlich ist der, dass er Schopenhauer's Begriff der reinen Materie, der doch nur ein Product des subjectiven Idealismus ist, trotz der Aufhebung des letztern bestehen lässt, anstatt mit den falschen Prämissen auch deren logische Consequenz als beseitigt zu betrachten.

Nach Schopenhauer's realistischer Metaphysik giebt es nur eine Substanz: den Willen (85), der ihm zugleich die psychische Grundfunction, also eine spiritualistische und immaterielle Substanz ist. Sein Materialismus hingegen besteht eben in der Leugnung der Möglichkeit einer Substanz ausser der Materie (139—141), und sein subjectiver Idealismus besteht in der Leugnung jeder transcendentalen Gültigkeit der Vorstellungsformen, also auch derjenigen des Substanzbegriffes, welche er in seiner Metaphysik für die absolute Substanz des Willens voraussetzt. Schopenhauer hat darin Recht, dass unser Verstand hinter der concreten Erscheinung einen substantiellen Träger derselben voraussetzen muss; er hat ebenso darin Recht, dass diese Substanz der Erscheinung Wille oder Kraft sei; aber dann hat er Unrecht, dass diese Substanz gleichzeitig auch wieder etwas ganz anderes als Wille, nämlich die scholastische Fiction einer reinen Materie sein solle. Er hat Recht, dass diese reine Materie in der Erfahrung gar nicht vorkommt, und dass wir hinter die empirisch gegebene Erscheinung nur durch das Denken gelangen können; hätte er aber auch darin Recht, dass unser Verstand durch seine Einrichtung gezwungen wäre, die Substanz der Erscheinung als reine Materie oder abstracten Stoff zu denken, so müsste er seine ganze Willensmetaphysik nicht bloss als falsch, sondern als für unsern Verstand undenkbar verwerfen, und doch wiederum den Begriff der Materie als eine, wenngleich unzerstörbare, Illusion verurtheilen, da sie uns den Widersinn zumuthet, ein kraftloses Substrat neben der Kraft als *causa efficiens* der Naturprocesse, eine formalistische Zuthat unsers subjectiven Denkens zu dem Wahrgenommenen als letzten Grund der objectiven Erscheinung, und eine blosse Abstraction der Ausdehnung und Beweglichkeit als Substanz der Erscheinungen, d. h. als etwas über Raum und Zeit Erhabenes anzusehen.

In der That ist Schopenhauer's „reine Materie" aber nichts weniger als eine nothwendige Illusion unserer Verstandeseinrichtung, sondern bloss eine plumpe Hypostase der abstracten Sinnenfälligkeit, ein krasses sinnliches Vorurtheil, das unter der rationellen Kritik in Nichts zerrinnt. Sie ist genau dasselbe, was ich unter der Bezeichnung des „Stoffes" *) kritisch beleuchtet habe, jener Unbegriff, der angeblich übrig bleiben soll, wenn man von der concreten bestimmten Materie alles das abgezogen hat, was Kräfte, d. h. Willensäusserungen sind. Auch für Schopenhauer ist die „reine Materie" eine nichts erklärende Supposition, da alle Erklärung nur aus Kräften geschöpft wird; d. h. auch für ihn schon ist es eine überflüssige Hypothese, deren Existenz durch nichts zu rechtfertigen ist. Auch ihm ist die wahre und alleinige Substanz der concreten Materie die Kraft und nicht der kraftlose Stoff oder die „reine Materie"; nur wusste er mit dieser principiell richtigen Ansicht nichts anzufangen, weil ihm die Kräfte als ein räumlich verschwommenes, unklares Fluidum vorschwebten, und er sich mit hartnäckigem Eigensinn gegen die Einsicht versperrte, dass dynamische Factoren nur durch individuelle Concrescenz, d. h. durch Beziehung auf imaginäre Raumpunkte oder Kraftcentra, mechanisch verwendbar werden.

Schopenhauer's ganze Polemik gegen die Atomistik kehrt sich ausschliesslich gegen die Materialität oder Stofflichkeit der Atome, während eine Construction der concreten Materie aus immateriellen individualisirten Kräften (Kraftmonaden oder dynamischen Atomen) gar nicht von ihr betroffen wird. Ist also einmal Schopenhauer's Begriff der neben und hinter den Kräften spukenden „reinen Materie" als ein in jeder Beziehung unhaltbarer Unbegriff eliminirt, so schwindet die Voraussetzung, auf welcher allein die Polemik gegen die Atomistik beruhte. Hätte Frauenstädt die Nothwendigkeit, mit dem subjectiven Idealismus auch den Begriff der „reinen Materie" zu streichen, deutlich eingesehen und unumwunden anerkannt, so würde er wohl auch die Reproduction der nachgerade veralteteten Polemik

---

*) Der Materialismus unterscheidet in der Materie „Kraft" und „Stoff"; darum schien mir der Ausdruck „Stoff" passender für das angebliche Gegentheil der Kraft in der Materie, während Schopenhauer gerade mit „Stoff" die concrete Materie einschliesslich der Kräfte bezeichnet.

Schopenhauer's gegen die Atomistik (149 fg.) beiseite gelassen haben, da die mathematische Naturwissenschaft längst den Atomen jede Ausdehnung absolut abgesprochen und mit dem etwaigen „Stoff" der Atome nichts zu schaffen hat, also auch von dem philosophischen Streit um die Stofflichkeit oder Unstofflichkeit der Atome gar nicht berührt wird.

Schopenhauer's Materialismus ist in jeder Hinsicht eine verfehlte Beigabe zum System: nicht nur muss seine Behauptung, dass es keine Substanz gebe als die reine (d. h. kraftlose) Materie, ersetzt werden durch die entgegengesetzte, dass es keine Substanz gebe als die (immaterielle) Kraft (d. h. den Willen), sondern auch die andere Behauptung desselben, dass die Seele, der Intellect oder der Geist ein blosses Product der Materie (156) sei, muss durch die entgegengesetzte Behauptung ersetzt werden, dass die Materie nur ein Product des Allgeistes oder der Allseele, d. h. der immateriellen absoluten Substanz (Allwille mit der Weltidee als Inhalt) sei. Existirt eine unbewusste teleologische Weisheit des Naturwillens, die über alle Weisheit menschlicher Intellecte hoch erhaben ist, so liegt es doch näher, die Geistigkeit und Vernünftigkeit des menschlichen Intellects von dieser absoluten Intelligenz abzuleiten, als sie als einen Ausfluss einer vernunftlosen und vorstellungslosen Materie zu betrachten, welcher der blinden Willenssubstanz auf eine unerklärliche Weise als ein ihr fremdes und eigentlich gar nicht zukommendes Accidens angeflogen sei.

Frauenstädt erkennt selbst die Nothwendigkeit dieser Correctur der Schopenhauer'schen Lehre, denn er sieht in dem Erkenntnisswillen die höchste und stärkste Form des Willens, also in der Herstellung des menschlichen Intellects nicht ein accidentielles Aussenwerk, sondern die Befriedigung des Willens in seinem tiefinnersten Wesen, und erklärt sogar in dem Erkenntnisswillen den Intellect für unsterblich (69—70). Dann aber ist für ihn auch diese Seite des Schopenhauer'schen Materialismus, die Entstehung des Intellects durch die materielle Organisation, bereits ein überwundener Standpunkt, und muss von ihm die Wahrheit dieses Gedankens (ebenso wie von mir in der „Philosophie des Unbewussten") auf die Entstehung der Form des Bewusstseins für das bis dahin unbewusste Vorstellen und dessen immanente Vernünftigkeit reducirt werden. So lange er diesen Schritt nicht unzweideutig zu dem seinigen macht, bleibt er in dem oben gezeigten Widerspruch zwischen dem Materialismus Schopenhauer's und dessen Metaphysik (Willensmonismus und objectivem Idealismus) stecken. Um aber in diesem Widerspruch der realistisch interpretirten Schopenhauer'schen Lehre stecken zu bleiben, dazu lohnte es sich kaum der Mühe, den von den idealistischen Interpreten Schopenhauer's herausgefundenen Widerspruch zwischen Materialismus und subjectivem Idealismus zu bekämpfen (161—162), der freilich verschwindet, wenn man den subjectiven Idealismus streicht.

13. Die ethischen Probleme.

Werfen wir zum Schluss einen Blick auf Frauenstädt's Stellung zu den ethischen Lehren Schopenhauer's, wo sein Gegensatz zu demselben so entschieden hervortritt, dass er selbst den Versuch aufgiebt, denselben wie anderwärts durch künstliche oder gewaltsame Interpretation der Lehren seines Meisters abzuschwächen und zu verschleiern. Frauenstädt stellt folgende Ansichten auf:

Die individuelle Willensverneinung muss als ein Widerspruch gegen den Monismus aufgegeben werden; daraus folgt die Verkehrtheit des diesem Zwecke zustrebenden Mittels der Ascese sowie einer ascetischen Moral neben oder gar über der gewöhnlichen. Der Mensch als Individuum hat keine Wahl zwischen Willensbejahung und Willensverneinung, und sein Handeln, also auch sein sittliches Handeln kann sich demnach nur auf dem Boden der erstern bewegen. Die absolute Determination alles Handelns ist festzuhalten, aber die Schopenhauer'sche Annahme einer Freiheit des Individuums in seinem Sein als dem Monismus widersprechend aufzugeben und durch die absolute Determination auch des Seins zu ersetzen (242). Der intelligible Charakter „fällt mit der Idee oder noch eigentlicher mit dem ursprünglichen Willensact, der sich in ihr offenbart, zusammen" (240), der nicht mehr ein Act des erst durch ihn gesetzten Individuums, sondern des All-Einen ist, und als Willensact selbst innerhalb der Zeit fällt wie jeder andere Act (241). Ein Unterschied zwischen dem Inhalt des intelligibeln und empirischen Charakters besteht nicht (241), und der Charakter macht so gut wie der Intellect eine Entwickelung durch, bei welcher Constanz der Grundanlagen mit einer gewissen Modificabilität ihres Verhältnisses zueinander und damit ihres Gesammteffects sich vereinigt (73). Selbst dem Allwillen kommt keine Freiheit in Bezug auf die Beschaffenheit seiner Essenz zu, die keinenfalls anders sein könnte als sie ist (242—243); die Freiheit des Allwillens bedeutet nur Unabhängigkeit seines Seins nach aussen, oder Aseïtät.

In allen diesen Punkten befindet sich Frauenstädt im Gegensatz zu Schopenhauer und in Uebereinstimmung mit der Philosophie des Unbewussten; der Unterschied, dass ich die transcendentale Freiheit im Schopenhauer'schen Sinne, d. h. die Freiheit des potentiellen Willens, im Zustande des Nichtwollens zu verbleiben, oder sich zum Wollen zu erheben, für den Allwillen festhalte, und damit zugleich dem Begriff der Aseïtät eine positive Bedeutung verleihe, hängt mit Frauenstädt's Leugnung des Willens als eines wollen-Könnenden zusammen und rückt mich dem Schopenhauer'schen Standpunkt näher als ihn. Nun fragt es sich aber, wie Frauenstädt bei dieser Aenderung der metaphysischen Grundlagen der Schopenhauer'schen Ethik mit dem praktischen Grundproblem der Verantwortlichkeit zurechtgekommen ist, und da zeigt sich, dass er an diesem gänzlich gescheitert ist, weil er es unterlassen hat, sich von einer falschen Schopenhauer'schen Lehre loszusagen, die mit der von ihm verworfenen untrennbar zusammenhängt, und deshalb von ihm mit verworfen werden musste. Es ist dies die Behauptung, dass die innere sittliche Verantwortlichkeit (nicht zu verwechseln mit der äussern vor dem Staatsgesetz und dem Richterstuhl der öffentlichen Meinung) auf der indeterministischen Willensfreiheit beruhe und mit dieser stehe und falle.

Dieser Täuschung konnte Schopenhauer sich hingeben, der an die indeterministische transcendentale Freiheit des Individuums (im Widerspruch mit seinem Monismus) glaubte; aber Frauenstädt musste erkennen, dass die innere sittliche Verantwortlichkeit eine nicht abzuleugnende Thatsache des sittlichen Bewusstseins sei, und dass deshalb ihre Fundamentirung auf die transcendentale Freiheit nothwendig sich als Irrthum enthülle, sobald einmal die transcendentale Freiheit des Individuums sich als Irrthum herausgestellt habe. Statt dessen hält er an diesem metaphysischem Irrthum fest und zieht aus demselben die Consequenz, dass die innere sittliche Verantwortlichkeit des Individuums eine grundlose Illusion sei. Hiermit untergräbt er die Wurzeln der Moral, denn wenn auch die Besserungsfähigkeit des Charakters bestehen bleibt (Brief 40), so schwindet doch jede Möglichkeit, aus inneren sittlichen Impulsen an diese Besserung des Charakters in ernster sittlicher Selbstzucht Hand anzulegen. Das ethische Werthurtheil bleibt zwar bestehen (246), aber es verliert jede praktische Bedeutung, jeden realen Einfluss, sobald mit Aufhebung des Verantwortlichkeitsgefühls der Selbstvorwurf schwindet, dass man nicht besser gehandelt habe, und der Trieb aufhört, dem ethischen Sollen Genüge zu thun. Frauenstädt hat mit allen Vorurtheilen des Indeterminismus glücklich gebrochen, aber das eine, welches als letzter Rest seinem Denken anhaftet, hat genügt, die Lösung des ethischen Problems für ihn unmöglich zu machen. Und doch hätte es ihm so nahe gelegen, kritisch zu untersuchen, ob es denn wirklich nur die indeterministische Freiheit ist, auf der die Verantwortlichkeit ruht, eine Freiheit, welche Aseität zur Voraussetzung hat (243). Er würde dann wahrscheinlich gleich mir gefunden haben, dass die auf dem Boden des Determinismus vorkommenden Formen der innern Freiheit in ihrer Vereinigung vollständig genügen, um als zureichende psychologische Basis des Verantwortlichkeitsgefühls zu dienen*), und dass die Zuschiebung der Verantwortlichkeit für alles Geschehende auf den all-einen Willen als alleiniges Subject der Zurechnung (238) ein transcendenter Missbrauch von Begriffen ist, die nur in der Sphäre der Individuation, d. h. der objectiven Erscheinung, ihre Gültigkeit und einen verständlichen Sinn haben.

Endlich ist zu bemerken, dass Frauenstädt bei seiner unbedingten Vertheidigung des Mitleids als des alleinigen Fundaments der Moral (im 41. Briefe) eine unbefangene geschichtliche Würdigung der Schopenhauer'schen Leistungen auf dem Gebiete der Moral vermissen lässt, und sich noch allzu sehr in dem Horizont seines Meisters befangen zeigt. Schopenhauer's Verdienst in dieser Richtung ist dahin zu präcisiren, dass er gegen den einseitigen Rationalismus der gefühlsfeindlichen Kantischen Ethik durch Wiederbelebung der Gefühlsmoral der schottischen Moralphilosophie auf deutschem Boden ein kräftiges und nützliches Gegengewicht bot, ebenso wie es Herbart

---

*) Vgl. meine Abhandlung „Die sittliche Freiheit" in Reich's „Athenäum" (1876), Heft 1 fg. Die „Philosophie des Unbewussten" konnte ihrem Inhalt nach für diese ethischen Fragen keine ausreichenden Fingerzeige bieten.

durch Geltendmachung der Geschmacksmoral von einer andern Seite her versuchte. Aber wie eine berechtigte Reaction so oft über ihr Ziel hinausschiesst, so ging es auch Schopenhauer; er begnügte sich nicht mit einer Vertheidigung der Rechte der Gefühlsmoral gegenüber dem exclussiven Rigorismus der Kantischen Vernunftmoral, sondern wollte nun seinerseits die Gefühlsmoral als die allein berechtigte, und die Vernunftmoral Kant's als eine Verirrung hinstellen.. In Wahrheit liegt das Verhältniss so, dass erst die Einheit von Vernunftmoral, Gefühlsmoral und Geschmacksmoral den ganzen Umfang der subjectiven Moralprincipien erschöpft, dass aber die Vernunftmoral unter diesen dreien die höchste und sicherste, wie die Gefühlsmoral die stärkste und tiefste und die Geschmacksmoral die feinste und zarteste ist Die aus der Vernunftmoral entspringenden „Grundsätze" hat Schopenhauer als nothwendige Ergänzung in seine Gefühlsmoral eingeschmuggelt, ohne die Selbstständigkeit und Heterogenität ihrer Quelle und die Unmöglichkeit, dieselben aus dem Gefühl abzuleiten, einzugestehen, und Frauenstädt bemüht sich vergebens, den von Zange hierauf gegründeten Vorwurf der Inconsequenz von Schopenhauer abzuwehren (258—259). Zu der falschen Einseitigkeit der Hervorkehrung der Gefühlsmoral kommt aber bei Schopenhauer noch der zweite Fehler hinzu, dass er wiederum das weite Gebiet der Gefühlsmoral auf den einzigen Punkt des Mitleids einschränkt, dessen relative Wichtigkeit man nicht zu verkennen braucht, wenn man ihm gleichwohl selbst innerhalb der Gefühlsmoral eine ziemlich untergeordnete Stellung anweist. In beiden Punkten hat Frauenstädt sich nicht zu einer objectiven Beurtheilung seines Meisters zu erheben vermocht; auch scheint er mir nicht genügend betont zu haben, dass der tiefste und unvergängliche Werth der Schopenhauer'schen Ethik darin zu suchen ist, dass dieselbe entschiedener als irgend eine frühere Lehre die Moral auf die Methaphysik gründete und die substantielle Einheit aller Individuen als das eigentliche und alleinige (metaphysische) Princip der Moral proclamirte, während das Mitgefühl nur Einer unter den vielen Strahlen ist, in welche gebrochen diese metaphysische Wahrheit in die vom Schleier der Maja umhüllte Sphäre des Bewusstseins hineinleuchtet.

14. Schlusswort.

Blicken wir auf die angestellten Betrachtungen zurück, so ergiebt sich, dass Frauenstädt die einschneidendsten principiellen Aenderungen im System seines Meisters als nöthig erachtet hat, um dasselbe vor der Kritik haltbar zu machen. Insbesondere kann er sich der Anerkennung der von Schopenhauer's Gegnern hervorgehobenen Widersprüche zwischen dem subjectiven Idealismus und den anderen Theilen des Systems nicht entziehen; er schliesst daraus mit Recht, dass der erstere durch sein Gegentheil ersetzt werden müsse (z. B. 178, 263 u. a. m.), aber er sucht mit Unrecht darzuthun, dass Schopenhauer selbst schon eine solche Umgestaltung mit dem in seinem Hauptwerk niedergelegten System vorgenommen habe. Diese Umgestaltung muss alle Bestandtheile des Systems, die vom subjectiven Idealismus bestimmt sind, in ihr Gegentheil verkehren, und kann nur diejenigen möglicherweise unberührt lassen, welche ohnehin schon dem subjectiven Idealismus widersprechen. Selbst Frauenstädt ist es noch keineswegs gelungen, die falschen Consequenzen des subjectiven Idealismus überall auszumerzen (z. B. beim Materialismus) und die unabweisslichen Consequenzen des transcendentalen Realismus überall mit Ernst und Nachdruck bis zu Ende zu führen, selbst da nicht, wo Schopenhauer schon die realistische Auffassung angedeutet hatte (z. B. in Betreff der zeitlichen Begrenzung des realen Weltprocesses und des Wollens).

Andererseits kann doch die Unvereinbarkeit des subjectiven Idealismus mit den übrigen Hauptheilen des Schopenhauer'schen Systems noch nicht für einen Beweis der Unhaltbarkeit des erstern gelten; es wäre ja möglich, dass nur dieser Ausgangspunkt des Schopenhauer'schen Philosophirens richtig, und alle im Widerspruch mit demselben gethanen Schritte falsch wären. Diese Ansicht wird von Neukantianern, wie Cohen und F A. Lange, wirklich vertreten, und wer der entgegengesetzten Meinung huldigt, darf nicht vergessen, dass er dadurch nicht bloss dem systematischen Standpunkt Schopenhauer's, sondern auch der Autorität Kant's Opposition macht. Hiernach dürfte man eine sachliche Begründung für die Verwerfung des transcendentalen Idealismus Kant's und Schopenhauer's von einem realistischen Nachfolger der letztern nicht mit Unrecht er-

warten*); indessen würde man bei Frauenstädt wie bei Bahnsen
vergeblich auch nur nach dem Anlauf zu einer solchen suchen, und
ebenso wenig halten beide es für nöthig, ihre Leser wenigstens auf
andere Schriften, welche sich der Lösung dieser Aufgabe widmen,
hinzuweisen, obwohl sie sich doch bewusst sein müssen, mit ihrer
Ansicht gegen die im philosophischen Publikum gegenwärtig dominirende Kantische Strömung zu schwimmen.

Der Gesammteindruck der Frauenstädt'schen Umbildung ist der,
dass dieselbe sich von der geschichtlich gegebenen Gestalt des
Schopenhauer'schen Systems sehr bedeutend entfernt (weiter z. B.
als Schelling's transcendentaler Idealismus von Fichte's Wissenschaftslehre, oder als Hegel's Panlogismus von Schelling's Identitätsphilosophie), dafür aber der Philosophie des Unbewussten desto
näher steht. Ueberall, wo Frauenstädt sich der Schopenhauer'schen
Lehre enger anschliesst als ich, handelt es sich, wie ich gezeigt zu
haben glaube, um Inconsequenzen innerhalb seiner Umbildung infolge
unzulänglicher Durchführung seiner principiellen Abweichungen, um
Eierschalen, die dem ausgekrochenen Hühnchen am Rücken kleben
geblieben sind, aber dem Leben ausserhalb des Eis widersprechen.
Ueberall hingegen, wo er sich von Schopenhauer weiter entfernt als
ich, ist die über die Philosophie des Unbewussten hinausgehende
Abstreifung Schopenhauer'scher Ansichten weder eine Consequenz
der von Frauenstädt adoptirten Principien (manchmal sogar im Widerspruch gegen dieselben), noch auch anderweitig durch zureichende
Gründe gestützt. In den principiellen Grundanschauungen acceptirt
Frauenstädt die Nothwendigkeit derselben Modificationen, welche ich
in der „Philosophie des Unbewussten" bereits im Zusammenhange
entwickelt habe; in der Durchführung dieser gemeinsamen principiellen Modificationen glaube ich nicht nur die Consequenz besser
gewahrt zu haben als Frauenstädt, sondern auch unmotivirte Abweichungen von Schopenhauer sorgfältiger vermieden zu haben. Ich
kann deshalb nicht umhin, meine Fortbildung der Schopenhauer'schen
Philosophie, welche in den metaphysischen Grundansichten mit

---

*) Ich habe eine solche in meiner „Kritischen Grundlegung des transcen-
dentalen Realismus" (2. Aufl. Berlin 1875) zu geben versucht, und zur Ergänzung
eine Studie über „J. H. von Kirchmann's erkenntnisstheoretischen Realismus"
nachfolgen lassen.

derjenigen Frauenstädt's zusammenfällt, in der Durchführung dieser gemeinsamen Principien nicht nur als die consequentere, sondern auch als die dem Geiste der Schopenhauer'schen Philosophie treuere von beiden anzusehen, und glaube diesen Anspruch in dem Vorhergehenden ausreichend begründet zu haben. In diesem Sinne habe ich alle Ursache, dem verdienstvollen Vorkämpfer der Schopenhauer'schen Philosophie für die Veröffentlichung seiner „Neuen Briefe" dankbar zu sein, weil dieselben theils direct, theils indirect eine werthvolle Bestätigung dafür gewähren, dass der für die Fortbildung der Schopenhauer'schen Philosophie von mir in der „Philosophie des Unbewussten" eingeschlagene Weg in allen wesentlichen Punkten der richtige sei.

IV.

Bahnsen's charakterologischer Individualismus.

> „Vielleicht hat ja der Weltwille mit all dem Weltelend recht eigentlich seinen Willen gekriegt und es ist von uns erbärmlichen Erdenwürmern eine entsetzliche Ueberhebung, wenn wir uns herausnehmen, darüber raisonniren zu wollen."
>
> J. Bahnsen. (Zur Phil. d. Gesch. S. 61.)

A. Die Charakterologie.

1. Aufgabe und Standpunkt des Werkes.

Es scheint an dieser Stelle überflüssig, auf die Wichtigkeit einer wissenschaftlichen Behandlung der bisher nur belletristisch betriebenen Charakterstudien aufmerksam zu machen. Der Fülle der Individualitäten gerecht zu werden, und deren Eigenthümlichkeiten dennoch begrifflich zu subsumiren und zu analysiren, ist eine wohl des Philosophen würdige Aufgabe. „Somit gewissermaassen zugleich morphologischer und ätiologischer Natur ist die Charakterologie sehr wohl geeignet, ein Bindeglied zwischen rein psychologischer und ethischer Betrachtungsweise herzustellen. Wie der Pädagogik, so hat sie auch der Criminalistik und Psychiatrie die Prologomena zu liefern." (Char. I. 3.)*) Was man Menschenkennt-

---

*) Ich citire die Charakterologie in der Abkürzung „Char.", die metaphysische Voruntersuchung zum Verhältniss zwischen Wille und Motiv als „M. V.", endlich die kritische Besprechung des Evolutionismus (Zur Philosophie der Geschichte) als „Kr. d. Ev."

niss nennt, sind die tastenden intuitiven Rudimente der Charakterologie, und auf ihrem Besitz beruht alle Kunst, „die Menschen zu nehmen". Die intellectuellen Anlagen vom höchsten Genie herunter bis zum verschmitzten Cretin sind ebenso wenig unabhängig von den charakterologischen Bestimmungen des Willens wie der ethische Werth des Menschen, wenn auch nach beiden Richtungen bei gleicher charakterologischer Individualität immer noch ein ziemlicher Spielraum offen bleibt. Alle diese Beziehungen zu untersuchen ist von der höchsten Bedeutung. In den bisherigen Psychologien spielt meistens die Temperamentslehre eine sehr unglückliche Rolle, und doch ist dies fast das einzige, was bisher in der formalen Seite der Charakterologie gethan ist. Hinsichtlich der materialen Seite derselben sehen wir uns aber fast ausschliesslich auf die ganz unwissenschaftliche Phrenologie angewiesen, welche nicht nur die formale Seite des Charakters ganz ignorirt, sondern auch eine der Erfahrung widersprechende starre Sonderung ihrer der Zahl nach willkürlich beschränkten „Grundvermögen" festhält, um von der im Einzelnen unhaltbaren Verquickung mit Cranioskopie ganz abzusehen. So muss denn ein Werk von allen Philosophen freudig bewillkommnet werden, welches unter Vermeidung dieser Einseitigkeiten die Charakterologie so erheblich gefördert hat, dass sie jetzt mit Recht eine Pflege als eine (immerhin der Psychologie im weitern Sinne untergeordnete besondere Disciplin in Anspruch nehmen darf. Welcher Schule oder Richtung innerhalb der Philosophie man angehören möge, die Charakterologie hat für jeden die gleiche Wichtigkeit und das gleiche Interesse, da es keine Schule geben kann, welche sich der erfahrungsmässigen Thatsache der individuellen Existenzen und dem Gebot ihrer Würdigung entziehen kann. Bahnsen braucht also nicht zu besorgen, dass der metaphysische Monismus das Interesse an seiner Arbeit vermindern könne (M. V. 2).

Was die Oeconomie des Werkes betrifft, so könnte man es zunächst in die eigentliche Charakterologie, welche gleichsam die Anatomie und Physiologie des Charakters behandelt, und in Proben der angewandten Charakterologie trennen, welche letzteren das letzte Drittheil des zweiten Bandes anfüllen und theils Aphorismen zur Völkerpsychologie (Nationalcharaktere wie John Bull und der Yankee sind gut getroffene Porträts), theils solche über das weibliche

Geschlecht, theils charakterologische Typen aus der Gesellschaft
enthalten, zwei Abschnitte, in denen Bahnsen oft an Bogumil Goltz
erinnert, dem er übrigens an philosophischer Sicherheit weit überlegen ist. Die eigentliche Charakterologie kann man wiederum in
einen allgemeinen oder formalen und einen besondern oder materialen Theil trennen, wenn man unter ersterem die Grundformen des
Charakters befasst, welche sein Verhalten zu jeder Classe von Motiven ohne Unterschied oder im Allgemeinen bestimmen, während
unter dem letztern das verschiedene Verhalten des Willens zu verschiedenen Bethätigungsgebieten innerhalb der gemeinsamen Charaktergrundform behandelt werden würde, worunter also auch alle
besonderen Anlagen, Specialneigungen und Leidenschaften sammt
idiosynkratischen Sympathien und Antipathien, Liebhabereien oder
Gelüsten und Aversionen fallen würden. Als Zusammenschluss
dieser beiden Theile würde dann eben die angewandte Charakterologie zeigen, wie und in welchen Mischungen die formalen und
materiellen Elemente zu einer Individualität zusammentreten. Bahnsen
stellt dies Programm zwar I. 3 auf (vgl. II. 74), doch ohne sich
besonders streng daran zu binden; denn wenn auch der erste Band
vorwiegend formale Charakterologie behandelt, so ist doch schon
manches Materiale eingestreut, und muss die Behandlung des materialen Theils mit Ausnahme des Selbstgefühls als eine dem grossen
Reichthum in der Verschiedenheit materialer Charakteranlagen nicht
entsprechende erachtet werden. Indessen nennt ja Bahnsen selbst
sein Werk nur „Beiträge", und wollen wir deshalb für das gebotene
wahrhaft Gute dankbar sein, anstatt uns über Ungleichheit der
Behandlung zu beklagen. Das Buch will und soll ja kein Lehrbuch sein, und doch lernt man mehr daraus, als aus irgend einem
Lehrbuch, weil es so ungemein anregend wirkt. Als von ganz
besonderer Schönheit bezeichne ich den Abschnitt: „Die Antinomien
des Gemüths." Aus der formalen Charakterologie will ich noch
hervorheben, dass Bahnsen zuerst die Eukolie und Dyskolie
und alsdann den Energiegrad des Willens, d. h. die nach begonnenem Handeln dem Individuum zu Gebote stehende summarische
Kraftentfaltung (I. 21), von den Temperamenten ausscheidet, wodurch
die Temperamentsformen, deren jede sich mit jeder der ausgeschiedenen Formen (wenn auch nicht gleich gut) vereint finden kann,
weit klarer und durchsichtiger werden. Namentlich wird die alte

Verwirrung von Eukolos und Sanguiniker, sowie von Dyskolos und Melancholiker hierdurch beseitigt. Zur Vermeidung jedes Doppelsinnes setzt Bahnsen für das melancholische Temperament als anderes Wort: „das anämatische." Auch innerhalb der so vereinfachten Temperamentsformen setzt Bahnsen seine anatomische Arbeit fort, und trennt die Irritabilität in Spontaneität und Reagibilität, sowie die Sensibilität in Receptivität und Impressionabilität. Unter Spontaneität versteht er die grössere oder geringere Neigung zur Initiative, unter Receptivität die Schnelligkeit, mit der die Willensreaction auf das Motiv folgt, unter Impressionabilität die Eindringungstiefe der Motive in's Gemüth, unter Reagibilität die grössere oder geringere Nachhaltigkeit in der Wirkung eines Motivs auf den Willen. Hierdurch ergeben sich 16 Temperamentsformen statt der bisher üblichen 8 (4 reinen und 4 gemischten), wozu dann noch die zahlreichen Unterschiede durch verschiedene Combination dieser 16 Formen mit Eukolie und Dyskolie und mit grösserem oder geringerem Energiegrad kommen. Hieraus ist ersichtlich, dass sich Bahnsen's Temperamentslehre in vortheilhafter Weise von der Knappheit der alten Schablone zu der Mannigfaltigkeit des wirklichen Lebens hin nähert.

Auf der ersten Seite der Einleitung erklärt Bahnsen mit Recht, dass ein Ausweiss über die metaphysischen Voraussetzungen, auf welche seine Charakterologie sich zu stützen gedenke, unerlässlich sei, und glaubt dieser Forderung durch Hinweis auf das Schopenhauer'sche System zu genügen. Nicht gering muss daher die Verwunderung des Lesers sein, wenn er gelegentlich im Laufe des Werkes erfährt, was er hätte im Anfang erfahren sollen, dass derselbe in den wichtigsten Principienfragen die entgegengesetzte Auffassung wie Schopenhauer vertritt. So meint man doch nach der Erklärung der Einleitung, es jedenfalls mit einem subjectiven Idealisten zu thun zu haben, und erfährt erst Bd. II. S. 288—289, dass Bahnsen mit Trendelenburg und Anderen der Ansicht ist, dass jenes famose „bloss" vor der Bezeichnung der Anschauungsformen als „subjectiver" gestrichen werden muss. Mit dieser Erklärung ist aber durch das erste Buch von Schopenhauer's „Welt als Wille und Vorstellung" ein grosser Strich gemacht. — Demnächst erwartet man nach der Erklärung der Einleitung, das metaphysische Fundament Bahnsen's als Monismus des Willens bezeichnen zu dürfen, wird aber schon durch die höchst entschiedene Betonung der Aseïtät der als ewig gedachten intelligibeln Individualcharaktere irre, welche den Ursprung aus dem All-Einen ausschliesst. Die M. V. aber belehrt den Leser S. 17, in der Anm., dass die Einheit der Welt eine Kraft ist, Eins zu sein, oder vielmehr ein Wollen, Eins zu werden; es giebt hiernach also nicht ein (in den Vielen) wollendes Eines, sondern nur eine gewollte Einheit, d. h. die einzige Einheit der Vielen besteht in der Tendenz nach Ver-Einheit-lichung, mit andern Worten, sie ist eine **bloss** erstrebte, mithin nicht reell, sondern nur ideell vorhandene. Hiermit ist durch das zweite Buch des Schopenhauer'schen Hauptwerks ebenfalls ein Strich gemacht, welches darin culminirt, das Wesen der Welt als reell und substantiell Eines zu setzen, da ihm eine bloss ideale Einheit mit Recht keine ist. — Weiterhin desavouirt Bahnsen auch das dritte Buch; denn erstens raubt er der Platonischen Idee ihre metaphysische Bedeutung und schränkt sie auf die ästhetische ein, indem er die Idee ebenso wie den Begriff als Product eines materiellen Intellectorgans (Char. II. 288) statt als Vorstellung des ewig Einen und unwandelbaren Weltauges oder reinen Erkenntnisssubjectes auffasst und ein unbewusstes Vorstellen für eine simple *contradictio in adjecto* erklärt (M. V. 27), während für Schopenhauer die Idee eine intuitive Vorstellung und doch der Entstehung der Exemplare und Individuen vorhergehend ist, durch welche mit dem Gehirn das Bewusstsein erst möglich wird (vgl. Phil. Monatshefte Bd. II. S. 461—465). Zweitens aber bestreitet Bahnsen mit Recht Schopenhauer's ästhetische Theorie vom willensfreien Erkennen im Anschauen der Ideen, indem er zeigt, dass ein willensfreies Betrachten der Idee nicht nur höchst langweilig sein würde (Char. I. 329), sondern das sogar das πάθος φιλόσοφον des Erkenntnissdranges höchste Lebensbejahung ist, weil die bewusste Erkenntniss höchstes und letztes Willensziel ist (I. 345 u. 347).

Wie Bahnsen unter so bewandten Verhältnissen dem Leser das Schopenhauer'sche System als Fundament seiner Charakterologie ohne alle Einschränkung hinstellen kann, ist nicht ersichtlich, vielmehr hätte er eine Darlegung vorausschicken sollen, in welchen Stücken er von den Schopenhauer'schen Ansichten abweicht, und in welchen (Primat des Willens, Intellect blosse Efflorescenz des

Willens, Pessimismus, ethische Bedeutung des Mitleids u. a. m.) er mit denselben übereinstimmt; namentlich aber hätte er sich den Nachweis nicht ersparen dürfen, inwiefern ein Festhalten an solchen Stücken des Systems noch zulässig und gerechtfertigt sei, welche durch Streichung ihrer systematischen Grundlagen nunmehr des Halts zu entbehren scheinen.

Zu den wichtigsten Punkten dieser Art gehört die von Bahnsen beibehaltene Unterscheidung von intelligiblem und empirischem Charakter, die bei Kant und Schopenhauer allein auf dem exclusivsubjectiven Idealismus begründet ist, und nach Aufhebung dieses Fundaments einer speciellen neuen Begründung bedurfte, welche man jetzt vermisst. Ebenso wird der Satz, dass der Organismus die blosse Objectität des Individualwillens sei, durch Aufhebung des exclusivsubjectiven Idealismus und durch Anerkennung der Selbstständigkeit der materiellen Atomkräfte (Char. I. 163; M. V. 7) unmöglich, und die von Schopenhauer geleugnete Causalität zwischen dem Individualwillen und den Atomkräften seines Leibes nicht nur zu Gunsten des einen, sondern beider Theile restituirt. Dann aber lässt sich die Bedingtheit des Charakters durch die Constitution nicht mehr dadurch von der Hand weisen, dass man die Constitution einseitig als durch das intelligible Wesen des Individuums bedingt betrachtet, und muss den äussern Einflüssen, welche auf Störung, Förderung oder Modification der Entwickelung des Organismus hinwirken, ihre Bedeutung für Modification des Charakters selbst gewahrt werden, welche Bahnsen allzu kurz von der Hand weist. Ganz unverständlich erscheint endlich sein zähes Festhaltenwollen der Schopenhauer'schen Behauptung der Unveränderlichkeit des Charakters, welche durch das ganze Buch hindurch und selbst noch durch die M. V. (16—17) wie ein Gespenst herumspukt, welches nicht Ruhe finden kann, obwohl es doch nach dem gründlichen Nachweis seiner Lebensunfähigkeit (Char. I. 163—166, 222 bis 223 u. a.) ein ehrliches Begräbniss bekommen hat (I. 259—261), also eigentlich gegen Bahnsen's bessere Ueberzeugung immer wieder den Kopf erhebt. Mit der Anerkennung, dass im Willen selber Veränderungen vorgehen können (wodurch erst eine wirkliche sittliche Besserung in ganz anderm Sinne als bei Schopenhauer möglich wird), und dass diese Veränderung nicht in einem momentanen der Causalitätskette entrückten Wunderact, sondern nur in einem stufenweise und allmälig fortschreitenden Processe gesucht werden könne (I. 203), ist denn glücklich auch das vierte Buch Schopenhauer's durchstrichen. Ja, es bleibt sogar zweifelhaft, ob Bahnsen die Möglichkeit einer Willensverneinung überhaupt zugiebt. Wozu nun, frage ich, die den Leser irre führende Bescheidenheit, sich blossen Schüler zu nennen, wo der angebliche Meister längst überwundener Standpunkt ist? Wo mit den fundamentalen Grundsätzen gebrochen ist, wozu da noch eine allzu zarte Berücksichtigung untergeordneter Nebensachen, die (wie z. B. die Vererbung des Willens vom Vater und des Intellects von der Mutter) auch beim Meister nur als Schrullen zu betrachten sind?

2. Empirischer und intelligibler Charakter.

Wir haben gesehen, dass Bahnsen mit dem subjectiven Idealismus das bisherige Fundament für die Unterscheidung des intelligiblen und empirischen Charakters verliert; da aber die Klarheit über diese Frage die unerlässliche Vorbedingung einer Charakterologie ist, so wollen wir derselben nunmehr etwas näher treten. — Wenn sonst wohl das Empirische und Intelligible als das Sichtbare und Unsichtbare, d. h. das Wahrnehmbare und Unwahrnehmbare unterschieden wird, so passt diese Unterscheidung schon nicht auf den Charakter. Denn auch der empirische Charakter ist unsichtbar, und nur erst aus seinen Aeusserungen und den von ihm bedingten Phänomenen können wir auf ihn Rückschlüsse machen, die an grosser Unsicherheit leiden. Wären solche Rückschlüsse auf den intelligibeln Charakter nicht ebenfalls möglich, so könnte von ihm überhaupt in keiner Weise die Rede sein. Sehen wir von jener Scheinmodificabilität ab, welche theils durch Stimmungen, theils durch wirklich veränderte Verhältnisse, theils nur durch veränderte intellectuelle Auffassung der äussern Verhältnisse entsteht, und hüten wir uns zugleich vor jener oberflächlichen und kurzsichtigen empirischen Beurtheilungsweise, welche irgend ein beobachtetes Streben sofort als charakterologische Eigenthümlichkeit ansieht, ohne zu berücksichtigen, ob dasselbe dem Handelnden nur als Mittel zur Befriedigung ganz anderartiger charakteristischer Bestrebungen dient (M. V. 24), so zeigt auch der empirische Charakter im

Wesentlichen eine schwer zu überwindende Constanz, und ist eine thatsächliche Aenderung desselben nur durch lange fortgesetzte Wirkung starker Einflüsse möglich, ohne dass dabei die Aenderung innerhalb eines Menschenlebens mässige Grenzen jemals zu überschreiten vermag. Ganz dieselbe Veränderlichkeit unter denselben Bedingungen kommt aber auch dem intelligibeln Charakter nach Bahnsen zu, da sie sowohl metaphysisch nicht abzulehnen ist, als auch ethisch vorausgesetzt werden muss, wenn nicht durch die Unmöglichkeit sittlicher Verschlechterung und Besserung, d. h. durch das unentrinnbare Schicksal, sich doch so verbrauchen zu müssen, wie man einmal ist, jedes ethische Interesse als eine unklare Illusion schlechthin ertödtet werden soll. Man denke sich ein Kind aus vornehmer Familie, gut erzogen, vom Glück begünstigt zum Wohlthäter für die umgebenden Kreise werden, und dasselbe Kind von Zigeunern gestohlen, zum Verbrechen erzogen, vom Erwachen seines Bewusstseins an in Conflict mit der Gesellschaft, von Stufe zu Stufe tiefer sinken, bis es wie eine giftgeschwollene Kröte an jedem ihm nahe Kommenden seinen verbossten Grimm auslässt. Sollte es im ersteren Falle nicht wirklich ein anderer Kern der Individualität sein, dem die Liebe der Seinen die Augen zudrückt, als der im letzteren Falle am Rade endigt? Sollte nicht ein von ersterem kurz vor seinem Tode gezeugtes Kind wesentlich andere charakterologische Elemente ererben, als ein von letzterem abstammendes? Die Bosheit des letzteren ist keineswegs als fremdes Element in ihn neu hineingekommen, sondern sie ist nur eine gross genährte Anlage, welche in ersterem ebenfalls vorhanden war (wie in jedem Menschen), und bloss nicht Gelegenheit fand, sich zu entwickeln, sondern im Gegentheil durch Nichtgebrauch verkümmerte. Nein, die Modificabilität macht sicherlich keinen Unterschied zwischen dem intelligibeln und empirischen Charakter aus.

Aber vielleicht thut es die Freiheit! Denn während Bahnsen den Schopenhauer'schen Determinismus in Bezug auf das Handeln mit ganz vorzüglicher Consequenz durchführt, und in sehr beachtenswerther Weise verschiedene kleine Inconsequenzen jenes aufdeckt, scheint er im Ganzen bei der Behauptung stehen zu bleiben, dass die Freiheit im intelligibeln *Esse* liege. Als ob der Widersinn eines *liberum arbitrium indifferentiae* dadurch überwunden würde, dass man ihn in die nebelhafte Region des Intelligibeln entrückt! Das intelligible Individuum stammt entweder aus einem gemeinschaftlichen Urgrund, dann ist es durch diesen gesetzt und bedingt, also nicht frei, — oder es wird ihm Aseïtät zugeschrieben. Die Aseïtät ist entweder bloss negativ, als Ausschliessung aller Bedingtheit von Aussen, oder auch positiv als Selbstsetzung zu verstehen. Im erstern Falle ist das Sein ein unentstandenes, grundloses, von Ewigkeit her vorgefundenes, an dem mithin das Individuum keinen Theil und keine Verantwortung haben kann, — von Freiheit kann nicht die Rede sein. Im letzteren Falle haben wir die Alternative: entweder hat das intelligible Individuum vor seiner Existenz seine künftige Essenz frei bestimmt, oder aber es hat zuerst essenzlos existirt, und in diesem absolut bestimmungslosen Zustande seine Essenz frei gewählt. Eins ist so unmöglich wie das andere, d. h. die Aseïtät kann nur in dem ersteren negativen Sinne verstanden werden, und eine individuelle Freiheit im *Esse* ist jedenfalls undenkbar. Kant und Schopenhauer haben auch die Freiheit im *Esse* n i c h t aus metaphysischen, sondern aus e t h i s c h e n Gründen zu retten gesucht, um auf sie die Verantwortlichkeit zu stützen. Dies ist aber bloss ein Rest von dem alten Zopf der vorkantischen Ethik; gesetzt, es gäbe eine solche Freiheit, so wäre auf sie nimmermehr eine Verantwortung zu basiren, da Verdienst und Schuld Begriffe sind, die nur auf solche Thaten, die beim vollen Lichte des Bewusstseins vollbracht sind, angewendet werden können (vgl. Char. I. 246), also nicht auf die imaginäre Selbstbestimmung des intelligibeln Seins, die sich als bewusstloses Moment in der Geschichte des Individuums unbedingt dem ethischen Forum entziehen müsste, und dem bewussten Leben des Individuums immer nur als unabwendbares, dunkles, unvordenkliches, unverantwortliches Verhängniss des blinden Geschicks gegenüberstehen würde. Eine p r ä e x i s t e n t i e l l e S c h u l d (welche Bahnsen in den Individuationsact selbst zu setzen scheint — Char. I. 318 Z. 22—24) ist ebenso wie ein p r ä e x i s t e n - t i e l l e s V e r d i e n s t ein Widersinn; v o n i h n e n kann unmöglich Schuld und Verdienst in diesem Leben h e r g e l e i t e t werden; giebt es keine i m m a n e n t e Begründung für Schuld, Verdienst und Verantwortlichkeit, so giebt es ü b e r h a u p t k e i n e; die intelligible Freiheit ist mithin e t h i s c h genommen ebenso w e r t h l o s, wie sie m e t a p h y s i s c h genommen u n m ö g l i c h ist, und kann folglich keinen Unterschied zwischen dem intelligibeln und empirischen Charakter begründen.

Hieraus lässt sich schon entnehmen, dass ich auch nicht zugeben kann, dass der ethische Werth des Individuums im intelligibeln Charakter und nicht im empirischen liegen solle. Das Wesen des Menschen kann an und für sich ebenso wenig sittlich oder unsittlich genannt werden wie die rein äusserliche von der Gesinnung abgelöste That; das Wesen wird erst im Hinblick auf seine eventuellen Aeusserungen unter gewissen Umständen ethisch different. Da aber diese Aeusserungen nur dann, wenn sie beim Lichte des Bewusstseins erfolgen, ethische Bedeutung haben, so kann auch das Wesen nur im Hinblick auf seine möglichen Aeusserungen im Lichte des Bewusstseins Gegenstand eines sittlichen Urtheils sein; in diesem Sinne aber kann es der empirische Charakter gerade so gut wie der intelligible. Bahnsen räumt dies implicite ein, wenn er dem erworbenen Charakter, der doch gewiss nur zum empirischen gehört, einen bedeutenden sittlichen Werth zugesteht (Char. I. 230), welcher sich zu dem des angeborenen etwa wie Tugend zur Unschuld verhält. Freilich setzt der erworbene Charakter die Fähigkeit oder Anlage voraus, sich einen Charakter zu erwerben, aber nicht an dieser Fähigkeit, sondern an dem Gebrauch derselben ist etwas gelegen (vgl. Char. II. 44 - 45). Ferner führt Bahnsen auf I. 298 einen Fall an, wo die erweiterte Selbstsucht selbst neue Formen echter Sittlichkeit schafft (die er freilich nicht als solche anerkennen will), während er auf II. 109 zugeben muss, dass die schönste sittliche Anlage beim Mangel weiser Führung durch den Intellect oft zu tadelnswürdigem Handeln gelangt, was alles darauf hinweisst, dass das Ethische nur ein von einem bestimmten Gesichtspunkt des Bewusstseins aus gefälltes und nur von diesem aus berechtigtes Urtheil ist, welches dem Wesen nur gleichsam wie fremde Marken angeheftet wird, ohne dieses selbst zu berühren.*) Wenn also in ersterer Reihe die

---

*) Nach dieser Auffassung würde alle Gewissensangst auf einem Irrthum beruhen wie die I. 228 angeführte, und nur die Reue begrifflich möglich bleiben. Denn beide unterscheiden sich nach Schopenhauer so, dass erstere sich auf das unabänderliche (?) Wesen, letztere auf dessen Aeusserungen bezieht, erstere an die Unmöglichkeit, letztere an die Möglichkeit des Bessermachens beim nächsten Male glaubt.

Handlung, und erst in zweiter Reihe der Mensch nach Maassgabe der von ihm zu erwartenden Handlungen, dem ethischen Urtheil unterliegt, so ist offenbar der empirische Charakter wichtiger als der intelligible für die Bestimmung des ethischen Werths, da ersterer es ist und nicht der letztere, nach welchem die Präsumtion der in einem bestimmten Lebensalter und Zeitpunkt zu erwartenden Handlungen sich richtet, oder vielmehr: Der intelligible spukt nutzlos hinter dem allein zur Sprache kommenden empirischen Charakter herum.

Als der letzte Grund, der Bahnsen an der Identificirung des intelligibeln und empirischen Charakters zu hindern scheint, stellt sich die Aseïtät des ersteren dar, während letzterer zur phänomenalen Welt gehört. Nun ist aber die Aseïtät ein für das Individuum schlechterdings unhaltbarer Begriff. Die grundlos-ewige Existenz, die auch als Absolutheit der Existenz bezeichnet werden kann, lässt sich schlechterdings nicht mit einer beschränkten Individualität, mit einer so wunderlich und kleinlich verschnörkelten Essenz zusammenreimen, wie der menschliche Charakter ist. Nur mit einem unbeschränkten Wesen, also nur mit dem Einen Absoluten lässt sich der Begriff der Aseïtät verknüpfen. Schon für dieses Eine bleibt die Aseïtät ein Wunder, — das ewige unergründliche Wunder des Nichtnichtseins, über das kein Denken hinauskommt; aber wenn wir gar die beschränkte Essenz mit der Ascität der Existenz zusammenleimen wollten, so würden wir dies Wunder der Aseïtät für die zahllosen absoluten Existenzen zahllose Mal statuiren, und wir haben wahrlich an dem Einen (dem Urwunder oder Urproblem) gerade genug.

Wenn die Individuen wirklich Aseïtät besitzen, so ist ferner die ihnen von Bahnsen zugestandene ideelle Einheit in dem gemeinsamen Streben nach Vereinheitlichung nur durch eine grundlose prästabilirte Harmonie, d. h. ein noch wunderbareres Wunder, möglich. Aber öfters zeigen sich Spuren, nach denen es mit der Ascität kaum ernst gemeint sein kann, und nach denen das Vereinheitlichungsstreben als Reminiscenz einer früher besessenen und eingebüssten realen Einheit gefasst werden muss, und die intelligibeln Individuen gleichsam als die Trümmer *(disjecta membra)* eines zerschlagenen *ci-devant*-Gottes erscheinen, da sie als blosse Wirkungen des Urgrundes (und nicht Bruchstücke des Absoluten) doch wieder keine Substantialität haben, sondern vielmehr phänomenal sein würden. Das Ichsein, die individuelle Existenz, der Wille als eigner wird für das Böse, für die Sünde im Menschen erklärt (I, 318), also muss doch wohl die verlorene und wiedererstrebte reale Einheit das Gute sein; dieses aber kann nur dann vermöge einer mystischen Durchbrechung dieser Individualitätsschranke sich im Mitgefühl verwirklichen (II, 119), wenn die reale Einheit eine nur scheinbar, nur für das Individualitätsbewusstsein aufgehobene ist. Nur so kann „das Sichwiedererkennen in allem Seienden, das *Tat twam asi* des Brahmanen" II, 177) über das Niveau einer illusorischen und belächelnswerthen Schwärmerei erhoben werden, nur so kann Bahnsen mit Recht sagen: „Denn das Gemüth ist der Prediger des Pantheismus in uns — in ihm zittert klarer oder dunkler bewusst, das: in allen Räumen Eines nur." (II. 177.) Der Weltprocess braucht dann nicht mehr die Herstellung der substantiellen Einheit zu erstreben (wie er bei Bahnsen ohne Hoffnung auf Gelingen thut), sondern nur noch die Aufhebung der phänomenalen Vielheit durch Verzichtleistung auf alle Realität, d. h. auf alles Wollen. Wenn endlich Bahnsen einen „gemeinsamen Urgrund", ohne den kein Individuum wäre, direct anerkennt (I. 320), so hat er damit, wenn es mehr als eine leere Phrase sein soll, seiner Behauptung der Aseität selbst das Urtheil gesprochen. Was aus dem „gemeinsamen Urgrund" ist, ist aber damit nicht *a se*. Wer so bestimmt wie Bahnsen erklärt, dass die absolute Selbstlosigkeit eines jeden „Geschöpfes" *qua* solchen logisch unausweichbar anerkannt werden müsse (I. 314), der wird nicht umhin können, auch die Nicht-Aseität der vom gemeinsamen Urgrund gesetzten Individuen anzuerkennen, welche „ohne jenen nicht wären." Der Urgrund ist doch auch nur ein Grund und seine Folge bereits phänomenaler Natur, da spätestens mit dem Setzungsact der Individuen aus dem Urgrunde der Weltprocess anfing. Die Individuen, die aus gemeinsamem Urgrund stammen, sind aber auch sicherlich nicht ewig, da spätestens mit ihrem Setzungsact die Zeit begann, sie also von ihrem Anfang an, sobald sie waren, in der Zeit waren.

3. Charakter und Organisation.

Fassen wir diese Resultate zusammen, so haben wir gefunden, dass weder die Unsichtbarkeit, noch die Unveränderlichkeit, noch die Freiheit, noch die Verantwortlichkeit, noch die Aseität, noch die Ewigkeit sich als stichhaltig erwiesen haben, um eine Zerschneidung des Charakters in einen intelligibeln und einen empirischen Charakter zu rechtfertigen, dass also alle bisher betrachteten Gründe nicht zutreffen, welche für die Annahme angeführt werden könnten, dass „die Wurzeln der Individualität" bis jenseits und hinter das phänomenale Individuum zurückreichen. Nach dem Grundsatze: „*principia praeter necessitatem non sunt multiplicanda*" würden wir nur in dem Falle auf jene Annahme recurriren dürfen, wenn die uns zugänglichen phänomenalen Bedingungen sich nach gründlicher Untersuchung als unzureichend erweisen sollten, um die charakterologische Eigenthümlichkeit der Individualität zu erklären. Einer solchen Untersuchung hat sich aber Bahnsen völlig entschlagen, obwohl eine Menge einzelner Bemerkungen in seinem Buche hätten hinreichen sollen, ihn von verschiedenen Seiten her auf die Unerlässlichkeit und Fruchtbarkeit derselben für die metaphysische Grundlegung der Charakterologie hinzuweisen, nachdem er die Kant-Schopenhauer'sche Basis des intelligibeln Charakters durch Aufgeben des subjectiven Idealismus verlassen hatte.

Wir kennen keine geistigen Individuen als auf Grund der materiellen Individuation der Organismen, und haben bis jetzt keinen Grund, an der Allgemeingültigkeit dieser Erfahrung zu zweifeln; warum sollten wir nicht ebenso die individuelle Essenz durch die Qualität des Organismus bedingt erachten, wie die individuelle Existenz es durch das Dasein desselben ist? Wenn jene, Individuation genannte, Detachirung gleichsam eines Strahlenbündels von Willensacten von Seiten des All-Einen Willens nur dadurch möglich wird, dass dieser einen aus materiellen Atomkräften bestehenden Organismus (wenn auch nur im befruchteten Ei) oder doch als Ersatz desselben einen Complex von zur Urzeugung geeigneten Stoffen vorfindet, auf welchen jene Willensstrahlen sich richten können, so liegt es nahe, dass eine bestimmte Art und Beschaffenheit dieses Willensstrahlenbündels ebenfalls nur

dadurch möglich wird, weil der Organismus, auf welchen sie sich
beziehen, diese Art von Individualwillen fordert, provocirt, oder
doch wenigstens begünstigt. Sowohl die Ansicht des subjectiven
Idealismus, welche die Selbstständigkeit des Leibes als einer blossen
Objectivität des Individualwillens beseitigt (I. 222), als auch die
Ansicht eines „metaphysiklosen Materialismus" (Char. I. 212), welche
den Individualwillen nur aus der Focaleinheit vieler materieller
Kraftfäden (Atomkräfte) resultiren lässt (I. 204), ist falsch; nur die
dritte Auffassung entspricht der Wirklichkeit, nach welcher der
Individualwille aus dem Born des allgemeinen (unbewussten) Geistes
geschöpft, dem Organismus als der ihm eigenthümlich zukommenden
Domäne gegenübergestellt wird, und in seiner individuellen Existenz
und Essenz ebenso abhängig und bedingt durch Dasein und Beschaffenheit des Organismus ist, als die Erhaltung und Entwickelung
der Beschaffenheit des letzteren abhängig und bedingt durch ihn
ist. Wie der Individualwille, welcher sich auf diesen bestimmten
Organismus richtet, im Allgemeinen durch den Gattungstypus
desselben bedingt ist, so im Besondern durch dessen Constitution
(vgl. II. 272). Die Psychiatrie, welche mit Recht alle Geistes-
krankheiten auf physische Gründe zurückführt, widerlegt keineswegs
sich selber durch die Aufnahme psychischer Momente in ihre Methode (I. 137), denn die psychische Action ist ja im Stande, im
Organismus vorübergehend und dauernd physische Molecularverän-
derungen herbeizuführen, welche rückwärts wieder die Seele
von dem Druck, der auf ihr lastete, befreien können. Ebenso kann
der unbewusste Geist, wenn z. B. die historische Entwickelung das
Auftreten einer gewissen Art von Individuum fordert, einen in der
Bildung begriffenen Organismus derartig modificiren, dass er das
geeignete Organ wird, welches der Detachirung des historisch geforderten Individualwillens entspricht. Da der (vom Begattungsact
oft um viele Tage getrennte) Befruchtungsact ein ausschliesslich
materieller (und zwar physikalisch-chemischer) Vorgang
zwischen *sperma* und *ovum* (Zellencopulation) ist, so wäre eine
Vererbung von geistigen Charakteranlagen schlechthin unbegreiflich, wenn nicht der Charakter durch die vererbte Constitution
des Organismus bedingt wäre (vgl. Phil. d. Unbew. Cap. C. IX).
Auf der andern Seite wäre es eine materialistische Verkennung der
Natur des Lebens im Unterschiede von dem relativ-todten Spiel

der unorganischen Gesetze, wenn man den gewöhnlichen Verlauf
der Sache auf einen blossen materiellen Mechanismus reduciren
wollte, vermittelst dessen der Organismus sich allein fortentwickelte,
und nur in jedem Moment den auf ihn bezüglichen Individualwillen
einseitig bedingte; es ist mir unverständlich, wie Bahnsen, der
bei anderer Gelegenheit gerade mir eine mechanische Ansicht vorwirft, trotzdem dass er die Realität der Finalität anerkennt (M. V.
28), mir hier einen Vorwurf daraus machen kann, dass ich nicht
mechanisch genug verfahre, sondern mit der Realität der *causa
finalis* in jedem Moment der organischen Entwickelung Ernst mache,
d. h. eine unaufhörlich zweckthätige Cooperation des Unbewussten
in jedem Moment behaupte (M. V. 12).

Es kann Bahnsen nicht zugestanden werden, dass die unmerklichen Uebergänge vom Gesunden zum Krankhaften in der Constitution ihn von der Verpflichtung entbinden können, die Bedingtheit
des Charakters durch jene zu untersuchen (Char. I. 43); denn mit
demselben Rechte könnte der Psychologe die Hände in den Schooss
legen, weil er die unmerklichen Uebergänge vom Gesunden zum
Krankhaften im geistigen Leben nicht wegleugnen kann. Freilich
ist das aus älterer Zeit überkommene allgemeine Gerede von lymphatischer u. s. w. Constitution völlig werthlos; wir wissen jetzt
ganz genau, dass es sich bei charakterologischen und psychologischen
Fragen ganz allein um die Constitution der Nervencentra und
speciell des Gehirns handelt, und dass alle übrigen Elemente
der somatischen Constitution, z. B. ein mehr oder minder reizbares
Nervensystem, ein mehr oder minder erregtes Blutleben, nur indirect
zur Sprache kommen können, insofern sie auf das Gehirn influiren.
Da Irritantia und Narkotika die Spontaneität des Willens zeitweise
erhöhen, resp. deprimiren, da eine lebhafte Umspülung des Gehirns
mit stark sauerstoffhaltigem Blut, resp. eine schwache Umspülung
mit sauerstoffarmem Blut denselben Effect für die Dauer hervorruft,
und sehr wohl die durch diese Einflüsse im Gehirn hervorgerufenen
Veränderungen auch ohne diese Ursachen im Gehirn selbst als
dauernde Verschiedenheiten der Constitution auftreten können, so
haben wir keinen Grund zu der Annahme, dass starke oder schwache
Spontaneität des Willens auch noch durch etwas Anderes, als die
Beschaffenheit des Hirns bedingt sein müsse. Will man wie Bahnsen
(I. 161) sich sträuben, derartige Eigenthümlichkeiten der Constitution

oder „namenlos gebliebene Dyskrasien" als wirkliche Temperamente anzuerkennen, so beschränkt man die Charakterologie in ganz willkürlicher und nicht zu rechtfertigender Weise genau auf dasjenige Gebiet, welches für die physiologische Erkenntniss gerade immer noch in Dunkel gehüllt ist. Dasselbe lässt sich für die übrigen Temperamentsfactoren zeigen: wenn die vorübergehende Beschaffenheit des Hirns augenscheinlich die Stimmung verursacht, so muss eine entsprechende dauernde Beschaffenheit des Hirns eine betreffende Temperamentsform verursachen. Wenn wir die Laster aus gewissen inveterirten Anomalien auf dem Boden der Constitution erwachsen sehen (I. 40 u. 52), wenn wir unzweifelhaft die Vererbung von Lastern constatiren können, so liegt auf der Hand, dass die Vererbung der vom Vater erworbenen Constitution im Sohne die Ursache des angebornen Lasters ist. Wenn also der Individualwille und die Constitution als Correlate erscheinen, so ist doch das „ursprüngliche Causalitätsmoment" in diesem Falle auf Seiten der Constitution zu suchen (vgl. I. 79). Bahnsen erklärt ganz richtig, dass die Gewohnheit „auf dem Beharren in einmal eingeleiteten Zuständen und Functionen beruht" (I. 211), und da dies doch nur für die moleculare Accommodation und Prädisposition des Gehirns für gewisse Arten von Schwingungsformen einen Sinn hat, so kann auch die zugestandene Gewöhnung des Willens (I. 212) nur auf Grundlage der Hirnconstitution begriffen werden, da andernfalls eine völlig unbegreifliche Form der Modificabilität vorläge, welche Bahnsen am wenigsten zugeben dürfte. Da auch Bahnsen ähnlich wie die Phrenologie ein Vertheiltsein der verschiedenen Functionen (z. B. abstractes Gedächtniss, Gefühlserinnerung, Urtheil, Rechenfähigkeit, Schliessvermögen) an verschiedene bestimmte Organe (Hirntheile) wahrscheinlich findet (I. 135—136), so erhellt hieraus die Möglichkeit einer quantitativen Steigerung gewisser charakterologischen Anlagen und Eigenschaften durch Uebung, sowie eine Verkümmerung oder quantitative Depression anderer durch Nichtgebrauch. Es ist eine leere Ausflucht, wenn Bahnsen (I. 173—174) behauptet, dass durch solche Aenderungen nur die *Existentia*, nicht die *Essentia* des Charakters verändert werde; denn worin anders besteht die Essentia des Individualcharakters als in der Grösse jeder einzelnen menschlichen Charaktereigenschaft? Wollte man diese Quantitäten unberücksichtigt lassen, so behielte man als Essentia nur den typischen

Charakter des Menschen übrig, oder eine Zusammenfassung aller menschlichen Anlagen ohne Rücksicht auf die Grösse jeder einzelnen. Denn jeder Mensch hat die Anlage zu jeder einzelnen menschenmöglichen Charaktereigenschaft qualitativ in sich, und nur die Quantität oder Intensität der einzelnen Anlagen kann bisweilen sehr gering sein, so dass sie für den flüchtigen Beobachter zu fehlen scheinen, während doch durch die richtigen Mittel ihr Vorhandensein immer an's Licht zu stellen ist, wenngleich manche besondere Eigenschaft bei manchem Menschen in Folge der Verhältnisse sein ganzes Leben latent bleiben kann. Darum glaubt man oft einen Menschen ganz intim zu kennen, und plötzlich nach langem Umgang tritt bei Gelegenheit eine ganz unerwartete Charaktereigenschaft hervor. Das ist ja das scheinbar Widerspruchsvolle an jedem Charakter, dass jeder alle im Menschen denkbaren Gegensätze (Mitleid und Grausamkeitswollust — vgl. I. 105, 117, 171—172 —, Güte und Bosheit, Stolz und Demuth u. s. w.) in sich vereinigt, und nur die Prädisposition zur Bethätigung der einen oder der andern je nach der Hirnconstitution eine verschiedene ist. Desshalb kann die Essenz des Individualcharakters keineswegs bloss qualitativ bestimmt werden, sondern nur mit Hülfe der Angabe, bis zu welchem Grade quantitativer Entfaltung jedes einzelne der bei allen Menschen gleichen qualitativen Momente gekommen sei. Qualitativ und quantitativ sind ja überhaupt relative Begriffe, und jede Steigerung der Quantität einer Eigenschaft über ein gewisses Maass hinaus ändert zugleich deren qualitative Erscheinungsform (man denke an den Wechsel der Aggregatzustände bei Steigerung der Wärme). Dann ändert sich aber auch wirklich die Essenz des Charakters, wenn seine einzelnen Anlagen oder Eigenschaften durch Uebung oder Nichtgebrauch eine quantitative Steigerung oder Depression erfahren, und wenn solche Charakteränderungen auch während eines Menschenlebens durch das Beharrungsvermögen und die relative Constanz des Charakters in ziemlich eng bemessene Grenzen eingeschränkt werden, so können sie doch zu colossaler Abweichung (sei es Degeneration oder Höherbildung) führen, wo sie sich durch die Zeugungskette perpetuiren und unter Fortwirkung der nämlichen äusseren Ursachen summiren (I. 174). Nun steht aber jedes Individuum, jeder Mensch als vorläufiges Endglied einer solchen Zeugungskette da, in welcher jeder seiner Vorfahren gewisse menschliche

Charakteranlagen besonders ausgebildet hat: es ist daher kein
Wunder, dass die Gegensätze im einzelnen Charakter sich mit dem
Fortschritt der Geschichte immer mehr bereichern und verschärfen,
während bei den Naturvölkern nur erst wenige menschliche Anlagen
zu einer quantitativ hohen Ausbildung gelangt sind, also die Gegensätze einfacher erscheinen. Indem aber jeder Mensch mit seiner
ererbten Leibes- und Gehirnconstitution auch bereits eine Fülle von
quantitativ reich entwickelten Anlagen ererbt, erscheint er als das
Gegentheil einer *tabula rasa,* nämlich als a n g e b o r e n e r Charakter,
und dieses gewissermaassen fertig mit auf die Welt Bringen eines
Individualcharakters scheint es zu sein, was im Gegensatz zu dem
erworbenen Charakter, oder den mit dem angeborenen im Laufe
eines Menschenlebens vorgehenden Modificationen, zunächst zu der
irrthümlichen Annahme eines intelligiblen Charakters Veranlassung
gegeben haben mag. Weil man übersah, dass der Charakter Product
der Constitution, und die Constitution durch lange Zeugungskette
reich differenzirt ererbt ist, glaubte man den angeborenen Charakter
mit seinem starken Beharrungsvermögen gegen jede Modification
nur durch das Hereinragen einer übersinnlichen Individualität erklären zu können, obwohl auch hierbei das Denken noch unwillkürliche
Sprünge beging. Das Beharrungsvermögen des Individualcharakters
(d. h. der ererbten Constitution) entspricht aber vollständig und ist
die Voraussetzung zu dem Beharrungsvermögen des Gattungscharakters (Arttypus); keiner von beiden ist unveränderlich, und setzt doch
der Veränderung einen so grossen Widerstand entgegen, dass selbst
dauernde Einflüsse innerhalb eines engeren Zeitraums nur relativ
kleine Veränderungen hervorzubringen vermögen. Fügen wir der
Vollständigkeit wegen hinzu, dass der charakterologische Typus des
Menschen keineswegs für alle Perioden der Entwickelungsgeschichte
des Menschen derselbe, sondern in beständiger Bereicherung (wenn
auch nicht in gleichem Maasse wie der Intellect) begriffen ist, und
dass seine niedrigste und ärmste Form beim ersten Menschen ebenfalls bereits als Product ererbter Constitution gegeben war, so
wird man erkennen, dass nirgends in der grossen Entwickelungsreihe
der Organisation auf Erden Platz für eine charakterologische *tabula
rasa* ist, selbst nicht im einfachsten protoplasmatischen Urthier,
welches bei genügender Abkühlung der Erde durch Urzeugung entstand; denn selbst dieses hatte schon in Folge der Beschaffenheit

der es constituirenden Elemente einen wenn auch noch so ärmlichen Gattungs- und Individualcharakter (vgl. Phil. d. Unbew. Cap. C. XI. „die Individuation"). Wenn sich nach meiner Auffassung nirgends eine *tabula rasa* findet, so erhält nach derselben der Wille auch keineswegs alle seine Bestimmungen von aussen (M. V. 39). Vielmehr erhält er gerade die wichtigsten, nämlich diejenigen, welche die Bildung und Entwickelung des Organismus betreffen, wesentlich von innen auf teleologischem Wege, und lenkt er vermittelst solcher (mit Erfüllung ihrer Bestimmung aufhörender) Willensakte die organische Entwickelung derart, dass sie möglichst günstige Handhaben für das Auftreten nothwendiger Instincthandlungen bietet und so rückwärts wieder diese provocirt.

Wollte nun Bahnsen etwa einwenden, dass ja doch auch nach meiner Ansicht die Hirnconstitution nicht der Charakter selbst, sondern nur eine dauernde äussere Veranlassung für Detachirung gerade solcher Art von Willensacten von Seiten des All-Einen Willens sei, also in den detachirten Willensstrahlenbündeln doch immer noch etwas bestehen bleibe, was in's intelligible Gebiet hineinragt, so müsste ich darauf erwidern, dass die Willensacte als Acte, welche sich auf diesen Organismus beziehen, bereits im Phänomenalen liegen, dass aber ihr intelligibler Hintergrund, aus welchem auf die Gelegenheitsursache dieser Hirnconstitution hin ihre Beschaffenheit bestimmt wird, das All-Eine, also nicht mehr individuell ist. Es giebt mithin nur Einen Individualcharakter und dieser ist phänomenal, oder nach Kantischem Ausdruck: empirischer Charakter.

Von diesem Standpunkt aus fällt auch ein anderes Licht auf das Verhältniss der Altersstufen zum Charakter. Es ist eine starke Zumuthung, dass man dem Augenschein zuwider glauben soll, ein Charakter habe sich nicht verändert, wenn die einzelnen Anlagen desselben in den verschiedenen Lebensaltern ganz verschieden grosse Intensität zeigen, also z. B. in der Jugend der Geschlechtstrieb heftig, die Genäschigkeit gering, im Alter hingegen der (nie ganz verschwindende) Geschlechtstrieb schwach, die Genäschigkeit gross ist. Ich möchte die Definition von Charakter sehen, bei welcher man in solchem Falle die Unverändertheit ohne handgreiflichen Widerspruch demonstriren wollte, oder die Definition müsste denn vom Charakter alles Charakteristische abstreifen. Der

Charakter hat sich thatsächlich verändert; aber der Hang, diese Veränderung wegsophistisiren zu wollen, rührt daher, dass diese Veränderung eine gesetzmässige, constant wiederkehrende und die Vererbung nach unsern jetzigen Kenntnissen nicht beeinflussende ist; sie lässt sich also, was man bei allen andern Veränderungen nicht kann, im Voraus in Rechnung stellen, und deshalb erscheint sie gleich als ob sie keine wäre, weil sie erwartet ist, und niemand überrascht, oder Wunder nimmt.

4. Wille und Motiv.

Die Brochüre, welche über das Verhältniss zwischen Wille und Motiv handelt, hat nach ihrer eignen Angabe (S. 1—3) den nächsten Impuls ihrer Abfassung durch die Phil. d. Unb. erhalten und durch den Wunsch Bahnsens, seinen Standpunkt des pluralistischen Individualismus mit dem Monismus dieser auseinanderzusetzen. Dass sie von vornherein auf ausführliche Beweisführungen verzichtet und sich darauf beschränkt, in mehr oder weniger ausgeführter Thesenform seine Verwahrungen einzulegen" (M. V., 5—6), kann nur dazu beitragen, die Lage des Kritikers zu erschweren. Im Wesentlichen beschränkt sich der Inhalt auf die durch den Titel bezeichnete Aufgabe, und schliesst sich damit der Charakterologie auf das Engste an, während wir zu einer umfassenderen Präcisirung des metaphysischen Standpunkts des Verfassers erst bei Besprechung der dritten Schrift gelangen werden.

„Grade das logische Postulat einer Trennung von Subject und Prädicat lässt sich nicht abweisen und zur Ruhe bringen" (M. V., 9). Da ich (Phil. d. Unb., Cap. C. XV Nr. 5) diesem logischen Postulat dadurch gerecht geworden bin, dass ich das Eine Individuum, welches Alles (also auch die Atomkräfte) ist, als den unbewussten Denker und Thäter von allen Gedanken und Thaten zur Krönung des Gebäudes, zum Schlussstein der Pyramide gemacht habe, so kann mich der Vorwurf nicht treffen, gar nichts weiter als die Abstractionen eines Thuns ohne Thäter übrig gelassen zu haben (M. V., 9 unten). Wohl aber trifft Bahnsen selbst der Vorwurf, diesem logischen Postulat nicht genügt zu haben, wenn er für dasselbe eine — wenn auch nur Eine — Ausnahme statuirt, nämlich im Willen, für welchen er die logische Nothwendigkeit der Trennung von Thun und Thäter, von Function und Functionirendem nicht nur leugnet, sondern als „muthwillige Denkzerfaserung" verwirft. Also was ganz allgemein gesprochen „logisches Postulat" ist, ist in einem von Bahnsen willkürlich näher bestimmten Falle „muthwillige Denkzerfaserung" (M. V., 10). „Der Wille selber ist das Wollende und ist nur *quâ* wollender" (ebend.). Das ist einfach falsch; der Wille ist Wille grade so gut als nicht wollender wie als wollender und bleibt jedenfalls Wille, mag er wollen oder nicht. Der nichtwollende oder ruhende Wille hat als lautere Potenz oder Null des Wollens gar keinen Inhalt, und ist nicht zu verwechseln mit dem negativen Weltverneinungswillen, der sehr ernstlich will, nämlich das Nichtwollen will, das er nur darum w o l l e n kann, weil er es noch nicht h a t, d. h. weil er n i c h t nichtwollender i s t. Wille heisst Wollen-K ö n n e n (scil. auch Nichtwollen-Können) aber nicht Wollen - M ü s s e n. Die Anwendung des „logischen Postulats" schafft hier keineswegs einen *regressus in infinitum*, sondern einen A b s c h l u s s, den Bahnsen willkürlich diesseits des letzten Gliedes „abhackt". Den *regressus in infinitum* (M. V., 8) bringt nur Bahnsen selbst hinein durch eine anderweitige neue Distinction, welcher i c h mich nach seiner eigenen Angabe (M. V., 6) v e r s c h l o s s e n habe, und welche ich einfach für f a l s c h erklären muss. Er sagt nämlich (ebend.): „Jede Kraft ist zunächst und zuerst eine Kraft z u s e i n (oder Kraft z u m S e i n, *vis existendi eademque essendi*) überhaupt" und erst in zweiter Reihe eine Kraft zum *operari*, zum Wirken oder Thun. Hier ist zunächst zu fragen: was versteht Bahnsen hier unter Sein? Das phänomenale, empirische Sein (Dasein), d. h. die wahrgenommene Wirksamkeit der Kraft, oder das eigentliche dem Wirken vorhergehende und im Wirken beharrende Sein (Uebersein)? Den Heraklitischen Fluss der Dinge oder das Eleatische Sein, das bewegende Unbewegte? Im ersteren Falle fällt das, was er unter Sein versteht, mit dem Wirken oder der Kraftäusserung z u s a m m e n, und die Distinction ist g e g e n s t a n d s l o s. Im letzteren Falle involvirt sie eine falsche Behauptung, nämlich die, dass das wahrhafte Sein ebenso wie das phänomenale, die wahrgenommene Wirksamkeit, als Product einer Kraft gedacht werden müsse. Weil wir dem logischen Postulat genugthun müssen, schliessen wir von dem *Operari* auf das *Esse*, von der Thätigkeit auf die Kraft, von der Function auf das Functionirende. Aber es zwingt uns nicht nur kein logisches Postulat, sondern es verbietet uns sogar die Logik, beim **Functionirenden** angekommen, dasselbe **abermals als Function** zu behandeln. Dies thut Bahnsen, indem er die aus der Thätigkeit erschlossene Kraft mit Hülfe des Umstandes, dass sie **seiende** Kraft sein muss, wenn sie wirkungskräftig und nicht bloss **Begriff** von Kraft oder **eingebildete** Kraft sein soll, abermals zur Function herabsetzt, und ihr als Functionirendes eine **neue** Kraft **zu sein** (genauer: eine Kraft, Kraft zu sein) voraussetzt. Kann man sich nicht darein finden, das Sein der Kraft als ein letztes stehen zu lassen, sondern sucht man dieses Sein selbst erst wieder als durch eine Kraft bedingt oder ermöglicht hinzustellen, so muss natürlich diese Kraft, da *ex nihilo nihil fit*, ebenfalls eine **seiende** Kraft sein; folglich muss ihr consequenter Weise nun abermals für dieses Sein eine Kraft vorausgesetzt werden u. s. f. *in infinitum*. Kraft ist durchaus nur ein **Correlat zu Thätigkeit** oder Kraftäusserung; eine Kraft, die Correlat zu keiner Thätigkeit wäre, ist keine Kraft, sondern ein **Unbegriff**; da nun **das Sein** (sofern es nicht als phänomonales mit der Thätigkeit identisch genommen wird) **keine Thätigkeit ist**, so ist „Kraft zu sein" ein Unbegriff, und vielmehr das „Sein" der Kraft ein unüberschreitbarer Grenzbegriff. Da übrigens Bahnsen anerkennt, dass ich mich dieser seiner „Wahrheit", die er ganz mit Unrecht dem Platonischen Sophista in die Schuhe schiebt, verschliesse, so ginge mich eigentlich diese ganze Frage mit ihren Aporien nichts an, wenn er nur nicht die Sache doch wieder so darstellte, als ob das Verhältniss von Wille und Wollen mit dieser Distinction identisch wäre.

Treten wir nun der eigentlichen Aufgabe der Broschüre, der Betrachtung der **Motivation** näher, so muss zunächst als über jeden Zweifel erhaben betrachtet werden, dass die Motivation, vom objectiven Standpunkt des philosophirenden Zuschauers betrachtet, eine Form der Causalität ist; sie ist es grade so gut wie jeder andere zeitliche Vorgang, in welchem das Vorhergehende das Nachfolgende bedingt, also grade so gut wie z. B. ein discursiver Denkprocess, mag derselbe im Uebrigen in Induction, Deduction, Analogie oder phantastischer Ideenassociation bestehen, mag also in ihm zufällig *ratiocinatio* vorkommen oder nicht. Da von Motivation nur gesprochen wird, wo sowohl das Motiv als auch der Inhalt des Willens zu handeln in Form **bewusster** Vorstellungen vorliegen, so haben wir hiermit unzweifelhaft bei jeder Motivation einen zeitlichen discursiven Process vor uns, gleichviel welche unbewussten Zwischenglieder sich zeitlos zwischen Anfangsglied (Motiv) und Endglied (Wille zu handeln) des Processes einschieben mögen. Eben durch diese Zeitlichkeit des Processes ist aber der Charakter der *causa efficiens* für das Motiv sichergestellt. Wollte man dies antasten, so risse man eine unausfüllbare Kluft zwischen der bewusst-geistigen und der natürlichen Welt wieder auf, welche sich selbst für die Auffassung der modernen naturwissenschaftlichen Denkweise ebenso wie für die der neueren Philosophie längst geschlossen hat. Diese Wahrheit bleibt unangetastet, welche Ansicht man auch über das Wesen der Causalität haben möge. Wie es für die Causalität der Vorgänge beim discursiven Denken als gleichgültig und zufällig erscheint, ob *ratiocinatio* in denselben eine Rolle spielt oder nicht, so erscheint es für die Causalität der Vorgänge im Motivationsprocess als gleichgültig und zufällig, ob und inwieweit bewusste Zweckvorstellungen und bewusste Finalität darin eine Rolle spielen oder nicht, und es hat gar nichts hiermit zu thun, ob man nachher und letzten Endes das Wesen der Causalität selbst wieder in unbewusster Teleologie sucht oder nicht.

Betrachten wir einen möglichst einfachen Fall der Motivation. Ein Naschhafter findet etwas Leckeres; die sinnliche Anschauung des Leckeren ruft nach dem Mechanismus der Ideenassociation die Vorstellung der bei dem Genuss von etwas Leckerem entstehenden Lust gleichfalls mit einer gewissen sinnlichen Lebendigkeit in ihm hervor; die sinnliche Vorstellung dieser Lust erregt das Begehren nach der wirklichen Lust; der teleologische Verstand sagt ihm, dass er diesen Zweck durch das Mittel des Aufspeisens des Leckeren erreichen kann, und so resultirt als Endglied aus diesem Process (falls keine negativen Instanzen hinzutreten) der Wille, das Leckere zu ergreifen, nach dem Munde zu führen und zu verzehren. Das Anfangsglied, das erblickte Leckere, ist das Motiv; in dem zweiten Moment, der Vorstellung einer eventuell zu erhoffenden Lust resp. zu befürchtenden Unlust und deren Intensität, Lebhaftigkeit, Färbung und Verhältniss zu anderweitigen Instanzen, äussert sich der Charakter*), in der teleologischen

---

*) Hiermit ist Einfluss und Bedeutung des Charakters vollständig gewahrt, und man wird nicht mehr missverstehen können, dass jede einzelne That gleich-

Vermittelung der Verwirklichung jener Lust der **Verstand**, und erst zu allerletzt tritt der **Wille** ein, und zwar ein so bestimmter Wille, dass sein Ziel oder Inhalt zur Erlangung der Lust, resp. Abwehr der Unlust führt. Man sieht selbst an diesem so einfachen Beispiel, in welchem Motiv und Bethätigung möglichst nahe zusammengerückt sind, **wie gross der Abstand zwischen Motiv und Willensinhalt ist**. Das Motiv ist die sinnliche Nähe des Leckeren, der Willensinhalt das zum Mundeführen und Verspeisen des Leckeren. Das Motiv ist allemal eine **Thatsache**, durch deren Gewahrwerden die Möglichkeit oder Gelegenheit einer Willensbethätigung in ganz bestimmter Richtung als offenstehend erkannt wird; der Willensinhalt hingegen ist die Benutzung dieser Gelegenheit*), oder die offenstehende Art und Weise der **Bethätigung** selbst. Je mehr Zwischenglieder sich zwischen Anfangs- und Endglied des Motivationsprocesses einschieben, desto hetero-

---

zeitig als das Product zweier Factoren gefasst werden muss, des Motivs und des Charakters. Bahnsen's Behauptung (M. V. 39), dass ich jemals von der That als von der ausschliesslichen Wirkung eines dieser beiden Factoren gesprochen habe, ist nicht zutreffend.

*) Wenn ich bei diesem einfachen Beispiel von benutzter Gelegenheit spreche, so ist damit nicht gesagt, dass die Gelegenheit immer so handgreiflich und hindernisslos wie hier sein müsse; vielmehr giebt es Gelegenheiten, denen recht viele und recht schwer zu überwindende Hindernisse im Wege stehen, und bei denen die Wahrscheinlichkeit des Erfolges daher sehr gering sein kann. Dennoch darf sie niemals = 0 sein, wenn von einem Motiv überhaupt noch soll gesprochen werden können, und ein bestimmter Wille soll motivirt werden können; es muss immer ein, wenn auch irrthümlicher, Glaube an die abstracte Möglichkeit des Erfolges vorhanden sein, wie z. B. wenn der Wille stark genug sich vordrängt, um den Intellect in den Irrthum, der so erwünscht ist, zu stürzen. Nur wenn durch anscheinende Gelegenheit (z. B. Kennenlernen eines Mädchens) ein bestimmter Wille (Wille sie zu besitzen) einmal erregt ist, so kann derselbe auch dann noch mehr oder minder lange ausklingend fortdauern, wenn sich inzwischen herausgestellt hat, dass die Befriedigung unmöglich sei. Andererseits braucht die **Thatsache**, welche bewusstgeworden als Motiv wirkt, durchaus nicht etwa das Vorhandensein eines äusseren sinnlich wahrnehmbaren Gegenstandes zu sein, sondern kann eine Thatsache von durchaus geistiger und unsinnlicher Beschaffenheit sein, z. B. irgend eine Aenderung in den Meinungen und Ueberzeugungen des Intellects, oder eine selbstvollbrachte Handlung, oder auch nur die Actualität eines Affects, d. h. selbst schon eine bestimmte Willenserregung, insofern sie vom Bewusstsein aufgefasst wird (vgl. Char. II. 269—271). Immer aber wird die thatsächliche Existenz desjenigen geistigen Zustandes, dessen Bewusstseinsperception als Motiv wirkt, nothwendig etwas anderes sein müssen, als der Inhalt des durch dieses Motiv erregten Wollens.

gener müssen Motiv und Willensinhalt erscheinen. — Eine derartige Betrachtung sollte man vor allen Dingen in einer Schrift erwarten, welche den Titel führt: „Zum Verhältniss zwischen Wille und Motiv." Bahnsen jedoch begnügt sich damit, vor einer Verwechselung zwischen Beweggrund und Triebfeder zu warnen, und in einer mir nicht verständlich gewordenen Weise Motiv im freieren und strengeren Sinne und Motiv und äussere Bedingung auseinander zu halten. Im Uebrigen ist er so weit von der Durchschauung dieses Motivationsprocesses entfernt, dass er — unglaublich zu sagen — Anfangs- und Endglied desselben, Motiv und Willensinhalt, nicht nur verwechselt, sondern identificirt (indem ihm das Motiv nur d e r W i l l e n s i n h a l t s e l b s t a l s v o r g e s t e l l t e r i s t — M. V. 29), und ihre Identität als etwas so Selbstverständliches betrachtet, dass sie ihm keiner Begründung zu bedürfen scheint. Er hält es sogar für so selbstverständlich, dass er selbst anderen Leuten, die, wie er ausdrücklich anerkennt (M. V. 37), beides s c h a r f s o n d e r n, trotzdem und nichtsdestoweniger diese Identification als G r u n d l a g e i h r e s S y s t e m s imputirt (S. 27), als ob diese scharfe Sonderung nur ein gelegentliches und unerklärliches Versehen wäre, dessen wegen man die Leute nicht beim Worte halten dürfe. Als ich die Philosophie des Unbewussten schrieb, glaubte ich allerdings, das ohnehin schon umfangreiche Werk nicht mit derartigen elementaren Vorbetrachtungen aus der Psychologie belasten zu sollen, und war einer solchen Verwechselung nicht gewärtig. Es liegt auf der Hand, dass alle polemischen Streiche, welche von dieser irrthümlichen Voraussetzung aus gegen die Philosophie des Unbewussten geführt sind, in die Luft gehen müssen, ebenso wie dass die auf einer so verwirrten Grundlage ruhenden positiven Darlegungen nothwendig unklar sein müssen, weshalb es überflüssig scheint, dieselben in's Detail zu verfolgen.

Während Bahnsen Motiv und Willensinhalt confundirt, tadelt er mich, dass ich Gewolltes oder Erstrebtes, Ziel, Gegenstand, Object und Inhalt des Willens synonym brauche. Wenn er namentlich Inhalt und Object des Wollens streng gesondert wissen will (M. V. 35), so kann ich mir dies nur dadurch erklären, dass er entweder den Inhalt des Wollens mit der m a t e r i a l e n B e s t i m m t h e i t d e s C h a r a k t e r s, oder aber das Object des W o l l e n s (worunter ich die vom Willen behufs der Realisation ergriffene ideelle Anticipation verstehe) mit dem in den äusseren Raum hinausprojicirten Object der Vorstellung verwechselt, auf dessen reales Correlat in der Aussenwelt sich die Bethätigung des bestimmten Wollens (Wollen sammt Inhalt) bezieht. Dass Bahnsen bei Willensinhalt irrthümlicher Weise an die materiale Bestimmtheit des Charakters (d. h. an eine im Gehirn liegende Prädisposition, das Wirken dieser Art von Motiven zu begünstigen, das jener Art von Motiven abzuschwächen) denkt, scheint auch daraus hervorzugehen, dass er erstens nicht dem Willen an sich einen bestimmten Inhalt zuzuschreiben beabsichtigt, sondern nur dem bereits im Charakter individualisirten Willen*), dass er zweitens annimmt, durch Aenderung der Motive könne im Willensinhalt (soll heissen Charakter) nichts geändert werden, da sich doch der Willensinhalt unaufhörlich mit den Motiven ändert, und dass er drittens von einem Inhalt des Willens spricht, ohne Unterschied, ob der Wille ruhend oder activ, nichtwollend oder wollend ist, während doch offenbar nur der actuelle Wille oder das bestimmte Wollen einen Inhalt haben kann. Denn bei dem ruhenden Willen könnte doch entsprechend dem bloss möglichen Wollen auch höchstens von einem möglichen Inhalt des eventuellen zukünftigen Wollens die Rede sein; dieser mögliche Inhalt umfasst aber für den ruhenden Weltwillen das ganze Reich der Idee oder unbewussten Vorstellung, und für den Individualwillen das Gebiet der Entfaltung der typischen Idee der betreffenden Objectivationsstufe, singulär modificirt durch die Hirnconstitution. Dieser mögliche Inhalt des ruhenden Willens in Bezug auf seine eventuelle Actualität ist also immer ein sehr weit begrenztes (wo nicht unbegrenztes) Gebiet möglicher Vorstellungen, darf keinesfalls mit dem präsenten Inhalt des actuellen Wollens verwechselt werden, und ist in seiner Auffassung selbst erst durch die Auffassung des letzteren bedingt.

Indem wir Bahnsen's Verwechselung einerseits zwischen Motiv und Willensinhalt und andrerseits zwischen Willensinhalt und der materialen (durch den Organismus vermittelten) Bestimmtheit des Charakters von uns fern halten, kehren wir zu der Frage zurück,

---

*) Hieraus würde hervorgehen, dass auch Bahnsen einem absoluten Willen oder Allwillen, wenn er einen solchen überhaupt gelten liesse, Charakter, Inhalt, Ziel und Zweck (ganz ebenso wie Schopenhauer und ich) absprechen müsste.

was denn nun dieser fragliche Inhalt des actuellen Wollens eigentlich sei (M. V. 20). Da er nicht füglich wiederum Wille sein kann, so sollte man meinen, er müsste Vorstellung sein; aber hier opponirt Bahnsen, so weit ich ersehe, aus zwei Gründen: erstens weil er die unbewusste Vorstellung für eine *contradictio in adjecto* erklärt (S. 27), und zweitens weil er dies für eine Losreissung des eigenthümlichen Willensinhalts vom Willen hält (34 - 35). Da erstere Behauptung in keiner Weise begründet ist, sondern bloss als ein Machtspruch Bahnsen's dasteht, so kann ich ihr nichts entgegnen; was aber die zweite Behauptung betrifft, dass ich auf eine relative Ablösbarkeit der Vorstellung vom Willen hinauswolle (27—28 Anm.), so ist dieses nur in Bezug auf den bewussten Intellect richtig, für welchen es aber auch Bahnsen in Bezug auf die Willensverneinung und schon in Bezug auf seine treffliche Theorie von der Besserung durch Selbstzucht vermittelst eines durch den Intellect angesetzten ὑπομόχλιον (vergl. Char. I. 206—217) ganz in demselben Sinne wie ich behauptet. In Bezug auf die unbewusste Vorstellung jedoch habe ich mit der grössten Entschiedenheit wiederholentlich (Phil. d. Unbew. Cap. A. IV und Cap. C. I. 7) die absolute Untrennbarkeit der Einheit von Wille und Vorstellung, Wille und Inhalt, namentlich aber die Unmöglichkeit eines wirklichen Wollens ohne eine Vorstellung als Inhalt betont, und sogar aus dieser Untrennbarkeit erst die Nothwendigkeit des Bewusstseins teleologisch abgeleitet. Der Dualismus der Attribute Wille und Vorstellung im Unbewussten ist mithin nur eine begriffliche Diremtion verschiedener Seiten desselben Dinges, aber kein Dualismus getrennter Realen. Die Besorgniss Bahnsen's ist also völlig unbegründet.

Aber wenn nicht Wille und nicht Vorstellung, was soll der Willensinhalt denn sein? Jedenfalls etwas, das, in's Bewusstsein eintretend, als „Idee", d. h. als eine Species des Genus „Vorstellung" erscheint (M. V. 42), woraus sich doch fast vermuthen liesse, dass es auch an sich schon Vorstellung ist, denn sonst wäre ja die Idee im Bewusstsein nicht adäquater Ausdruck seines Wesens, sondern eine fremde inadäquate Form mit entweder gar keinem oder doch inadäquatem Inhalt. Aber vielleicht ist der Inhalt Gefühl; wenigstens glaubt Bahnsen seine auf keine Weise begründbare Behauptung, dass das Wolllen, welches Wollust will, selber ein anderes sei, als welches Wohlthun will, durch den Hinweis auf den Unterschied des dabei Gefühlten (M. V. 14), wenn auch nicht erhärten, so doch annähernd beschreiben oder illustriren zu können. Nun definirt aber Bahnsen das Gefühl als „den Willen, der wohl ein Innesein seiner selbst, aber noch keine nach aussen versetzende „Vorstellung" seines eigenen Inhalts hat" (Char. II. 135). Das streift doch haarscharf an eine Complication mit unbewussten Vorstellungen. Ich glaube (Phil. d. Unbew. Cap. B. III) zur Genüge dargethan zu haben, dass alle bisher unlösbaren Schwierigkeiten jener Zwischenregion des Gefühls sich durch die Verquickung von Wille, Lust und Unlust mit bewussten und unbewussten Vorstellungen vollständig lösen lassen, und dass andere Elemente als diese nicht im Gefühl vorhanden sind. Hiernach würde sich auch in diesem Falle der Willensinhalt wesentlich auf Vorstellungen reduciren. Obenein aber behauptet ja auch Bahnsen nur, dass Gefühle ihn begleiten. Keinenfalls aber dürfte die Verschiedenheit der bloss begleitenden Gefühle als Beweis für die Verschiedenheit des Willens selber (d. h. abgesehen von seinem eigenthümlichen Inhalt) verwendbar sein. Vielmehr bleibt die logische Forderung bestehen, dass die Verschiedenheit des Wollens nicht in der gemeinsamen Form des Wollens, sondern in dem eigenthümlichen Inhalt liegt, und wir haben dadurch um so mehr Grund, weiter zu forschen, worin dieser Inhalt bestehe.

„Die Unterschiede nach Sonderung des Hier und Dort oder nach der Reihenfolge, sei es der Zeit oder des Ranges" (M. V. 14), welche Bahnsen anführt, sind doch offenbar nur Unterschiede der Vorstellung und nicht des Willens an sich, abgesehen von jedem möglichen Vorstellungsinhalt. Es ist gewiss nicht „einerlei, was begehrt und was verabscheut wird: ob der Tod oder die Sünde, das Böse oder die Strafe, die Wahrheit oder die Lüge, eigener oder fremder Schmerz" (M. V. 15), aber ein Unterschied in dem, was begehrt wird, ist doch nur ein Unterschied im Inhalt oder Ziel des Begehrens und nicht im Begehren an sich; insofern aber dies oder jenes erst noch begehrt wird, ist es nicht wirklich — sonst brauchte es ja nicht mehr begehrt zu werden — sondern wird nur als ein zu verwirklichendes vorgestellt oder ideell anticipirt. Also beweisen diese Beispiele sämmtlich das Gegentheil von dem, was sie beweisen sollen; sie zeigen nämlich, dass alle Unterschiede des Willens nur im Inhalt liegen, und dass dieser

Vorstellung ist. Bahnsen sagt ja selbst, dass es keine Caprice um ihrer selbst willen, keinen Eigensinn ohne irgend ein selbstständiges Ziel gebe (M. V. 23—24); wie kann er da auf der andern Seite darauf beharren, dass der Wille einen eigenthümlichen Inhalt an sich selbst vermöge seines eigenen Wesens haben müsse (S. 20)? Wenn Wollen ohne Inhalt d. h. ohne Vorstellung nicht wirklich sein kann, so ist ja der Inhalt oder die Vorstellung dem Wollen immanent nothwendig, also haben zwei Individuen mit verschiedenen Vorstellungen als Inhalt ihres Wollens in der That ein **grundverschiedenes** Wollen (M. V. 16); wäre jedoch der Wille an sich (nicht bloss durch den Inhalt) verschieden, so würde er incommensurabel, was er thatsächlich nicht ist. „Ein Pfund Pflaumen und eine Elle Kattun" (S. 19) würden incommensurabel sein, wenn nicht der Wille, sie zu besitzen, commensurabel wäre, und dadurch auch sie als Besitzobjecte commensurabel (durch Geld) machte. Die **Erfahrung lehrt** unwidersprechlich, dass alle Lust und aller Schmerz in demselben Sinne **commensurabel** sind, was nach Bahnsen's Auffassung (M. V. 16 u. 18) **unmöglich** sein müsste, und nur durch die meinige erklärlich wird, wonach aller Unterschied in Lust und Schmerz nur durch ihren Inhalt, d. h. die (bewussten und unbewussten) Vorstellungen und durch begleitende Gefühle hineinkommt, welche sich ebenfalls mit Hülfe der unbewussten Vorstellungen analysiren lassen.

Bahnsen's Renitenz gegen die einfachste aller philosophischen Grundwahrheiten, dass der Willensinhalt Vorstellung ist, verwickelt ihn in absonderliche Schwierigkeiten. Er bezeichnet als höchstes und letztes Willensziel die Erkenntniss[*] (Char. I. 335), als Zweck aller Erkenntniss die Wahrheit (I. 325). Was ist aber Erkenntniss als **logische** Durchdringung des empirischen Materials, was ist Wahrheit im Gegensatz zur Lüge, wenn nicht die Vernunftgemässheit der Identität im Gegensatz zur Vernunftwidrigkeit des Widerspruchs? Erkenntnisstrieb und Wahrheitsdrang ist Streben, die Vernunft **theoretisch** zur Geltung zu bringen, und doch sind sie nur vorläufig

---

[*] Wunderbarer Weise lässt er die bewusste Erkenntniss teleologisch in der Luft schweben, anstatt die Willensverneinung als ihren Zweck anzuerkennen, durch den die ganze teleologische Kette des Weltplans erst ihren unentbehrlichen Abschluss erhält (Char. I. 340).

ein letztes, und das endgültig Letzte ist das Streben der Vernunft, die errungene Wahrheit **auch praktisch** zur Geltung zu bringen, — und sei ihre Consequenz die Selbstvernichtung und Weltvernichtung. **Höchstes Willensziel ist also das zur Geltung Bringen der Vernunft in jeder Beziehung.** Wie kommt nun der vernunftlose Wille zu grade **diesem** Inhalt? Hören wir Bahnsen's Antwort (M. V. 20, Anm.): „Der Wille **als solcher** hat mit **Vernunft und Verstand gar nichts zu thun**, aber er kann . . . vernünftig werden, d. h. Gesetze, wie Verstand oder Vernunft sie vorschreiben, in **autonomer Anerkennung zu Normen** seiner Thätigkeit erheben." Da möcht' ich doch wissen, wie der unvernünftige Wille, der als solcher blind zutappt, von den Vernunftgesetzen so viel **erkennen** soll, um sie vermittelst des *liberum arbitrium indifferentiae* mit seiner **Anerkennung** zu beehren, und sich durch eigene Machtvollkommenheit ihnen als Normen seiner Handlungsweise **ein für allemal so unbedingt zu unterwerfen**, dass er sich am Ende gar durch sie in's Gegentheil seines Ziels, in's Nichts zurückschleudern lässt! Oder durch welchen absonderlichen Zufall der unvernünftige blinde Wille dazu kommen soll, sich ein Werkzeug im Gehirn zu schaffen, dessen Function sich „hinterher" als vernünftig herausstellt. Es giebt nicht, wie Bahnsen (M. V. 20) behauptet, irgendwo einen vernunftwidrigen **Willensinhalt** (ausser im Irrthum des Bewusstseins); **aller Willensinhalt ist absolut vernünftig**, und nur die **Form** des Wollens ist unvernünftig. Folglich kann der Wille nicht vor seinem „Vernünftigwerden" (!) schon einen Inhalt gehabt haben. Wenn aber der im Moment seiner Erhebung zum Wollen noch leere und blind zutappende Wille das einzige, was ausser ihm existirt, die Vernunft, als Inhalt erfasst (wie der Wahnsinnige den ersten besten Gegenstand umklammert und an sich reisst), dann und nur dann wird es verständlich, wie der Wille etwas wollen kann, was doch zu seiner Vernichtung*) führt, also **seiner Natur wider-**

---

*) Diese Vernichtung – Nirwana — habe ich nirgends, wie Bahnsen (M. V. 19—20) meint, auf die positive Seite einer wirklichen Willensbefriedigung verlegt, sondern habe diese „Schmerzlosigkeit" immer nur als eine „relative Glückseligkeit" im Vergleich mit der immanenten Qual des Daseins und Lebens hingestellt. Nur die **Vernichtung** ist ein Genuss durch den Contrast mit dem noch fühlbaren Sein, aber nicht das darauf folgende **Nichtsein**.

spricht, was mit Hülfe der „autonomen Anerkennung" ewig widersinnig bleibt.

Nur aus diesem Gesichtspunkt eröffnet sich uns eine Perspective von höchster Wichtigkeit auf das Verständniss, wie das **Motiv**, das doch **Vorstellung** ist, auf den **Willen** überhaupt influiren könne. Bahnsen citirt (M. V. 36) meinen Ausspruch: „es giebt keine Erscheinung des Willens ohne Erregungsgrund;" aber er interpretirt denselben falsch: „d. h. doch wohl so viel wie: es giebt kein Wollen etc." Die Erhebung des Weltwillens zum Wollen geschah ohne Erregungsgrund, aber sie war auch noch keine **Erscheinung** des **Willens**. Sogar die Erfüllung des erhobenen Wollens mit Inhalt durch den Reichthum der Idee, d. h. also die **erste Vertheilung** der absoluten Idee an das erhobene Wollen, wodurch dieses selbst in seine verschiedenen Richtungen gespalten wurde (das was man gemeinhin den Weltschöpfungsact nennt), geschah noch ohne **äusseren** Erregungsgrund nach blosser **innerer** Zweckmässigkeit. Aber dieser Fall ist keine Ausnahme obigen Satzes, weil jene erste Erfüllung der Zeit nach mit dem Erhebungsmoment des Willens in Einen Act zusammenfiel: er lehrt uns jedoch, dass der Satz **nur innerhalb der bereits bestehenden Welt Geltung habe**, wo der Wille ein für allemal im Zustande des Wollens ist, also **an sich gar keiner Erregung mehr bedarf**. Was an einem bestimmten Punkte jetzt als **Erregung** eines latenten Willens erscheint, ist nichts weiter als **Hinlenkung** des Wollens nach einem bestimmten Punkt, wo es Gelegenheit zur Bethätigung findet. Kein Statistiker wird bezweifeln, dass in jedem Augenblick des Tages die Menschheit auf Erden eine gleiche Totalsumme von Willensimpulsen verausgabt, weil sich bei den vielen Tausenden von Millionen Individuen nach dem Gesetz der grossen Zahlen die scheinbare Regellosigkeit vollständig compensirt, welche Compensation, falls sie nicht hinreichend erscheinen sollte, man sich durch andere psychische Individuen auf anderen Weltkörpern noch vervollständigt denken kann. Es handelt sich hier um nichts Geringeres, als um die Uebertragung in's geistige Gebiet und die allgemeine philosophische Formulirung in Bezug auf ein Gesetz, in dessen genauerer Feststellung für die physische Welt unstreitig die Errungenschaften der modernen Naturwissenschaft culminiren, **das Gesetz der Erhaltung der Kraft**, — ein Gegenstand, dessen nähere Ausführung ich mir hier versagen muss, da bei demselben das leere (noch nicht activ gewordene, aber doch darauf lauernde) Wollen als unendliches Reservoir für die Summe des gleichzeitig wirksamen Wollens berücksichtigt werden müsste, woraus auch wieder die Differenz der allgemeinen Formulirung von der beschränkten mechanischen Fassung sich ergeben würde.

Also: am Wollen **selbst** wird durch die Motivation gar nichts verändert, sondern nur die **Vertheilung** seiner **Thätigkeitsrichtungen**; diese aber bilden seinen **Inhalt**, welcher nur in Vorstellungen besteht; also: das Motiv influirt nur auf die **Vorstellungen**, welche den Inhalt des Weltwillens bilden. Das ist begreiflich: hier wirkt Vorstellung auf Vorstellung; unbegreiflich hingegen wäre die Wirkung von Vorstellung auf Willen im eigentlichen Sinne, so dass durch sie in ihm direct eine Veränderung des Zustands hervorgerufen würde. Bei der Wirkung von Vorstellung auf Vorstellung begreift man den Vorgang als logische Vermittelung; unbegreiflich hingegen bliebe es, wie die *vis logica*, die doch nur innerhalb ihrer Sphäre eine *vis* ist, auf den ausserhalb ihrer Sphäre belegenen Willen einen Einfluss sollte üben können, an dessen Ueberlegenheit sie so machtlos abprallen muss, wie das Bild einer Zauberlaterne an der kräftigen Wirklichkeit. Der Weltwille ist immer in erhobenem Zustande, niemals im Zustand der reinen Potenzialität; aber wie überhaupt das noch unerfüllte Wollen oder Wollenwollen (das ja auch Bahnsen kennt: Char. I. 119, unten) sich zu dem mit bestimmtem Inhalt erfüllten oder wirklichen Wollen wie etwas Potentielles zu etwas Actuellem verhält (obwohl er sich zu dem ruhenden, noch nicht erhobenen Willen als etwas Actuelles zu etwas Potentiellem verhält), so erscheint auch **an einer bestimmten Stelle** des Universums **in einem bestimmten Moment** der Wille als latenter oder potentieller, während er doch in Wahrheit nur gerade nicht hier und nicht jetzt sich thätig erweist, wohl aber an zahllosen anderen Stellen in demselben Augenblick seine Actualität bethätigt. So bewirken die Motive nichts als eine Veränderung der Thätigkeitsrichtungen des actuellen Weltwillens; wie eine Spinne sitzt dieser in dem Universum, als in dem Netz, das er sich zubereitet, wie eine Spinne, die nur zu schlafen scheint, in Wahrheit aber auf das Gespannteste auf Beschäftigung nach allen Richtungen lauert. Sowie eine Fliege ihr in's Netz summt, stürzt sie auf dieselbe los und bemächtigt sich ihrer. Die Fliegen sind die Motive, sie bestimmen nichts als die Richtung, nach welcher die Spinne von ihrem Centrum aus hinstürzt, denn Fliegen fangen ist ja ihr einziges Geschäft. Das Bild stimmt nur insofern nicht, als einerseits die Spinne immer nur eine Fliege auf einmal fangen kann, aber nicht unzählige an verschiedenen Punkten des Netzes gleichzeitig, und andererseits die Motive ebenfalls mit zu dem selbstgewebten Netz des Universums gehören.

Gönnen wir uns noch einen Augenblick der Umschau von der bis hierher erklommenen Höhe, auf der wir erkannt haben, dass Motivation Bestimmung von Vorstellung (Willensinhalt) durch Vorstellung (Motiv) ist. Wir dürften nämlich überall, wo eine Vorstellung eine andere bestimmt, welche zugleich Willensinhalt ist, von Motivation sprechen, wenn nicht die nähere Bedingung für die Anwendung des Begriffs der Motivation die wäre, dass (mindestens) diese beiden Vorstellungen bewusste sind, eine Bedingung, durch welche die Motivation zu einem discursiven Process erklärt wird. Gleichwohl werden wir die innere Aehnlichkeit mit der Motivation nicht verkennen, wo diese eine Bedingung unerfüllt bleibt. Nun wissen wir aber, dass alles Geschehen in der Welt Willensäusserung, oder eine Summe bestimmter Willensacte ist, oder anders ausgedrückt, das alles in einem bestimmten Moment in der Welt Geschehende der Gesammtinhalt des erhobenen Weltwillens in diesem Augenblick ist. Wodurch wird nun die Beschaffenheit dieses Gesammtinhalts in diesem Augenblick bestimmt? Offenbar durch zwei Momente oder Factoren: nämlich den Gesammtinhalt des Weltwillens im unmittelbar vorhergehenden Augenblick einerseits und durch Weltzweck andrerseits. Der Weltzweck bestimmt den Gesammtinhalt des Weltprocesses im Allgemeinen, die im vorhergehenden Augenblick gegebene Weltlage (die sich im Gesammtinhalt des Weltwillens in dem betreffenden Augenblick ausdrückt) entscheidet darüber, was gerade in diesem Augenblick zu thun sei, um möglichst zweckmässig auf die Erfüllung des Weltzweckes hinzuwirken; der erste Factor ist der allgemeine, constante, der zweite der besondere variable. (Auch bei der bewussten Zweckthätigkeit im Kleinen ist ein Analogon beider Factoren nothwendig, wo denn der allgemeine gewöhnlich durch das grösstmögliche Gesammtglück des Lebens für das Individuum oder durch ähnliche Maximen repräsentirt wird.) Da nun der Gesammtinhalt des

Weltwillens im unmittelbar vorhergehenden Augenblicke doch eben auch nur Vorstellung ist, so haben wir als das Schema alles Geschehens im Weltprocess allerdings die Bedingung von Vorstellung durch Vorstellung, wobei die bedingte Vorstellung Willensinhalt ist (dass die bedingende es auch ist, ist irrelevant). So erscheint allerdings alles Geschehen als ein Analogon dessen, was im Bewusstsein sich abspielend uns als Motivation bekannt ist. Der wesentliche Unterschied, der die Erweiterung des Begriffes der Motivation auf das unbewusste Gebiet vorbietet, ist aber der, dass bei der Motivation die bedingende Vorstellung ein bewusstes Gewahrwerden, d. h. ein Innewerden der thatsächlichen Situation *a posteriori* (durch reflectirende Umbiegung der Thätigkeitsrichtungen des Unbewussten gegeneinander) ist, während beim Geschehen des allgemeinen Weltprocesses die bedingende Vorstellung **d i e i n d e r apriorischen E n t w i c k e l u n g d e r u n b e w u s s t e n I d e e z u l e t z t e r r e i c h t e S t u f e i s t**, so dass hier die bedingte Vorstellung nur als das nunmehr folgende Moment des apriorischen Entwickelungsprocesses erscheint, nur dass alle diese Momente von dem sie realisirenden Willen umklammert sind, mit dessen Erlöschen auch der Zweck der Entwickelung als erreichter fortfallen und damit die Entwickelung der Idee selbst aufhören würde. So werden wir jetzt die gesammte in einem Augenblick vor sich gehende **M o t i v a t i o n** definiren **können als d e n j e n i g e n** Theil des allgemeinen Geschehens im Weltprocesse in demselben Augenblick, welcher aus der Summe der **b e w u s s t e n** Vorstellungen in der Welt in demselben Augenblicke resultirt. Diese Erklärung involvirt keineswegs die Behauptung, dass jede bewusste Vorstellung Motiv sei (obwohl sich dies in gewissem Sinne sogar verfechten liesse); denn es könnte ja ein Theil der Summe der bewussten Vorstellungen irrelevant sein für die Entwickelung des Weltinhalts für den nächsten Augenblick, und dieser würde alsdann zu dem weiteren realen Geschehen des nächsten Augenblicks nichts beitragen, also an dem Motivationsprocess des betreffenden Augenblicks keinen Theil haben.

Jeder Moment des Geschehens ist als Glied in der Kette der Causalität vollständig bestimmt; jeder Moment des Geschehens ist aber auch als Glied in der Kette der Finalität vollständig bestimmt. Die Bedingtheit von der einen und von der andern Seite kann wohl durch Zufall einmal ein übereinstimmendes Resultat geben; die beständige Uebereinstimmung ist nur entweder durch das Wunder einer prästabilirten Harmonie beider Reihen, oder durch die höhere Einheit beider in einem dritten ohne Widerspruch denkbar. Ich habe anderwärts (Phil. d. Unb. 7. Aufl. Bd. II. S. 448—451; vgl. auch „J. H. v. Kirchmann's erkenntnisstheoretischer Realismus" S. 41—53 u. „Wahrheit und Irrthum im Darwinismus" S. 153—161) darauf hingewiesen, dass diese höhere Einheit in der logischen Nothwendigkeit der immanenten Entwickelung der absoluten Idee als Willensinhalt besteht, d. h. in der logischen Nothwendigkeit, mit welcher der Weltwillensinhalt jedes Augenblicks aus dem des unmittelbar vorhergehenden in Verbindung mit dem ein für allemal feststehenden Endzweck des Weltprocesses folgt. Hatte sich dort die innere Verwandtschaft und höhere Einheit von Causalität und Finalität enthüllt, so hat sich hier als Ergänzung gezeigt, wie die Motivation den beiden andern in der That so nahe verwandt ist, um als drittes der Geschwister in derselben höheren Einheit aufzugehen, aber auch zugleich, wie sie ihren Geschwistern nicht ebenbürtig, sondern unterlegen ist, insofern sie in ihrem eigentlichen Sinne nicht wie jene das ganze Geschehen jedes Augenblicks, sondern nur einen Bruchtheil desselben umspannt.

Ich komme zu einem ferneren Missverständniss Bahnsen's. — Die graphische Methode der Versinnbildlichung hat in dem letzten Jahrzehnt eine so allgemeine Verwendung gefunden und sich so unerwartet fruchtbar, ja sogar in vielen Fällen der mathematischen Analyse überlegen erwiesen, dass ihre Benutzung für die Versinnbildlichung des Widerstreits der Begehrungen keinem andern als einem entschiedenen Indeterministen Anstoss geben kann Eine singuläre Willensstrebung oder eine Begehrung kann nicht anders als durch eine **gradlinige** Kraft dargestellt werden, wobei die **Länge** der verzeichneten Linie die **Intensität** des Begehrens im Verhältniss zu der willkürlich angenommenen Einheit, und die **Richtung** der Linie gegen das angenommene Coordinatensystem den **Inhalt** des Begehrens repräsentirt. Eine **gekrümmte** Willensrichtung ist undenkbar, eine **gebrochene** nur unter der Voraussetzung des Hinzutritts neuer Motive an den Wendepunkten, oder unter Voraussetzung mehrfach veränderter **Auffassung** der Verhältnisse während des Handelns (irrlichtelirender Wille). Wo zwei gradlinige Begehrungen zusammentreffen, ergiebt sich als Resultante

die Diagonale nach dem Parallelogramm der Kräfte, wobei wiederum
die Länge der Resultante die Intensität, die Richtung den Willensinhalt darstellt. Der Coincidenzpunkt repräsentirt das individuelle
Subject im Moment des Entschlusses, welches nach der Richtung
der Resultante getrieben wird. Der Nullpunkt des Coordinatensystems stellt den Indifferenzpunkt oder Nullpunkt des Handelns
dar; also repräsentirt die Lage des Coincidenzpunktes der Componenten im Verhältniss zum Nullpunkt der Coordinaten das Niveau
der Handlung, auf welchem sich das Subject bei der Beschlussfassung
bereits befindet. Treten mehr als zwei Componenten in demselben
Punkt zusammen, so gewinnt man die Resultante nach den mathematischen Gesetzen der Statik und Dynamik des Atoms. Nur wenn
die Richtung des eventuellen Willens im Voraus unabänderlich bestimmt ist, und es sich nur um die Alternative der
Handlung oder Unterlassung handelt, nur dann reducirt sich das
Problem auf Strebungen, die sich innerhalb der Einen vorgezeichneten Richtung als einfache positive und negative Intensitäten bekämpfen, und zwar sind diese positiven und negativen Intensitäten
innerhalb der vorgezeichneten Richtung der Resultante durch die
Projectionen der Componenten auf diese Richtung gegeben,
indem der andere Theil der Componenten (die Lothe der Projectionen) für diesen Fall unbenutzt verloren geht. Hiernach ist das
Missverständniss Bahnson's zu berichtigen, als ob ich den Mechanismus der Begehrungen überhaupt nur als innerhalb einer geraden
Linie vor sich gehend betrachtete (M. V. 10—11 und 18). Dass
das Bild aus der Mechanik des Atoms anwendbar ist, und die psychischen Strebungen niemals so heterogen sind, wie etwa ein mechanischer und ein chemischer Process, das erhellt eben aus der
einfachen Thatsache der ausnahmslosen Commensurabilität
und Componibilität aller Begehrungen, ohne welche das Ausmünden
des psychischen Processes in einen einheitlichen Entschluss unmöglich wäre. Alle Unterschiede der Begehrungen reduciren sich, wie
wir wissen, auf Unterschiede der Intensität und des Inhalts,
und beide finden in dem Bilde ihren vollgültigen Ausdruck. Auch
in der Mechanik bleiben die Componenten, wenn sie der Zeit nach
dauernde Kräfte sind, trotz und neben der Resultante bestehen (z. B.
Wind und Strom trotz des diagonalen Laufs der Fähre), nur wenn
sie sich nicht stetig aus ihrem Grunde regeneriren, gehen sie in

der Resultante auf (wie z. B. Hunger und Durst im Genuss von nährender Suppe). —

Die Selbstentzweiung des Wollens (durch seinen getheilten Inhalt) ist die Bedingung seiner Selbstverwirklichung und seiner Selbstbespiegelung im Bewusstsein, und „alles Wollen realisirt sich nur in Individuen" (M. V. 30); diese Sätze Bahnsen's unterschreibe ich vollständig, und gebe zu, dass damit ein gewisser Pluralismus gesetzt ist, — aber wohlverstanden ein Pluralismus der Phänomena, in keiner Weise ein Pluralismus des All-Einen Willens, als des Wesens, das der Erscheinung zu Grunde liegt (vgl. Frauenstädt's Darlegungen in den „Phil. Monatsheften" Bd. I. S. 125—127). Insofern nun in den Phänomenen allein das liegt, was wir Realität nennen, insofern ist der Pluralismus und die Individualität unbedingt real, unbeschadet dessen, dass sie nicht essentiell sind. Diesen Pluralismus hat noch kein Monist verleugnet, und in der (allerdings meist nicht genügend hervorgehobenen) Anerkennung, dass alle Realität ausschliesslich im Gebiete der Phänomenalität und folglich dieses Pluralismus ihren Boden habe, wird dem Princip des Pluralismus das Recht, das ihm gebührt. Unberechtigt und überfliegend aber wird er, wo er sich anmaasst, das Reich des jenseits der Erscheinung liegenden Wesens mit seiner phänomenalen Zersplitterung inficiren zu wollen, dessen urewige und unentäusserliche Einheit in unnahbarer Hoheit thront.

B. Die Kritik des monistischen Evolutionismus.

Wir sahen bereits in der Einleitung, dass Bahnsen aus zwei Gründen eine Universalentwickelung leugnen muss: erstens weil er ein all-eines Weltwesen als Träger derselben leugnet, und zweitens weil er ein logisches Princip als Leiter derselben bestreitet, und an Stelle dessen das ewige sich Austoben der Selbstzerfleischung des Willens als unlogischen realdialectischen Weltzweck annimmt. Die Schrift „Zur Philosophie der Geschichte" stellt sich die Aufgabe, die evolutionistische Weltanschauung der Philosophie des Unbewussten (und in und mit dieser diejenige Hegel's) kritisch zu zersetzen und von allen Seiten her als unhaltbar darzuthun. Wir haben nun die

Voraussetzungen, von denen aus Bahnsen eine Universalentwickelung negiren muss, näher in's Auge zu fassen, und werden nebenher die Stichhaltigkeit seiner Einwendungen gegen die universelle Entwickelung, wie sie sich bei mir gestaltet, prüfen.

Dass Bahnsen zur Leugnung des All-Einen dadurch gelangt ist, dass er die substantielle Selbstständigkeit des Individuums als Dogma ergriff, und aus diesem Dogma zum ersten Mal mit Ernst die letzten Consequenzen zog, das habe ich schon angedeutet; die nächste Frage würde also die sein: wodurch gelangte er zu seinem Individualismus, d. h. zu dem Glauben an die substantielle Selbstständigkeit des Individuums, die er übrigens verständiger Weise nicht wie die Herbartianer für eine absolute, sondern nur für eine relative und beschränkte ausgiebt.*) Der Grund scheint mir ein zwiefacher: in erster Reihe eine Ueberschätzung und Missdeutung des unmittelbaren Zeugnisses des sittlichen Bewusstseins, in zweiter Reihe eine Verkennung der ausnahmslosen Gesetzmässigkeit des Weltprocesses, welche durch die gesetzmässige Constanz der Wirkungsweise jedes Individuums den Schein einer relativen Selbstständigkeit desselben vorspiegelt. Nachdem wir die Stichhaltigkeit beider Gründe der Reihe nach geprüft haben werden, wird uns als weiterer Gegenstand der Untersuchung die Frage beschäftigen, ob Bahnsen im Stande sei, seine antilogische Realdialectik zu begründen und die Ausschliessung des Logischen aus der Sphäre des realen Seins aufrecht zu erhalten, beziehungsweise welches bei ihm die Stellung des Logischen zum Unlogischen sei, und ob die einmal eingeräumte Zulassung des Logischen in den essentiellen Willensinhalt nicht mit unaufhaltsamer Nothwendigkeit dazu drängt das Verhältniss beider Principien zu einander in anderweitiger Gestalt zu präcisiren.

5. Die Stützen des Individualismus.

Was zunächst die ethische Begründung des Individualismus betrifft, so haben wir schon im Abschnitt A dieser Abhandlung gesehen, „dass weder die Unsichtbarkeit, noch die Unveränderlichkeit, noch die Freiheit, noch die Verantwortlichkeit, noch die Ascität, noch die

---

*) „Zur Phil. der Gesch." S. 71 unten. Die Seitenzahlen ohne nähere Angabe beziehen sich von jetzt an auf dieselbe Schrift.

Ewigkeit sich als stichhaltig erwiesen haben, um eine Zerschneidung des Charakters in einen intelligiblen und einen empirischen Charakter zu rechtfertigen," und auf diesem Unterschied eine über die phänomenale Sphäre hinausgreifende Bedeutung des Individuums stützen zu wollen. In seiner letzten Schrift hebt Bahnsen von allen ethischen Argumenten für seinen Standpunkt nur eines hervor, nämlich das sittliche Bewusstsein der Hingebung und des Opfers. Er sagt: „Nur wenn das Einzelwesen und Einzelleben an sich für was Besseres als ein werthloses (?) Phänomen gilt, kann der Hingebung desselben eine wahrhaft sittliche Weihe verliehen sein" (Vorwor- S. II). Dagegen sagt er selbst auf S. 34: „Die aus dem Schleier der Maja gewirkte Binde: von den Augen kann er sie sich tausendmal gerissen haben — aber Hand und Haupt und Glieder bleiben ihm davon umstrickt." Und auf S. 83 findet er der Einseitigket Kant's gegenüber meine Erinnerung ganz am Platze, dass „die Selbstsucht selber ein Vernünftiges ist" — nämlich als Mittel zum Weltzweck, nicht als Selbstzweck, darum auch nur etwas relativ Vernünftiges, durch anderweitige Vernunftgesetze Eingeschränktes. Die Selbstsucht ist nur darum ein relativ-Vernünftiges, weil sie nicht-egoistischen, ja sogar anti-egoistischen Zielen dienstbar (S. 83) und zur Erreichung derselben unentbehrlich ist. Darum ist dafür gesorgt, dass die abstracte Durchschauung des Schleiers der Maja den egoistischen Naturinstinct niemals völlig aufheben könne; diese Unaufhebbarkeit des logisch Unentbehrlichen ist also auch selbst logisch, und keineswegs ein Beweis für Bahnsen's Realdialectik, wie derselbe sich einbildet (S. 33, 63). Dann aber bleibt es trotz aller abstracten Durchschauung des Schleiers der Maja doch unbestreitbar ein ethisches Verdienst, wenn die sittliche Kraft ausreicht, um die concrete Unaufhebbarkeit der Ichheit des Bewusstseins so weit praktisch zu überwinden, dass daraus Hingebung und Opfer resultiren, und wir brauchen keineswegs zu einer substantiellen Selbstständigkeit des Individuums unsre Zuflucht zu nehmen, um dem sittlichen Bewusstsein die ethische Weihe der Hingebung intact zu erhalten.

Eine ethische Begründung des Individualismus ist hiernach auf alle Fälle unmöglich; weit eher könnte dieselbe aus dem Egoismus möglich scheinen, denn der Egoismus ist nicht bloss Selbstthätigkeit, sondern sogar teleologisch auf sich Selbst bezogene Selbstthätigkeit, die also ein Selbst sowohl als Subject wie als Object voraussetzt. Dieses Argument lässt Bahnsen sich entgehen; er spricht nur davon, dass „blosse Acte als solche jeder wahrhaften Selbstständigkeit für ewig baar bleiben" und dass bei ihnen nicht einmal von „Selbstbethätigung" gesprochen werden könne, weil „kein subsistenter Kern der Kraft" vorhanden sei (72). Beide Formen des Arguments sind unstichhaltig. Wo der Individualwille als ein Bündel von Willensacten des Allwillens betrachtet wird, fehlt der Kraft keineswegs der subsistente Kern; das Subsistirende in der Willensfunction ist eben auf alle Fälle die Substanz, gleichviel wie die Frage nach der Einheit oder Vielheit der Substanz entschieden werden möge. Eine Selbst-Ständigkeit im eigentlichen Sinne, d. h. in demjenigen des „Auf sich selber Stehens" können freilich „blosse Acte" niemals besitzen, welche eben auf einem Andern, nämlich auf der all-einen Substanz stehen und bestehen; aber Bahnsen hat keinen Versuch gemacht, zu zeigen, dass die substantielle Selbstständigkeit eine unerlässliche Voraussetzung für den Begriff der Selbstheit und der Selbstthätigkeit sei.

Wenn der Monist sagt, dass das „Selbst" in allen Individuen das All-Eine sei, so ist das allerdings eine ungenaue Redeweise; denn das All-Eine als solches hat keine Selbstheit, sondern gewinnt sie erst in dem concreten Individuum. Der Monist müsste also genauer sagen, dass in allen Individuen das All-Eine die substantielle Wurzel oder der subsistente Kern ihrer Selbstheit sei, während dasjenige am Begriff der Selbstheit, was die Schranken der endlichen Individualität an ihm constituirt, eben nicht auf die Seite des Absoluten, sondern auf diejenige der endlichen, partiellen Erscheinung desselben fällt. So ist die Selbstheit ein Product aus der absoluten Substantialität und concreten Phänomenalität, das sich im Process beständig aus beiden Factoren erzeugt und wieder verschwindet; die Constanz der Selbstheit im Ich ist ein falscher subjectiver Schein, dem in Wirklichkeit nur die Identität des Absoluten und die relative (phänomenale) Constanz des Charakters entspricht. Aus dem sich Gleichbleiben der Factoren resultirt natürlich die Gleichheit des in jeder Bethätigung neu sich bildenden Products;*)

---

*) Hiermit ist zugleich Bahnsen's Bemerkung erledigt, dass bei mir das Verhältniss der Individualwillen zu ihren Handlungen ein mehr oder minder weil aber bei jeder Action des All-Einen innerhalb der Sphäre dieses concreten Individuums dieses Product der Selbstheit sich bildet, darum ist jede solche Action Selbstbethätigung des betreffenden Individuums, oder genauer des All-Einen, insofern es sich in diesem Erscheinungsindividuum manifestirt.

Selbstheit und Selbstthätigkeit der Individuen sind demnach auch vom monistischen Standpunkt sehr wohl erklärbar; sie sind auch von diesem betrachtet keineswegs blosse natürliche Illusionen (wie die Constanz des Ich als solcher), sondern sie sind reale Producte aus beständig wirksamen dauernden Factoren.*) Die Illusion beginnt erst damit, dass das beständig neuerzeugte Product selbst als das Dauernde im Wechsel der Actionen angesehen, d. h. dass das Ich hypostasirt und als vermeintliche psychische Individualsubstanz an die Stelle der im Individuum sich offenbarenden absoluten Substanz gerückt wird; hiermit erst wird ein ständiges Object geschaffen, auf welches die Selbst-Sucht sich bezieht, wenn sie die Selbstthätigkeit auf das Ich anstatt auf das All-Eine richtet, und diese Illusion der Selbstständigkeit des Ich ist es, welche die Inder und Schopenhauer durch den Schleier der Maja andeuten,**) der auch Bahnsen's Augen mit unheilbarer Verblendung umstrickt zu haben scheint. Wäre wirklich Bahnsen's Individualismus der

---

zufälliges sei, weil ja hinter ihnen als der eigentliche Regulator das All-Eine stehe (S. 67—68). Da das All-Eine, wie Bahnsen selbst sagt, das Handeln des Individuums nur durch „Prädetermination einer *praedispositio specialis*" determiniren kann, so ist dies eben nicht eine Modification des Handelns, die die Nothwendigkeit seines Hervorgehens aus dem Charakter zur Zufälligkeit entstellte, sondern eine Modification des Charakters oder der Individualessenz selbst, aus der dann das Handeln gesetzmässig folgt.

*) Auch sind diese Factoren keineswegs bloss ideelle (wie Bahnsen S. 71 meint), sondern ganz reelle: einerseits die realen Willensactionen der den Organismus constituirenden Atome, andrerseits die Summe von realen Willensactionen, welche der Allwille auf diesen Organismus, auf seine Lebens- und Geistesfunctionen richtet. Die Einheit und Individualität der auf den Organismus gerichteten Functionen des All-Einen haftet an der Einheit und Individualität des Organismus; letztere aber ist durch mannichfache Einheitsformen bedingt, unter denen die Einheit des Zweckes nur Eine, wenngleich die wichtigste ist.

**) Die vorhergehende Betrachtung zeigt, dass zur Aufdeckung dieser Illusion keineswegs — wie noch Schopenhauer glaubte — die Wahrheit des subjectiven Idealismus erforderlich sei, sondern dass der Monismus mit der in ihm eingeschlossenen objectiven Phänomenalität der Individuen ganz dieselben Dienste leistet.

wahre metaphysische Standpunkt, so wäre die Consequenz ganz unabweisbar, dass auch einzig und allein der klug berechnende Egoismus die wahre praktische Doctrin sein könne; dass Bahnsen diese Consequenz bestreitet, ist ebenso edel wie unlogisch, und eine genaue Revision seiner Metaphysik von ihrem ethischen Ausgangspunkte aus müsste ihn nothwendig zu Resultaten führen, die seinen bisherigen schnurstracks entgegengesetzt sind.

Der Einwand des Individualismus gegen den Monismus, dass „die Entwickelung sichtbar genug auf eine immer grössere Verselbstständigung des Individuellen hinstrebe," ist, wie Bahnsen selbst (S. 3—4) bemerkt, bei mir im Voraus dadurch entwaffnet, dass die Individuation mir das Mittel zur Steigerung des Bewusstseins, und diese wieder das Mittel zur Ueberwindung des Unlogischen durch das Logische ist. In der That passt die **allmählich fortschreitende** Verselbstständigung des Individuellen (von der Monere durch den Affen und den Buschmann bis zu Goethe) nicht sowohl in ein individualistisches als in ein monistisches System, denn sie zeigt, dass die immer höheren und höheren Individualitätsstufen Ergebnisse eines einheitlichen Processes sind, also nicht als ursprünglicher Bestand der Welt von Anfang an, sondern nur als **resultirende Phänomene** gelten können. Hieran wird auch dann nichts geändert, wenn Bahnsen den Zweck, den ich für den Weltprocess annehme, leugnet, oder wenn er bestreitet, dass diese Verselbstständigung des Individuallebens ein geeignetes Mittel zu diesem Zweck sei; denn wir haben es hier nur mit der Deutung einer Erfahrungsthatsache zu thun, die von allen Ansichten über den **Zweck** des Weltprocesses unabhängig ist.

Nebenbei bemerkt ist aber auch Bahnsen's Einwurf gegen die Zweckmässigkeit der Individuation als Mittel zu dem von mir ausgegebenen Endzweck unbegründet. Er behauptet nämlich, „dass, je schärfer das Licht des Bewusstseins auf der Mittagshöhe seines universalhistorischen Sonnentages die Contouren der Lebensblüthen umschreibe, auch desto sicherer und rascher an diesem grellen Schein die fernere **Keimkraft** derselben hinwelkend **ersterbe**, während die Kühle des mondlichtartigen Halbbewusstseins die auf die Zukunft versparten Völker conservire" (S. 4). Die behauptete Thatsache muss entschieden bestritten werden. Wir wissen, dass Culturperioden und dass Nationalitäten sich aus- und überleben, aber nicht wissen wir, ob die zu geschichtlicher Cultur gelangten Racen und Stämme sich vor dem Ende der Menschheit überleben werden. Im Gegentheil ist anzunehmen, dass die Nationen, welche die Culturträger der Zukunft sein werden, aus der indogermanischen Race, also aus jetzt vorhandenen Nationen sich herausbilden werden. Es ist wahr, dass die Keimkraft nicht nur des Individuums, sondern auch der Famlie oder des Geschlechts durch überwiegende Anstrengung des Gehirns, d. h. durch eine die Ausbildungsstufe des Organs übersteigende Bethätigung desselben geschwächt wird, und dass in den Culturvölkern die als Culturförderer wirksamen Minoritäten absterben und durch frischen Nachwuchs ersetzt werden müssen. Aber es ist nicht wahr, dass die Keimkraft der Völker im umgekehrten Verhältniss zu ihrer geistigen Culturarbeit stehe, da im Gegentheil beide ebenso Hand in Hand zu gehen scheinen, wie beim Individuum die geistige und geschlechtliche Productivität in ihrem Entwickelungsgange gleichen Schritt zu halten pflegen. In ganzen Völkern ist eben hinlänglicher Nachwuchs vorhanden, um die sich abstossenden Culturschichten zu ersetzen; diese sich opfernden Minoritäten aber erhöhen nicht nur den Bildungsschatz als solchen, sondern durch Hebung des Culturniveaus im Ganzen zugleich die durchschnittliche Gehirnorganisation des Volkes.

Nachdem wir somit gesehen, dass aus rein ethischen und psychologischen Erwägungen die substantielle Selbstständigkeit des Individuums nicht zu begründen ist, und dass schon das geschichtliche Werden und die fortschreitende Verselbstständigung des Individuellen auf die Phänomenalität desselben hinweist, gehen wir zu den Argumenten über, welche Bahnsen aus der scheinbaren Selbstständigkeit der Individuen im geschichtlichen Process schöpft, indem er die Constanz der Naturgesetze und die aus ihr folgende relative Constanz der individuellen Bestrebungen für die Lebensdauer des Individuums übersicht.

6. Die Widerstände der Entwickelung.

Bahnsen argumentirt so: Im geschichtlichen Process sind retardirende Kräfte vorhanden, ideell überwundene Stufen, welche der weiteren logischen Entwickelung noch reellen Widerstand entgegensetzen (19, 79); die Analogie pädagogischer Allmählichkeit passt nicht auf den Process des Absoluten (20); aus dem Willen als solchen kann der Widerstand nicht stammen, so lange der Wille als Einer angesehen wird, und er seinen einzigen Inhalt in der Idee findet; aus der Idee kann er aber auch nicht stammen, weil in dem Logischen kein Raum ist für unlogische Residua, weil diese vom All-Einen sofort resorbirt werden müssten, sobald sie anfangen unlogisch zu werden (19—20). Also, schliesst Bahnsen weiter, ist der Monismus ausser Stande, die Thatsache der Widerstände in der Entwickelung zu erklären, also muss er falsch sein und durch eine Theorie ersetzt werden, welche dem Individuum die Selbstständigkeit zugesteht, sich gegen den Fortschritt des Weltprocesses aufzulehnen, was nur bei substantiell gesondertem Eigenwillen möglich ist.

Dem ist Folgendes zu entgegnen. Wenn das All-Eine als Absolutes den Process durchmachte (was übrigens in sich schon ein Widerspruch ist), so wäre die pädagogische Analogie unbrauchbar; nicht so, wenn es den Process als ein seiner Absolutheit Entäussertes, d. h. als Totalität von Individualexistenzen oder Selbstheiten durchmacht. Da der Fortschritt des Weltprocesses in der Steigerung des Bewusstseins liegt, und diese nur durch Ausbildung von Individuen (Thieren, Menschen, Völkern, Staaten u. s. w.) erreichbar ist, so ist in der That der Weltprocess ein durch und durch pädagogischer Process. Allerdings setzt dies voraus, was zu beweisen ist, die Erklärbarkeit der relativen Selbstständigkeit der Individualentwickelung gegenüber den Zwecken des Absoluten. Aber diese Thatsache ist sehr wohl mit dem Monismus zu vereinbaren. Der Widerstand der retardirenden Kräfte ist nämlich weder bloss aus dem Willen (der ja an sich leer und ungetheilt), noch bloss aus der Idee (die ja an sich kraftlos und unreell), sondern wie alles reale Geschehen nur aus der Einheit beider untrennbaren Seiten des All-Einen zu erklären. Die Idee muss das concrete Ziel, also auch seine Besonderung und particuläre Einzelheit aufstellen, und der Wille muss die Kraft hergeben, mit der dieses ideelle Ziel sich in der Realität behauptet, d. h. gegen Angriffe dauernd neu realisirt. Wenn nun Bahnsen meint, dass die logische Idee alle logisch überwundenen Stufen sofort in sich resorbiren müsse, so setzt das eine ganz falsche Auffassung der Teleologie voraus, nämlich die Vorstellung, als ob Zweckmässigkeit in Natur und Geschichte nur durch eine unmittelbare Realisirung des logisch geforderten Zieles gegeben werden könne.

Dies ist aber noch diejenige Auffassung der Teleologie, welche aus dem einseitigen Vorsehungsglauben resultirt, und die Nothwendigkeit einer μηχανή zu dem τέλος, eines Mechanismus zur Verwirklichung des Zwecks, einer gesetzmässigen Causalität als logisch geforderter Grundlage der Teleologie verkennt. Bahnsen scheint keine andere als eine anticausale Teleologie zu kennen, die in der unmittelbaren Verwirklichung des Zweckes aller Gesetze und Ursachen spottet; er vergisst, dass selbst die christliche Teleologie des Mittelalters der causalen Gesetzmässigkeit doch ein gewisses, wenn auch untergeordnetes Gebiet einräumte, dass aber heute eine anticausale Teleologie überhaupt nicht mehr bekämpft zu werden braucht. Gäbe es nur die Alternative zwischen dieser Teleologie und gar keiner, so könnte die Wahl nicht zweifelhaft sein. Da Bahnsen an die Möglichkeit einer Teleologie, welche die Causalität als Mittel logisch in sich einschliesst, gar nicht gedacht zu haben scheint, so musste er allerdings dazu gelangen, die reale Gültigkeit der Teleologie zu leugnen. Da er nun aber doch wieder zu sehr Philosoph war, um mit den Materialisten alle Teleologie für Schwindel und Unsinn zu erklären, so ergab sich das merkwürdige Resultat, dass er für das teleologische Problem in seiner Isolirung den subjectiv-idealistischen Standpunkt festzuhalten bemüht ist (62, M. V. 28), den er im Uebrigen principiell verworfen und als grundsätzlichen Irrthum durchschaut hat. Diese Inconsequenz hätte allein genügen sollen, ihn darauf aufmerksam zu machen, dass in seiner Auffassung der Teleologie etwas nicht richtig sein müsse.

Bei seiner Ansicht ist es freilich ganz consequent, zu fragen, warum uns das All-Eine nicht mit einem Schlage so geschaffen habe, dass wir ohne alle Qualen des Forschens und Ringens sofort „*uno obtutu*" in unfehlbarer Intuition den Weltzusammenhang und seine Selbstvernichtungszwecke durchschauen" (79). Nur ist das noch nicht consequent genug. Denn wenn er doch einmal die naturgesetzliche materielle Organisation als Bedingung des Bewusstseins und den Widerspruch eines unfehlbaren Bewusstseins ausser Acht lässt, so hätte er die fragliche unfehlbare Intuition lieber gleich im All-Einen selber suchen sollen, wie er denn auch meint, dass die Diremtion desselben zur blossen Zweiheit (anstatt des Luxus der

Vielheit) hätte genügen müssen (69). Auf diese Weise käme man
auf die ewige Zweiheit der Attribute zurück, und der Weltprocess
erschiene als überflüssig für den Weltzweck; genauer besehen hört
aber bei geleugneter Zweckmässigkeit der Individuation und des Processes auch der Zweck auf, Zweck zu sein, weil dieser Begriff erst
in der Correlation zu dem hier wegfallenden Mittel (der Individuation
und dem Process) besteht, und es wäre nicht zu sagen, was dann
überhaupt ausser der absoluten Substanz mit ihren zwei Attributen
noch für den Gedanken übrig bliebe. Erkennt man dagegen an,
dass für einen Zweck auch ein Mittel logisch gefordert ist, dass
dieses Mittel hier die Entwickelung eines hohen Bewusstseinsgrades
ist, dass die Voraussetzung zu diesem aber eine materielle Organisation von constanten Functionen und Reactionsweisen, die Bedingung
hierzu aber vor Allem die Constanz der unorganischen Naturgesetze
sei, dann ist die ausnahmslose Gesetzmässigkeit als logisch geforderter fundamentaler Mechanismus für die Teleologie erwiesen,
dessen Integrität unter allen Umständen respectirt werden muss,
wenn überhaupt ein teleologischer Process möglich sein soll.

Nicht das kann in Frage gestellt werden, ob ein logischer
Complex von Naturgesetzen dem teleologischen Process zur Basis
dienen müsse, sondern nur darum handelt es sich, welcher Art
dieser Gesetzescomplex sein müsse, erstens um überhaupt den Endzweck nicht zu verfehlen, und zweitens, um denselben in möglichst
zweckmässiger Weise zu erreichen. Es ist klar, dass, wenn der
teleologische Process einmal an die Bedingung einer naturgesetzlichen Basis geknüpft ist, ein scheinbarer Mangel an Zweckmässigkeit im Einzelnen nicht mehr als negative Instanz geltend gemacht
werden kann, sobald nur einerseits die scheinbare Unzweckmässigkeit erweislich eine nothwendige Folge der fundamentalen Naturgesetze ist, und zweitens durch dieselbe der teleologische Process
im Ganzen nicht zwecklos gemacht, d. h nicht an der Erfüllung
seines Zweckes gehindert wird. Beide Merkmale sind an den
scheinbaren Unzweckmässigkeiten der Natur und Geschichte erfüllt,
wir wissen, dass sie nothwendige Folgen der Naturgesetze sind,
und wir sehen täglich, dass sie nicht im Stande sind, den Entwickelungsgang des Grossen und Ganzen auch nur zu stören. Dies gilt
beispielsweise auch für die in anthropologischer Hinsicht zurückgebliebenen Stämme, welche ruhig als unschädliche (keineswegs

"lästige" — S. 20) Residuen fortvegetiren, bis ihnen die Stunde der Ausrottung schlägt, wo höhere Racen ihr Gebiet für die Cultur occupiren (45); sie haben ihre geschichtliche Aufgabe erfüllt, als sie vor Jahrtausenden den mit ihnen damals auf gleicher Culturstufe stehenden, aber günstiger veranlagten Culturracen als Stimulans in jenem Kampf um's Dasein dienten, vermittelst dessen letztere ihre Anlagen zur Entfaltung gebracht haben (45 Anm.). Ferner gilt es für lange Zeit hinträumende, stagnirende Culturnationen (Chinesen, Inder), die vielleicht nicht einer blossen Ausrottung, sondern zu positiven Culturimpulsen aufbewahrt blieben, welche sie durch ihre geretteten Culturdenkmäler den fortgeschrittensten Racen zu ertheilen im Stande sind.

Hiermit ist erwiesen, dass der bestehende Complex von Naturgesetzen ein solcher ist, welcher unzweifelhaft **geeignet** ist, den Zweck der Steigerung des Bewusstseins zu fördern, und dies muss uns zur Anerkennung des teleologischen Charakters der Naturgesetze genügen; denn ob dieselben wirklich die diesem Zweck am **besten** dienenden sind, können wir niemals direct constatiren, sondern höchstens indirect durch Rückschlüsse wahrscheinlich machen.

Wenn nun Bahnsen mir zugestehen muss, dass für meinen Weltzweck ein hochentwickeltes Bewusstsein als Mittel unentbehrlich, dieses aber einen Organismus mit hochentfaltetem Gehirn, und dieser wiederum eine nach constanten Naturgesetzen sich bewegende reale Materie voraussetzt, so kann er gar nicht umhin, einzugestehen, dass die absolute Constanz der Naturgesetze eine **unmittelbare Resorption** derjenigen Individuen höherer und niederer Ordnung, welche dem Entwickelungszweck des Ganzen nicht mehr dienen, oder gar widerstreben, **gar nicht zulässt.** Zur Constanz der Naturgesetze gehört unter anderm die Constanz der materiellen Atome für die Dauer des Weltprocesses, und aus der absoluten Constanz der Atome, welche einen Organismus constituiren, und der absoluten Constanz der Gesetze, nach welchen sie functioniren, folgt eine **relative Constanz** der formellen Constitution des Organismus und seines Gehirns während einer längeren Periode seines Lebens (von der vollen Reife bis zum Eintritt der Greisenhaftigkeit). Diese Lebensperiode aber ist es gerade, innerhalb welcher das Individuum berufen ist, in den Process einzugreifen; ist nun sein Charakter, seine Grundsätze und Anschauungen einmal unter Ein-

flüssen gebildet, welche zu seiner Jugendzeit vernünftig waren, so
functionirt sein Gehirn wesentlich in Gemässheit der einmal erlangten Constitution in der zweiten Hälfte seines Lebens weiter, wo
vielleicht die Tendenzen, welchen das Individuum seine Dienste gewidmet hat, bereits überwundener Standpunkt geworden sind. Gleichwohl ist auch hier die Wirkung nicht eine rein vernunftlose, sondern eine
negativ-vernünftige, stimulirende, für diejenigen Individuen, welche
das positiv Vernünftige der Periode vertreten. So giebt die Bedingtheit des Geistes und Charakters durch das Gehirn und die relative
Constanz des Gehirns (namentlich in der zweiten Hälfte des Individuallebens) eine ausreichende Erklärung dafür, dass das Individuum
dem Process gegenüber eine gewisse Selbstständigkeit behauptet.

Dazu kommt, dass die reale Vernünftigkeit jeder Geschichtsperiode ja nicht eine ruhend seiende, sondern eine im Process (z. B.
im Kampf um's Dasein) sich erzeugende oder realisirende ist. Dies
hat zum Theil eine pädagogische Begründung, indem nur durch den
Zwang zum Kampf und zum eigenen Erringen des Vernünftigen die
Individuen ihre bewusste Vernunftthätigkeit schärfen und dadurch
ihre Gehirnorganisation und Geistescapacität erhöhen können; zum
andern Theil liegt es aber auch darin begründet, dass die Beschränktheit der Individuen jedem einzelnen nur eine mehr oder
minder einseitige Ausprägung des Vernünftigen gestattet, so dass die
Totalität der Vernünftigkeit der Epoche erst in der Zusammenfassung der vielen Individualvernünftigkeiten sich darstellt, welche
nicht als Summe, sondern als wechselseitige Durchdringung, d. h.
als Ergänzung im geistigen Kampf zu verstehen ist. Die unmittelbare Verwachsung von Geist und Charakter im Gehirn bringt es
mit sich, dass der Kampf der Ideen, so wie er durch Individuen
geführt wird, zugleich ein Kampf der Strebungen, d. h. ein realer
Conflict wird, was für die Zwecke des Processes nicht nur nicht
hemmend, sondern sogar fördernd wirkt. Ich für mein Theil kann
mir eine Verwirklichung der Vernunft im Process durch viele reale
Individuen gar nicht anders vorstellen, als dass die reale Vernünftigkeit sich aus dem realen Conflict des mehr und minder Vernünftigen immer neu erzeugt, um durch immer neue Vernichtungskämpfe auf immer höhere geschichtliche Stufen zu gelangen. Jede
andere Vorstellungsweise lässt die Realität und Beschränktheit der
Individuen ausser Acht, welche einerseits zwar als reelle Vertreter

von Vernunft in die Schranken treten, andererseits jedoch nur eine particlle Vernunft zu fassen und zu repräsentiren vermögen.

Allerdings gehört zu dieser Auffassung die Voraussetzung, dass der Begriff des concret Vernünftigen selbst, in seiner geschichtlichen Erscheinung gefasst, eines Stufenganges fähig sei, eine Voraussetzung, die von Bahnsen gleichfalls bekämpft wird (74—75 u. 78.) Nach meiner Ansicht ist das Logische ein Formalprincip, das bestimmend wird für den intuitiven Inhalt der Idee, sobald dieselbe actuell wird; dies wird sie aber erst, wenn ihre logische Energie durch die Erhebung des Unlogischen sollicitirt wird zur Selbstbethätigung im negativen Sinne. So findet das logische Formalprincip seine erste Anwendung am Unlogischen, und sie besteht in der Aufstellung der Negation desselben als logischen Postulats. Dieses Postulat wird „Zweck", insofern das Logische es durch die Idee eines Mittels zu seiner Verwirklichung ergänzt. Die Teleologie ist also die auf das Unlogische angewandte Logik. Nun ist zwar das logische Formalprincip ewig mit sich identisch, ebenso ist der absolute Zweck immer nur Einer, und während des ganzen Processes derselbe; dagegen zerfällt „das absolute Mittel" in eine grosse Kette von Mittelzwecken und Zweckmitteln, welche zwar in der absoluten Idee gar nicht explicirt werden, sondern bloss implicite in der Intuition jedes Moments enthalten sind, aber doch in der realen Zeitreihe des Weltprocesses nacheinander zur Entfaltung gelangen. Abgesehen von aller realen Zeit würde freilich gar keine Realisirung des Zweckes möglich sein; aber diese Unmöglichkeit als möglich gesetzt, gäbe es dann nur logische, keine historische Kategorien. Sowie wir jedoch in die reale Zeitreihe des Processes, d. h. in die Geschichte eintreten, muss, dem Begriff der Entwickelung gemäss, unbeschadet der Constanz des Logischen als Formalprincips und unbeschadet der Constanz des absoluten Zwecks, doch in jedem Augenblick ein anderer Weltinhalt das absolut vernünftige Mittel zum absoluten Zweck sein, d. h. das concret Vernünftige in der Geschichte ändert sich beständig, während das abstract Vernünftige, oder das Logische unter Abstraction vom geschichtlichen Process, sich gleich bleibt.

Bahnsen hat sich speciell an den Ausdruck „historische Kategorie" gestossen, den ich von Arnold Ruge übernommen habe, um mir die Verweisung auf dessen Kritik der Hegel'schen

Staatslehre bequemer zu machen. Der Ausdruck ist anstössig,
wenn man „Kategorie" streng auf das Gebiet der Schullogik beschränken will; ganz unbedenklich, wenn man den Sprachgebrauch
erwägt, der von Kategorien von Büchern, Dienstboten u. dergl.
spricht. Ich verstehe unter „historischen Kategorien" abstracte Formen des geschichtlichen Lebens, wie z. B. Stadtrepublik, constitutionelle Monarchie, Papstthum, Presbyterialkirche, Zunftwesen, Gewerbefreiheit u. dgl., welche vernünftig sind nur unter gewissen geschichtlichen Zuständen und Voraussetzungen, aber unvernünftig
werden, wo man sie bei Ermangelung dieser Voraussetzungen einführen will. Mit Land und Leuten, Racentypus und Bildungsstufe
ändern sich die Zwecke, denen die geschichtliche Partialentwickelung
zustrebt, wie sich der Zweck für die Individualentwickelung einer
Pflanze mit der Versetzung in andern Boden ändert (69); aber diese
Modification der partiellen Mittelzwecke alterirt so wenig die Constanz des absoluten Zwecks und der zu ihm hinleitenden Gesetze,
dass sie vielmehr grade durch letztere bedingt ist, insofern der
constante Zweck andere Mittel bei geschichtlicher Wandelung der
Verhältnisse logisch postulirt.

7. Die Nebenherläufer der Entwickelung.

Wenn sich Bahnsen gegen diese doch fast trivial zu nennende
Unterscheidung zwischen logisch und historisch, abstract vernünftig
und concret vernünftig, nicht so hartnäckig verschlossen hätte, so
würde ihm auch das Verständniss für die Möglichkeit geschichtlicher
Widerstände in einer vernünftigen realen Entwickelung nicht so
schwer gefallen sein, und würde er sich, nebenbei bemerkt, auch
seine Bemängelung (S. 9) meines Rechtsbegriffes erspart haben, bei
dem die gleiche Unterscheidung seine Bedenken erledigt (vgl. 39—40).
Wenn er andrerseits sich der Einsicht eröffnet hätte, dass die Ausbildung verschiedener Seiten der logischen Idee in der Wirklichkeit auf verschiedene Menschen, Nationen, Racen und Geschichtsperioden vertheilt sein müsse, ohne doch in ihren Resultaten den
lezten Erben der ganzen Menschheitsentwickelung verloren zu gehen,
so würde er es auch unterlassen haben, die Geschichte der Kunst
als ein in die Entwickelung der Idee nicht passendes Moment, als
eine den Evolutionismus widerlegende Instanz anzuführen (43—44).

Die Frage, ob die künstlerische Production schon jetzt einer absoluten Erschöpfung entgegengehe, oder ob diese Erschöpfung eine nur relative in Bezug auf die Ideen unserer Culturepoche sei, mag ganz dahingestellt bleiben; es verräth auf alle Fälle ein geringes Verständniss von dem universellen und unersetzlichen Bildungswerth der Kunst für den Menschengeist, wenn man die Geschichte der Kunst als einen „Nebenherläufer" (44) aus der gradlinigen Steigerung des Bewusstseins hinauswerfen zu können meint. Die ästhetische Bildung ist ein ganz wesentlicher Factor für die Bildung des Intellects überhaupt und für die Erhöhung seines Niveaus, dient also in ganz unverkennbarer Weise dem Zweck des Weltprocesses, auch dann noch, wenn eine Periode künstlerisch unproductiv geworden ist und sich nur noch an den Kunstschätzen der Vergangenheit erhebt und veredelt. Je reicher und vielseitiger diese Vergangenheit wird, um so bedeutender muss ihr Einfluss werden; ein Hellene, der bloss Phidias und Sophokles kannte, war offenbar in einer weit einseitigeren ästhetischen Bildung befangen, als wir, die wir Raphael und die Niederländer, Shakespeare, Schiller und Goethe, Bach, Mozart und Beethoven zu jenen noch dazu besitzen.

Schon diese Erwägung allein würde genügen, um Bahnsen's Lieblingsspruch: „Alles schon dagewesen" zu Schanden zu machen, und die Ungerechtigkeit seiner Behauptung darzuthun, dass „die postulirte Bildungshöhe gewisser Orten schon vor Jahrtausenden in einem Umfang erreicht war, dass damit verglichen der vielgepriesene Durchschnittsstandpunkt der Menschheit unsrer Gegenwart als ein Rückschritt erscheinen kann" (81). Wenn einer von uns jetzt in die Blüthenzeit von Hellas zurückversetzt werden könnte, er würde es unter dieser bogenlosen Architektur, dieser harmonielosen Musik, diesen undramatischen Musikdramen, dieser ausschliesslich plastischen Kunstanschauung, in dieser frauenlosen Gesellschaft, in diesem auf dem Fundament der Sclaverei errichteten Gemeinwesen mit seiner widerlichen Demagogenwirthschaft nicht drei Tage aushalten, ohne sich in unser weit reicheres, humaneres und geordneteres Leben schmerzlich zurückzusehnen. Harmonischer war damals allerdings das Leben der freien Bürger männlichen Geschlechts, aber die Harmonie ward eben nur dadurch so viel leichter errungen, weil die zu versöhnenden Elemente so viel wenigere waren, weil das Leben als Ganzes so viel ärmer war.

Ausserdem dass die Kunst direct an der Bildung des Geistes und dadurch an der Steigerung des intellectuellen Niveaus mitarbeitet, hat sie aber auch noch den zweiten indirecten Nutzen für den Process, dass sie die reinsten und edelsten Freuden auf den Pfad der Kämpfenden ausstreut, ihre Erholungspausen würzt und sie mit frischer Kraft zu fernerem Ringen versieht. So hat die Kunst nicht bloss eine eudämonologische Bedeutung, insofern den Kämpfern Genüsse gewährt werden, die den Zweck des Processes nicht schädigen, sondern sie ist auch eine sollicitirende Macht, welche die Ringenden stärkt, wie der Becher Wein oder der Trunk Quellwasser den ermattenden Krieger auf dem Schlachtfeld, und dieser Nutzen ist wahrlich nicht gering zu veranschlagen. Sie für einen Nebenherläufer ohne logischen Zweck und Sinn zu halten, wie Bahnsen thut, zeigt also in doppelter Hinsicht einen Mangel an Ueberlegung. Man kann die zuletzt erwähnte Bedeutung der Kunst sogar noch für solche anscheinende „Nebenherläufer" des Processes gelten lassen, von denen nicht, wie von der Kunst, ein unmittelbarer Nutzen für den Process zu erkennen ist, für die sogenannten „Steckenpferde" der Menschen, die für die Erwachsenen etwa dasselbe bedeuten, wie für die Kinder das Spielen. Was kann ein rührenderes Zeugniss für die Vorsorge der Weisheit geben, als dass sie auch dem Geistesärmeren ohne tiefere künstlerische und wissenschaftliche Bedürfnisse in seinem „Steckenpferde" ein Surrogat jener gönnt, in dessen Verfolgung sein Wille eine Befriedigung, eine behagliche Ausfüllung seiner Musse findet, und dessen beraubt er sich unglücklich und deprimirt auch für die Erfüllung seiner Berufspflichten fühlen würde.

Völlig werthlose „Nebenherläufer" der Entwickelung erkenne ich nur insofern an, als aus dem unentbehrlichen Fundament der Teleologie, den zweckmässigen Naturgesetzen, unvermeidlicher Weise ausser den dem Fortschritt unmittelbar dienenden Gebilden auch andere hervorgehen, welche dem Naturzweck nicht dienen, denselben aber auch nicht hemmen können, weil sie resorbirt werden, **sobald die von ihnen occupirten Lebensbedingungen für andere dem Process dienende Factoren in Anspruch genommen werden.** Diese „Nebenherläufer" sind aber gleichfalls nicht „unlogisch" zu nennen (S. 44), denn sie sind, obwohl selbst nicht Mittel zum Zweck, **doch logische Consequenzen des logisch geforderten Ur- und**

Grundmittels. Sie schliessen also keineswegs ein Zugeständniss des Unlogischen im Inhalt des Weltprocesses in sich, wie Bahnsen S. 44 meint, und können nicht in Analogie gestellt werden mit seiner inconsequenten Einräumung einer „particllen Weltvernunft", (44) die sich ebenso wenig mit seiner Realdialectik wie mit seiner Restriction des Logischen auf die subjectiv-psychologische Sphäre (S. 2) vereinigen lässt.

Hiernach können die „Nebenherläufer" der Entwickelung ebenso wenig wie die „Widerstände" derselben einen Einwurf gegen den monistischen Evolutionismus bilden, und noch weniger als die ethischen Gesichtspunkte eine individualistische Metaphysik begründen.

8. Individualismus und Monismus.

Aller Individualismus muss unerbittlich an der Relativität des Individualitätsbegriffes scheitern, wie solche von Haeckel und mir nachgewiesen worden ist. Gegen diese Erkenntniss steckt Bahnsen den Kopf unter den Flügel, wie der Strauss vor der Todesgefahr, d. h. er erwähnt dieselbe mit keiner Sylbe. Der Materialismus, der als ewige Monaden nur die materiellen Atome kennt, und die Individuen bloss aus Atomen materieller Art constituirt sein lässt, hat mit der Ewigkeit der Monaden keine Noth; aber eine metaphysische Monadologie, die von der substantiellen Selbstständigkeit des menschlichen Individualwesens ihren Ausgang nimmt (mag sie dasselbe nun, wie Bahnsen, als charakterologisch bestimmten Willen, oder, wie Herbart, als Vorstellungsvermögen denken), wird immer in die Schwierigkeit gerathen, was sie mit den ewigen Monaden vor und nach ihrem empirisch gegebenen Individualleben anfangen solle. Das Wesen, das sich einmal einen ihm adäquaten Leib geschaffen, wird es auch öfter thun, und so ist die Seelenwanderung eine von dem Individualismus unabtrennbare Doctrin.*) Ein charakterologischer Individualismus findet freilich an der Unterbrechung der Continuität keine Schwierigkeit, aber die ewige Constanz des Cha-

---

*) Mit achtungswerthem Muth ist dies eingestanden in einem kürzlich erschienenen Buche: „Eine Philosophie des gesunden Menschenverstandes. Gedanken über das Wesen der menschlichen Erscheinung", von Lazar B. Hellenbach, welcher, ohne von Bahnsen zu wissen, gleichfalls auf Schopenhauer'scher Grundlage einen realistischen Individualismus zu errichten versucht.

rakters nöthigt ihm die fernere Annahme auf, dass die verschiedenen
Leiber und empirischen Charaktere, welche eine und dieselbe Monade
in ihren verschiedenen Erscheinungsphasen annimmt, einander völlig
identisch sein müssen, mit Ausnahme der durch die verschiedene
Erscheinungszeit ausgeschlossenen numerischen Identität. Dies nun
erschwert sehr die Unterbringung der menschlichen Monaden vor
der Zeit der Entstehung des Menschen auf der Erde; denn die
Seelenwanderung durch thierische Organismen ist durch die Constanz
des Charakters und die Congruenz von Wesen und Erscheinung
zweifellos ausgeschlossen. Die weiteren Schwierigkeiten, welche
durch die Erblichkeit der Charaktereigenschaften entspringen, will
ich nur andeuten; sie führen zur Wiederkehr gleicher Reihenfolgen
oder Serien der Verleiblichung ewig verwandter Monaden, die nach
ihrer Wesens- und Charakterverwandtschaft sich seit Ewigkeit her
so zusammengefunden haben, und die Comödie ihrer gegenseitigen
Scheinzeugung von Ewigkeit zu Ewigkeit auf den verschiedensten
Weltkörpern in ermüdender Gleichförmigkeit wiederholen. Man
sieht: je weiter man sich in die Consequenzen des metaphysischen
Individualismus vertieft, in desto abstrusere Hypothesen wird man
unausweichlich verstrickt, und desto weiter entfernt man sich von
derjenigen Auffassung der Individualität, welche durch den gegenwärtigen Stand der Naturwissenschaft und Naturphilosophie als die
einzig haltbare gegeben scheint.

Da Bahnsen die Lehre von der Relativität der Individualität
völlig ignorirt, so weiss ich nicht, wie er sich zu den bei Leugnung
derselben unlösbaren Fragen nach der Individualität zusammen-
gesetzter Organismen stellt, und ob er z. B. die Individualität eines
Bandwurmgliedes, eines Baumsprosses oder einer Zelle anerkennt.
Gewiss aber ist es, dass er die monadologische Selbstständigkeit
der materiellen Atome anerkennt, und diese genügt, um das durch
die Ineinanderschachtelung der Individuen entspringende Problem
klar zu machen. Indem beispielsweise der menschliche Individualwille sich verleiblicht, bildet er sich einen aus materiellen Atomen,
also Individuen niederer Ordnung bestehenden Organismus an; er
nimmt also die Stelle eines Herrschers unter diesen Individuen, oder
die einer Centralmonade unter den vielen Monaden seines Leibes
ein, und hat die letzteren so im Sinne eines organisirenden Princips
zu leiten, dass die Constitution des Organismus genau seinen

Charakter widerspiegelt. Woher soll aber ein Individuum die Fähigkeit nehmen, die Vorsehung einer Menge anderer zu spielen, oder ihre naturgesetzmässigen Functionen im Sinne einer organisirenden Lebenskraft zu dirigiren und zu verwerthen? Schon das Aufeinanderwirken überhaupt ist zwischen getrennten Substanzen ohne ein absolutes Einigungsband unbegreiflich genug, aber eine solche Herrschaft von Centralmonaden würde dem Glauben allzuviel zumuthen. Anders wenn die Atome nur individualisirte Acte des All-Einen sind, und die organisirende Function vom All-Einen selbst ausgeht; dann ist der Zusammenhang sofort verständlich und naturgemäss.

Herbart und Bahnsen, die beide die Relativität des Individualitätsbegriffs ignoriren zu können glaubten, müssen darum beide auf Leibniz zurückgehen, der dieselbe anerkannte — nicht bloss nach unten, sondern auch nach oben, — und der trotz seiner Aufstellung einer absoluten Centralmonade (als Schöpfer der übrigen) doch philosophische Selbstverleugnung genug besass, um das Wirken der Monaden auf einander als unmöglich zuzugestehen und die prästabilirte Harmonie an ihre Stelle zu setzen (welche doch auch wieder in anderer Art die vom Individualismus geträumte Selbstständigkeit des Seins und Handelns aufhebt). Sobald das Leibniz'sche System mit der Absolutheit der Centralmonade Ernst macht, verwandelt sich die prästabilirte Harmonie in eine dauernde logische Determination alles Daseins aus seiner centralen Wurzel, und die einmalige Schöpfung in eine stetige Setzung, d. h. die abgeleiteten Substanzen in Positionen oder Acte des Absoluten, und die Monadologie wandelt sich wieder in einen Monismus um, in welchem alle Stufen von Monaden oder Individuen gleich wenig Substantialität und Selbstständigkeit haben.

Derselbe Process würde dem Individualismus Bahnsen's nicht erspart bleiben, wenn sein Urheber sich nicht vor dem mahnenden Weckruf der dringendsten metaphysischen Probleme einfach die Ohren zuhielte.

Bahnsen behauptet mir gegenüber, das Wunder der Aseïtät oder der Ursprünglichkeit des Seins werde dadurch um nichts wunderbarer, wenn es unzählige Male, als wenn es einmal vor uns steht. Dem kann ich entschieden nicht beipflichten. Das Unglaubliche, Unerhörte, Unvermuthete und schlechthin Unwahrscheinliche wird um so toller, und dreht unser Gehirn in um so schwindelnderen Kreisen, je öfter es sich vor unserm erstaunten Blicke zeigt. Aber sei dem, wie ihm wolle, so bleibt doch Ein Punkt übrig, der bei der blossen Zurückweisung einer zahllosen Vervielfältigung des Wunders noch gar nicht zur Sprache gebracht ist, das ist die Homogenität der Essenz in den vielen ursprünglichen, und in ihrer ewigen Aseïtät von einander ganz unabhängigen Substanzen. Diese Homogenität aller Monaden erkennt Bahnsen ausdrücklich an; da sein Pluralismus nur aus der Zersplitterung des Schopenhauer'schen Monismus hervorgegangen ist, so sind auch seine Individuen sämmtlich Bruchstücke des Schopenhauer'schen Willens, und er erkennt an (S. 67), dass diese Gleichartigkeit Bedingung für ein lebendiges Verhältniss, für eine Wechselwirkung der Individuen unter einander sei (obschon es ein Irrthum von ihm ist, sie für deren zureichenden Grund zu halten).

Nun ist aber nur zweierlei möglich: entweder die Monaden haben wirklich Aseïtät im strengsten Sinne, oder aber sie sind reelle Bruchstücke einer ursprünglich einig und ganz gewesenen, und in unvordenklichen Zeiten in die Brüche gegangenen absoluten Substanz. Im ersteren Fall ist die Willensnatur in jeder der vielen Substanzen ebenso grundlos wie ihre Existenz; es würde sich also damit, dass alle die zahllosen Substanzen die nämliche homogene Beschaffenheit zeigen, ein Fall von so ausserordentlich kleiner apriorischer Wahrscheinlichkeit verwirklicht finden, dass die fast absolute Unwahrscheinlichkeit desselben, zu der rein numerischen Multiplication des Wunders der grundlosen Existenz addirt, diese Hypothese als eine wissenschaftlich unbrauchbare und verfehlte charakterisirt. Im andern Falle wäre zwar die Homogenität erklärt, aber doch nur auf Kosten der Aseïtät, auf welche der metaphysische Individualismus einen so hohen Werth legt, und auf Kosten des Zugeständnisses, dass ohne Monismus als Basis keinerlei metaphysisches System zu errichten sei.

Ich lasse die Schwierigkeit bei Seite, wodurch ein ursprünglich Eines dazu gebracht werden könne, sich zur Vielheit zu zersplittern, und ob eine solche metaphysische Selbstsprengung in getrennte Substanzen überhaupt als möglich gedacht werden könne. Ich weise nur darauf hin, dass, sobald das Eine sich in viele substantiell getrennte Theile zerspalten hätte, auch jede Beziehung, jedes

Verhältniss zwischen diesen *disjectis membris dei* aufhören müsste, wogegen die Gleichartigkeit der Theile keinen Einwand begründen kann. Besteht eine lebendige Wechselwirkung, welche sogar, wie Bahnsen zugesteht, in einer T e n d e n z z u r V e r e i n i g u n g oder zur Restitution der reinen Einheit gipfelt, so ist das ein sicherer Beweis, dass das Eine a l s s o l c h e s wirklich noch fortbesteht, und die Vielheit nur seine eine, und zwar äussere Seite ist. Nur die Fortdauer des Einen als solchen in einer über die Sphäre der Individuation erhabenen Sphäre kann das vereinigende Band abgeben, welches die Individuen mit einander verknüpft und ihr Wirken auf einander ermöglicht. Absolut getrennte Viele können ebenso wenig zur Einheit gelangen oder auch nur tendiren, wie ein Eines sich zur substantiellen Vielheit zersprengen kann. Haben nach Bahnsen die Individuen die Einheitstendenz wie eine Art Reminiscenz aus der Zeit ihres realen Einsseins übrig behalten, so hätte eben diese Tendenz genügen müssen, um jede Velleität zum Uebergang aus dem Zustande der Einheit in den der Vielheit im Keime zu esrsticken. Besteht aber die Einheit der Substanz noch fort, dann ist die exacte Alternative zwischen Pluralismus und Monismus thatsächlich nach der entgegengesetzten Seite entschieden, als Bahnsen will; dann ist das Prädicat der Substantialität für das Individuum nicht mehr disponibel, d. h. der Individualismus ist in sein Gegentheil, den Monismus umgeschlagen.

Sobald dieser Schritt im Princip vollzogen ist, verschwinden alle Schwierigkeiten, welche dem Standpunkt des Individualismus anhaften. Dass auch im Monismus die Atome ihre stetige Dauer während des ganzen Weltprocesses behalten müssen, ist schon oben bemerkt; es ist dies nur eine besondere Anwendung des logischen Postulats, dass für den Zweck des bewussten Intellects und der Organisation die anorganische Natur mit ausnahmloser Constanz der Gesetze als Basis unentbehrlich sei. Ohne Continuität der Existenz der Atome könnte nämlich von Constanz der Naturgesetze gar keine Rede sein; in dem Augenblick, wo ein Atom verschwände und ein anderes wo anders auftauchte, wäre die Naturgesetzlichkeit und die apriorische Berechenbarkeit ihres Mechanismus durchbrochen. Ganz anders liegt die Sache bei den verschiedenen Ordnungen und Stufen organischer Individualitäten; das Feste an diesen sind allein die unorganischen Individuen (Atome), aus denen sie sich erbauen, sie

selbst aber stellen sich schon empirisch als etwas Entstehendes und
Vergehendes dar. So müssen wir denn auch annehmen, dass die
unbewussten psychischen Functionen, welche das All-Eine auf diese
organischen Individuen richtet, ebenso einen Anfang und ein Ende
in der Zeit haben, wie ihr Gegenstand, dass mithin die psychischen
Individualitäten, welche sich als ein Amalgam aus den Innerlich-
keiten der den Organismus constituirenden Atome und den auf die
verschiedenen organischen Individualitäten-Gruppen des gesammten
Organismus gerichteten psychischen Functionen des All-Einen darstellen, selbst zeitlich begrenzte, zwischen Entstehen und Vergehen
des Organismus fallende, objective Phänomene sind, denen eine
continuirliche Dauer nach Analogie der unorganischen Ur-Individuen
nicht zugeschrieben werden kann. Dieses aus naturphilosophischer
Betrachtung hervorgehende Resultat dient demjenigen zur Bestätigung,
welches wir aus der Kritik der Unterscheidung zwischen intelligiblem und empirischem Charakter, aus der Einsicht in die Unhaltbarkeit dieser Trennung und aus der Erkenntniss von der Bedingtheit
des Charakters durch die ererbte und erworbene Constitution des
Organismus und insbesondere des Gehirns gewonnen hatten.

9. Partielle und universelle Entwickelung.

So stellt sich nach allen Seiten heraus, dass der metaphysische
Individualismus Bahnsen's nicht nur jeder stichhaltigen Begründung
entbehrt, sondern dass er sogar die unaufhaltsame Tendenz hat, in
Monismus umzuschlagen, dass er also in keiner Weise für geeignet
gelten kann, einen Einspruch gegen den monistischen Evolutionismus
zu erheben. Man kann dessenungeachtet seine Bemerkung ganz
richtig finden, dass unsre Erfahrung über die Kenntnissnahme von
Individualentwickelungen (z. B. der Menschheit oder unseres Pla-
netensystems) nicht hinausreicht, und dass die „reine" oder absolute
Entwickelung des Universums als solchen nirgends als ein empirisch
Wirkliches beobachtbar sein kann (58—59). Aber man wird darum
den Begriff der Universalentwickelung ebenso wenig verwerfen
wollen, wie man denjenigen des Universums deshalb verwirft, weil
dasselbe uns gar nicht empirisch erkennbar ist, sondern ewig blosses
Verstandespostulat bleibt.

Was uns mit hinlänglicher inductiver Sicherheit zu der Con-
ception einer Universalentwickelung führt, ist wiederum die Relati-

vität des Individualitätsbegriffes, und die allgemeine Wahrheit, dass jede Entwickelung eines Individuums niederer Stufe als aufgehobenes Moment eingegliedert wird in die höhere und umfassendere Entwickelung eines Individuums nächst höherer Ordnung. So ist der Lebenslauf der Zelle ein Glied in der Entwickelung eines Organs, und diese eine particlle Entwickelungsreihe (vielleicht auch nur eine zeitlich begrenzte Phase) im Lebenslauf eines Organismus, das Leben des Menschen Baustein zum Leben der Nation, dieses zum Leben der Race, dieses zur Culturentwickelung der Menschheit. So bilden ferner die niederen Arten und Varietäten Glieder in der Stammesgeschichte der höheren, das Leben des Pflanzenreichs und das des Thierreichs einander ergänzende und bedingende Bestandtheile für die fortschreitende Organisation der Erde im Ganzen, und die Entwickelung der unorganischen und die der organischen Natur ineinandergreifende Räder jener natürlichen Totalentwickelung, die wiederum zum aufgehobenen Moment in der Universalentwickelung herabgesetzt wird, sobald sie als Bedingung und Mittel zur Entwickelung des Geistes erkannt wird.

Muss nun diese Betrachtungsweise mit der Individualentwickelung unseres Planeten abschliessen? Ist es denn so unmöglich, dass auch unser irdisches Geistesleben als befruchtendes Element in eine andersartige Entwickelung einer höheren kosmischen Individualität eingehe u. s. f.? Können nicht Bruchstücke unserer vor Kälte zerbröckelten Erde künftigen Bewohnern anderer Planeten die Kunde unsrer eigenartigen Kultur zutragen, wie uns die ausgegrabenen Thontäfelchen mit unbekannten Schriftzügen unbekannter Sprachen jetzt die Poesie und Geschichte längst untergegangener Culturstaaten erschliessen? Könnte nicht gar die Sonne bestimmt sein, die Geistescultur aller ihrer Planetenentwickelungen ebenso in dem Entwickelungsgange ihrer künftigen Bewohner aufzusaugen und zu verwerthen, wie sie bestimmt ist, physisch die Massen ihrer Planeten in sich zu absorbiren? Und könnten nicht unsere irdischen oder solarischen Nachkommen mit ihren Brüdern auf den Fixsternen dereinst eine spektroskopische Telegraphie arrangiren, die zum Austausch der Geistesschätze der verschiedenen Planetensysteme führt? Gewiss sind das vorläufig phantastische Träumereien ohne alle solide Basis, aber sie bleiben doch wenigstens auf dem Boden der natürlichen Wirklichkeit, und verirren sich nicht wie die Consequenzen des Bahnsen'schen Individualismus in völlig mystische Gebiete. Sie sollen nur zeigen, dass der Möglichkeiten, die tellurische Entwickelung auch in geistiger Hinsicht in eine kosmische einzugliedern, noch gar viele offen stehen, und uns die sichere Aussicht nicht zu schrecken braucht, dass auch die Erde einmal erstarren wird, wenn der Weltprocess nicht vorher sein Ende erreicht.

Diese Möglichkeit bleibt nämlich auch noch offen, dass der Menschengeist allein schon ausreiche, um das Weltziel zu erreichen. Meine Weltanschauung ist durchaus nur noocentrisch, und wird nur dadurch anthropocentrisch, weil wir keine Basis für die positive Annahme haben, dass der Geist gegenwärtig noch wo anders als in der Menschheit seine Stätte habe. Es ist nicht nöthig, von der Anthropocentricität einer Weltanschauung auf ihre Geocentricität weiter zu schliessen, thut man dies aber, so kann es doch nur im Sinne einer moralischen, nicht einer physischen Geocentricität sein.*) Aber selbst anthropocentrisch ist meine Weltanschauung keineswegs principiell, sondern nur provisorisch bis zur Erkenntniss einer andern Stätte des Geistes ausser oder über der Menschheit; die Anthropocentricität ist nichts weiter als eine praktische Verlegenheitsauskunft, die das Ding am nächsten Ende anpackt, während die principielle Bedeutung meiner Weltanschauung nur als noocentrisch bezeichnet werden kann (vgl. Bahnsen S. 40).

Dass die Entwickelung in realen Verhältnissen, d. h. auf der unentbehrlichen Basis constanter Naturgesetze und Atome, keine grade Linie sein könne, sondern eine Spirale sein müsse, deren Windungen dem minder scharfen Blick leicht als Kreislaufbewegungen erscheinen können, das wusste bereits Leibniz. Dass diese Erweiterung des Umfangs oder diese Vergrösserung des Radius nicht *in infinitum* fortgehen kann, darin stimmt Bahnsen (S. 64—65) mit

---

*) Dies verkennt die anonyme Schrift „Das Unbew. vom Standp. der Phys. und Descendenztheorie" vollständig (S. 46—48). Einem Centrum oder Mittelpunkt die Kleinheit zum Vorwurf zu machen, scheint wenig gerechtfertigt, und die planetarische Beschaffenheit der Erde mit ihrer moralischen Bedeutung als geistiges Centrum für unvereinbar erklären zu hören, muthet uns ähnlich an, wie etwa die Belehrung thun würde, dass London nicht das politische, wirthschaftliche und geistige Centrum der Grossbritannischen Inseln sein könne, da es ja in deren südöstlicher Ecke liege.

mir überein; nur giebt er den Grund unrichtig an, wenn er ihn in
der Endlichkeit der Kraft anstatt in dem Widerspruch mit dem
Begriff der Entwickelung und des Zweckes sucht. Denn die Potenz
des Willens, also auch die Steigerungsfähigkeit der Intensität
des Wollens ist unendlich, und ebenso die Entfaltungsmöglichkeit
der Idee; andrerseits aber ist es ein Irrthum von Bahnsen, eine
Steigerung der absoluten Intensität der Weltkraft bei einer Ausdehnung des Entwickelungsradius für nothwendig zu halten, da nur
die Stufe der idealen Ausbildung des Weltinhalts sich erhöht, was
sich sowohl in einer Erhöhung der Individualtypen, als auch in
einer gesteigerten Ineinsfassung von Individualentwickelungen höherer
Ordnung zu höheren Gesammtentwickelungen ausdrückt.

Es ist sehr anerkennenswerth, dass Bahnsen es unumwunden
ausspricht, dass es „nicht mehr lediglich eine Abweichung im Credo
ist, sondern auf Unterschieden der metaphysischen Grundanschauungen (der individualistischen oder einzelwesentlichen und der monistischen oder all-einheitlichen) ruht, ob man
eine Erlösungsmöglichkeit annimmt oder nicht" (65).
Je mehr es mithin in dem Vorhergehenden gelungen sein sollte, die
Unverträglichkeit der individualistischen Metaphysik mit der Relativität des Individualitätsbegriffes und anderweitigen metaphysischen
Erwägungen darzuthun, je mehr die monistische Weltanschauung
sich befestigen und als die allein haltbare erweisen würde, desto
mehr müsste auch der Gedanke sich zur Gewissheit erheben, dass
alle Entwickelungen untergeordneter Individuen nur Glieder in der
Entwickelung des absoluten Individuums sein können, und dass diese
den absoluten Zweck erfüllen muss. Der Gegner selbst stellt mir
hiermit das Zeugniss aus, dass einer der am stärksten angefochtenen
Punkte meines Systems die folgerichtige Consequenz meines monistischen Standpunkts sei.

Wir kommen nunmehr zu der andern Seite, von der aus Bahnsen
die Entwickelung bekämpft, nämlich zu seiner Kritik des Logischen
und dessen Verdrängung durch die Realdialectik.

10. Die Realdialectik.

Bahnsen verspricht eine nähere Begründung seiner „Realdialectik" in einem Cyclus realdialectischer Vorträge (57, 18), auf deren

Veröffentlichung ich inzwischen fünf Jahre lang vergeblich gewartet habe. Vielleicht hat Bahnsen selbst sich inzwischen überzeugt, dass seine „Belege" doch nicht reif seien, um „der wissenschaftlichen Prüfung unterbreitet zu werden." Wenn man nach dem schliessen darf, was er S. 24—36 zur vorläufigen Begründung seiner Doctrin anführt, so sieht es allerdings mit derselben so schwach bestellt aus, dass er klüger gethan hat, seinen Cyclus realdialectischer Vorträge in seinem Pult zu verwahren. In der That machen seine Beispiele für den antilogischen Charakter der Wirklichkeit den Eindruck, als ob sie aus einem Manuscript früherer Jahrhunderte entlehnt seien, und können eine ernsthafte Widerlegung nicht wohl beanspruchen. Insoweit aber seine Betrachtungen einigermaassen festen Boden unter den Füssen haben, beweisen sie wiederum nichts für einen antilogischen oder auch nur alogischen Charakter der Wirklichkeit, sondern bestätigen nur die auch von mir aufgestellte Behauptung, dass alle Wirklichkeit nur in der Wirksamkeit, die Wirksamkeit aber nur im Wirken auf ein Anderes, also im Gegeneinanderwirken oder Conflict oder Widerstreit von ganz oder theilweise entgegengesetzten Kräften zu finden sei. Ist nun der Widerstreit der Kräfte oder Willensrichtungen Bedingung der Wirklichkeit, die Wirklichkeit aber Bedingung der Organisation und damit des bewussten Intellects, so ist eben jener Widerstreit der Willensrichtungen logisch postulirtes Mittel zum Weltzweck und nichts weniger als unlogisch.

Will man diesen Antagonismus der Kräfte bereits realdialectisch nennen (28), so ist damit eben dem Ausdruck „dialectisch" ein ganz anderer Begriff substituirt, als dies bei Hegel's und Bahnsen's antilogischer Dialectik der Fall ist, und es scheint mir aus äusseren Gründen der allzu leicht sich einschleichenden Begriffsverschiebung nicht empfehlenswerth, einen einmal im antilogischen Sinne gemünzten und geprägten Ausdruck nachträglich mit einer den antilogischen Sinn ausschliessenden Bedeutung acceptiren zu wollen, wie dies Moritz Venetianer thut.*) Widerstreit und Widerspruch ist

---

*) „Der Allgeist" (Berlin, C. Duncker, 1874) S. 214 fg. Venetianer hält daran fest, „dass Widerspruch sowohl unter mehreren wie in einem Wesen die Unmöglichkeit der Realisation zweier Willensrichtungen bedeutet, während Hegel ihn als Realität ausgeben wollte" (216), und erklärt sich gegen Bahnsen's

eben zweierlei. Widerstreit besagt, dass z w e i Subjecte zu gleicher Zeit nach Herbeiführung entgegengesetzter Zustände streben; Widerspruch besagt, dass e i n Subject zu gleicher Zeit entgegengesetzte Zustände in derselben Beziehung und an demselben Punkte w i r k l i c h b e s i t z t. Im Widerstreit bekommen die wider einander Streitenden beide n i c h t ihren Willen, und zwar deshalb nicht, weil sonst der Widerspruch entstände; wäre der Widerspruch nichts Unmögliches, so hörte die Möglichkeit eines Widerstreits auf, indem beide Streitenden ihren Willen bekämen. Wäre also die Realdialectik antilogisch, so hörte die Möglichkeit einer Realdialectik auf, weil der Widerstand der entgegengesetzten Strebungen gegeneinander einzig und allein aus der Unmöglichkeit des Widerspruchs entspringt. Die wirkliche Welt als Antagonismus der Kräfte ist mithin nur auf dem logischen Fundament (der Unmöglicheit des Zugleichseins des sich Widersprechenden in Einem) möglich, und wenn Bahnsen dieses Fundament „durch und durch realdialectisch" findet (28), so hat er damit logisch und realdialectisch identificirt, muss also auf seine antilogischen Velleitäten verzichten.

Wollte endlich Bahnsen den Einwand erheben, dass bei dem Widerstreit von Begehrungen in einer Seele nur e i n Subject der Träger der entgegengesetzten Bestimmungen sei, so hätte ich darauf zu bemerken, dass der Ausdruck „Subject" so eben nicht in der metaphysischen, sondern in der grammatikalischen Bedeutung von mir gebraucht worden sei (wo also in der That die Begehrungen die Subjecte sind, von denen die entgegengesetzten Bestimmungen ausgesagt werden), dass aber auch eine abweichende Auffassung an

---

Verwechselung von realdialectisch und antilogisch (217). Er hebt hervor, dass sein Panpsychismus Wille und Idee, also Alogisches und Logisches unter sich begreife, also auch der panpsychologische Process beide Seiten des All-Einen zur Geltung bringe (218). In diesem Sinne ist nicht zu bestreiten, dass wenn man den absoluten Process als realdialectisch bezeichnet, auch die Seite des Unlogischen in demselben mitbefasst sei (216). Wenn aber Venetianer weiter folgert, dass alles Logische und Unlogische des Processes in logischen u n d u n l o g i s c h e n Ideen ausgedrückt sein müsse, so verwechselt er das absolut Unlogische der Form des Processes nach Seiten seiner Existenz mit dem durch dieses absolut Unlogische bedingten relativ Unlogischen des Inhalts, d. h. er hält ebenso wenig wie Bahnsen das abstract und concret Vernünftige, das Logische und Historische auseinander, nur dass er die Verwirrung auf der entgegengesetzten Seite wie Bahnsen begeht, an demjenigen, was überhaupt nicht logisch, und an demjenigen, was es zu einer gewissen Zeit und an einem gewissen Ort nicht mehr ist.

dem Resultat nichts ändern würde. Setzt man nämlich die Seele oder das psychische Individuum oder auch das All-Eine als Subject der entgegengesetzten Bestimmungen, so entsteht darum doch noch kein Widerspruch aus dem Widerstreit, weil die Bedingung der Definition des Widerspruchs nicht erfüllt ist, dass das Entgegengesetzte einem und demselben Subject gleichzeitig in derselben Beziehung zukomme. So wenig es ein Widerspruch ist, dass der Zeigefinger meiner rechten Hand einen Tintenfleck hat, an derselben Stelle, wo der der linken Hand keinen hat, so wenig ist es ein Widerspruch, dass die eine meiner charakterologischen Triebfedern die Befriedigung durch eine Handlung erstrebt, welche von einem andern meiner Triebe verabscheut wird.

Diese Erörterungen dürften ausreichen, zu zeigen, warum das Unternehmen aussichtslos ist, eine grundsätzliche Discrepanz zwischen den Gesetzen unsres Denkens und den Urgesetzen des realen Geschehens nachzuweisen (78). Bestände wirklich eine solche Discrepanz, so wäre die Entstehung der logischen Gesetze des Denkens unerklärlich. Das völlig Unvernünftige ist zugleich das völlig Gesetzlose und bietet allem Unsinn, ja sogar dem zufällig Sinnvollen Spielraum (38); selbst eine gewisse prästabilirte Harmonie zwischen äusserem Weltlauf und innerem Denkzwang wäre vom Standpunkt der Herrschaft des Unsinns nicht ausgeschlossen, könnte aber selbst verständlich für diesen Standpunkt „nur die Bedeutung einer zufälligen Uebereinstimmung haben" (38). Dass aber die Realdialectik Ursache habe, sich dieser weitherzigen Toleranz des Unsinns zu rühmen, und sich deshalb über die Logik, die gegen das Unlogische so intolerant ist, zu überheben, das wird man grade nicht behaupten können; denn diese Toleranz ist doch mit dem absoluten Verzicht auf Erklärung, Begründung, Ratiocination und Berechnung etwas theuer erkauft, und kann nur als die Selbstcastration der Vernunft als solcher bezeichnet werden. Wäre es Bahnsen Ernst damit, dass die Vernunft bloss noch ein zufällig mit hineingerathener Lumpen in dem grossen Kehrichthaufen des realdialectischen Weltunsinns sei, so wäre dies zugleich eine Bankrotterklärung der Philosophie, mit welcher er das Recht verwirkt hätte, als Philosoph seine Stimme zu erheben.

Wir wollen daher zu seinen Gunsten annehmen, dass diese Auffassung der Realdialectik nur eine einseitige Ueberspannung eines ursprünglich anders gemeinten und enger begrenzten Gedankens sei, dass ihm die Vernunft, seiner ausdrücklichen Erklärung (S. 2) zuwider, nicht bloss in der subjectiven Sphäre, sondern auch in der objectiven Welt eine bestimmte Geltung habe (44), dass ferner die Uebereinstimmung zwischen dieser objectiven Weltvernunft und der subjectiven Vernunft keine bloss zufällige sei, sondern auf einer ebenso wesentlichen und substantiellen Homogenität beruhe, wie die Uebereinstimmung aller Individuen in der Willensnatur, und dass endlich die Wurzel dieser Uebereinstimmung von objectiver und subjectiver Vernunft in der logischen Beschaffenheit des Willensinhalts selber zu suchen sei (38) Auf diese Weise ist Bahnsens Fuhrwerk wieder in ein vernünftiges Geleise eingelenkt; aber es ist festzuhalten, dass die strengen Consequenzen der Bahnsen'schen Realdialectik ebenso tollhäuslerisch sind, als ihre Begründung unzulänglich und unhaltbar ist.

Die von Bahnsen eingeräumte particlle Weltvernunft wird ein zwiefaches Gebiet beanspruchen müssen: erstens den Geltungsbereich der allgemeinen Naturgesetze und zweitens denjenigen der teleologischen Leistungen des Instincts und der organischen Bildungsthätigkeit. Was zuerst den letzteren betrifft, so wird Bahnsen seine Ansicht von der rein subjectiven Bedeutung der Teleologie ebenso corrigiren müssen, wie er diejenige von dem rein subjectiven Geltungsbereich des Logischen schon corrigirt hat. In der That bleibt ihm gar nichts anders übrig, so lange er an der individualistischen Fundamentaldoctrin fest hält, dass der Individualwille den Organismus seinem Charakter adäquat erbaue; denn damit ist ja schon eine teleologische Wirksamkeit der Centralmonade auf die übrigen den Organismen constituirenden Monaden behauptet, welche in den Aeusserungen des thierischen und geistigen Instincts gewissermaassen nur ihre Fortsetzung nach Beendigung des organischen Aufbaues findet. — Hinsichtlich der Naturgesetze ist daran zu erinnern, dass die ganze Naturwissenschaft dahin strebt, auf Mechanik des Atoms zurückzugehen, diese aber nur Mathematik in ihrer Anwendung auf Zeit, Raum und Bewegung, d. h. specielle angewandte Logik ist. Die Naturgesetze sind also unzweifelhaft logische Gesetze, und da sie den ganzen Naturprocess determiniren, so muss auch der ganze Naturprocess als logisch determinirt gelten.

In der That wird Bahnsen diese Folgerung kaum bestreiten; er wird sich nur bemühen, das Herrschaftsgebiet der Teleologie und der Naturgesetze und damit das Herrschaftsgebiet des Logischen auf den interindividuellen Process, auf das Geschehen, so weit es aus dem Zusammenwirken und Gegeneinanderwirken der Individuen hervorgeht, einzuschränken, und das intraindividuelle Geschehen, d. h. die psychischen Vorgänge innerhalb der Individualseelen, von ihrer Herrschaft auszuschliessen. Bei dem intraindividuellen Geschehen ist aber wiederum das Gebiet der subjectiven Logik von der Willenssphäre zu sondern; nur für die Kämpfe der Begehrungen innerhalb der letzteren würde Bahnsen die realdialectische Doctrin aufrecht zu erhalten suchen können.*) Alle interindividuellen Beziehungen würden der objectiven, alles willensfreie Denken der subjectiven Logik unterstehen; aber nichtsdestoweniger würde innerhalb aller Monaden der psychische Kampf der Selbstentzweiung und Selbstzerfleischung des Willens dem Logischen zum Hohn und sich selbst zur ewigen Qual fortwüthen.

Aber auch mit dieser Einschränkung würde der Kampf der Begehrungen innerhalb der einzelnen Seele nichts Realdialectisches im Sinne eines Antilogischen haben können, weil die obigen allgemeinen Erörterungen auch für diesen Fall gültig bleiben. Es lässt sich aber ferner auch leicht einsehen, dass eine scharfe Grenze zwischen dem interindividuellen und intraindividuellen Geschehen gar nicht existirt, dass alles intraindividuelle Geschehen selbst wieder durch interindividuelles Geschehen bedingt ist, und deshalb selbst mit unter das Herrschaftsgebiet der Logik fällt. Der Widerstreit der Begehrungen entsteht nach dem Motivationsgesetz; dieses ist aber ebenso gut ein logisches Naturgesetz wie dasjenige der Causalität oder des Parallelogramms der Kräfte. Die Motive sind theils Wahrnehmungen, theils Erinnerungsvorstellungen (d. h. gesetzmässige Residuen früherer Wahrnehmungen), theils endlich Resultate logischer Denkprocesse auf Grund von Wahrnehmung und Gedächtniss; in allen drei Fällen aber ist ihr Auftreten und ihre Beschaffenheit durch objective und subjective Logik bedingt. Naturphilosophisch betrachtet sind alle psychischen Vorgänge bedingt durch materielle Processe zwischen

---

*) Zu diesem Ausweg neigt eine noch nicht veröffentlichte Abhandlung hin, in welche der Herr Verfasser mir privatim den Einblick gestattet hat.

den Zellen und Moleculen des Gehirns, d. h. durch Vorgänge zwischen den Individuen niederer Ordnung, welche den Organismus constituiren, und diese stehen ja auch wieder unter logischen Naturgesetzen. Wie man also auch die Sache betrachten möge, immer muss der Versuch vergeblich erscheinen, irgend ein Gebiet des Makrokosmos oder Mikrokosmos aus dem Herrschaftsbereich der Vernunft und ihrer Gesetze ausschliessen zu wollen.

Uebrigens vermehrt dieser Ausweg auch noch die Schwierigkeiten des Individualismus. So lange aller Antagonismus von Willensrichtungen, gleichviel ob diese einem oder mehreren Individuen angehören, für realdialectisch gilt, so lange kommt der Unterschied zwischen Makrokosmos und Mikrokosmos nicht zur Sprache; sobald aber der Antagonismus der Kräfte verschiedener Individuen und Atome dem Herrschaftsgebiet der logischen Naturgesetze eingeräumt wird, wird zugleich eine makrokosmische Realdialectik preisgegeben, und wird nur noch eine mikrokosmische aufrecht zu erhalten versucht. Und doch liegt es auf der Hand, dass der makrokosmische Widerstreit der Kräfte das Vorbild des mikrokosmischen ist, oder dass mit anderen Worten die gegen einander ringenden Strebungen im Mikrokosmos sich genau in demselben Sinne als constituirende Elemente des Mikrokosmos erweisen, wie die mit einander ringenden Mikrokosmen eben durch diesen Kampf die Realität des Makrokosmos constituiren.

Die Einsicht in die Relativität des Individualitätsbegriffes erhebt diese vage Analogie zu einer sichern Erkenntniss, und auch die Bahnsen'sche Weltanschauung ist ursprünglich auf die Festhaltung dieser Analogie angelegt, und auf ihrem Fundament erbaut. Wäre es wahr, dass die jetzigen Individuen die Producte einer Selbstentzweiung des ursprünglich Einen Willens waren, dann müsste die Fortdauer der nämlichen Selbstentzweiung in den Individuen auch fortgesetzt die gleiche Wirkung haben, d. h. die Substanz in unendlich kleine Theile der unendlichsten Ordnung zersplittern. Kann aber die Selbstentzweiung des Willens im Mikrokosmos keine Zersprengung der substantiellen Einheit bewirken, so hat sie es auch im Makrokosmos nicht vermocht; d. h. die Einheit der Substanz besteht **trotz** ihrer Selbstentzweiung **heute noch**, d. h. die ganze Selbstentzweiung und Individuation ist **nur phänomenal**.

So ergiebt sich, dass die angebliche Realdialectik auf alle Fälle gänzlich unbrauchbar ist zur Erklärung der Individuation, welche Bahnsen durch dieselbe leisten zu können glaubt; wenn er wirklich Recht hätte, dass die Vielheit der Individuen eine substantielle sei und von einer Selbstzersplitterung oder ewigen Selbstentzweiung des All-Einen herrühre (49), so müsste doch diese in der Essenz des Willens selber liegende ewige Selbstentzweiung (51) etwas *toto genere* Verschiedenes von jener realdialectischen Selbstentzweiung des Individualwillens sein, welche bei aller Selbstquälerei doch die Einheit der Substanz unberührt lässt, und diese functionelle Selbstentzweiung darf niemals mit einer substantiellen Selbstzersplitterung verwechselt oder durcheinandergeworfen werden, wie Bahnsen es beständig thut.

Ist aber die Realdialectik unbeweisbar und ihre Voraussetzungen unhaltbar, sind ihre strengen Consequenzen vernunftmörderisch, und ist ihr Werth für die Erklärung der Individuation im Sinne Bahnsens ein illusorischer, so ist sie ein Messer ohne Klinge, Heft und Griff. Denn die Conflicte verschiedener Willensrichtungen und Kräfte sind zugestandener Maassen auch innerhalb des Herrschaftsgebietes der Vernunft unvermeidlich und sogar logisch gefordert; damit aber ist auch ihre Consequenz unausweichlich gesetzt, nämlich der Schmerz der unterdrückten Strebungen. Dass innerhalb der Seele der Schmerz des Kampfes nur zu oft als ein mehrfacher (insofern mehrere Strebungen sich gegenseitig reprimiren) und zugleich als ein sich selbst zugefügter empfunden wird, das ist die ausreichende Erklärung dafür, warum die intraindividuelle Selbstentzweiung des Willens so viel schmerzlicher quält als alle interindividuellen Conflicte. Indem Bahnsen diesem Gebiet eine besondere Aufmerksamkeit widmet, bemüht er sich mit Recht, eine Lücke unserer bisherigen Psychologie zu füllen; aber er befindet sich im Irrthum, wenn er diesen Unterschied durch eine Trennung der Gebiete oder gar durch eine Entrückung aus dem Herrschaftsgebiet der allgemeinen logischen Gesetze bekräftigen zu müssen glaubt.

Wer aber nach diesen Bemerkungen glauben sollte, dass die antilogische Realdialectik Bahnsen's einer so ausführlichen Erörterung und Widerlegung nicht bedurft hätte, der wäre daran zu erinnern, dass diese Lehre denn doch die geschichtliche Bedeutung einer unvermeidlichen Consequenz der Schopenhauer'schen Willensmetaphysik zu beanspruchen hat. Bei Schopenhauer stehen Willensrealismus und objectiver Idealismus schlechterdings unvermittelt nebeneinander, und zwar so, dass ersterer sich auf den Thron gesetzt hat, auf dessen Stufen letzterer nur lagern darf. Dieses unhaltbare Verhältniss ist auf zwei entgegengesetzte Arten zu beseitigen: entweder man macht mit dem objectiven oder metaphysischen Idealismus Ernst, rückt denselben in gleiche Höhe mit dem Willensrealismus und verbindet ihn organisch mit demselben; oder man verflüchtigt ihn in eine subjective Phantasmagorie und scheidet ihn dadurch völlig aus dem metaphysichen Gebiet aus. Den ersteren Weg, der nothwendig zur Wiedervereinigung der Schopenhauer'schen Philosophie mit dem einseitigen metaphysischen Idealismus Hegel's führen muss, habe ich eingeschlagen; er bedeutet den Bruch mit Schopenhauer's Prätension, die allein wahre Philosophie im Gegensatz zu der idealistischen Richtung der deutschen Philosophie zu besitzen. Der zweite Weg ist der einzige, der die Exclusivität des specifischen Schopenhauerianismus zu bewahren verspricht, und das eigenthümliche Princip desselben in vollendeter Reinheit zu verwirklichen verheisst, befreit von den Trübungen durch anderartige Gesichtspunkte, die ihm bei dem Urheber der Willensmetaphysik noch anhaften.

Letzteres Ziel ist es offenbar, das Bahnsen sich gesteckt hat, und es ist klar, dass der reine Willensrealismus, in welchem die Idee für die blosse Form erklärt wird, in der die Willensessenz sich im Bewusstsein wiederspiegelt, gar kein Mittel mehr besitzt, um das Wesen mit der Erscheinung in verständliche Beziehung zu setzen, wenn es nicht gelingt, eine innerhalb des Willens liegende Bewegung zu entdecken, durch welche die ewige Constanz der Willensessenz in den Fluss eines Processes gesetzt wird. Eine solche von allem Ideellen abstrahirende, rein innerhalb der Willenssphäre liegende Bewegungsform scheint nun in der That nur noch die Selbstentzweiung des blinden, unlogischen Willens sein zu können, und darum ist der unlogische realdialectische Process des sich selbst zerfleischenden Willenswesens die folgerichtige Consequenz eines Willensrealismus, der sich der Schopenhauer'schen versteckten Nachhilfe der Idee entschlagen will. Bahnsen gebührt darum das geschichtliche Verdienst, gezeigt zu haben, was aus dem Schopenbauerianismus consequenter Weise werden muss, wenn er in voller Exclusivität ausgebildet wird; die nebenherlaufende Differenz von Monismus und Pluralismus ist für diese Frage irrelevant. Indem wir Bahnsen's Realdialectik als unhaltbar erkannt haben, haben wir uns zugleich überzeugt, dass dieser Weg der Fortbildung Schopenhauer's in den Sumpf des schlechthin Unlogischen, d. h. des reinen Unsinns lockt, und haben dadurch indirect den Beweis geführt, dass der entgegengesetzte Weg der richtige sein muss, ja sogar, dass Schopenhauer seine systematischen Inconsequenzen als ein besonderes Verdienst im Interesse der Wahrheit anzurechnen sind.

11. Das Logische.

Wir gelangen nunmehr zu der Stellung, die Bahnsen zu dem Logischen als solchen einnimmt, zu den Argumenten, mit denen er den logischen Charakter der Entwickelung bekämpft. Hier ist nun zunächst zu beachten, dass er die Thatsache einer Entwickelung nicht schlechthin zu leugnen gesonnen ist, sondern nur die Annahme, dass dieselbe etwas Logisches sei. Er sagt: „Wie sehr der noch in sich verharrende Wille den noch im Keim verschlossenen Kräften gleiche, das ist ja eines der Hauptthemata unserer Specialuntersuchungen über das Wesen des Motivs — wie sollte uns dann wohl der Begriff der Selbstentfaltung an sich ein abzulehnender sein? Nicht gegen die Annahme einer „Evolution" als solcher sträuben wir uns — ebenso wenig gegen die Darstellung, dass ein zunächst nur „implicite" Vorhandenes sich zur Wirklichkeit explicire, ein bis dahin punktuell Concentrirtes sich zeitlich wie räumlich auseinanderbreite und -spreite. Aber was wir bestreiten, ist, dass wir daran die Selbstexposition einer rein logisch gearteten Idee besitzen sollten — eine Exposition, deren logische Natur es mit sich bringe, dass ihre Selbstdarlegung allemal zugleich in der Gliederung einer logischen Disposition, oder deutsch gesprochen, die „Auseinandersetzung" des Wirklichen als solche bereits, so zu sagen, die „Ineinandersetzung" eines logisch subsumirenden Subordinationsschema's mit enthalte (37—38).

So lange Bahnsen an der absoluten Unveränderlichkeit der monadologischen Indivualsubstanz festhält, setzt er eben damit jede Entwickelung, selbst im Individuum, zum blossen S c h e i n herab; so lange er an der Realdialectik festhält, entrückt er das sich Ausleben des Individualwesens in das Gebiet des Antilogischen. Sieht man aber von diesen beiden Punkten ab, welche schon vorher erledigt sind, und fragt, ob die empirisch gegebene Thatsache der individuellen Entwickelung einen logischen Charakter habe, so kann dies nur dann bestritten werden, wenn man an die Beantwortung mit dem Vorurtheil Bahnsens herantritt, dass das Logische gar nicht anders gedacht werden könne als in Gestalt einer schematischen Disposition, als „leeres Schema logischer Stufenfolge" (11), als ein Fachwerk gezwungener Gedankenconstructionen (40), mit einem Wort als ein Aggregat oder eine Ineinanderschachtelung discursiver Abstractionen. Diess ist nun aber grade das Gegentheil von jener intuitiven, zeitlosen, immanenten Logicität der Idee, wie ich sie annehme.

Bahnsen gelangte zu seinem Missverständniss nur dadurch, dass er von dem Gesichtspunkt ausging, das Logische überhaupt nur in der subjectiven Sphäre gelten zu lassen, wo es allerdings überwiegend in discursiver und abstracter Form sich darstellt; da er aber diese einseitige Ansicht selbst erweitern musste durch das Zugeständniss einer objectiven Weltvernunft, die sich in interindividuellen logischen Gesetzen äussert, so muss er auch die falsche Consequenz der ersteren fallen lassen. Das Wirkliche ist das absolut-Concrete, und insofern im Wirklichen überhaupt Vernunft ist, muss sie in concreter Gestalt darin sein; das abstract Logische entsteht erst dadurch, dass das discursive Denken die vielen Concreten gemeinsamen Seinsformen von den individuellen Resten losslöst und ihre Gleichheit in der Vielheit des Concreten constatirt. Die logischen Kategorien stecken also zwar wirklich drin in den Dingen, aber bei Leibe nicht als abstracte, sondern als schlechthin zur Individualität concrescirte, d. h. nach Seiten der Idealität des Inhalts des Wirklichen betrachtet: in intuitiver Weise. Steckten die Kategorien oder logischen Formen nicht wirklich in dem Seienden drin, so könnte das Denken sie auch nicht durch Abstraction aus demselben gewinnen; gäbe es logische Formen überhaupt nur für die Abstraction, für das discursive Denken (47—48), so wäre es damit bewiesen, dass sie bloss subjective Zuthaten des Denkens zu den Dingen wären, dass also Kant mit der behaupteten Exclusivität des subjectiven Ursprungs Recht hätte. Wäre diess aber für die Denkformen zugegeben, so müsste es in noch höherem Grade für die Anschauungsformen gelten, d. h. Bahnsen würde mit seinem

Widerstand gegen die Realität der logischen Formen gänzlich in den von ihm zurückgewiesenen subjectiven Idealismus zurückfallen.

Soll die unbewusste Intuition concret sein, so muss sie durch und durch bestimmt sein, und doch in j e d e m Augenblick des Entwickelungsprocesses a n d e r s bestimmt sein. Das Bestimmende aber kann nur das Logische sein, welches, obwohl an und für sich bloss Formalprincip, doch inhaltlich bestimmend für die Idee wird, weil es auf das Unlogische angewandt wird.*) Die Stufen der Entwickelung (z. B. Kind, Knabe, Jüngling, Mann, Greis) müssen durch das die unbewusste Intuition in jedem Augenblick bestimmende Princip v o r g e z e i c h n e t sein; sie müssen also im logischen Formalprincip präformirt liegen. Dass diese prädestinirende Präformation der Stufen nur im Sinne eventueller Möglichkeiten, nicht im Sinne actueller Ideen zu verstehen ist, habe ich anderwärts näher ausgeführt.**) Ohne ein logisches Princip als Leiter der Entwickelung wäre eine Entwickelung auch nicht im bescheidensten Sinne des Wortes möglich; ja nicht einmal ein K r e i s l a u f (Samenkorn, Baum, Blüthe, Frucht u. s. w.) wäre möglich, da auch dieser schon logische Ordnung und Auseinanderhalten der verschiedenen Phasen erfordert. Wären diese Phasen oder Stufen nicht in dem bestimmenden Logischen enthalten, so könnte dieses sie nicht im Process entfalten und realisiren; die empirisch gegebene Vielheit der Stufen muss in der Einheit des sie bestimmenden Princips implicirt oder implicite enthalten sein, doch ohne dass darum dieses Princip (als unbewusstes) von ihnen zu w i s s e n brauchte (47).

Das in der Entwickelung seinen idealen Inhalt Entfaltende ist selbst ein U n b e w e g t e s , aber der Inhalt oder zu realisirende Gegenstand seiner unbewussten idealen Intuition muss ein im Laufe der Entwickelung beständig, obschon allmählich, wechselnder sein,

---

*) Niemand als ein stricter Hegelianer wird Bahnsen's Satz bestreiten, „dass Zwecke und Motive, bewusste wie unbewusste, nichts sind, was ausserhalb des Willens auch nur als ein "Mögliches" könnte gedacht werden" (66); nur liegt seine Einseitigkeit darin, dass er nicht anerkennt, dass sie ebenso wenig ausserhalb der logischen Idee als ein Mögliches gedacht werden können. Der Zweck ist eine logische Kategorie, die im Logischen präformirt ist mit Beziehung auf die Eventualität des Auftretens des Unlogischen. Eine bloss „mögliche" bleibt sie so lange, als diese Eventualität eine bloss mögliche bleibt; „unmöglich" wäre sie nur dann, wenn diese Eventualität sich als unmöglich herausstellte.

**) Phil. d. Unb. 7. Aufl. II. 440—445; und unten die V. Abhandlung („V o l k e l t's Panlogismus des Unbewussten") Nr. 6.

wie die Thatsache beweist, dass die durch ihn bestimmte Realität eine beständig wechselnde ist. Bahnsen's Protest hiergegen (48) wäre ganz unbegreiflich, wenn nicht seine Verwechselung zwischen den Methoden discursiver abstracter Gedankengänge und der Wandelung der die reale Entwickelung determinirenden, unbewussten, absolut concreten Intuition (47) den Schlüssel zur Erklärung böte. Wäre wirklich, wie Bahnsen mir unterschieben will, der actuelle Inhalt einer concreten Idee etwas Unwandelbares, stufenlos Eines (48), dann wäre eine solche Idee ganz unbrauchbar zur Erklärung dessen, was sie erklären soll, nämlich der Entwickelung, so wäre sie eine ganz werthlose also auch berechtigungslose Hypothese. Weil Bahnsen kein Verständniss hat für das Entspringen des realen Processes aus einer concreten Wandelung der concreten unbewussten Intuition, darum begreift er auch nicht, dass ein bestimmendes Princip für das Wie dieser Wandlung, d. h. ein logisches Formalprincip als formales Moment der Idee unabweislich ist, das zugleich dadurch maassgebend wird für den gesammten Inhalt der Wirklichkeit (47). Ebenso wie die Veränderlichkeit muss der unbewussten Idee das Ineinander jener logischen Formen zugeschrieben werden, welche das subjective discursive Denken als im Wirklichen enthalten dadurch constatirt, dass es dieselben aus ihm abstrahirt; da in jedem concreten Wirklichen solcher logischer Formen viele sind, und doch die bestimmende Idee in jedem Augenblick eine einige und ganze ist, so muss die Vielheit in ihrer Einheit aufgehoben, oder in ihr eingefaltet sein, wenn die Hypothese dieser Idee irgend welchen Werth zur Erklärung des Wirklichen beanspruchen will. Wie Bahnsen in dieser Annahme gar einen Widerspruch entdecken will (48) ist mir unverständlich. — Das logische Formalprincip bestimmt die concrete Wandelung des Inhalts der Idee in jedem Augenblick nach Maassgabe des gegebenen Inhalts; das Formalprincip ist das bleibende, der jeweilig gegebene Inhalt das aufzuhebende Moment der Entwickelung, und letzterer wird zum aufgehobenen Moment in dem Inhalt aller späteren Intuitionen, in denen er als überwundener zugleich conservirt wird, ohne dass hierbei irgend wie von einer Abstractionsthätigkeit oder einem discursiven Denken die Rede wäre, wie Bahnsen irrthümlich annimmt (47).

Ein Wille ohne ein für seinen Inhalt bestimmendes logisches Princip würde sich in einer Weise äussern, welche sich zu der em-

pirisch gegebenen organischen und geistigen Entwickelung verhalten
müsste, wie das thierische Blöken oder Kreischen eines Blödsinnigen
sich zur menschlichen Sprache verhält. Alle Phasen, die vom Logischen geordnet auseinandergehalten werden, würden schrankenlos
und chaotisch durch einander wogen, da ein absolut unveränderlicher Individualwille ohne logische Disposition des Lebenslaufes
gar keinen Grund hätte, mit der Art und Weise seiner Lebensäusserung cyklisch zu wechseln. Dass „das absolut Sinnlose gar
nicht würde existiren können", erkennt Bahnsen zwar selbst an (54),
vergisst aber leider dabei, dass das Princip des Willens wirklich ein
blindes, vernunftloses und ideeloses Absolutes statuirt, und dass
seine Lehre von der Realdialectik diesem blinden Princip eine völlig
sinnlose und unsinnige Art und Weise der Selbstoffenbarung zuschreibt. Die Einsicht von der Existenzunfähigkeit des absolut
Sinnlosen ist der entscheidende Wendepunkt für Bahnsen's Bruch
mit der Tendenz, die Schopenhauer'sche Metaphysik durch völlige
Ausscheidung des objectiven Idealismus fortzubilden, und zur Rückkehr in die Bahnen des nachkantischen Idealismus.

Noch toller als beim Einzelwesen würden die Consequenzen
einer Beseitigung des Logischen sich für die Entwickelung von Individuengruppen (z. B. Völkern und Staaten) gestalten. Bahnsen
will Schopenhauer's „antihistorische Capricen" preisgeben (Vorwort
S. II), „historische und ausserhalb der geschichtlichen Wandelung
verbleibende Völker" unterscheiden und keineswegs allen und jeden
geschichtlichen Fortschritt ableugnen (37). Mag immerhin dieses
Zugeständniss dadurch nachträglich wieder abgeschwächt werden,
dass die scheinbare Entwickelung nur für einen Umschwung des
ewigen Kreislaufes erklärt wird, so bleibt doch auch hier die Thatsache einer objectiven logischen Disposition bestehen, die aus dem
Chaos antilogischer Realdialectik nimmermehr resultiren könnte.
Hier aber hat Bahnsen nicht mehr die Ausflucht, dass es ja doch
nur Eine Individualsubstanz sei, welche in diesem Process ihr einheitliches Wesen entfalte, sondern es ist von seinem pluralistischen
Gesichtspunkt aus eine zusammenhangslose Summe getrennter Substanzen, welche als Träger der Entwickelung auftritt. Wie da ein
einheitliches Resultat ohne die Immanenz eines Logischen sollte zu
Stande kommen können, das möchte Bahnsen vergeblich zu demonstriren unternehmen; bloss um einen Versuch hierzu zu wagen, dazu

würde schon die ganze philosophische Beschränktheit eines Materialisten gehören, von der denn doch Bahnsen weit entfernt ist.

Ist somit die immanente Logik für die geschichtliche Entwickelung unumgänglich nothwendig, so kann man rückwärts daraus die Bestätigung ziehen, dass sie auch für die Individualentwickelung unerlässlich ist, da das organische Individuum grade so aus Individuen niederer Ordnung zusammengesetzt ist, wie das Volk oder der Staat aus höheren Individuen, und für jene ebenso eine leitende Vernunft erforderlich ist wie für diese. Nichts zeigt deutlicher als die Relativität des Individualitätsbegriffes, dass die objective Weltvernunft nicht, wie Bahnsen glaubt, etwas Partielles sein kann, sondern etwas schlechthin Allgemeines sein muss, das nicht bloss regelnd und ordnend über den Beziehungen der Individuen zueinander schwebt, sondern **zu dem Wesen jedes Individuums selbst** gehört.

Zu dieser Folgerung gelangt sogar Bahnsen selbst. Er sagt: „Findet sich am Weltgang etwas dem logischen Grundschema Entsprechendes, so kann das nur sein, weil und soweit der Wille selber schon als solcher und im strengsten Sinne **in seinem Ansich ein Logisches in sich schliesst**" (38). Das hier nur bedingungsweise gemachte Zugeständniss wird zum bedingungslosen, da Bahnsen selbst die gestellte Bedingung als erfüllt anerkennt (44). Räumt somit Bahnsen ein, dass thatsächlich der Wille in seinem Ansich ein Logisches in sich schliesst, so ist auch die Consequenz selbstverständlich, dass die Entwickelung als Explication dieses „Ansich" eben nichts anderes als die Explication des Logischen sei, und dies ist von ihm so ausgedrückt, dass der Wille sein eigenes Wesen zu Mitteln, Zwischen- und Endzwecken auseinanderlege (12). Bahnsen sieht sich nach alledem indirect genöthigt, **grade das als richtig anzuerkennen, zu dessen Bekämpfung er seine Schrift verfasst hat**, nämlich den logischen Charakter des Willensinhaltes und der Entwickelung. Der zwischen uns in diesem Punkte noch verbleibende Unterschied reducirt sich nach Bahnsen's eigner Angabe darauf, dass dieses logische Ansich, oder die logische Essenz oder *natura* des Willens **nicht ein von aussen in ihn Hineingebrachtes** sei (38), **sondern seinen eignen Inhalt** bilde. Aber diese Differenz ist eine eingebildete, denn ich kann das vollständig unterschreiben; ich kann sogar hinzufügen, dass dieses Logische **so sehr** der eigenste und untrennbare Inhalt des Willens ist, dass derselbe **gar keinen andern** Inhalt hat als diesen, und ohne diesen inhaltslos wäre. In dieser meiner **Verstärkung** seiner eigenen Behauptung wird Bahnsen unsre Differenz suchen müssen, so lange er sich nicht begnügt, das Unlogische des Willens in dessen Form zu sehen, sondern auch noch an einen unlogischen (realdialectischen) Inhalt des Willens (neben dem zugestandenen logischen) glaubt.

Hiermit wären wir denn wieder bei dem letzten Grundunterschied, der Frage nach der Unterordnung oder Nebenordnung des Logischen und Unlogischen, der Idee und des Willens, angelangt, die wir schon in der Einleitung präcisirt haben; wir werden jetzt die Formulirung genauer betrachten müssen, welche Bahnsen der Beziehung beider Principien zu einander zu Theil werden lässt.

12. Wille und Idee.

Wenn Bahnsen auf S. 14 erklärt, dass er eine Zweiheit von Wille und Vorstellung überhaupt nicht anerkenne, so ist damit zwar die schärfste und eigentlichste Tendenz seines Princips ausgesprochen, aber er selber kann es, wie wir schon sahen, in dieser schroffen Einseitigkeit nicht aufrecht erhalten. Ebenso wie er trotz seiner principiellen Beschränkung des Logischen auf die subjective Sphäre demselben nachher doch einen Platz in der realen Welt, und demzufolge auch in ihrer Wurzel, dem Willensinhalt, einräumen musste, ebeno kann er nicht umhin, die eigentlich zurückgewiesene Idee doch in gewissem Sinne zuzulassen (wie wir dies schon oben unter Nr. 4 sahen). Bahnsen erkennt ebenso wie ich in der Idee „den dem Willen immanenten Inhalt", welcher dem realen Entwickelungsprocess „die Lineamente der Bewegungsrichtungen oder der in der Bewegung zurückgelegten Strecke **vorzeichnet**" (47). Wodurch er sie von meiner Auffassung unterscheiden will, ist erstens die Fernhaltung jeder **Hypostasirung** von der Idee als solchen, zweitens die Reinhaltung derselben von allem, was nur dem abstracten und discursiven Denken zukommt (47), und drittens die Verneinung der Annahme, dass die Idee als solche der „Macher" der realen Bewegung (47), die treibende Kraft der Entwickelung sei (12). Alle drei Punkte aber begründen nur eine Unterscheidung zwischen der Bahnsen und mir **gemeinsamen** Auffassung und derjenigen des Hegelianismus, und es ist baares Missverständniss, wenn Bahnsen an meiner Anerkennung dieser Punkte zweifelt.

Auch mir hat nämlich die Idee ihr Sein nur in einem anderen, nicht in sich selbst, auch mir ist sie der intuitiv-concrete Gegensatz alles abstract-discursiven Denkens, auch mir gilt sie als ein Kraftloses, das alle Kraft zur Verwirklichung des Erschauten von dem Willen empfängt. Auch mir ist der Wille die einzige Triebfeder des realen Processes, während die Idee nur den Inhalt jeder Entwickelungsphase bestimmt.*) Auch bei mir ist Idee und Wille untrennbar in dem doppelten Sinne, erstens dass eine actuelle Idee nur als Inhalt eines actuellen Wollens und ein actuelles Wollen nur als Form der Verwirklichung einer actuellen Idee möglich ist, und zweitens, dass auch abgesehen von aller Actualität sie zu einer substantiellen Einheit verbunden sind, welche es verbietet, unter irgend welchen Umständen von einer „Beziehungslosigkeit" derselben oder von dem Bedürfniss einer „Brücke" zwischen denselben (76) zu reden. So schwinden die Hauptunterschiede, die Bahnsen aufzustellen sucht, in Nichts zusammen, und wir haben sein schliessliches Geständniss zu verzeichnen, dass auch er an der Idee, d. h. dem idealen Inhalt, der dem Willen immanent ist, etwas besitze, das dem formal-logischen Moment vor seiner Bethätigung sich vergleichen, wenn nicht gleichstellen lasse (73).

Dass Bahnsen die so acceptirte Idee in eine allzu enge Beziehung zum Motiv setzt, ist schon besprochen und hier ohne Erheblichkeit; dass er aber „mit Nachdruck" hinzufügt, dass die Idee das nur an dem Willen (als dem ihr Subsistirenden) sich Entwickelnde sei (73), das führt auf die wahre Differenz zwischen ihm und mir zurück. Dieselbe besteht darin, dass er sich für den Willen erlaubt, was er sich und allen Andern für die Idee verbietet, nämlich die Hypostasirung, und dass durch diese einseitige Hypostasirung des Willens die Idee in eine untergeordnete

---

*) Das logische Formalprincip ist das Bestimmende nur für die ideale Wandlung der unbewussten Intuition (47), während alle Realität, also auch die des zeitlichen Processes, vom Willen kommt; der Wille aber braucht nicht „auf eine höhere Stufe gehoben zu werden," wenn die Idee eine neue Entwickelungsphase erreicht hat, denn er realisirt jeden Inhalt der Idee und bleibt dabei immer sich selbst gleich (12).

Stellung als Accidenz des Willens herabgedrückt wird, während bei mir Wille und Idee in gleicher Weise nur an dem ihnen subsistirenden, wahrhaft seienden, substantiellen absoluten Subject sind. Wie käme das Unlogische dazu, das Vorrecht der Hypostasirung zu geniessen, wenn sie dem Logischen gegenüber unerlaubt ist? Wie käme das Logische dazu, Zubehör seines Gegentheils zu sein? Diese Einseitigkeit ist ebenso unmotivirt, wie die entgegengesetzte Volkelt's; der vorsichtige Philosoph wird sich vor der Hypostasirung beider Seiten gleich sorgsam hüten müssen, der vorurtheilslose und unparteiische Denker wird beide mit gleichem Maasse messen, und nicht dem einen gewähren, was er dem andern versagt.

Sehen wir von dieser Fundamentaldifferenz ab, so ist Bahnsen im Princip schon ganz auf meinen Standpunkt herübergetreten, indem er (wovor er früher noch zurückscheute) die Essenz oder den Inhalt des Weltwillens oder erfüllten Allwillens als Idee anerkennt, und die logische Beschaffenheit dieser Idee als Wurzel der objectiven Vernunft in der realen Welt zugesteht. Die nunmehr noch zurückbleibende Differenz — dass er neben der logischen Idee noch einen unlogischen und antilogischen (realdialectischen) Inhalt des Willens behauptet, während ich allen Inhalt des Willens als ideal und logisch und nur seine Form als unlogisch betrachte — kann angesichts der gemachten Zugeständnisse nur noch als ein inconsequenter Weise stehen gebliebener Rest seines ursprünglichen Standpunkts angesehen werden, der bei schärferer Durcharbeitung der neu eingefügten Elemente nothwendig verschwinden müsste. Wir haben bereits oben gesehen, dass Bahnsen's Realdialectik, so weit sie antilogisch sein will, eine völlig unhaltbare Fiction ist, und dass die einmal in die reale Welt eingelassene objective Vernunft unaufhaltsam die Alleinherrschaft in derselben an sich reisst. Wir haben hier nur noch hinzuzufügen, erstens, dass es kein actuelles Wollen ohne eine Vorstellung oder Idee als Inhalt und keine Idee ohne Logicität (am wenigsten eine antilogische Idee) geben könne, und zweitens, dass die unlogische Form des Wollens (auch ohne die Annahme irgend welchen unlogischen Willensinhalts) vollständig genügt, um das empirisch gegebene Unlogische der Welt zu erklären. In Betreff des letzteren Punktes habe ich einestheils auf die obigen Darlegungen zurückverwiesen, nach welchen Bahnsen's Bemerkungen über die Widerstände und Nebenherläufer der Entwickelung keinen Einwand gegen deren logischen Charakter begründen; andrerseits bleiben hier noch einige metaphysische Fragen zu erörtern.

Bahnsen weist mit Recht darauf hin (17 oben), dass auch mir das Nichtseinsollende (was doch nur ein anderer Ausdruck für das Antilogische ist) die Triebfeder des Processes sei, aber er zieht mit Unrecht daraus realdialectische Consequenzen. Denn dass das Nichtseinsollende oder Antilogische negirt wird, ist nichts weniger als ein Widerspruch, es ist vielmehr die Negation des Widerspruchs, der im Antilogischen steckt. Der Widerstreit der Attribute des Absoluten (d. h. des Logischen und Unlogischen) fällt also nicht, wie Bahnsen glaubt, unter den Begriff seiner antilogischen Realdialectik, sondern vielmehr unter den des logischen Processes. Der Widerspruch steckt allein und ausschliesslich im Willen, der als Potenz bloss alogisch ist, als erhobener aber antilogisch wird*). Bahnsen hat ganz Recht (17 unten), dass das sich Widersprechende ein sich Widersprechendes ist, ehe das Logische es so nennt; aber er vergisst, dass erst das Logische dazu gelangen kann, das sich Widersprechende als seinen Gegensatz,**) also als Antilogisches zu definiren. Indem der Wille als Potenz ein Alogisches ist und die Möglichkeit, durch Erhebung antilogisch zu werden, von Ewigkeit zu Ewigkeit in sich enthält, so kann man auch mit Recht behaupten, dass die Selbstentzweiung des All-Einen in entgegengesetzte Attribute eine ewige sei. Bahnsen hat also darin ganz Recht, wenn er die Möglichkeit eines auftretenden Zwiespalts bestreitet, ausser wenn das Absolute ein ewig in sich zwiespältiges ist (49) oder wenn er an einer andern Stelle darauf hinweist, dass alle Finalität (also auch ein teleologisch gesetzter Process) „an der Coexistenz einer Vielheit ihre Voraussetzung habe" (66), und zwar einer ewigen, überzeitlichen †) Vielheit (ebenda). Gleichfalls hat er darin Recht,

---

*) Phil. d. Unb. 7. Aufl. II. 396—397 u. 443—444.

**) Die Bezeichnung als „Widerspruch (nämlich gegen sich das Logische)", wie sie Ph. d. U. 7. Aufl. II. 444 Z. 1—2 steht, ist ungenau und hiernach zu berichtigen. Da die Entgegengesetzten nicht in einer und derselben Beziehung der absoluten Substanz zukommen, so wird eben durch diesen Gegensatz auch kein Widerspruch statuirt, sondern nur ein Widerstreit im logischen Sinne inaugurirt.

†) Hierdurch erledigen sich zugleich die von Bahnsen wegen meiner angeblichen „Ueberschätzung des Zeitlichen" erhobenen Beschwerden (48); er verwechselt die secundäre Vielheit innerhalb des Weltprocesses mit der primären, ewigen (der Zweiheit der Attribute).

dass die zum Zustandekommen eines Processes erforderliche innere Vielheit des Einen zunächst nicht mehr als Zweiheit zu sein braucht (69). Nur darin hat er Unrecht, dass er die ursprüngliche ewige Zwiespältigkeit des Absoluten, aus der alle weitere Individuation folgen muss, bereits in einer inneren Theilung des Willens als solchen sucht, anstatt in der Gegensätzlichkeit der zwei Attribute der Einen Substanz; dieser Irrthum entspringt aber als einfache Consequenz aus seiner einseitigen und fehlerhaften Hypostasirung des Willens, welche ihn die attributive Stellung desselben verkennen lässt.

Der Selbstwiderspruch des Willens besteht, abstract oder formell ausgedrückt, darin, dass A (die Potenz) nicht A bleiben, sondern B (Actus) werden soll; materiell ausgedrückt darin, dass das Wollen Befriedigung sucht und doch durch seine eigene Natur dazu verurtheilt ist, (trotz aller Partialbefriedigungen) als Ganzes ewig unbefriedigt zu bleiben. Der Empfindungsausdruck dieses Widerspruchs ist die Unseligkeit des Wollens, die schon dem leeren Wollen als solchen anhaftet, und keineswegs erst aus der Entgegensetzung verschiedener Strebungen entspringt, wie Bahnsen glaubt. Er meint, dass einem in sich einigen Willen kein Raum geblieben wäre für irgend ein Weh (53), dass er „einem Krokodil hätte gleichen müssen, das nichts ausser sich vorgefunden haben würde, was es hätte verschlingen können" (52), wohingegen sein in sich selbst entzweiter Wille stets in seinen inneren Gegensätzen die Speise fand, die gleichzeitig seinen Appetit schärfte und seinen Hunger stillte (53). Abgesehen nun davon, dass man eigentlich mit einem ewigen Wesen, das verspeist wird, so wenig Mitleid haben kann, wie mit einem Gott, der hingerichtet wird, muss es doch zweifellos sein, dass eine Schlinggier, die um Stillung ihres Heisshungers niemals in Verlegenheit ist, bei Weitem nicht so übel daran ist, als eine Schlinggier, die gar nichts zu verschlingen hat, dass also der Wille in dem Zustand seiner sich bekämpfenden Strebungen sich nicht mehr in einem so furchtbaren Zustand absoluter Qual befindet, wie der Wille als leere Sucht. Deshalb geht ja auch bei mir das erhobene leere Wollen sofort in den Zustand der sich bekämpfenden Partialstrebungen über, als in einen relativ erträglicheren Zustand, der ihm durch die Betheiligung der Idee und die von ihr aus ermöglichte Individuation dargeboten wird. Gelingt es mir also, die

Individuation, d. h. die Zersplitterung des einigen Wollens in vielseitige Strebungen, aus dem Gegensatz und der Beschaffenheit beider Attribute begreiflich zu machen, so ist der von Bahnsen als voraussetzungslos und keiner Erklärung fähig hingestellte Zustand der Vielheit wirklich als Consequenz der ewigen Zwiespältigkeit der Einen Substanz verständlich gemacht. Jedenfalls müsste Bahnsen seine Behauptung, dass die Unlust des leeren Wollens „ein Ungedanke" sei (15), doch ganz anders als durch ein das Gegentheil beweisende Gleichniss vom Krokodil erhärten, ehe diesem Protest irgend welches Gewicht beigelegt werden könnte. Ganz unhaltbar ist der dem Willen in den Mund gelegte Vorwurf gegen die Idee, dass er ohne diese Gouvernante wenigstens von seinem ganzen Elend nichts gemerkt hätte (14); denn nichts erzeugt unwiderstehlicher die Empfindung, d. h. das Bewusstsein, als die Nichtbefriedigung des Willens.

Da Bahnsen ganz wohl weiss, dass jede auf den Willen gegründete Existenz „an einer Unseligkeit ihr unausbleibliches Correlat hat," so beziehen sich alle seine Bemerkungen über einen eventuellen glücklichen Inhalt dieser Existenz (23) auf hypothetische Fälle, die ausserhalb des Bereichs der Möglichkeit liegen, und berühren nicht meine Behauptung, dass bei der gegebenen Beschaffenheit des Absoluten in jeder möglichen Welt die Existenz als solche (nicht „die kahle nackte Existenz", sondern eine gleichviel wie erfüllte Existenz) ein Unglück sein müsse. Er widerspricht seiner eigenen besseren Einsicht, wenn er meint, dass das Absolute in seiner Allweisheit und Allmacht bei gutem Willen wohl hätte Wege ausfindig machen mögen, auf denen sich die Qualen der Individuation hätten vermeiden lassen (63); wie sollte ein inhaltliches vorstellendes Bewusstsein ohne Individuation möglich werden, wie eine Erlösung von der Qual des Wollens ohne vorstellendes Bewusstsein, und wie sollte eine Welt bewusster Individuen möglich sein, ohne dass diese an der Unseligkeit alles Wollens ihren Antheil trügen?

Weil der Selbstwiderspruch des unlogischen Princips ein die ganze Wirklichkeit durchziehender ist, darum erkennen wir auch empirisch das Unlogische des Daseins an jedem kleinsten Punkte wieder (27), und trotzdem lehrt uns die apriorische Erwägung, dass jede gleichviel wie erfüllte Existenz als Willensäusserung unlogisch sein muss, dass wir gar nicht nöthig haben, das empirisch sich aufdrängende Unlogische der Existenz ausser in ihrer Form auch noch in ihrem (diese Thatsache gar nicht berührenden) Inhalt zu suchen. Dass das Existirende ausser in der auch von mir angenommenen Unvernunft der Existenz als solchen noch etwas Unlogisches in seinem Inhalt zeige, dafür ist eben Bahnsen den versprochenen Beweis bisher schuldig geblieben; er wird sich daher nicht wundern können, wenn ich bis zur Erbringung desselben an meiner von ihm (23) bemängelten Distinction festhalte, nach welcher das „Was" der Welt untadelig und nur ihr „Dass" ein Nichtseinsollendes ist.

Dann kann aber auch der „Zweck" kein positiver mehr sein (der doch immer nur auf Herstellung eines gewissen Weltinhalts ginge), sondern muss ein negativer, auf Negation der Existenz als solchen gerichteter sein. Dass ein solcher Zweck werthlos ist, wenn er an dem Maassstab positiven Wohlseins, dass er zwecklos ist, wenn er an dem Maassstab positiver Zweckmässigkeit gemessen wird (16), sind nur tautologische Bemerkungen, aus denen man nichts lernt, die aber noch weniger etwas gegen die Zweckmässigkeit dieses Zwecks im negativen Sinne, oder gar für den realdialectischen (antilogischen) Charakter eines rein negativen Endzwecks beweisen. Ist ein positiver Zweck durch die gegebenen Voraussetzungen aller möglichen Welten, d. h. durch die Beschaffenheit des Absoluten, unmöglich gemacht, so ist doch ein negativer Zweck immer noch von höchstem relativem (wenngleich nicht positivem) Werthe; Erlösung vom Uebel ist doch besser als Verharren in demselben. Ein positiver Zweck kann für die Willensmetaphysik Bahnsen's ebenso wenig wie für die meinige in Frage kommen; ob aber ein negativer zugelassen wird, das hängt, wie Bahnsen selbst eingesteht, zuletzt davon ab, ob man die Willensmetaphysik monistisch oder pluralistisch durchbildet (65).

Ausser diesem Hauptbestimmungsgrund finden sich aber noch zwei Nebengründe, welche schliesslich eine kurze Beachtung erfordern, als Nebenhindernisse für Bahnsen's Zustimmung zu der Entwickelung in meinem Sinne (mit negativem Endzweck). Der erste ist sein Stimmungspessimismus, der ihn in die Desperation seines Standpunkts so verliebt macht, dass er sich von der Eröffnung eines tröstlichen Ausweges in seiner absoluten Verbitterung gestört fühlt. Der zweite ist sein Glaube an die reale Unendlichkeit der Zeit, welche nach vorwärts ebenso jeden Abschluss des Processes unmöglich macht (84), wie er nach rückwärts dem Process den Charakter der Entwickelung raubt, durch die ganz richtige Erwägung, dass alle möglichen Entwickelungsziele in einer unendlichen Vergangenheit längst erreicht sein müssten (82). Die Unendlichkeit der Zeit will Bahnsen als eine Consequenz aus meinen Prämissen schon dadurch dargethan haben, dass er sie als das „Kind ewiger Eltern" (Wille und Idee) verzeichnet (73—74); er vergisst dabei nur, dass dieses Kind von den ewigen Eltern doch erst dadurch gezeugt und geboren werden kann, dass diese aus ihrer ewigen Ruhe und Stille heraustreten und actuell werden, womit eben der Anfang der Zeit gegeben ist. Der Process kann gerade nur deshalb Entwickelung sein, weil er Anfang und Ende hat, d. h. weil die Zeit Anfang und Ende hat (was eine Wiederholung des Processes aus der Wurzel der Ewigkeit heraus nicht ausschliesst); die Zeit aber kann nur endlich gedacht werden, sobald sie als reale Daseinsform gedacht wird, wie ich dies schon in der ersten Abhandlung über Frauenstädt gezeigt habe.

C.
Hegelianismus.

V.
Volkelt's Panlogismus des Unbewussten.

*Leicht bei einander wohnen die Gedanken,
Doch hart im Raume stossen sich die Sachen.*
Schiller.

A. Principienfragen.

1. Die Dialectik.

Volkelt giebt sich wie wir schon in der Einleitung sahen, zwar als entschiedenen Hegelianer, will aber doch nicht als Hegelianer von altem Schrot und Korn angesehen werden, der auf die Worte des Meisters schwört, sondern ein so zu sagen modernisirter, von der realistischen Cultur beleckter Hegelianer sein. So sucht er vor allen Dingen Fühlung mit der Empirie und der inductiven Methode zu gewinnen und behauptet, dass, wenn Hegel dies auch nicht eingesehen habe, die gesammten philosophischen Disciplinen mit Ausnahme der Logik (welche nach Hegel zugleich Ontologie ist), d. h. der Inhalt der ganzen Natur- und Geistesphilosophie nicht *a priori*, sondern nur inductiv aus dem Reichthum des empirisch aufgenommen Stoffes gewonnen werden könne (Das Unb. u. d. Pess. S. 96). Dem entsprechend sucht Volkelt die sinnlich wahrnehmbare Natur, als die objectiv-verständige Seite der Welt, von der Geltung des dialectischen Gesetzes der Einheit des Widerspruchs auszuschliessen und in dem ganzen praktisch-verständigen Leben die formal logischen Gesetze als die allein gültigen zuzugestehen (S. 209—210).

Ich muss diesen Compromissversuch zwischen Dialectik und Empirie nach beiden Richtungen als gescheitert betrachten. Nach den Principien der Hegel'schen Dialectik gebiert die Selbstbewegung des Begriffs, der das Bewusstsein nur passiv zuschaut, allen Inhalt ohne Ausnahme aus sich selbst; unerreichbar ist ihr nur einerseits das einzelne Dieses, und andrerseits die handgreifliche Realität, welche beide in gleichem Maasse aller Wissenschaft, auch den empirischen Realwissenschaften, transcendent bleiben, da die Wissenschaft nur bis zu den artbildenden Unterschieden und zu den allgemeinen Gründen der Individualunterschiede geht, nicht die Realität selbst, sondern nur ein subjectives Abbild der Realität produciren will. In diesem Sinne aber soll die Dialectik nach Hegel'schen Principien unbedingt allen Inhalt der Wissenschaft aus sich, aus der reinen Selbstbewegung des Begriffs, produciren, und darf sich wohl der Bewährung durch die Empirie freuen, soll aber nicht den Stoff aus derselben entlehnen. Es ist ganz unthunlich, die Sphären für die Geltung der formalen Verstandeslogik und der dialectischen Vernunftlogik zu trennen; denn es giebt nach Hegel nichts, was nicht durch und durch Product der objectiven Begriffsdialectik wäre, und wo etwa die Widersprüche bloss neben einander, nicht auch in einander und in ihrer höheren Einheit aufgehoben wären. Durchdringt aber die Dialectik alle Sphären der Existenz, so muss auch die dialectische Selbstbewegung des Begriffs im Kopfe des Philosophen dieselben reproduciren können, und sind die an die Empirie und Induction gemachten Zugeständnisse nicht bloss nach Hegel's Worten, sondern auch nach seinen Principien unstatthaft. Wird im Gegentheil dem inductiven Aufsteigen von der Erfahrung durch begriffliche Bearbeitung derselben nach den formal logischen Gesetzen das Gebiet der Natur- und Geistesphilosophie eingeräumt, so ist damit auch zugestanden, dass es zum begrifflichen Verstehen und wissenschaftlichen Erklären der Wirklichkeit durch Rückschliessen auf ihre näheren und ferneren Ursachen keiner über die formale Logik hinausgehenden Dialectik bedarf, und wird alsdann die Logik selbst unter den durch „innere Erfahrung" gewonnenen Inhalt der Geistesphilosophie fallen (S. 100). So zeigt sich der Compromiss zwischen Induction und Hegel'scher Dialectik nach jeder Richtung als unhaltbar: entweder die Dialectik ist productive Selbstbewegung des Begriffs, dann kann sie ihren autonomen Gedankengang durch keinen mit der Zufälligkeit des Wirklichen behafteten empirischen Inhalt stören lassen; oder die

Natur- und Geistesphilosophie ist inductiv zu entwickeln, dann ist die Thätigkeit der begrifflichen Bearbeitung in die inductive Methode bereits hereingenommen, und es bleibt weder methodologisch noch stofflich irgend ein Plätzchen übrig, welches die Dialectik nicht schon von Rechts wegen occupirt fände.

Volkelt würde sich über die Unmöglichkeit dieses Compromissversuches nicht haben täuschen können, wenn er sich nicht über den von mir (in meiner Schrift „Ueber die dialectische Methode" B. II. 3: „Die Hegel'sche Vernunft und der gemeine Verstand") hervorgehobenen Antagonismus getäuscht hätte; letzteres aber wurde ihm wiederum dadurch möglich, dass er den absoluten Gegensatz der Hegel'schen Verstands- und Vernunft-Gesetze mit dem relativen Gegensatz der Hegel'schen Verstands- und Vernunft-Begriffe verwechselte (vgl. S. 211—212). Ein Begriff ist nach Hegel in einer Hinsicht fixer Verstandsbegriff (indem er sein Gegentheil von sich ausschliesst), in einer andern Hinsicht synthetischer Vernunftbegriff, indem er untergeordnete Gegensätze zur Einheit in sich aufgehoben enthält; ein Verstandsgesetz aber ist niemals Vernunftgesetz, ein Vernunftgesetz niemals Verstandsgesetz; denn das erstere erklärt den Widerspruch für unmöglich, das letztere erklärt ihn für nothwendig. Hier ist also der Gegensatz nicht mehr relativ, sondern absolut und unversöhnlich. Ich weiss sehr wohl, dass der richtige Dialectiker darauf antworten muss: „Ganz recht, eben die Identität der logischen Unmöglichkeit und logischen Nothwendigkeit ist das wahre Vernunftgesetz, welches das einseitige Verstands- und einseitige Vernunftgesetz zur höheren Einheit verschmilzt." Hier ist einer der Punkte, wo die Discussion mit dem Dialectiker aufhört, weil das Absurde, zu dem man ihn führen wollte, von ihm als Lebenselement bekannt wird. Es fragt sich nur, ob Volkelt diesen Schritt mitmachen will oder nicht: thut er es, so gehört er zu jenen Hegelianern, die man laufen lässt, weil nach Menschenart nicht mit ihnen zu streiten ist; thut er es nicht, so muss er den von mir behaupteten unversöhnlichen Antagonismus zwischen Verstand und Vernunft zugeben und sich von der Dialectik ganz zur inductiven Methode bekehren, weil die von ihm vorausgesetzte Relativität des Gegensatzes zwischen beiden Gebieten und sein auf dieselbe gegründeter Versuch zur Abgrenzung der Geltungssphären beider unhaltbar geworden ist.

Wenn Volkelt die dialectische Methode in dem Sinne aufrecht erhalten wollte, dass er mit ihren Voraussetzungen als Beurtheilungsmaassstab an die Kritik meiner Philosophie herantrat, so durfte er ein näheres Eingehen auf die Hauptpunkte meiner Einwendungen gegen die Dialectik sich nicht ersparen. Als diese Hauptpunkte hatte ich in meiner Erwiderung auf Michelet's Kritik in den philos. Monatsheften Bd. I Hft. 6 die beiden Abschnitte Bd. II. 6 und 7 bezeichnet („Die Flüssigkeit der Begriffe" und „Der dialectische Fortschritt"), gegen deren Argumentation noch nirgends auch nur der leiseste Versuch einer Entkräftung unternommen ist. Weshalb dies die Hauptpunkte sind, geht aus Abschnitt III meiner Schrift S. 117—118 deutlich genug hervor: weil nämlich die Aufhebung der Identität des Begriffs mit sich selbst und die Gewinnung eines neuen Inhalts aus der fortschreitenden Selbstbewegung des Begriffs die nothwendigen Consequenzen des panlogistischen Princips sind, in welchen die Dialectik sich in ihrer vollen Reinheit und frei von allen trübenden Concessionen an das praktische Denkbedürfniss des Menschen darstellt. Werden aber die unmittelbaren nothwendigen Consequenzen eines Princips *ad absurdum* geführt, so ist damit die Unhaltbarkeit des Princips in seiner gegebenen Gestalt indirect dargethan; wer also das panlogistische Princip, wie Volkelt, aufrecht erhalten will, muss die von mir geleistete *reductio ad absurdum* der genannten Consequenzen entkräften, welche zugleich die Bedingungen seiner Brauchbarkeit und Haltbarkeit sind. Kann der Begriff durch seine dialectische Selbstbewegung zu keinem inhaltlichen Fortschritt gelangen, so kann er auch nicht aus der absoluten Leere seines Ansichseins ohne äusseren Impuls allen Inhalt, alle Momente der Idee herausspinnen, so kann er nicht von sich selbst aus zu einem Zweck gelangen, so kann sein Zweck kein **positiver** Vernunftzweck sein, sondern kann sich nur **negativ** gegen das von aussen herantretende Unlogische wenden. Kann die Idee (als bereits **inhaltlich erfüllte**, unbewusst-intuitive Vorstellung verstanden) das Gesetz der Identität nicht umstürzen und sich selbst in Fluss setzen, so kann sie auch nicht mehr selber als Subject des objectiven Gedankenprocesses behauptet werden, so wird die Annahme eines die Idee denkenden Subjects, das nicht selbst Idee, d. h. Denkinhalt ist, unausweichlich. Die Unmöglichkeit des dialectischen Fortschritts macht die Ergänzung der logischen Idee durch ein zweites coordinirtes Princip nothwendig, welches die **Bewegung** in den Process bringt und dem mit sich identischen Logischen erst den Impuls zur Bethätigung, zur negativen Zwecksetzung verleiht; die Unmöglichkeit der flüssigen Selbstbewegung der Idee macht hinter der Idee ein Subject erforderlich, das nun an und für sich nicht mehr Idee, also etwas anderes als Idee (nämlich den Attributen subsistirende Substanz) ist. Durch meine Kritik der dialectischen Methode war also nicht nur die Unhaltbarkeit des panlogistischen Princips in seiner Isolirung dargethan, sondern auch zugleich die Richtungen angedeutet, in welchen dasselbe ergänzt werden musste, um zum wahren Moment eines höheren Princips (des vorstellenden und wollenden Unbewussten) zu werden.

2. Die Stellung des Unlogischen zum Logischen.

Man kann sehr wohl sagen, dass auch bei Hegel die absolute Substanz oder das absolute Subject (was bei ihm der Begriff ist), das Unlogische und das Logische zu seinen beiden Attributen habe, wenn man unter dem Unlogischen die immanente Negativität des Widerspruchs und unter dem Logischen die überwindende Aufhebung des Widerspruchs versteht. Das Logische und das Unlogische zu vereinigen ist die Aufgabe jeder Philosophie, da beide sich empirisch aufdrängen, da das Weltwesen sich thatsächlich sowohl in Weisheit wie in Widersinnigkeit offenbart; Volkelt hat daher Unrecht, das Problem einer substantiellen Vereinigung beider mir als vernunftmörderisch vorzuwerfen (S. 160), da es Problem aller Philosophen ist. Nun ist aber der Lösungsversuch dieser Aufgabe zunächst auf dreierlei Weise zu unternehmen möglich: entweder man betrachtet das Unlogische als Moment des Logischen wie Hegel, oder man betrachtet das Logische als Moment des Unlogischen wie Bahnsen auf Schopenhauer'scher Grundlage, oder man betrachtet beide als coordinirte Momente der absoluten Substanz, oder des absoluten Subjects, wie ich es thue. Im ersten Falle erhält man als Signatur des Weltprocesses die objective Begriffsdialectik Hegel's, im zweiten Falle die Realdialectik des ewig in sich selbst entzweiten Willens, im dritten Falle die logische Entwickelung der Realität zum negativen Endzweck der Ueberwindung des Unlogischen. Ist der Widerspruch **ewige Denknothwendigkeit**, so hat

Hegel Recht, dass das Unlogische immanentes Moment des Logischen ist; ist der Widerspruch ewige Seinsnothwendigkeit, obzwar Denkunmöglichkeit, so hat Bahnsen Recht, dass das Logische irgendwie in unbegreiflicher Weise aus dem Unlogischen entstehen und daher als ewiges Moment in demselben enthalten sein müsse; ist aber der Widerspruch sowohl denkunmöglich als auch seinsunmöglich in Bezug auf den Inhalt des Daseins, wie dies die meisten Leser zugeben dürften, so werden Hegel und Bahnsen Unrecht haben, und ich werde darin Recht behalten, dass das „Was" der Welt als rein logisch bestimmt anzusehen und das Unlogische nur in der Widersinnigkeit des „Dass" der Existenz zu suchen sei.

Auch darüber besteht zwischen den drei Standpunkten keine Meinungsverschiedenheit, dass das Unlogische allein der bewegende Factor im Processe sei, dass im Unlogischen die Tendenz zum Fortgange enthalten sei, während das Logische ohne das Unlogische keinen Impuls zum Herausgehen aus der Identität in sich findet, mit anderen Worten, dass nur das Moment des Unlogischen das Streben, den Trieb, den Willen herzubringt, was alles dem bloss Logischen als solchen nicht innewohnt. Auch nicht den kleinsten Fortschritt kann die logische Idee bei Hegel machen ohne das Ferment des Unlogischen, das ihre Entwickelung von der absoluten Leere des voraussetzungslosen Anfangs bis zur höchsten Fülle nicht sowohl begleitet als erzeugt. Auch hier ist das Unlogische das männliche Element, von welchem das Logische concipiren muss, bevor es eine neue Gestalt der Idee gebären kann. Jede Kategorie bei Hegel hat sich an dem Unlogischen entzündet und trägt das Unlogische als Merkzeichen ihrer Geburt an sich, ist also in meinem Sinne schon ein angewandt logisches Gebilde, ein Gebilde der auf das Unlogische angewandten Logik. Von keiner gilt dies in höherem Grade als von der des absoluten Zweckes, welche man wohl als die höchste Kategorie Hegel's bezeichnen kann; hier geht das Versteckenspielen mit dem Unlogischen zu Ende, die Prätension eines positiv-vernünftigen Zweckes erweist sich als Chimäre und das Unlogische als negatives, d. h. als aufzuhebendes Endziel, setzt sich bei näherer Betrachtung als selbstständiges Moment heraus (vgl. meine Ges. Studien u. Aufsätze S. 629—634), und erweist sich als die wahre und alleinige Triebfeder des ganzen Processes.

Auch Volkelt erkennt die Hegel'sche Negativität (das negativ-Vernünftige, d. h. das Widervernünftige, die Selbsterhebung des Widerspruchs im Logischen) als das „Bewegungsprincip" an (S. 154), und der Zweck seiner ganzen Kritik lässt sich dahin zusammenfassen, das von mir dem Logischen coordinirte Unlogische, d. h. den Willen, dem Logischen wieder wie bei Hegel zu subordiniren, genauer: es wieder zum immanenten Moment des Logischen selbst herabzusetzen (S. 151). Dies heisst aber: den Widerspruch zur Denknothwendigkeit erklären (S. 141), d. h. das Princip der dialectischen Methode auf den metaphysischen Thron erheben. Man sieht jetzt, wie eng meine Kritik der dialectischen Methode mit meinen metaphysischen Principien zusammenhängt, wie sie geradezu die negative Rechtfertigung derselben gegen den Standpunkt des Hegelianismus bildet. Hätte Volkelt dieses Verhältniss schärfer erfasst, so würde er eingesehen haben, dass die Widerlegung dieser Kritik, insbesondere der oben genannten Hauptabschnitte, allein im Stande gewesen wäre, seiner kritischen Arbeit die unerlässliche principielle Basis zu geben, ohne welche dieselbe in der Luft schwebt, mit welcher ausgerüstet sie sich hingegen der Detailkritik füglich hätte überhoben erachten können. Das aber ist festzuhalten, dass nur die der Logik suppeditirte Dialectik, das überall in das Logische selbst eingeschmuggelte Unlogische, die beständige Zumuthung der Denkmöglichkeit und Denknothwendigkeit des Widerspruchs, die Täuschung zu erzeugen im Stande ist, als ob das Logische aus sich selber inhaltliche Gestalten der Idee gebären, als ob es sich selbst einen Zweck und zwar einen positiven Zweck setzen, als ob es überhaupt mehr als ein Formalprincip sein könnte, welches zwar seinen Inhalt formell bestimmt, aber erst durch Impuls von aussen einen solchen empfängt. Es ist festzuhalten, sage ich, dass die irrthümliche entgegengesetzte Annahme, von welcher aus durchweg Volkelt seine Kritik übt, nur einen Sinn hat unter Voraussetzung der Wahrheit der Hegel'schen Dialectik, welche ich entschieden zurückweisen muss, und dass Volkelt's Kritik schon deshalb durchweg als Anlegen eines mir fremden und von mir ausdrücklich verworfenen Maassstabes an meine Philosophie bezeichnet werden muss.

3. Idealprincip und Realprincip.

Indessen sind die Gründe für die Unzulänglichkeit des Panlogismus in seiner principiellen Isolirung mit den Rückschlüssen aus der Unhaltbarkeit der dialectischen Methode Hegel's keineswegs erschöpft; auch dann, wenn die dialectische Methode Wahrheit wäre, wäre der Panlogismus doch unhaltbar. Die Gründe hierfür habe ich auseinandergesetzt: Phil. d. Unb. 7. Aufl. Bd. II. S. 419—424 (vgl. auch I. 106—107 u. 154); Schelling's pos. Phil. in den beiden Abschnitten „Unzulänglichkeit des Panlogismus" und „Negative und positive Philosophie"; Ges. Stud. u. Aufs. S. 663—679 u. 627—629. — Auch diesen Ausführungen gegenüber vermisse ich die Kritik Volkelt's, während doch die Auseinandersetzung mit diesen Stellen an die Spitze seiner kritischen Prüfung hätte treten müssen, da in ihnen die Motive dargelegt waren, welche Schelling und mich zur unbefriedigten Abkehr vom Panlogismus und zum Suchen nach einer metaphysischen Ergänzung und Vertiefung dieses Standpunktes getrieben hatten. Gelang es ihm, die Unstichhaltigkeit dieser Bedenken, sowie derjenigen gegen die dialectische Methode nachzuweisen, so hatte er von vornherein gewonnen Spiel. Dieses Centrum seiner kritischen Aufgabe hat Volkelt jedoch nicht erkannt, und damit hat er von vornherein sein Spiel verloren; denn er thut am Ende weiter nichts, als unter Ignorirung der gegen seinen Standpunkt erhobenen gegründeten Bedenken zeigen, dass meine Gedanken an seinen panlogistisch-dialectischen Voraussetzungen gemessen widerspruchsvoll erscheinen, nicht jedoch, dass sie es auf dem Boden meiner metaphysischen Voraussetzung sind. Das erstere aber hätte ihm jeder Leser auch ohne lange Auseinandersetzungen geglaubt; nur um letzteres handelte es sich für die Beurtheilung, wenn der allein fruchtbare Standpunkt einer immanenten Kritik gewahrt bleiben sollte.

Das specifische Vorurtheil des Panlogismus, das $\pi\varrho\tilde{\omega}\tau o\nu\ \psi\varepsilon\tilde{v}\delta o\varsigma$, aus dem alle seine übrigen Irrthümer folgen, ist der Glaube, dass das Idealprincip als solches auch Realprincip oder Existentialprincip sei, dass es keines Realprincips neben und ausser dem Idealprincip zur Erklärung der Existenz bedürfe. Der Panlogismus begreift nicht, dass zwischen Gedanke und Wirklichkeit eine Kluft gähnt, dass die Realität noch etwas anderes ist als Idee, das zum idealen

Inhalt noch ein unsagbares Etwas hinzukommen muss, damit Realität daraus wird. Der Panlogismus behauptet, dass das objective Denken als solches durch seine Position die Realität schafft, durch seine Negation sie vernichtet, er bildet sich ein, dass das Denken das Sein erdenken und zerdenken könne, und verkennt die absolute Transcendenz des Seins gegen das Denken, welche diesem jenes unerreichbar macht. Nicht als Denkende erfahren wir die Existenz, sondern als Existirende; nicht durch Denken *a priori* oder dialectische Selbstbewegung des Begriffs ist das Sein uns erreichbar, sondern nur durch Collision unseres Willens mit einem fremden wird es uns empfindlich und wahrnehmbar. Der Panlogismus will uns vorreden, die Existenz als solche (nicht ihr Inhalt), die Thatsache, dass irgend etwas existirt, sei vernünftig; in Wahrheit aber ist sie das sinnlos Unvernünftigste, das eigentlich Unlogische, was uns in jedem Augenblick von Neuem daran erinnert, dass der ganze logische Weltinhalt auf einem unlogischen Grunde ruht und erst durch diesen Realität empfängt. — „Es gehört in der That der Vorsatz, seinen Verstand zum Schweigen zu bringen, zu dem Entschlusse, solch' ein Princip als Urgrund der Welt anzunehmen" (Volkelt S. 137). Es gehört im Gegentheil die ganze Ueberhebung des Rationalismus dazu, jedes Jenseits der Vernunft und des Denkens von vornherein zu perhorresciren; nicht ohne Noth aus purer Bescheidenheit soll der Verstand eine Grenze seiner selbst anerkennen, sondern er soll nur nicht der Lehre zum Trotz, die ihm jeder Stoss an einer Ecke ertheilt, darauf beharren, dass die Wirklichkeit nichts ist als blosses Denken, die Realität nichts als lautere Idee. Nur in einem so von des Gedankens Blässe angekränkelten Volke, wie dem deutschen, konnte der Aberglaube sich breit machen, dass der Begriff die Substanz der Dinge, und dass das grimmige Aufeinanderplatzen der Realitäten nur eine Gegensätzlichkeit verschiedener Momente des Begriffs sei. Nein, auch der härteste Widerspruch im Reiche der Gedanken bleibt ein friedlicher idealer Process, der innerhalb der Idee zum Austrag kommt, und der an und für sich niemals Schmerz verursachen, Empfindung hervorrufen, Bewusstsein wecken kann. Erst wenn die gegensätzlichen Momente der Idee zum Inhalt von Willensacten werden, tritt der Conflict aus der idealen Sphäre heraus in die reale, erst dann prallen wirkungsfähige, d. h. wirksame oder wirkliche Momente gegeneinander, erst dann wird der Gegensatz der Begriffsmomente in der Idee zum Widerstreit der Dinge, Individuen, oder Affecte und Leidenschaften innerhalb eines Individuums, erst dann wird das am Widerstand des fremden Willens sich brechende Streben zum Schmerz, zur Empfindung und hieraus erst kann das Bewusstsein hervorgehen.

Gesetzt also, die dialectische Methode Hegel's wäre Wahrheit, und die immanente Negativität der Idee wäre selbst schon Bewegungsprincip, Entwickelungstrieb derselben, so würde doch dies immer nur für das Gebiet der Idee als Idee, der Idee in ihrem Ansichsein gelten; es würde der Widerspruch zwar die Idee bis dahin führen können, dass sie den ganzen Reichthum der in ihr beschlossenen Gestaltungen als ideales Urbild der Realität entfaltet, d. h. den Kreis der Hegel'schen Logik beschreibt, aber niemals würde der der logischen Idee immanente Widerspruch das Herausgehen der Idee aus der idealen Sphäre in die der Realität erklären können. So gewiss der Eigenwille eines starken Charakters etwas anderes ist, als die Vorstellungen, welche derselbe mit seinen Handlungen verknüpft, so gewiss ist der Weltwille in seiner übersprudelnden unbändigen Gier noch etwas anderes als die Summe der idealen Urbilder, in deren Abbildern er sich manifestirt. Das Unlogische, das **innerhalb** der Hegel'schen Logik sein Wesen treibt, ist doch noch etwas ganz anderes als das Unlogische, dessen Eintritt das Hegel'sche System selbst beim Umschlag der Idee in ihr Anderssein fordert; das erstere ist sozusagen nur ein **relativ** Unlogisches, indem es sich nur gegen die fixirten Momente der logischen Idee in ihrer Vereinzelung wendet und durch Zerstörung dieser Isolirung dem Logischen dient, — das letztere aber ist ein **absolut** Unlogisches, indem es sich gegen die logische Idee in ihrer **Totalität** wendet, und zwar **gerade das** an ihr zerstört, dass sie bisher bloss „**noch logisch**" war, d. h. sich dadurch bethätigt, dass es sie mit Haut und Haar verschlingt, oder sie in sich, das Unlogische, hineinstürzt. So lange der „Trieb" der Idee nur dahin ging, sich logisch zu entfalten, so lange konnte die Immanenz dieses (relativ) Unlogischen mit einer gewissen Scheinbarkeit behauptet werden, sobald aber der „Trieb" dazu auftaucht, die Idee ihrer rein logischen Idealität zu entäussern, da kann von einer Immanenz dieses absolut Unlogischen im Logischen nicht mehr die Rede sein, da kann die Idee nicht mehr als Subject dieses unlogischen Strebens untergeschoben werden. Und wohlgemerkt, dies alles gilt, **gleichviel ob die spätere Rückkehr der Idee zu sich selbst als eine Bereicherung derselben angesehen werden möge oder nicht**; denn wäre es auch wirklich eine Bereicherung, so könnte es doch keine **logische** Bereicherung mehr sein, da alle dem Logischen mögliche Entfaltung **vor** der Entlassung schon erledigt sein soll, — also könnte auch diese Bereicherung nur eine Bereicherung des Logischen durch's Unlogische sein, und zwar durch ein anderes Unlogische, als was sie schon in sich hat, da es sonst wieder keine **Bereicherung** wäre.

Dies alles bestätigt nur die längst bekannte Bemerkung, dass die Entäusserung der Idee an die Realität der wunde Punkt des Hegel'schen Systems ist, insofern der dort thatsächlich gemachte **Schritt ein mit den Mitteln des Systems nicht zu bestreitender** *salto mortale* ist. Hier erst tritt **das eigentliche Unlogische** ein, von dem bei mir **allein** die Rede ist; denn eine Entfaltung der logischen Idee im Aether der reinen Idealität ist eine Chimäre (vgl. Ges. Stud. u. Aufs. S. 606—610), und deshalb (ebenso wie wegen der Unwahrheit der dialectischen Methode) ist das von Hegel behauptete relativ Unlogische als ein dem Logischen immanentes Moment blauer Dunst.

In der That genügt das Zugeständniss, dass die Hegel'sche Logik nur discursive Klarstellung des ewigen Verhältnisses der Hauptmomente der logischen Idee zu einander und keineswegs Reproduction einer ausserhalb des discursiven Verstandes jemals vorgegangenen Entwickelung sei, auch ganz abgesehen von der Wahrheit oder Unwahrheit der Dialectik, allein schon, um meine Auffassung des Unlogischen zu rechtfertigen. Ist nämlich die Logik nur Klarlegung eines ewigen Verhältnisses, so kann von einem Bewegungsprincip, einem „Trieb" innerhalb derselben nicht mehr die Rede sein. Vollzieht sich alle Entwickelung nur auf dem Boden der Realität, so genügt auch für diese **allein** übrigbleibende reale Entwickelung das **absolut** Unlogische als Impuls, Trieb oder Bewegungsprincip, so giebt es keinen andern Trieb oder Willen, als der von diesem sich ableitet, mag nun die fragliche Entwickelung in der Natur oder im realen Geiste vor sich gehen. Der angebliche Trieb des Hegel'schen immanenten Unlogischen ist nur von dem allgemeinen

Willen zum Leben entliehen, der sich im Kopfe des Philosophen in seiner concentrirtesten Gestalt als Wille zum Erkennen offenbart, und als solcher von der unzulänglichen Erkenntniss unbefriedigt zur vollkommeneren fortstrebt. In der ewigen reinen Idee in ihrem Ansichsein giebt es keinen Trieb, weil keine Entwickelung, im Kopfe des Philosophen aber ist der Trieb des Denkfortganges von dem allgemeinen Willen zum Leben, vom Weltwillen oder dem **absolut** Unlogischen entliehen; so verschwindet der Trieb des immanent Unlogischen Hegel's auf jede Weise, und selbst die Wahrheit der dialectischen Methode vermöchte nicht, ihn zu retten. Aller Trieb, aller Wille erweist sich vielmehr als Ausfluss jenes absolut Unlogischen, das an der Markscheide der Idee und der Realität steht und mit welchem erst der Unterschied des Idealen und Realen anhebt. — Muss der Panlogismus zugestehen, dass die Idee in der Realität der Welt in ihrem **Anderssein** ist, d. h. dass die Realität noch etwas **anderes** ist als die Idee an sich, muss er ferner einräumen, dass dieser Umschlag durch Einsetzen eines gegen das **Logische in seiner Totalität** feindlichen **Gegensatzes** (vgl. Volkelt S. 226 Z. 16—18), durch den **Gegenstoss** eines der logischen Idee schlechthin Inadäquaten, Incongruenten (vgl. Michelet's „Gedanke" Bd. VIII. S. 179 Z. 12—9 von unten), d. h. aber eines **absolut** Unlogischen erfolgt, kann er endlich nicht leugnen, dass dieses Unlogische, welches die Idee **realisirt**, der **Trieb**, d. h. dass die positive Bestimmung dieses negativ nach seinem Gegensatz zum Logischen als unlogisch bezeichneten Moments der **Wille** sei, so bedurfte es nur noch des soeben gelieferten Nachweises, dass ein anderweitiger Trieb innerhalb des Logischen nicht zu finden sei, um das absolut Unlogische unter seiner positiven Bestimmung als Wille zum alleinigen **Realprincip**, d. h. zu einem dem Logischen als Idealprincip **coordinirten** Princip zu erheben. — So lange die dialectische Methode uns vorspiegeln konnte, dass die Negativität, also ein immanentes Moment des Logischen, der Trieb sei, konnte diese Vorspiegelung auch dahin ausgedehnt werden, dass der Eintritt des absolut Unlogischen nur deshalb triebartig wirke, weil er unlogisch sei; mit der Beseitigung jener Vorspiegelung aber, mit dem Nachweis, dass das ideale Bewegungsprincip der Dialectik, selbst wenn es existirte, etwas *toto genere* Verschiedenes von dem Realprincip des die Idee in ihr Anderssein stürzenden und dadurch weltschöpferischen Willens wäre, mit diesem Nachweis sinkt jede Hoffnung für das Gaukelspiel der Dialectik dahin, uns über die starrende Kluft zwischen Idee und Wirklichkeit hinwegtäuschen zu können. Wäre das Unlogische nur darum Trieb, weil es unlogisch ist, so wäre ein solcher ewig unfähig, mehr als ideales Bewegungsprincip innerhalb der Sphäre der Idealität zu sein, er könnte nur Processe des reinen Denkens herbeiführen, aber nie den Schritt vom Gedanken zur Wirklichkeit zu Stande bringen, also niemals Realprincip sein; der Wille im Gegentheil ist nur deshalb unlogisch, weil er Wille, d. h. Realprincip ist, weil er die Idee nicht zufrieden lässt, sondern herausreisst aus ihrer Idealität in die Unruhe und den Schmerz des Weltprocesses. Wäre das absolut Unlogische nur deshalb Trieb, weil es unlogisch ist, so wäre seine maassgebende Bestimmung eine bloss negative, also von der Position des Logischen schlechthin abhängige und durch sie mitgesetzte; so widersinnig die spontane Selbstverneinung des Logischen in seiner Totalität und seiner logischen Natur auch erscheinen müsste, so wäre doch so lange, als das Unlogische als Essentialbestimmung des Willens festgehalten würde, eine positive Selbstständigkeit des letzteren vom Logischen schwer begreiflich zu machen. Ist aber der Wille die Essentialbestimmung des Realprincips, und drückt das Prädicat des Unlogischen nur sein Verhältniss zum Idealprincip aus, dann ist die Selbstständigkeit des Realprincips vom Idealprincip ausser allem Zweifel. Letzteres aber stimmt mit der Erfahrung überein, welche lehrt, dass der immer nur von einem Willen geleistete Widerstand oder Eingriff das alleinige und wahrhafte Symptom der Realität ist.

4. **Die substantielle Identität und attributive Gegensätzlichkeit beider Principien.**

Was ich bei meiner Correctur des panlogistischen Princips gethan habe, ist also zunächst weiter nichts, als dass ich das wahre (absolut) Unlogische, das bei Hegel zwar vorhanden ist und die bedeutsamste Rolle spielt, aber sich hinter den Coulissen versteckt hält, auf die offene Bühne hervorgezogen und ihm dort dem ihm gebührenden Platz angewiesen habe, womit zugleich die durch die falsche Dialectik erschlichene Bedeutung des Hegel'schen immanenten (relativ) Unlogischen in ihr Nichts zurückgeschleudert wird. Die zweite Correctur aber, welche ich vorgenommen habe, besteht darin, dass ich den reinen Begriff Hegel's und den blinden Willen Schopenhauer's zu Momenten oder Attributen eines absoluten Subjects herabgesetzt habe, während sie im Panlogismus und Willensmonismus hypostasirte Abstractionen waren, welche für sich selbst subsistiren sollten, ohne doch dazu fähig zu sein, und deshalb als mythische Hirngespinnste haltlos in der Luft herumflatterten. — Die eminente Tragweite und dringende Nothwendigkeit dieser zweiten Correctur hat Volkelt ebenso wenig begriffen als die der erstgenannten. Er hält daran fest, dass das Unbewusste seinen Vorstellungsinhalt nicht habe, sondern dass es derselbe sei, und nichts sei als dieser; in ihm allein habe es sein Sein und Bestehen, und stehe keineswegs als ein anschauendes Subject hinter demselben; was das Unbewusste in seiner concreten Intuition als Inhalt habe, dahinein sei es *eo ipso* mit seinem Sein übergegangen (S. 177—178). Mit andern Worten: Volkelt hält an dem Hegel'schen Widersinn fest, dass der Begriff sich selbst denke, oder dass das Vorgestellte Subject der Function des Vorstellens sei, eine Verkrempelung des Vorstellungsprocesses, die wohl nur aus der verdrehten Fichte'schen Lehre von der Identität des Subjects und Objects im Act des Selbstbewusstseins geschichtlich zu erklären, obzwar nicht zu entschuldigen ist. — Von einem solchen in sich widersinnigen Vorurtheil aus kritisirt dann Volkelt den ganz anderartigen Gedankengang meines Standpunkts. Während ich überall, wo ich von den Attributen spreche, das Attribut als Attribut einer absoluten Substanz oder eines subsistirenden Subjects stillschweigend voraussetze, während meine ganze Entwickelung auf dieses letzte einheitliche Endziel angelegt ist (vgl. Volkelt S. 158 unten), und ich nur deshalb zu diesem punctuellen Gipfel der Erkenntnisspyramide zuletzt komme, weil dies vom Wesen der inductiven Methode gebieterisch so gefordert wird, versteht Volkelt die Sache so, als ob ich die einheitliche Substanz bis ganz zum Schluss „ignorirte" (S. 126), um sie dann „ganz äusserlich und ohne Berechtigung der grossartigen Weltpyramide als Gipfel aufzusetzen" (S. 162), und glaubt sich dadurch berechtigt, dieselbe bei der Kritik der Attribute „bei Seite zu lassen" (S. 126). Ja sogar er versteigt sich bis zu der ebenso kühnen als grundverkehrten Behauptung, dass auch bei mir, ganz wie bei Hegel, „das vom logischen Inhalt verschiedene denkende

Subject fehle" (202), und dass demnach auch bei mir der Inhalt der unbewusst logischen Idee selbst das hellsehende Subject sein müsse (210).

Nun kritisirt er mit der Voraussetzung der substantiellen Selbstständigkeit, der isolirten Hypostasirung der Attribute darauf los, während ich dieselben nur unter Voraussetzung der einheitlichen Substanz beider meine und verstehe und ausschliesslich in diesem Sinne von ihnen rede. Da ist es denn freilich kein Wunder, dass er sich über die Zusammenhangslosigkeit der beiden Sprossen wundern muss, die er doch erst von ihrer gemeinsamen Wurzel losgerissen, in deren Wesen ihr inniges Verwachsensein begründet war (S. 133). Weil er mit dem Vorurtheil an die Sache herankommt, dass ein einziges Princip ohne weiteres die Existenz mit aller ihrer Realität und Idealität aus sich erzeugen müsse, darum glaubt er etwas erreicht zu haben, wenn er zeigt, dass keines meiner beiden Principien für sich allein dieser Aufgabe gewachsen sei (S. 128). Aber eben deshalb, weil kein Princip der Welt einer solchen in sich widersinnigen Aufgabe gewachsen ist, darum habe ich ja gerade zwei, welche, obschon in gleicher Weise existenzunfähig, wenn von einander isolirt gedacht, doch in ihrer Vereinigung die Existenz produciren. — Der Materialist oder der Skeptiker kann es ablehnen, mit seinen Erklärungsversuchen hinter die empirisch gegebene Existenz zurückzugehen, und über die Entstehung der Existenz zu speculiren; der Hegelianer wird sich schwerlich dem entziehen können. Lässt er sich aber einmal durch die Stärke seines metaphysischen Bedürfnisses dahin bringen, auf Erklärungsversuche über die Entstehung der Existenz einzugehen, so muss er sich auch klar machen, dass er damit die Grenze des Existirenden überschreitet, dass das die Existenz erst Setzende als solches ein noch nicht Existirendes sein muss, dass jede Speculation über die Entstehung des empirisch gegebenen Seins zum „Ueberseienden" führt. Dann aber darf er auch mir keinen Vorwurf daraus machen, dass das Existenzsetzende als solches bei mir ein nicht Existirendes ist (S. 128). Das Existenzsetzende in seiner Totalität (als die wollende und vorstellende Substanz oder das Unbewusste) ist auch bei mir existenzfähig; denn nichts anderes als es selbst ist das allem Existirenden Subsistirende, das Wesen aller Erscheinung. Jedes einzelne Moment des gesammten Unbewussten in seiner

Isolirung muss aber selbstredend existenzunfähig sein, wenn nicht die übrigen Momente überflüssig sein sollen.

Man kann sich also wohl so ausdrücken, dass jedes Moment den andern erst die Existenz verleiht; aber damit ist nicht gesagt, dass das so Hervorgehobene **allein** die Existenz hervorbringt (S. 132), denn von jedem der andern gilt ja dasselbe. Die Substanz bringt die Subsistenz, die Vorstellung den idealen Inhalt, der Wille die Form der Realität herzu; so erst aus allen Dreien kommt als Product die Existenz zu Stande. In ihrer abstracten Isolirung, wie Volkelt sie fasst, sind die Momente sämmtlich **Nichts**, in ihrer einheitlichen Zusammengehörigkeit sind sie **Alles**, nämlich Alles, was da ist. Nicht als ob aus drei Nichtsen Etwas würde, sondern so wie aus drei zusammentreffenden Bedingungen, die vereinzelt wirkungslos bleiben, vereint eine zureichende Ursache wird, aus der die Wirkung entspringt. Geht man vom Panlogismus aus, wo also die Idee vorausgesetzt wird, so muss man sagen, dass der die Form der Realität herzubringende Wille das Existenzsetzende sei; aber keineswegs darf Volkelt daraus folgern, „dass er **von sich aus** zur Realität zu gelangen im Stande sei" und dies in seiner eigensten Entwickelung gelegen sei (S. 128). Analog müsste Volkelt folgern, dass der Vater **von sich aus** zum Sohne gelangen müsse und der Sohn in seiner **eigensten** Entwickelung liege, weil man doch (bei Voraussetzung der Mutter) sagen kann, dass der Vater das den Sohn Setzende oder das zur Entstehung des Sohnes die Initiative Gebende sei. Somit findet Volkelt Widersprüche nur dadurch, dass er auseinander reisst, was nach meiner Erklärung untrennbar zusammengehört.

Wenn Volkelt behauptet, dass ich nur **zwangsweise** die substantielle Identität beider Principien zugestehe, und dass sich dies Zugeständniss mit meinen sonstigen Sätzen nur schlecht vertrage (S. 134), so beweist dies nur ein totales Verkennen des in meiner Philosophie herrschenden Geistes, für welche der absolute Monismus in seiner strengsten Gestalt unverrückter Augpunkt aller Gedankengänge bleibt. Volkelt kann sich nur durch eine einzige Stelle haben irreleiten lassen, in welcher ich die Attribute einander „unzugänglich" nenne (Phil. d. Unb. Ster.-Ausg. S. 755). Ich gebe zu, dass dieser Ausdruck nicht glücklich ist, da er solchem Missverständniss eine, wenn auch nur scheinbare Rechtfertigung bieten konnte, und habe ich denselben auch in der 7. Auflage beseitigt, und durch „widerstrebend" ersetzt. Was ich mit dem angefochtenen Ausdruck habe sagen wollen, ist nur, dass keines der Principien seine Natur wechseln, d. h. die des andern annehmen kann, dass das Logische nicht unlogisch, das Unlogische nicht logisch werden kann, dass also die Natur eines jeden Princips nicht in die des andern hinein- und übergreifen kann, sondern demselben immer widerstrebend, antipathisch bleiben muss, so dass gerade aus dieser unüberwindlichen Antipathie das Vernichtungsstreben des Logischen gegen das Unlogische erwächst. Aus dem Zusammenhang geht also eclatant hervor, dass von einer Unzugänglichkeit im Sinne der Berührungslosigkeit hier nicht die Rede sein konnte, da aus ihr gerade die Reaction des einen Elements auf die Natur des andern gefolgert wird.

Berrührungslose Heterogenität bestände nur dann zwischen den Attributen als solchen, wenn ihre Bestimmungen wie die der Spinozistischen Attribute ausser aller Beziehung zu einander ständen; dann wäre ihre Einheit nur durch die Wurzel der gemeinsamen Substanz gewährleistet, und es könnte aus einer solchen Anordnung so wenig etwas herauskommen, wie aus einem galvanischen Element, dessen Pole keine peripherische Schliessung haben. Indem sie sich aber bei mir in jeder Hinsicht als auf einander bezogene polare Gegensätze darstellen, ist eben hierdurch ihre gemeinsame Beziehung und Berührung gegeben. Der polare Gegensatz ist hier zugleich wie öfters die natürlich geforderte Ergänzung (vgl. Phil. d. Unbew. Ster.-Ausg. S. 813—815), und ein solcher ist der festeste Kitt der Einheit (wie z. B. in der Geschlechtsliebe). So kann man allerdings sagen, dass sie auf einander angelegt sind (Volk. S. 133), wenn man dies nur nicht im teleologischen Sinne versteht. — Die Idee ist die absolut reiche, aber dieser Reichthum kommt, wie beim Säckel des Fortunat, erst zu Tage, wenn man hineingreift, und das thut erst der an sich arme, und nach Beseitigung seines Mangels verlangende Wille. Der Wille ist unlogisch und stellt sich in seiner Erhebung als antilogisch heraus, wogegen das Logische sich als Gegensatz erheben muss. Will man auf einer Analogie der Gemüthsbeziehungen der Liebe und des Hasses als Bedingung inniger Vereinigung bestehen, wie Volkelt S. 134 dies thut, so kann man wohl bildlich sagen, dass der Wille das Analogon eines wahllosen titanischen Liebesdranges bildet, der in seiner blindgierigen Rücksichtslosigkeit gegen das Mittel seiner Erfüllung dem Hass nicht allzufern steht, dass hingegen die Idee in ihrem logisch folgerichtigen Vernichtungsstreben gegen das Unlogische einen Hass entfaltet, der in seinem Endzweck und seiner selbstaufopfernden Hingebung der Liebe täuschend ähnlich sieht (vgl. Phil. d. Unb. Ster.-Ausg. S. 815 bis 817). So wenig ich diesen Bildern einen Werth beilege, so wenig scheint Volkelt berechtigt, zu rügen, dass solche Beziehungen zwischen meinen Principien nicht zu finden seien (S. 134), während er selbst sie ziemlich deutlich ausspricht, indem er den Unterschied des Verhältnisses zwischen meinen Attributen und denen Spinoza's angiebt (S. 160).

So ist also der Zusammenhang sowohl peripherisch wie central hergestellt; die innige Beziehung des Gegensatzes in der Function muss nothwendiger Weise zur Reaction der Principien auf einander führen, weil die substantielle Identität die Kette nach rückwärts schliesst; das Logische braucht gar keine „Ahnung" von der Erhebung des Unlogischen zu bekommen (wie Volkelt S. 152 meint), denn die Substanz *quâ* Logisches kann gar nicht umhin, auf sich, die Substanz *quâ* Unlogisches, zu reagiren, — ein „Vorbeischiessen" (S. 153) des Einen beim Andern ist ganz unmöglich, weil sie beide ewig Eins sind. Ueber diese substantielle Identität und functionelle oder attributive Gegensätzlichkeit hinauszugehen und ihnen, wie Volkelt S. 159 fordert, „ein wesentliches Verlangen nach einander einzupflanzen", dazu war mithin durchaus keine Veranlassung gegeben; hätte ich diesem Ansinnen Volkelt's entsprochen, so hätte ich nicht nur etwas Ueberflüssiges, durch kein Erklärungsbedürfniss Gefordertes angenommen, sondern wäre auch in denselben Schelling'schen Fehler der Vermischung und Verwirrung der eigenthümlichen Bestimmungen beider Principien gerathen, welchen vermieden zu haben Volkelt selbt S. 150 an mir lobt; denn ich hätte dann der Idee ein Verlangen nach dem Willen, d. h. selbst schon einen Willen zugeschrieben, und dem Willen ein Verlangen nach der Idee, d. h. ein inhaltliches Wollen, dessen Inhalt selbst schon ideale Anticipation der Idee wäre.

5. Denknothwendigkeit und Seinsnothwendigkeit.

Wenn die bisher erörterten angeblichen Widersprüche in meinen Principien daraus entsprangen, dass Volkelt mit dem panlogistischen Vorurtheil der substantiellen isolirten Selbstständigkeit und Subjectlosigkeit der Attribute als unverrückbarem Maassstabe an die Prüfung jedes derselben herantrat, so kommen wir nun zu einer anderen Reihe in meinem Idealprincip angeblich enthaltener Widersprüche, welche daraus resultiren, dass Volkelt das andere panlogistische Vorurtheil nicht los werden kann, als ob das Idealprincip *eo ipso* Realprincip sein müsste, als ob das Logische das Unlogische als sein immanentes Moment in sich enthielte, und sich vermittelst dieses einen positiven Zweck und den Inhalt seiner Intuitionen rein aus sich selbst erzeugte (S. 129). An solchem Maassstab gemessen, müssen natürlich meine Darlegungen unsinnig erscheinen, welche durchweg auf den von mir an den oben bezeichneten Stellen begründeten entgegengesetzten Voraussetzungen beruhen, dass nämlich das Idealprincip nicht für sich allein zugleich Realprincip sein kann, dass das Unlogische nicht i n, sondern nur n e b e n dem Logischen seine Stellung haben kann, dass das Logische aus sich allein gar keinen Inhalt hervorbringen kann, sondern blosses Formalprincip ist, und dass es den rein negativen Zweck, und mit diesem indirect seinen ganzen dem Zweck als Mittel dienenden Inhalt, erst durch Anwendung seiner selbst auf das (attributiv genommen ausser ihm stehende) Unlogische gewinnt.

Die V e r w e c h s e l u n g des Idealen und Realen im scholastischen Begriffsrealismus hatte als seinen classischen Ausdruck den ontologischen Beweis producirt; die bewusste Identification des Idealprincips und Realprincips durch Hegel hatte sich durch feierliche Restitution des ontologischen Beweises officiell als Neoscholastik installirt. Dass das logisch Nothwendige „doch irgendwo zu finden und anzutreffen sein müsse," dass das durch das Denken für das Denken als nothwendig Bewiesene auch nothwendig Existenz haben müsse (S. 130), das sind Behauptungen, die ihre Ansprüche ganz allein auf die Voraussetzung gründen, dass das Idealprincip *eo ipso* Realprincip sei, und die mit diesem Vorurtheil stehen und fallen. Die Existenz als solche, d. h. die Existenz von irgend etwas, einmal zugegeben — und diese ist doch nur empirisch zu constatiren —

wird ja niemand, der überhaupt ein metaphysisches Idealprincip einräumt, bestreiten wollen, dass letzteres eine „Herrschaft" über das Sein, d. h. einen bestimmenden Einfluss auf das Was und Wie des Existirenden ausübe; wenn die Realität nur die realisirte Idee ist, wenn der Wille blind realisiren muss, was immer die Idee an Inhalt ihm darbietet, so unterliegt es keinem Zweifel, dass das in der Idee Nothwendige auch nothwendig vom Willen realisirt werden muss. So ist für die Existenz in der Welt, die unter Mitwirkung eines blinden Realprincips entstanden, allerdings das Denknothwendige zugleich das Seinsnothwendige, und Unrecht haben alle, welche diese Wahrheit bestreiten; aber es ist dies keineswegs eine apriorische Erkenntniss, sondern eine empirische Induction, welche wir aus unzähligen Fällen ohne Einspruch anderer als scheinbarer negativer Instanzen gezogen haben, welche also eine so grosse Wahrscheinlichkeit hat, als eine inductive Erkenntniss nur haben kann (vgl. „Das Ding an sich" S. 116 -- 119). Keinenfalls darf jedoch solche empirische Induction über die Grenzen hinaus erweitert werden, innerhalb deren die Wahrnehmungen liegen, aus denen sie gewonnen ist; es darf ihr also nicht eine Gültigkeit über die Grenzen des innerweltlichen empirischen Seins hinaus zugeschrieben werden, am wenigsten nachdem wir den Grund dieser Conformität in der Blindheit und Wahllosigkeit des die Idee realisirenden Princips erkannt haben. Abstrahirt man entweder ganz von dem Willen, als einem der Idee coordinirten Realprincip, oder philosophirt man über das Wesen der Idee an sich, d. h. abgesehen von ihrer Ergreifung durch den Willen, über das Absolute vor Erhebung des Willens und Entstehung der Welt, so ist die formale logische Nothwendigkeit eine Sphäre für sich, welche mit der Frage der Existenz oder Nichtexistenz nicht das Geringste zu schaffen hat. Für die Idee als solche, für die logische Gesetzmässigkeit als den Ausdruck ihres Formalprincips ist es allerdings ganz gleichgültig, ob das Realprincip neben ihr überhaupt zur Erhebung kommt oder nicht, ja sogar, ob ein solches auch nur neben ihr vorhanden sei, sie ist in der That in sich beschlossen, von jeder Frage nach künftiger Verwirklichung unberührt, und ihre formale Nothwendigkeit unabhängig davon, ob es jemals zur Existenz kommt oder nicht. Freilich bleibt sie vor der Erhebung des Realprincips inhaltsloses Formalprincip, oder bleibt ihr Inhalt reine Möglichkeit, und darum

ist entschieden daran festzuhalten, dass es ein inhaltliches
Denken überhaupt erst giebt, weil und insofern es ein Sein giebt,
nicht umgekehrt (131).

6. Das Idealprincip als logisches Formalprincip.

Dass das Logische oder Idealprincip bei mir zunächst ein an
und für sich inhaltsloses Formalprincip ist, hat Volkelt durchaus
nicht verstanden; er glaubt statt dessen, dass es sich um ein ewiges
ideales Nebeneinander und Ineinanderbestehen aller möglichen Ideen
handle. Dass dieser platonische Standpunkt verlassen werden muss,
habe ich in einem Zusatz zur 5. Auflage der Ph. d. U. S. 800—805
(7. Aufl. II. 440—445) dargethan, auf den ich hier verweisen muss.
Hätte dieser Zusatz Volkelt bei seiner Arbeit vorgelegen, so würde
dieselbe gewiss anders ausgefallen sein; indess gab auch die Fassung
der 3. Auflage (z. B. auf S. 788 oben) den nöthigen Anhalt für
Vermeidung dieses Missverständnisses und in den Ges. Stud. u. Aufs.
S. 607 hatte ich ausdrücklich erklärt, dass der bei einer eventuell
eintretenden Entwickelung aus dem Mutterschooss des logischen
Formalprincips heraustretende Inhalt vor Eintritt einer solchen von
aussen angeregten Entfaltung keineswegs als eine anderweitige Art
von (selbstverständlich immer nur idealem) Sein zu verstehen sei
(wie Volkelt annimmt), sondern dass diese Sphäre der reinen Möglichkeit nichts anderes bedeute, als die formale Prädestination für
den Fall der Entwickelung. Das Idealprincip kann nicht aus sich
allein einen Inhalt erzeugen; w e n n es aber einen Inhalt gewinnt,
so muss er eine logisch gesetzmässige Form annehmen, welche ihn
bis in seine kleinsten Beziehungen durchdringt, und eben diese
logisch gesetzmässige Bestimmtheit ist in dem logischen Formalprincip vorher bestimmt durch seine logische Natur. Ein fingirter
Philosoph, der vor der Weltschöpfung die Natur dieses Formalprincips untersuchte, würde aus ihr vorhersagen können, welcher
Art der von diesen logischen Gesetzen formell bestimmte Inhalt sein
müsste, wenn es einmal durch Anregung des Unlogischen zur Entstehung eines Inhalts käme; er würde die gesammten eventuell an
ihm hervortretenden logischen Beziehungen als reine Möglichkeiten
in der formell logischen Natur des Idealprincips enthalten finden,
und anzugeben im Stande sein, welcher Art diese ewig unwandel-

baren logischen Beziehungen zwischen den Hauptmomenten eines eventuellen Inhalts sich gestalten müssten (Hegel's Logik). — So sehr diese Ansicht dazu berechtigt, von einem ewigen Verhältniss der prädestinirten Momente der logischen Idee zu reden, so wenig ermächtigt sie zu der Verwechselung dieser formalen Vorherbestimmtheit für den Fall eines eintretenden Inhalts mit einem ewigen Nebeneinanderbestehen aller Momente als actueller inhaltlicher Intuitionen. Das hiesse in der That das Ideenchaos zum Princip erheben, und der Wille, der allen actuellen Ideengehalt jederzeit wahllos und blind realisirt, müsste dann natürlich das ewig gleiche Chaos realisiren (S. 179—180). Dies wäre die Folge von Volkelt's Unterstellung (S. 151), als ob bei mir die Idee von jeher fertig und unveränderlich, ein ewiges Resultat wäre (wie ich es S. 783 der 3. Auflage von Hegel behaupte). Insofern in dem logischen Formalprincip alle logischen Beziehungen vorherbestimmt sind, in welche der Inhalt der Idee jemals gerathen kann, alle Verhältnisse von logischen Momenten, in die er sich jemals gliedern kann, so konnte ich sagen (Ges. Stud. u. Aufs. S. 609), dass das Reich der reinen Möglichkeit alle möglichen Welten in sich befasse (aber bei mir nur als mögliche und nur bei Hegel als concrete Intuitionen); ähnlich sprach ich im Leibnizischen Sinne von einem Ruhen aller möglichen Vorstellungen, also auch derer von allen möglichen Welten und Weltzwecken, im Unbewussten (3. Aufl. S. 620), aber nur als möglicher, und nicht actueller, sondern ruhender, latenter Vorstellungen. — Inhaltlich entfalten kann sich nur das absolut Vernünftige; ein minder Vernünftiges als das schlechthin Vernünftige müsste ein mit Unvernünftigem gemischter Vorstellungsinhalt sein, den aber das Formalprincip des Logischen gar nicht zulässt. Kann aber nur das absolut Vernünftige Inhalt der unbewussten Idee werden, während das „minder Vernünftige" ewig dazu verurtheilt ist, „unmögliche Möglichkeit" zu bleiben, so ist auch von einem Prüfen, Vergleichen, Sichten und Wählen unter den Vorstellungen keine Rede, insofern damit eine discursive Reflexion über verschiedene inhaltlich entfaltete Vorstellungen gemeint wäre, welche ohnehin durch die Natur der unbewussten Vorstellung schlechthin ausgeschlossen ist. Wenn ich (3. Aufl. 621) gesagt habe, das Unbewusste überschaue gleichsam mit einem Blicke die möglichen Welten und realisire die vernünftigste, so hat Volkelt das „gleichsam" übersehen, indem er das Bild wörtlich nimmt (S. 202); ich kann damit natürlich nichts anderes haben sagen wollen, als dass die bei der bewussten Reflexion discursiv vorgehende Sichtung und Elimination des minder Vernünftigen hier unbewusst mit einem Schlage dadurch zu Stande kommt, dass das absolut Logische nur das absolut Vernünftige in den Inhalt der unbewussten Intuition als actuelle Idee eintreten lässt. Das anschauende Subject, obwohl es als unentbehrliche Grundlage dieses Processes vorhanden ist, spielt bei demselben doch ebenso wenig eine Rolle wie im Bewusstsein; hier wie dort ist das Subject nur substantieller Träger der Function des Anschauens, während die formelle Bestimmung des Anschauungsinhalts ausschliesslich von der formal-logischen Gesetzmässigkeit (des Intellects) ausgeht (vgl. Volkelt S. 201—2).

Hätte Volkelt verstanden, dass das Idealprincip bei mir reines, an und für sich inhaltsleeres Formalprincip ist, so würde er auch begriffen haben, warum ich dasselbe interesselos gegen sein Sein oder Nichtsein (nämlich als inhaltliche Idee) erklären musste; hätte er nicht immer sein Logisches mit dem immanenten Unlogischen im Sinne gehabt, so hätte er meine Erklärung, dass die Idee gleichgültig gegen ihr So-sein oder Anders-sein sei, nicht dahin missdeuten können (S. 129), als ob sie auch gleichgültig gegen das Eindringen des Unlogischen in ihren unbewussten Anschauungsinhalt, d. h. gegen das mehr oder minder Vernünftige desselben sein könnte. Wäre bei Erfüllung der formalen Bedingung absoluter Vernünftigkeit mehrerlei Inhalt möglich, so würde sie gegen diese Unterschiede allerdings gleichgültig sein; da der absolut vernünftige Inhalt jedoch immer nur Einer sein kann, so konnte auch die Gleichgültigkeit der Idee gegen ihr So-sein oder Anders-sein selbstredend nur auf den Unterschied ihres Seins als reiner an sich seiender Idee und ihres Seins als Inhalt eines sie realisirenden Willens (Idee in ihrem Anders-sein) bezogen werden. Was Volkelt also aus seinem Missverständniss folgert, ist hinfällig.

7. Die absolute Zwecksetzung.

Worin der positive Zweck des Logischen, den es rein aus sich selbst erzeugen soll, bestehe, bleibt bei Volkelt so unklar wie bei Hegel, was nicht zu verwundern ist, da ein positiver Zweck im absoluten Sinne ein sich selbst aufhebender Begriff ist. Volkelt sagt einmal, das Logische sei „das sich selbst Bezweckende" (S. 130); aber da es sich hat, so kann es offenbar erst dann dazu kommen, sich selbst zu bezwecken, nachdem es in Frage gestellt worden. Stellte es selber sich in Frage, so wäre dies ein Widerspruch gegen die Angabe, dass es sich selbst bezwecke; wird es aber von einem Andern in Frage gestellt, so kann der Zweck nur Beseitigung dieses in Frage Stellens, *reductio in statum quo ante*, d. h. Negation der Störung und des Störenden sein, d. h. der Zweck ist dann bloss negativ, und ein positives, den Ausgangspunkt der Bewegung überschreitendes Resultat wird durch ihn gar nicht erzielt oder bezweckt. Dieser negative Zweck ist aber nun thatsächlich der begrifflich erste Inhalt des Idealprincips, welcher seine Reaction auf die Erhebung des Unlogischen darstellt. Es gestaltet diesen Inhalt formell aus sich selbst, indem es dessen logischen Charakter (der Opposition gegen das Unlogische) aus seiner eigensten Natur, aus sich als logischem Formalprincip, hergiebt; es kommt aber zur Reaction erst durch die vorhergehende Action des Unlogischen. Dass das Idealprincip einen Inhalt erhält, kommt also ausschliesslich von der Initiative des unlogischen Realprincips her, und nur die Beschaffenheit dieses Inhalts, das Was und Wie desselben hängt vom Logischen ab. So lange das Unlogische als solches besteht, verleiht es dem Zweck seiner Negation Bestand; mit vollzogener Negation des Unlogischen würde der Zweck erfüllt sein, d. h. aufhören, Zweck zu sein, und die Inhaltslosigkeit des Idealprincips träte wieder ein. Nicht das Unlogische setzt den Zweck, und nicht das Logische bequemt sich ihm an, wie Volkelt glaubt (S. 152); das Logische selbst entfaltet sein eigenstes Wesen, indem es Negation des Unlogischen bezweckt, kommt aber zu solchem Bezwecken nur durch das (von ihm unabhängige) Hervortreten des Unlogischen.

Ist nun so der Zweck gesetzt, so ist durch denselben mit ebenso formal logischer Nothwendigkeit (ohne alle dialectische Selbstbewegung) das Mittel gefordert. Das Mittel ist in seiner Totalität gefasst Eines, wie der Zweck Einer ist, das vorstellende Subject Eines ist, das logische Formalprincip Eines ist und die Idee als unbewusster Vorstellungsinhalt Eine ist. Ob und inwieweit das Mittel eine innere Vielheit von Momenten erfordert, ob und inwieweit daher der Eine unbewusste Vorstellungsinhalt eine ideale Vieleinigkeit darstellt, eine innere Mannichfaltigkeit in seine Einheit befasst, das hängt wiederum nicht von dialectischen Selbst-Differenzirungen, sondern davon ab, wie beschaffen das Mittel sein muss, um vernünftiges (d. h. absolut vernünftiges, nicht etwa mehr oder minder vernünftiges) Mittel zu diesem Endzweck zu sein, d. h. um diesen Zweck zu erreichen. Sollte sich eine solche innere Vielheit als logisch nothwendig herausstellen, so wäre es der Zweck, welcher sie nothwendig macht, also indirect das Unlogische Grund der Vielheit in der Idee (dies wusste auch Platon und Schelling, vgl. „Schell. pos. Phil." S. 57). Da ferner der Zweck ein solcher ist, dass er bei der gegebenen Sachlage nicht mit einem Schlage zu erreichen, so ist eine Reihenfolge von Mitteln logisch nothwendig, welche, vom Ausgangspunkt gesehen, zugleich als Reihe von Zwecken erscheint. Der Zweck setzt hierdurch einen Process; jede Stufe des Processes ist logisch bedingt einerseits durch den (während des ganzen Bestehens des Unlogischen) constanten Endzweck und andererseits durch die Stellung, welche sie innerhalb des Processes, innerhalb der Stufenfolge der Mittelzwecke einnimmt, und welche hinreichend markirt ist durch die unmittelbar vorhergehende Stufe des Processes. Lässt man den constanten Endzweck als selbstverständlich bei Seite, so kann man demnach sagen, der Inhalt jeder Stufe des Processes sei logisch bedingt durch die unmittelbar vorhergehende, und diese formal logische Nothwendigkeit des Aufeinanderfolgens der (unendlich klein zu nehmenden) Stufen des Processes nennt man Causalität, welche sich sofort als Finalität erweist, sowie man sich erinnert, dass diese logische Nothwendigkeit erst complet wird durch den constanten Endzweck. Dieser Process, insofern er dem Zweck immer näher rückt und ihn zuletzt erreicht, heisst Entwickelung; die Entwickelung ist also ebenfalls durchaus formal-logischer Natur und hat nichts mit Dialectik zu thun. Das Unlogische wirkt nur auf das Entstehen des Endzweckes als idealen Ausgangspunkt der Entwickelung ein; der ganze von diesem Endzweck abhängige und mit ihm gesetzte Inhalt der Idee auf allen Stufen ihrer Entwickelung geht aus reiner Selbstbestimmung des Idealprincips hervor, denn er ergiebt sich aus der eigensten Gesetzmässigkeit des logischen Formalprincips, welche jede Stufe des Inhalts bis in ihre kleinsten Details durchdringt und regelt. Die Tendenz zu diesem Fortschreiten der Entwickelung giebt nichts anderes als der Zweck, oder genauer der in dieser gemischten Kategorie dem Unlogischen zur Last fallende Antheil; das Ziel und das Bezwecken des Ziels ist die Triebfeder j e d e s Entwickelungsprocesses, unbewusster Weise auch des dialectischen im Kopfe des Philosophen, insoweit dieser Process wirklich darauf Anspruch machen kann, Entwickelung zu sein. Der Endzweck als Triebfeder der Entwickelung ist in der That i m p l i c i t e in jedem kleinsten Theile jeder Stufe des idealen Inhalts gegenwärtig und formal logisch wirksam; es ist also nicht verständlich, wie Volkelt (S. 204) solche Triebfeder bei mir vermissen kann.

8. Der Wille.

Werfen wir nach dieser Erläuterung des Idealprincips auch noch einen Blick auf den Willen als Realprincip, so missversteht Volkelt zunächst den Sinn des Willens als P o t e n z des Wollens. Er könnte sonst nicht sagen, dass es der reinen Potenz an jedem, wenn auch noch so unbestimmtem Wesen gebreche (S. 138), dass sie mit den beiden Möglichkeiten der Entscheidung nichts zu schaffen habe (ebenda) und ein Unwesen sei, welches sich bald dieses, bald jenes Wesen gebe (S. 139). Das Wesen der Potenz ist ein ganz bestimmtes, wohl definirtes, es ist das W o l l e n - K ö n n e n. So lange sie Potenz bleibt, bleibt sie b e i s i c h s e l b s t, oder in sich selbst als in ihrem reinen Wesen; sobald sie Actus wird, so hört sie zwar auf r e i n e s (d. h. nicht actuelles, nicht functionirendes, nicht wollendes) Wesen zu sein, aber sie ändert auch nicht ihr Wesen, nimmt kein anderes Wesen an, sondern b e t h ä t i g t ihr allereigenstes Wesen (das Wollenkönnen) in dem Sein, zu dem sie sich entfaltet hat (dem Wollen). Sei es als ruhende, sei es als erhobene, bleibt also die Potenz ihrem Wesen treu, bleibt ihr Wesen ewig bei sich selbst, sei es als reinem oder entfaltetem; nur die Entscheidung als solche hat mit der Potenz nichts zu schaffen, wohl aber das Resultat derselben. — Die Entscheidung ist nicht als Wahl zwischen zwei coordinirten activen Möglichkeiten, wie zwischen conträren Gegensätzen, zu verstehen, sondern wenn k e i n e Entscheidung getroffen wird, so v e r b l e i b t es bei der Ruhe der reinen Potenz oder dem Nichtwollen; w e n n aber eine Entscheidung getroffen wird, so kann es nur die zur Actualität, zum Wollen sein. Das Verharren im Nichtwollen ist gar keine Thätigkeit, sondern die Negation der Thätigkeit; der Wille ist nur zu einer einzigen Thätigkeit fähig; zum Wollen, aber unfähig zu jeder andern Thätigkeit, also auch zu der, sein einmal erhobenes Wollen von sich selber wieder aufzuheben. Das Wesen des Willens ist das Wollenkönnen; in dieser Definition liegt zwar die Möglichkeit eingeschlossen, dass er sich auch im nichtwollenden Zustande müsse befinden können, aber keineswegs die, dass er sich auch in denselben müsse versetzen können. Die einzige active Möglichkeit des Willens, das einzige Vermögen desselben geht auf das Wollen; es wäre dieses Vermögen kein Vermögen mehr, wenn ihm nicht die passive Möglichkeit eines in Ruhe verharrenden Zustandes zu Grunde läge, aber der Wille wäre mehr als bloss das Vermögen zu wollen, wenn ausser diesem noch das zweite active Vermögen der Aufhebung des bestehenden Wollens aus eigener Initiative zu seinem Wesen gehörte. Wir haben kein Recht, ihm dieses zweite Vermögen anzudichten (wie Volkelt S. 139 thut) und müssen daher mit Schelling annehmen, dass der einmal zum Wollen erhobene Wille das „blind Seiende" sei, das als der unersättliche blinde Weltwille Schopenhauer's von sich selbst aus zu keiner Umkehr kommen kann, sondern nur vermittelst des Logischen oder vernünftigen Idealprincips. *)

Hat sich nun der Wille erhoben, so kann er nicht zum erfüllten Dasein, zum wirklichen Actus kommen, ohne die Idee als den seine Leere erfüllenden Inhalt zu ergreifen, was selbstredend im Moment seiner Erhebung sofort geschieht, da die Idee sich ihm nicht entziehen kann. Betrachten wir aber den Willen in diesem Moment der Erhebung, der doch wenigstens als das begriffliche Prius des Ergreifens der Idee gedacht werden muss, so ist er die unbestimmte Spannung, welche von der Spannungslosigkeit der Ruhe zum concreten Gespanntsein der Actualität hinüberführt; das Wohin oder die Richtung dieses absolut unbestimmten aus sich Herausdrängens, nach welchem Volkelt fragt (S. 127), liegt eben in der Richtung *a potentia ad actum*, wobei der Actus nur als Form, aber als wirkliche Form, d. h. als Form eines Wirklichen oder als Form

---

*) Vergleiche hierzu auch die Zusätze der 5. Auflage S. 788—789 und 791.

der Wirklichkeit verstanden ist. Der dem Willen als solchen fremde Inhalt (die Idee) kann freilich nicht als fehlender Inhalt gefühlt werden (vgl. S. 144), wohl aber die fehlende Realisirung der Form des Wollens als solchen, und dies genügt, um das Streben möglich zu machen, das erst durch Ergreifung eines Inhalts zu sich als wirklicher Form kommt (vgl. Ph. d. U. Ster.-Ausg. S. 793 --794).

— Wäre das Wollen nur ein Streben nach dem, was ihm in sich zu Gebote steht, und die Thatsache, dass es das Erstrebte in sich hat, zugleich die Erfüllung seines Strebens, wie Volkelt behauptet (S. 127), so wäre jedes Wollen als Streben unmöglich, weil ja sein Streben immer schon zugleich erreicht wäre. Dieses Argument muss also falsch sein, weil es zu viel beweist und den Begriff des Wollens überhaupt aufhebt.*)

Allen diesen leicht genug wiegenden Einwürfen gegenüber hat die offene Erklärung Volkelt's umsomehr Bedeutung und Nachdruck, dass mit meiner grundlosen Freiheit des reinen Willens „die letzte Consequenz aller jener philosophischen und theologischen Richtungen, die das Logische, das vernünftig Nothwendige nicht zum alleinigen Grund und Kerne der Welt erheben wollen, schmucklos und unverhüllt ausgesprochen erscheint" (S. 140). Mit diesem Zeugniss kann ich mich wohl zufrieden geben, so lange ich an der Ueberzeugung festhalten darf, dass mit dem Logischen als alleinigen Weltprincip schlechterdings nicht auszukommen, weil zu keiner Realität zu gelangen ist, und so lange diese Ueberzeugung von der Mehrzahl der Philosophirenden getheilt wird. Es weist dieses Zugeständniss nur von Neuem darauf hin, wie dringende Aufforderung Volkelt gehabt hätte, meine Einwendungen gegen die Zulänglichkeit des reinen Panlogismus zum ersten, wo nicht ausschliesslichen Gegenstand seiner Prüfung zu machen, anstatt mit dem unerschütterten Vorurtheil von der alleinseligmachenden Kraft des Hegel'schen Princips in die Kritik der untergeordneten Differenzen zwischen meinen und seinen Ansichten einzugehen.

---

*) Wenn Volkelt (S. 158) das Verhältniss von Wille und Vorstellung mit dem von Kraft und Stoff parallelisirt und dort den Willen wie hier den Stoff eliminirt wünscht, so ist ihm nur entgangen, dass der Wille jedenfalls der Kraft und nicht dem Stoff homolog ist, also seine Forderung vielmehr auf Elimination der Vorstellung lauten müsste.

Wozu kann z. B. die ganze Discussion über den Willen führen, so lange es für Volkelt Axiom ist (vgl. S. 232), dass der Wille nichts weiter ist als der Begriff des Willens, und dass dem Willen nicht das Geringste übrig bleibt, was nicht in seinem Begriff auch enthalten wäre? (Vgl. dagegen meine Ges. Stud. u. Aufs. S. 637—638). Es bleibt dabei nur das Eine für mich unbegreiflich, wie Volkelt es mit solcher Leugnung des über den blossen Begriff der Sache hinausgehenden Existenzialcharakters vereinbaren konnte, mein Hinausgehen über Schopenhauer's erkenntnisstheoretischen Idealismus zu loben, welches übrigens, wie er aus Kuno Fischer's und Michelet's reactionärer Stellungnahme zu den erkenntnisstheoretischen Fragen der Gegenwart entnehmen konnte, ganz ebenso gut ein Hinausgehen über den erkenntnisstheoretischen Standpunkt Hegel's war. Wenn mein Begriff von Cäsar den existirenden Cäsar nicht erschöpft, sondern als transcendentes Ding an sich stehen lässt, so kann auch mein Begriff des Wollens das existirende Wollen nicht erschöpfen, sondern lässt es als transcendentes Ding an sich meines Erkennens stehen. Und nicht etwa deshalb bleibt in beiden Fällen der unerschöpfliche Rest, weil der Begriff unvollkommen wäre, denn er mag als vollkommen gelten, auch nicht deshalb, weil es nur mein Begriff wäre, denn das ist ja gleichgültig, da doch der Inhalt des Begriffs als vollkommen angenommen wird; sondern es bleibt ein Rest, weil der Begriff nur ideal, Cäsar aber und mein Wollen real ist. Die Realität und das unlogische Realprincip bleibt das Jenseits des logischen Denkens; aber es ist kein Jenseits im Sinne der absoluten Fremdheit oder Berührungslosigkeit (wie Volkelt S. 233 annimmt), denn die polare Gegensätzlichkeit koppelt beide zusammen und stellt den galvanischen Contact zwischen ihnen her. Durch blosse abstracte Begriffe ist der Wille freilich Niemandem vorzudemonstriren (S. 233), der seine Kenntniss nicht schon aus der inneren Erfahrung mitbringt; diese Unverständlichkeit ohne mitgebrachte Anschauung theilt aber der Begriff des Willens mit allen anderen abstracten Begriffen. Was ihn der Erfahrung vermittelt, ist das Gefühl, d. h. die theilweise bewusstwerdenden Befriedigungen und Nichtbefriedigungen des Wollens, in erster Reihe die durch die Opposition eines fremden Willens in's Bewusstsein gerufene Unlustempfindung; aus der Gefühlssphäre, in die der Wille zwar eingegangen, aber, soweit dieselbe bewusst ist, doch nur mit seinen Accidenzen (Befriedigung und Nichtbefriedigung) eingegangen ist, wird der Wille rückwärts instinctiv, d. h. unter unbewusst Bleiben der vermittelnden Schlüsse, erschlossen, ebenso wie das Ding an sich aus seiner Wahrnehmungsvorstellung (die auf realer Empfindung beruht) instinctiv erschlossen wird. So wenig aber die Unmöglichkeit, das Ding an sich jemals d i r e c t mit der Erkenntniss zu erfassen, etwas gegen die Existenz des Dinges an sich beweist, ebenso wenig beweist die Unmöglichkeit, das eigene Wollen jemals direct, d. h. ohne instinctive Schlussfolgerungen aus dessen Gefühlsaccidenzen zu erkennen, etwas gegen die Existenz meines Wollens jenseits meiner Vorstellung oder meinem Begriff von meinem Wollen (vgl. Volkelt S. 232—234).

B. Secundäre Probleme.

Nachdem ich in dem Vorhergehenden gezeigt, wie das Vorurtheil der absoluten Wahrheit des panlogistischen Princips Volkelt's Kritik meiner metaphysischen Principien auf die tautologische Constatirung ihrer Unverträglichkeit mit dem von aussen herzugebrachten fremden Maassstabe reducirt hatte, gehe ich nunmehr zu dem Nachweis über, dass das nämliche Vorurtheil auch die Kritik meiner Aufstellungen über die Bewusstseinsentstehung und Individuation beherrscht und für jeden andern als einen Panlogisten entwerthet. Indem Volkelt den bloss idealen Conflict des dialectischen Widerspruchs mit dem realen Conflict wirklicher Willensacte identificirt (was nur eine nothwendige unmittelbare Consequenz der Erhebung des Idealprincips selbst zum Realprincip ist), muss er den dialectischen Widerspruch idealer Gegensätze als ausreichend zur Erzeugung des Bewusstseins erachten und verliert dadurch jeden Grund, in den realen Individuen noch etwas anderes als auf die Spitze getriebene Besonderungen des dialectischen Begriffs zu sehen. Hierdurch verliert er das Verständniss für das, was mich zu meinen von Hegel abweichenden Erklärungsversuchen zwingt, und damit zugleich für diese meine Erklärungen selbst. Während mir der Schmerz, die Empfindung, das Bewusstsein aus dem realen Conflict

individualisirter Willensacte hervorgeht, glaubt er, dass ich dieselbe
in einem Conflict beider Attribute suche, den als unmöglich aus
meinen Voraussetzungen nachzuweisen er sich die vergebliche Mühe
macht; während ich die Immanenz von Wesen und Erscheinung
überall dem Theismus gegenüber auf das Schärfste betone, fabelt
er von einer bei mir stattfindenden Abtrennung der Erscheinung vom
Wesen und einer Ausscheidung des Wesens aus der Erscheinung;
desgleichen verkennt er aus dem angeführten Grunde gänzlich die
teleologische Bedeutung der Individuation als des unentbehrlichen
Mittels der Bewusstseinsentstehung, auf der mein System ruht. Die
Ueberschätzung und blinde Anbetung der Vernunft als solchen raubt
ihm endlich das unbefangene Urtheil über den eudämonologischen
Werth dessen, was die Vernunft glücklichsten Falls für das Leben
und den Weltprocess zu erzielen im Stande ist, d. h. über das
Verhältniss des teleologischen Optimismus zum eudämonologischen
Pessimismus. Wir haben die genannten Punkte nunmehr näher zu
betrachten.

9. Die teleologische Begründung des Bewusstseins.

Alles, was innerhalb der panlogistischen Weltanschauung vor·
geht, muss nach seiner logischen Nothwendigkeit begriffen, muss
in seinem teleologischen Zusammenhange demonstrirt werden. Diese
Aufgabe vermag der Panlogismus aber weder der Bewusstseinsentstehung, noch der Individuation gegenüber zu lösen, er vermag
aus seinen Voraussetzungen für keine von beiden die teleologische
Nothwendigkeit darzuthun.

In dem Bewusstsein kommt die zuvor unbewusste logische Idee
zu sich selber, zur Selbsterfassung, erfasst sich oder wird sich offenbar als das, was sie ist, als Wissen (S. 193). Was in aller Welt
hat aber die Idee davon, sich in sich zu reflectiren, sich im Spiegel
zu besehen? Für das Individuum ist Selbstbewusstsein, Selbsterkenntniss doch nur deshalb das höchste, weil es sich bereits als
bewusstes Individuum gegeben ist und als solches in eine Welt von
concurrirenden Individuen hineingestellt findet, in der es sich vermittelst seines selbstbewussten Intellects praktisch zu behaupten
und geltend zu machen hat. Den praktisch-menschlichen Werth
des Selbstbewusstseins darf man nicht auf das Absolute übertragen.

Die logische Idee ist kein eitler Judengott, der um jeden Preis ein Publikum braucht, um sich bewundern und seinen Namen preisen zu lassen; je absoluter sie gefasst wird, je selbstgenügsamer muss sie gedacht werden. Ist es denn nicht genug, dass sie alles ist und alles weiss, muss sie denn durchaus auch wissen, dass sie alles ist und alles weiss? Auf alle Fälle wäre diese Selbstbespiegelungssucht **eitel**, d. h. in ihrem innersten Kerne nichtig; diese Nichtigkeit aber durchsetzen zu wollen selbst um den Preis des unendlichen Schmerzes, den sich die Idee durch das Bewusstwerden aller in ihrem Ansichsein unbewussten, also unempfundenen, dialectischen Widersprüche auferlegt, würde geradezu **verwerfliche Eitelkeit** genannt werden müssen, und wäre unentschuldbar bei einem rein und ausschliesslich logischen Absoluten. So gewiss die Weisheit der Natur um nichts weniger weise und vernünftig ist, wenn auch gerade kein Mensch vorüber geht, der sich dieser Weisheit und Vernünftigkeit bewusst wird, so gewiss die Tugend einer Frau nichts dadurch gewinnt, dass sie besprochen und gerühmt wird, so gewiss wäre die in sich beschlossene, alle ihre dialectischen Momente in sich enthaltende Idee um nichts weniger vernünftig, wenn sie als Veilchen in der Verborgenheit ihres Ansichseins weiterblühte, anstatt durch die ganz nutzlose, zwecklose und eitle Selbstauferlegung des Schmerzes, ihre inneren Widersprüche zu **empfinden**, sich in einer Weise zu benehmen, die man bei einem Menschen unvernünftig nennen würde. Nur die Verblendung im eudämonologischen Optimismus eines Leibniz kann vor dieser Conclusion schützen; wer aber, wie Volkelt mit Recht thut, aus dem an der Oberfläche liegenden Hegel'schen Optimismus den in der Tiefe allerdings keimartig vorhandenen eudämonologischen Pessimismus herausholt und an's Licht setzt, der kann nicht umhin, den Widerspruch zwischen der empirisch gegebenen Thatsache des Bewusstseins und der Unfähigkeit des Panlogismus zur Erklärung dieser Thatsache aus seinem Princip einzuräumen.

Ganz anders, wenn wir das Unlogische als coordinirtes Princip anerkennen und den negativen Zweck an Stelle des chimärischen positiven setzen. Dann ist es ganz begreiflich, dass das Logische zu sich selbst zu kommen sucht, um vom Standpunkt des bewussten Fürsichseins aus seinen negativen Zweck zu erreichen. Unmittelbar blosser Willensinhalt, Inhalt des Willens zur Realität, giebt sich die

Idee eine gleichsam selbstständige Form, indem sie einen Theil des Willens zum Leben als Willen zum Erkennen hinstellt, indem sie sich von ihm so zu sagen in zweiter Potenz realisiren lässt (das erste Mal als inhaltlich-ideale Realität, das zweite Mal als im Gehirn des Individuums realisirte Bewusstseinsidee). Nachdem sie so innerhalb des Willens als Erkenntnisswille Posten gefasst und sich durch diesen Willen in immer höheren Gestalten als Bewusstseinsidee hat realisiren lassen, gelangt sie zur bewussten Kritik des Absoluten, das auch sie ist, in seinem Gesammtwesen; der Erkenntnisswille wird in dritter Potenz praktisch als Negation des blinden Lebenswillens und nach Analogie der Ueberwindung des letzteren durch den ersteren in einzelnen Individuen eröffnet sich die Perspective auf eine Universalverneinung des blinden Lebenswillens durch den seine Tollheit bekämpfenden Erkenntnisswillen. Hier versteht man, was das Zusichselbstkommen der Idee für einen Zweck hat; es soll sie, die zunächst unfrei gegen den Willen und unfähig ist, sich dessen Erhebung zum Sein zu entziehen, zum Herrn des Willens machen und ihr so schliesslich die vom Willen geraubte Herrschaft über sich selbst, d. h. die Beschlossenheit in sich selbst zurückerwerben. Wohl kann der Wille von Anfang an nichts wollen, als was die Idee ihm zum Inhalt leiht und vorzeichnet (S. 156), aber die Idee hat keine Wahl, ob sie sich ihm leihen will, und was auch immer für einen Inhalt sie ihm bieten möge, immer wird dieser ideale Inhalt in die Realität geworfen. Frei, welchen Inhalt sie der Realität zu verleihen gedenke, steht sie doch jedenfalls im Dienste des Realprincips und seines Realisirungsstrebens, ist sie doch schlechthin Sclave des Seins als solchen; zusammengekoppelt mit dem Realprincip muss sie mit diesem unfreiwillig durchgehen und sich auf die Hoffnung beschränken, den blinden Gefährten in seinem tollen Jagen wenigstens zu lenken, da sie ihn von seinen kollerigen Gelüsten nicht abhalten kann. Von dieser Rolle als Sclave des Seins erhebt sie sich nun aber im Laufe des Processes zu der als Herr des Seins, indem sie dem blinden Lebenswillen einen solchen Inhalt giebt, dass aus demselben als Spitze und Krone alles Wollens der Erkenntnisswille hervorbricht, welcher, die zu sich selbst gekommene Idee umspannend, höher und höher sich aufrichtet, bis er zuletzt den in der Blindheit des Wollen-Wollens verharrenden Zweig des Allwillens überragt und als ein das Nichtmehrwollen wollender Wille überwindet.

Schon bei Schopenhauer ist der Wille und die Vernunft, oder wie dieser sagt, der Intellect in wesentlich demselben Verhältniss gedacht, nur dass dasselbe sammt seiner Umkehrung im Laufe des Processes auf den Boden der Individualität beschränkt bleibt. Der Wille ist auch hier das Primäre, das Moment der Initiative (intelligible Willensentscheidung des Individualcharakters als Urschuld und Abfall von der seligen Ruhe des Nirwana zum activen Wollen), er ist dasjenige Element im empirisch gegebenen Individuum, dem **ursprünglich und von Natur** der Primat zukommt. Aber er **soll** dies nicht bleiben, sondern seine Rolle mit dem Intellect **tauschen**; dies zu bewirken ist die Aufgabe des Menschenlebens. Wenn im Genie sich ein monströses Uebergewicht des Intellects entfaltet, das sich zunächst als reiner Erkenntnisswille **gleichgültig** gegen den blinden Lebenswillen verhält, so entwickelt sich in dem (bewusst oder unbewusst) **philosophirenden** Intellect das sogenannte Quietiv des blinden Lebenswillens, d. h. der Erkenntnisswille enthüllt die überwiegenden Motive zum Willen der Willensverneinung, bis letzterer den natürlichen Lebenswillen überwiegt. Mir blieb nur die Reinigung dieser Gedanken von unhaltbaren mystischen Nebenbegriffen und die Erhebung des klargestellten Processes in die Sphäre der Universalität übrig. Volkelt aber hat meinen Gedankengang über dieses Problem ebenso sehr missverstanden als den Schopenhauer's (S. 155).

10. Die Erklärung der Bewusstseinsentstehung.

Volkelt erkennt an, dass das Bewusstsein aus dem Conflict gegensätzlicher Momente entspringt (S. 220, 225), aber er confundirt einerseits den überall Platz greifenden „Gegensatz" mit dem im unbewussten Denken und deshalb auch im Was und Wie der Realität unmöglichen, nur im Irrthum des Bewusstseins als unvollziehbare Denkaufgabe vorkommenden „Widerspruch", und zweitens den „idealen Gegensatz" von Momenten der (bewussten oder unbewussten) Vorstellung mit dem „realen Widerstreit" auf einander prallender harter Realitäten, sich kreuzender Willensacte. Im dialectischen Widerspruch der sich selbst entzweienden und versöhnenden Idee sind beide angegebene Confusionen confundirt, und deshalb glaubt Volkelt in ihr alle zur Bewusstseinsentstehung erforderlichen Requisiten vereinigt (S. 222). — Hier tritt nun aber sofort die Frage ein, warum denn die Idee in ihrem Ansichsein durch ihren nach Hegel auch dort schon bestehen sollenden dialectischen Process das Bewusstsein nicht schon findet, warum nicht jeder dialectische Schritt der Hegel'schen Logik von Bewusstseinsentstehung begleitet ist. Volkelt sagt uns, dass die Vermittelung dort noch erst objectiv (d. h. doch: noch nicht im Sinne einer bewussten Subjectivität), dass sie noch nicht für sich selbst da (d. h. bewusst) sei (226). Aber diese Begründung ist rein tautologisch, denn gerade danach wird ja gefragt, warum sie noch nicht bewusst ist, warum diese dialectischen Gegensätze und ihre Versöhnung noch unterhalb der Schwelle des Bewusstseins liegen, wenn doch die Bewusstseinsentstehung nichts weiter als diese Requisiten verlangt. Die Wendung, dass dort „objective Innerlichkeit und raum- und zeitlose Allgemeinheit noch nicht ihren Gegensatz gefunden" haben, ist doch nur das Geständniss, dass die dialectische Selbstentzweiung und Selbstversöhnung so abstract hingestellt eine zu allgemein gehaltene Bedingungsangabe war, dass es sich um bestimmte Formen der Gegensätzlichkeit handelt, welche innerhalb der die rein ideale und rein logische Sphäre der möglichen Gegensätze erschöpfenden Idee in ihrem Ansichsein nicht vorkommen, oder mit anderen Worten, dass der das Bewusstsein erzeugende Conflict kein rein idealer, kein rein logischer sein kann, sondern von einer solchen Beschaffenheit ist, dass er erst dann zu Stande kommen kann, wenn die logische Idee sich in ihr Gegentheil hinausgeschaut hat (S. 226). Das Gegentheil von „logisch" ist „unlogisch", das Gegentheil von „Idee" ist „Realität"; es ist also damit anerkannt, dass der Bewusstsein erzeugende Conflict nur auf dem Boden der „unlogischen Realität" zu Stande kommen kann, und zwar zwischen mehreren in dieser Form des Aussersichseins befindlichen Momenten der Idee, nicht etwa zwischen der Idee in ihrem Ansichsein und in ihrem Anderssein (S. 226). Hiermit ist aber gerade das eingeräumt, was ich behaupte, dass das Bewusstsein nicht aus einem idealen, sondern nur aus einem realen Conflict entspringen kann, nicht aus einem dialectischen Widerspruch von Momenten der ansichseienden Idee, sondern aus einem praktischen Widerstreit von mehreren realisirten (in ihr Gegentheil, das Un-logische entäusserten) Momenten der Idee, d. h. aus einem Zusammentreffen sich kreuzender Willensacte. Dieses Zugeständniss aber ist bei Volkelt principiell ganz unmotivirt; er musste umgekehrt aus seinen Principien folgern, dass die an sich seiende Idee, oder das Absolute als solches, wirklich alle Schritte ihres urbildlichen dialectischen Processes (falls er solchen nach Hegel festhält) mit Bewusstsein vollziehe. Der wahre Grund für die Annahme des richtigen Resultats durch Volkelt liegt gar nicht in seinen Principien oder Schlussfolgerungen aus denselben, sondern in der bei ihm nur nicht zum klaren Bewusstsein durchgebrochenen richtigen Ahnung, dass ein bloss idealer Process einen schlechthin friedlichen Verlauf haben muss, dass ein Gegensatz gleich vernünftiger Ideen sich auch auf rein vernünftigem, also friedlichem und schmerzlosem Wege beilegen und versöhnen muss, dass vielmehr der Schmerz erst da entstehen kann, wo Unvernunft gegen Unvernunft prallt, wo es Ernst wird mit der Realität des Conflicts, indem Wille gegen Wille drängt und stemmt, da selbst der logisch nothwendige Compromiss dem Willen nur als ein widerwillig aberungener, aufgezwungener empfindlich wird, anstatt wie unter bloss und rein vernünftigen Elementen widerstandslos als selbstverständlich acceptirt zu werden. Weil aus einem bloss und rein vernünftigen Weltprincip schlechterdings kein Schmerz abzuleiten ist, darum ist auch aus ihm kein Bewusstsein zu erklären, und deshalb drängt es auch Volkelt unwiderstehlich in's Gegentheil der logischen Idee (vgl. oben S. 19—21), um den Boden zu gewinnen, auf dem allein Bewusstsein wachsen kann. An einer Wand kann man sich den Kopf stossen, aber noch kein Mensch hat sich an einer Idee weh gethan, es sei denn, dass er einen Widerstand von einem diese Idee zum Inhalt nehmenden Willen (gleichviel ob fremden oder eigenen) erfahren hätte.

Volkelt hat nun, wie schon oben bemerkt, diesen Kernpunkt meiner Theorie der Bewusstseinsentstehung gar nicht verstanden und glaubt anstatt dessen meine Ansicht über dieselbe in einer unmittelbaren Opposition der gegen einander isolirt gedachten Attribute zu erkennen (S. 217—218 u. 230), indem er meinen öfters gebrauchten und nach den oben gegebenen Erläuterungen wohl hinreichend deutlichen Ausdruck „Emancipation der Vorstellung vom Willen" in diesem Sinne missdeutet.*) Dieses Missverständniss wäre erklärlicher, wenn das Cap. C. III der Phil. d. U. mit dem Abschnitt 1 „Bewusstwerden der Vorstellung" abgeschlossen wäre; die weiteren Abschnitte über das Bewusstwerden von psychischen Elementen, die nicht Vorstellung sind, bewies hinlänglich, dass bloss die Opposition gegen den Willen und nicht die Emancipation der Vorstellung (welche nur für die Seite der Vorstellung aus ersterer resultirt) das ist, worauf es ankommt. Die Berücksichtigung der Zusätze der 5. Aufl. S. 393 Anm. und 395—400 (auch 814 u. 816) würde das beregte Missverständniss unmöglich gemacht haben.**) Wille und Vorstellung sind im Bewusstsein ebenso untrennbar wie im Unbewussten verbunden, insofern es auch im Bewusstsein kein Wollen ohne Vorstellungsinhalt giebt und keine Vorstellung ohne directe oder indirecte Betheiligung des Willens an derselben (sei es als Verwirklichungsstreben im höchsten oder geringsten Maasse, sei es als Erkenntnisswille, sei es als Interesse, Gefühl oder sonst eine accidentielle Betheiligung des Willens, sei es endlich nur als die auf die entsprechende Bewegung der Hirnmolecüle gerichtete Willensenergie). Die relative Verselbstständigung oder Emancipation der Vorstellung gegenüber dem Willen besteht im Bewusstsein nur darin, dass die Vorstellung keineswegs mehr nothwendig Inhalt eines sie unmittelbar und sofort realisirenden Willens ist wie in der unbewussten Intuition, sondern dass bewusste Vorstellungen im Bewusstsein möglich sind ohne einen Willen, dieselben in der äusseren Wirklichkeit zu realisiren. Diese Emancipation ist eine ganz bekannte empirische Thatsache, welche der untrennbaren Einheit von Wille und Vorstellung als Principien eben deshalb nicht widerspricht, weil die bewusste Vorstellung im Mechanismus der Gehirnmolecüle schon eine gewisse Art correspondirender äusserer Realität besitzt, weil sie nicht unmittelbar aus der unbewussten Intuition der absoluten Idee hervorgegangen, sondern aus sinnlichen Wahrnehmungen erbaut ist, die selbst wieder Synthesen elementarer Empfindungen, d. h. qualitativ gefärbter Nichtbefriedigungen oder Befrie-

---

*) Selbstverständlich sind alle aus diesem Missverständniss hier sowohl wie an anderer Stelle (S. 147) abgeleiteten Einwendungen hinfällig.
**) Die betreffende Lieferung der 5. Auflage gelangte Anfang Mai 1873 zur Ausgabe.

digungen von Begehrungen sind. Für die Herrschaft der emancipirten bewussten Vorstellung über den Willen ist also genetisch dadurch Vorsorge getroffen, dass sie sich auf lauter Willensaccidenzen (mit Hülfe der synthetisch mitwirkenden unbewussten Intuition) erhebt, dass sie ein Gebäude aus lauter Backsteinen ist, die der Wille hat liefern müssen, und zu der die (unbewusste) Vorstellung nur den Mörtel beigesteuert hat.

11. Die Bedingungen der Bewusstseinseinheit.

Das innerweltliche Bewusstsein ist also niemals Resultat bloss eines der beiden Attribute; insoweit es sich um mehr als Bewusstwerden von blossen Willensaccidenzen, insoweit es sich um Bewusstwerden oder doch Mitbewusstwerden von Vorstellungen handelt, ist dies ohne Weiteres klar, aber auch in den ersteren Fällen weist der qualitativ gefärbte Charakter der Empfindung auf den Einfluss der in den opponirenden Willensacten enthaltenen und sie begleitenden unbewussten Vorstellungen hin, und macht gerade letzterer Umstand es begreiflich, dass das ganze Reich der bewussten Vorstellung sich aus solchen Empfindungsbausteinen zusammensetzen kann. Da nun aber doch das Bewusstsein ungeachtet der Betheiligung beider Attribute an demselben ein einheitlicher Act ist, so geht daraus hervor, dass das Bewusstsein überhaupt nicht als Modus eines oder beider Attribute betrachtet werden kann, sondern als Modus der identischen, in ihren Attributen sich auswirkenden und sich selbst afficirenden Substanz oder des Einen absoluten Subjects bezeichnet werden muss. Also nicht der Wille und nicht die Vorstellung hat das Bewusstsein, sondern nur das absolute Subject hat es, oder das absolute Subject ist der alleinige „Ort" alles Bewusstseins (dies gilt auch für das ausserweltliche Bewusstsein, an dessen Entstehung die Vorstellung noch nicht theilnimmt; vgl. Volkelt S. 153).

Wenn das Unbewusste als identische Substanz der Attribute und als absoluter Träger alles Daseins auch der alleinige und gemeinsame Ort alles Bewusstseins ist, so repräsentirt dasselbe ebenso den „gemeinsamen Sammelplatz" für diejenigen bewussten Vorstellungen, welche zur Einheit des Bewusstseins verschmolzen werden (S. 171). Da nun aber thatsächlich nicht alle bewusste Vorstellungen in der Welt zu einem einheitlichen Bewusstsein verschmelzen, so muss ausser der genannten unerlässlichen in neren Bedingung noch eine zweite äussere Bedingung gesucht werden, von welcher es abhängt, ob die bewussten Vorstellungen im absoluten Subject gleichgültig und beziehungslos neben einander liegen bleiben, oder ob sie in einer solchen Beschaffenheit zu Stande kommen, dass sie im absoluten Subject in jene Wechselbeziehung zu einander treten, als deren Resultat die Einheit des Bewusstseins erscheint (vgl. S. 172). Als diese zweite äussere Bedingung habe ich die Güte der Leitung in den Nervenbahnen für die physiologischen, den psychischen Functionen correspondirenden Nervenschwingungen nachgewiesen (vgl. auch hierzu Ph. d. U. Ster.-Ausg. S. 398—400). Hiermit sind die inneren und äusseren Bedingungen der Verschmelzung mehrerer bewusster Vorstellungen zu einem einheitlichen Bewusstsein erschöpft.

Die Annahme einer Individualseele, die doch als solche zunächst ebenfalls unbewusst zu denken wäre, würde die bei meiner Auffassung etwa noch verbleibenden Detailschwierigkeiten keineswegs erleichtern, da letztere genau in derselben Gestalt auch bei dieser Annahme wiederkehren müssten. Auch hier würden nämlich einige der bewussten Vorstellungen (die im Grosshirn erzeugten) verschmelzen, andere aber nicht, und das Problem der apathisch und unverschmolzen in einem und demselben Vorstellungssubject nebeneinander liegenden Vorstellungen würde nur dann vermieden werden, wenn man Einem Individuum viele substantiell getrennte Seelen (entsprechend den verschiedenen Nervencentris) zuschriebe. Dann müsste man aber auch die Consequenz ziehen, den beiden Grosshirnhemisphären wegen ihrer in pathologischen Fällen öfters beobachteten Getrenntheit der Vorstellungen (vgl. Jessen's Psychologie) zwei substantiell getrennte Seelen zuzuschreiben. Auf alle Fälle entstände dann das neue weit schwierigere Problem, wie zwischen normal getrennten Bewusstseinen (z. B. des Hirns und des sympathischen Nervensystems) doch bisweilen Verschmelzung von Vorstellungen stattfinden kann; wenn zwischen den Seelen beider einmal die Kluft einer substantiellen Trennung errichtet ist, so müsste solche Ausnahme rein unmöglich sein. Wenn wir uns demnach auf alle Fälle dabei bescheiden müssen, dass bewusste Vorstellungen, die innerhalb desselben Organismus entstehen, doch nur bei Erfüllung der äusseren Bedingung genügender Nervenleitung zur Verschmelzung kommen, andernfalls aber in dem nämlichen Vorstellungssubject oder in der identischen unbewussten Individualseele getrennt und ohne Wechselbeziehung zu einander liegen bleiben, dann schwindet in der That jeder Grund, an der Geltung des nämlichen Gesetzes auch für das absolute Vorstellungssubject der Welt zu zweifeln (Zusammennähen von zwei Hälften zweier verschiedener Süsswasserpolypen). Dann aber zerrinnt uns auch jede Berechtigung unter den Händen, um aus der Thatsache, dass die Vorstellungen der nicht durch Nervenleitung verbundenen Individuen zu keiner Bewusstseinsverschmelzung gelangen, einen Rückschluss auf die Vielheit der Vorstellungssubjecte oder substantiellen Seelen jener Individuen zu wagen. Es bleibt uns dann kein Grund, über die nächstliegende und durch ihre Einfachheit sich empfehlende Annahme hinauszugehen, dass das Vorstellungssubject oder die psychische Substanz aller bewussten (und natürlich auch unbewussten) Vorstellungen in der Welt Eine sei.

12. Die panlogistische Unbegreiflichkeit der Individuation.

Volkelt räumt einerseits ein, dass Hegel das Problem der Individuation nirgends scharf in's Auge gefasst habe, sondern über dasselbe überall hinweggleite, als ob seine Lösung sich von selbst verstände (S. 191); auf der andern Seite aber giebt er auch zu, dass bei Hegel das sinnliche „Dieses" als etwas dem Begriffe Fremdes, Alogisches dargestellt sei (197). Er selbst begreift, dass letzteres einräumen die Unfähigkeit des Panlogismus zur Lösung des Individuationsproblems constatiren hiesse, und sucht deshalb Hegel dahin zu verbessern, dass auch das sinnliche Dieses, das Unsagbare, nur noch zu Zeigende, als reiner Ausfluss des Begriffes behauptet wird. „Die Negativität aber, selbstständig geworden, zur einfachen Position gemacht, ist der fixe, starre, in seiner Einzigkeit unvergleichlich dastehende Punkt, das sinnliche Dieses" (197). In der That aber ist die an sich fixirte Negation nach Hegel gar nichts weiter als die abstracte Endlichkeit, wie Volkelt selbst an anderer Stelle ganz richtig bemerkt (S. 247), nicht das Endliche als dieses Einzige, Unsagbare, sondern bloss der allgemeine Begriff des Endlichen überhaupt. — Wie schon Schopenhauer gezeigt hat, ist es nicht die Natur der Vorstellung, was dem Begriff das „Dieses" unerreichbar

macht (da es ja doch der Anschauung erreichbar ist), sondern es
ist die abstracte Natur des Begriffs, welche es ihm unmöglich
macht, das Gebiet der Allgemeinheit zu verlassen, wie sehr er
auch in die Besonderung des Allgemeinen als Allgemeinen sich
versenken mag. Das sinnliche Dieses, sofern es reale Vereinzelung
ist, ist für Hegel nicht nur zu uninteressant, um sich um seine Entstehung zu bekümmern, er spricht ihm sogar die Wahrheit ab und
behauptet, dass die Wahrheit des „Dieses" nur das Allgemeine
in demselben sei, worauf uns schon die Sprache hinweise (vgl. Heg.
W. II. S. 76). Will man Hegel dahin corrigiren, dass die Idee das
„Dieses" in sich zu schliessen vermag, was allerdings für die Lösung des Individuationsproblems die erste Vorbedingung ist, so darf
man nicht Hegel's einseitige Stellungnahme durch Hineinpfropfen
eines neuen Fehlers noch mehr verballhornisiren (wie Volkelt durch
Bekämpfung der Ausserbegrifflichkeit des „Dieses" thut), sondern man
muss eingestehen, dass die Idee oder das Idealprincip oder die unbewusste Vorstellung nicht Begriff sein kann, sondern Anschauung
sein muss (natürlich Anschauung, welche die Begriffe nicht ausschliesst, sondern implicite in sich enthält. Dass Volkelt, trotzdem
er die Nothwendigkeit, das Individuationsproblem zu lösen und die
dieser Lösung bei Hegel im Wege stehende Schwierigkeit erkannte,
diese auf der Hand liegende Auskunft, welche er bei mir vorgezeichnet fand, nicht nur nicht ergriff, sondern ebenso krampfhaft
ignorirte, wie Hegel das ganze Individuationsproblem, das hat in
der sehr motivirten geheimen Angst seinen Grund, mit solchem Zugeständniss das liebgewordene Gaukelspiel der Dialectik preiszugeben, das natürlich nur mit abstracten Begriffen möglich ist, wo
die Einseitigkeit der Abstraction den Erkenntnissdrang des Philosophen zur Ergänzung durch neue Begriffsmomente anspornt, während die Anschauung stets satt und ganz und voll ist, auch wo sie
das Kleinste zum Gegenstande hat.

So wie die Idee als Anschauung verstanden wird, ergreift sie
selbstverständlich das „Dieses", das dem Begriff ewig unzugänglich
bleibt, mit völliger Leichtigkeit und Sicherheit; das einzelne „Dieses",
wie es sich uns empirisch aufdrängt, geht aber nicht bloss über
den Begriff hinaus, insofern es concrete Anschauung ist, sondern
geht auch über die Idealität hinaus, insofern es real ist, d. h. das
reale Dieses ist nicht bloss ausserbegrifflich, sondern auch un-

logisch. Für diesen Punkt ist nun die zweite Correctur Hegel's erforderlich, welche natürlich über die Grenzen des Panlogismus hinausführt; von der Nothwendigkeit dieser zweiten Correctur merkt aber Volkelt wieder nichts, weil er in seinem panlogistischen Vorurtheil das vorgestellte oder ideale „Dieses" ohne Weiteres mit dem realen Individuum identificirt. Wollte man wirklich Hegel's nie die Sphäre der Allgemeinheit verlassenden Begriff als concrete Anschauung interpretiren, so wäre er doch auch dann noch unfähig, das existirende „Dieses" in seiner energischen Realität und kraftvollen Widerstandsfähigkeit abzuleiten, was erst dann gelingt, wenn man die unbewusste concrete Intuition des Dieses durch den Willen realisiren lässt.

Die Idee, nachdem sie ihre Momente im Ineinander durchlaufen hat, soll dieselbe in's absolute Aussereinander zerfallen lassen (193). Da würden also die vorher ineinander geschachtelten Elemente nunmehr getrennt auf eigene Faust umherspazieren; wir müssten hier das Sein, dort das Nichts, hier das Etwas, dort das Andere als Individuen in Raum und Zeit zerstreut finden. Genau genommen könnte die Idee gerade nur in so viele Indviduen auseinanderfallen, als sie in der rein logischen Entwickelung Momente durchlaufen hat. In der That aber zeigt uns die Beobachtung, dass auch im sogenannten Aussereinander alle diese Momente der logischen Idee ineinander verbleiben, dass wir sie von Anfang bis zu Ende in jedem einzigen organischen Individuum gerade so wie in der an sich seienden Idee in absoluter Durchdringung vereinigt finden. Die Phrase vom Auseinanderfallen der logischen Momente ist also nicht nur nichts erklärend, sondern so falsch, dass ihr Gegentheil, das ineinander Verbleiben derselben, wahr ist. Die einzelnen platonischen Naturtypen des Stein-, Pflanzen- und Thierreichs kommen aber wieder in der Hegel'schen Logik gar nicht vor, sondern nur die Begriffe des Mechanismus, Organismus u. s. w., und es wäre schwer anzugeben, aus welchem Grunde gerade nur solche platonische Naturideen auseinanderfallen sollen, die eigentlich logischen Momente der Hegel'schen Idee aber nicht, oder welches das Merkmal sei, durch welches für das Auseinanderfallen oder Ineinanderbleiben der idealen Momente die Grenzen markirt werden. Aber sehen wir von alledem ab, so würde doch auch das Auseinanderfallen der in der reinen Idee etwa als Entwickelungstotalität ge-

schauten platonischen Naturtypen immer noch nicht die empirisch
gegebene Welt erklären, insofern in dieser j e d e r dieser Typen
nicht bloss E i n Mal (oder höchstens in zwei Individuen verschiedenen Geschlechts), sondern u n z ä h l i g e Mal als sinnliches Dieses
herumläuft. Volkelt behauptet, die Besonderung müsse über die
Besonderung des Gattungstypus zum Arttypus (und Varietätstypus)
hinausgehen zu einer Schranke, der alle Flüssigkeit des Begriffs
(d. h. doch wohl die Natur des dialectischen Begriffs selbst) fehlen
muss, die nicht weiter analysirbar (für den Begriff) sein muss, sondern absolute Fixheit und Starrheit an sich tragen muss (195).
Dieses „Müssen" bleibt aber blosse Behauptung und vom Standpunkt
der Begriffsdialectik unlösbare Aufgabe; es trägt allzu deutlich seine
empirische Herkunft an der Stirn. Wenn wirklich noch diese
Schranke begrifflich analysirbar wäre, so würde damit doch nur
der a l l g e m e i n e Charakter des individuirenden Unterschiedes begriffen, aber nie die Einzigkeit des einzelnen „Dieses" erreicht. In
der That ist auch gar nicht abzusehen, was die Haecceïtas für die
rein logische Idee, die durch den blossen dialectischen Widerspruch
schon zu sich selbst kommt, für einen Werth haben kann. Alles
was Hinz oder Kunz ihr leisten kann, würde Adam Kadmon auch
leisten, wenn er Gattungstypus, Arttypus und Individualität in sich
vereinigte, und unverständlich bleibt bei diesen panlogistischen Voraussetzungen, warum 1300 Millionen Menschen statt eines oder zwei
herumlaufen, da es doch die Menge nicht machen kann (wogegen
es bei mir allerdings auf das q u a n t i t a t i v e Verhältniss des bewusstseinerleuchteten Willens zum blinden Lebenswillen ankommt).
— Unverständlich bleibt ferner bei Volkelt, wo keine unlogische
Macht durch List zu überwinden ist, warum überhaupt erst eine allmähliche Entwickelung zum Selbstbewusstsein der Idee führen muss
und warum in dieser Felsblöcke und Eisklumpen, Bestien und Ungeziefer sich als rein logische Momente aus der rein logischen Idee
entfalten müssen, da doch kein blinder Weltwille die Idee zu allseitigem Leben, zu möglichst weit ausgreifender Entfaltung drängt,
und keine unorganische Zufälligkeit (im teleologischen Sinne) die
Entwickelung beeinflussen kann, welche allein schon bei mir für
die individuirenden Differenzen der Qualität nach sorgt. — Ganz
rathlos endlich steht der Panlogismus vor jener Vielheit, bei welcher
der individuirende Unterschied in der Qualität absolut verschwindet

und die numerische Multiplication des begrifflich identischen bloss auf die intuitiven Unterschiede des zeitlich veränderlichen Orts sich gründet (wie bei den Uratomen). Hier steht im recht eigentlichen Sinne der Verstand des Dialectikers still vor der sinnlosen Menge der unterschiedslosen Vervielfältigungen des begrifflich Identischen und muss schon deshalb den Atomismus leugnen.

Auf alle Weise ist also der einseitige Panlogismus ausser Stande, die Möglichkeit der empirisch gegebenen Individuation aus seinen Principien zu begreifen, und Hegel verfuhr daher ganz consequent, sie als der begrifflichen Betrachtung unwürdig zu ignoriren. Ebenso wenig wie die Möglichkeit zu begreifen, vermag der Panlogismus die teleologische Nothwendigkeit der Individuation nachzuweisen. Eine „gesteigerte Wesensentfaltung" des Logischen (wie Volkelt S. 186 behauptet) kann die Individuation schon deshalb nicht bilden, weil in sämmtlichen Individuen nichts zu Tage treten kann, als Wiederholungen der in der ansichseienden Idee schon ganz ebensoweit, ja sogar wegen des Fehlens der entstellenden Zufälligkeiten besser entfalteten logischen Natur. Alles, was die Idee durch Entfaltung erreichen kann, z. B. das Bewusstsein, hängt nach panlogistischen Principien gar nicht an der Individuation, der Vielheit, der Menge der Exemplare, sondern ausschliesslich an der begrifflichen Form des begrifflichen dialectischen Widerspruchs, der sich in Einer typischen Darstellung für jede Stufe schlechterdings erschöpfen muss. Aber selbst zu dieser Entfaltung aller in der Idee schlummernden Möglichkeiten in je Einer typischen Repräsentation ist nach panlogistischen Principien nicht die geringste teleologische Veranlassung. Denn was hat das Logische davon, sich zu entfalten? Wir Menschen suchen unsere Anlagen zu entfalten, um uns zu behaupten und in der Concurrenz zu siegen, in die wir gestellt sind, ohne die Zweckmässigkeit unseres Daseins zu kritisiren; dieser Grund fällt für das Absolute weg, das von Niemand in Frage gestellt wird. Wir Menschen suchen ferner unsere vernünftigen Ideen auch deshalb auf alle Weise zu entfalten und möglichst mannigfaltig zu exemplificiren, um ihre Richtigkeit an möglichst concreten Consequenzen empirisch zu bewähren; aber die absolut vernünftige Idee wird wohl nicht nöthig haben und kein Bedürfniss fühlen, sich in der Individuation zu bewähren, da sie selbst alle Wahrheit ist und Alles nur an ihr selbst zu bewähren ist. Hat das

Logische wirklich das Unlogische, so weit ein solches möglich ist, schon als Moment in sich, so kann bei aller äusseren Entfaltung der Idee gar nichts herauskommen, was nicht in der an sich seienden Idee schon urbildlich vorweg genommen wäre, — nicht einmal das Bewusstsein. Aber selbst zu der rein innerlichen Entfaltung der Idee ist gar keine teleologische Veranlassung im Panlogismus enthalten, da ja das Idealprincip sich dabei beruhigen könnte, alle seine Momente *potentiâ* in sich zu tragen, ohne sie *actu* auch nur in der Idee zu entfalten. Der Panlogismus kann keinen Zweck für die Entfaltung der Idee angeben, weil er, wie wir oben im Abschn. 11 sahen, keinen Zweck für das Zusichselbstkommen der Idee anzugeben vermag; da dennoch die Thatsache der sowohl ideell wie reell stattgehabten Entfaltung sich empirisch aufdrängt, so muss es bei der Unnachweisslichkeit des positiven Zwecks, derselben der **blinde Trieb** gewesen sein, der, im immanenten Unlogischen der Idee steckend, dieselbe zu der logisch zwecklosen Entfaltung zwang, welche sich hintennach in dem Elend des Weltprocesses sogar als widervernünftig herausstellt. Wenn aber doch der blinde Trieb des Unlogischen allein die Erklärung für die Entfaltung der Idee abgeben kann und diese Erklärung an Stelle jeder teleologischen Rechtfertigung treten muss, dann wird doch auch aus diesem Gesichtspunkt die **Immanenz** des Unlogischen im Logischen eine mehr als wunderliche Behauptung, da sie die logische Rechtfertigung des logisch nicht zu Rechtfertigenden unternimmt; — dann werden wir auch von dieser Seite zu der einzig stichhaltigen Auskunft gedrängt, das Logische und Unlogische als coordinirte Momente anzusehen, die durch Immanenz in einem dritten verbunden sind, welches sie beide ist.

13. Das Individuationsproblem in der Philosophie des Unbewussten.

Wir haben oben im Abschnitt 9 gesehen, dass der absolute Zweck nur ein negativer, nämlich die Negation des Unlogischen sein kann, und haben im Abschnitt 11 das Zusichselbstkommen der Idee als das Mittel kennen gelernt, um diesen Zweck zu erreichen. Wir haben ferner schon im Abschnitt 9 (S. 34) in Erwägung gezogen, dass es lediglich von der formallogisch geforderten Beschaffen-

heit des Mittels zu dem gesetzten Zweck abhängt, ob der durch
diesen Process im logischen Normalprincip entfaltete ideale Inhalt
ein einfacher oder ein vieleiniger (d. h. innere Mannichfaltigkeit in
sich schliessender) sein werde; die im Abschnitt 12 auseinanderge-
setzten Bedingungen für die Entstehung des Bewusstseins erfordern
nun aber als Mittel für den genannten Mittelzweck eine Spaltung
des erfüllten Willens in verschiedene Willensacte, d. h. eine Darbietung von innerlich mannichfaltigem Ideengehalt als vielfachem
Willensinhalt an den Einen Weltwillen. Dazu wissen wir aus Abschnitt 11 noch, dass es darauf ankommt, einen möglichst grossen
Theil des erfüllten Weltwillens vom unbewussten Drang nach Realität
in bewusstes Streben nach Selbstverneinung überzuführen und erscheint deshalb die Entstehung und Entwickelung des Bewusstseins
an möglichst vielen Punkten zugleich, d. h. eine möglichst starke numerische Vervielfältigung des typischen Bewusstseins-
individuums logisch nothwendig für den absoluten Zweck. Die vielen
Bewusstseins-Individuen müssen aber wieder zu einem bewussten
Gemeinschaftsleben gelangen können und deshalb durch ein gemein-
sames Medium mit einander verkehren; als dieses Medium nun und
zugleich als Vorbereitung für die Entstehung der Bewusstseinsindividuen fungirt die zuerst anorganische, dann zur Organisation sich
erhebende Natur, welche einerseits die allen Individuen gemeinsame
Eine objective Erscheinungswelt bildet, und andrerseits diejenigen aus-
nahmslos gesetzmässig erfolgenden Willensäusserungen liefert, welche
mit den unbewussten psychischen Willensfunctionen collidiren und
dadurch die bewusstseinserzeugenden Impressionen in ihnen hervorbringen. So ist die Negation des Unlogischen der Endzweck, die
Bewusstseinsentstehung der höchste Mittelzweck zur Erreichung des
ersteren, die Individuation, und zwar als reale, das Mittel zum
Zusichselbstkommen oder Bewusstwerden der Idee, die ideale Zer-
spaltung der Idee in eine innere Mannichfaltigkeit des bei alledem
als Totalität einheitlich bleibenden Inhalts endlich das Mittel zur
Herbeiführung der realen Individuation durch Darbietung eines vieleinigen Inhalts an den Willen, der ihn als vieleinige Welt, als einheitliche kosmische Totalität mit einer inneren Mannichfaltigkeit
von Individuen der verschiedensten Ordnung realisirt. Hiermit ist
die teleologische Nothwendigkeit der Individuation dargethan. Ueberall in der Phil. d. Unbew. tritt dieser Zusammenhang evident zu

Tage*); wenn Volkelt bei mir das Bewusstsein über einen solchen vermisst (S. 173—176), so liegt dies nur an dem Mangel seines Verständnisses, welches vielleicht durch seine Missdeutung meiner Theorie der Bewusstseinsentstehung beeinträchtigt worden ist. Da er nämlich dort nicht verstanden, dass ich die Collision sich kreuzender ideenerfüllter Willensacte als Grundbedingung des Erwachens der Empfindung betrachte, sondern mir statt dessen als solche eine vorgebliche Opposition der Attribute gegen einander unterschiebt, so musste ihm damit der Zusammenhang zwischen der realen Individuation und Bewusstseinsentstehung entgehen.

Gehen wir nun zu der anderen Frage über, wie die Individuation, die Vielheit im All-Einen ohne Widerspruch möglich sei, so bleibt hier nach den Bemerkungen des vorigen Abschnitts wenig mehr zu sagen übrig. Da Volkelt zugiebt, dass ein einmal gegebener vieleiniger Ideengehalt auch nothwendig durch den Willen als objective Erscheinung realisirt werden müsse (174 und 175 unten bis 176 oben), so beschränkt sich die ganze Frage darauf, ob das Idealprincip ohne Widerspruch mit seiner Einheit einen mannichfaltigen unbewussten Anschauungsinhalt in Eins fassen könne, wenn diese innere Vielheit durch den Endzweck teleologisch, d. h. mit formal logischer Nothwendigkeit gefordert wird. So zugespitzt ist nun die Antwort sehr leicht. Wenn ich eine menschliche Gestalt anschaue, so habe ich erstens eine einheitliche Totalanschauung der Gestalt, zweitens aber in dieser Gesammtanschauung eine innere Mannichfaltigkeit von Anschauungen (Kopf, Rumpf, Gliedmaassen u. s. w.), in welcher sogar alle in Wirklichkeit auseinander befindlichen Gegensätze (wie rechts und links, oben und unten) zur widerspruchslosen Einheit befasst sind (vgl. Volkelt S. 205 Z. 12—19). So wenig nun in meiner bewussten Anschauung von einer Unverträglichkeit der inneren Mannichfaltigkeit des Anschauungsinhalts

---

*) S. 616 Z. 16—17 der Ster.-Ausg. unterscheidet das „Wozu" der Individuation (ihren Zweck) von dem „Wie" derselben (ihrer widerspruchslosen Möglichkeit); S. 752 Z. 10 von unten nennt die Bewusstseinsentstehung als die Aufgabe, der die Individuation dient; desgleichen S. 520 unten, wo auf den Zusammenhang mit Cap. C. III. verwiesen wird (vgl. dort besonders 397—398). Der ganze erste Theil des vorletzten Capitels (C. XIV) behandelt die Frage im Zusammenhang, und der Schluss desselben giebt ein übersichtliches kurzes Resumé (770 unten bis 771 oben).

mit der Einheit der Totalanschauung die Rede sein kann, eben so wenig in der unbewussten Intuition des All-Einen; wird aber schon die Einheit der Anschauung als solcher durch die Vielheit des Anschauungsinhalts nicht gestört, so doch gewiss noch viel weniger das einheitliche, sich selbst identische Sein des anschauenden Subjects oder Wesens. Diese auf der Hand liegende Auffassung der Sache habe ich überall (z. B. Ph. d. U. S. 809 Z. 7—17) als selbstverständlich vorausgesetzt und in der That konnte dieselbe nur für solche Leser einer besonderen Darlegung bedürfen, welche, wie Volkelt, so tief im panlogistischen Vorurtheil befangen sind, dass sie das Sein des vorstellenden Subjects allen Abmahnungen zuwider (vgl. Ph. d. U. S. 812) hartnäckig mit seinem Vorstellungsinhalt identificiren (S. 177 unten), und dann natürlich die innere Mannichfaltigkeit des Inhalts, in welchem sie zugleich das Sein des Idealprincips setzen, als mit der Einheit dieses unverträglich, die Räumlichkeit und Zeitlichkeit jenes als der Raumlosigkeit und Zeitlosigkeit dieses widersprechend finden (S. 177 Mitte). So wird das Verständniss für die Möglichkeit der Individuation durch dasselbe Vorurtheil zerstört, welches schon zum Anfang der Kritik Volkelt's die substantielle Identität der Principien der Begreiflichkeit zu entrücken schien (vgl. oben Abschn. 6).

14. Wesen und Erscheinung.

Die vieleinige Idee wird beständig durch den Willen realisirt und wird so zur vieleinigen Welt. Ist das ganze Dasein des Processes ein Uebel, so ist auch die Individuation ein Uebel, in welcher er sich abspielt; ist aber der Process nothwendig als Mittel zum Zweck, so ist es auch die Individuation oder die Vielheit in der Einheit der Welt (vgl. 165 unten). Der Anschauungsinhalt der unbewussten Idee wird so, wie er sich eben darbietet, vom Willen ergriffen und realisirt, geht also unmittelbar (nicht etwa bloss als Abbild des Urbilds oder als Copie des Originals, wie Volkelt zu glauben scheint, vgl. S. 174) in die Wirklichkeit ein und bildet deren „Was und Wie" (*essentia*), während das Realprincip ebenfalls unmittelbar in die Wirklichkeit mit eingeht und deren „Das" (*existentia*) ausmacht. Nennt man nun die Summe der beiden Attribute das Wesen oder die Natur des Absoluten, so muss man sagen, dass das Absolute mit seinem Wesen oder seiner Natur in die Wirklichkeit eingeht, indem es durch die zusammenwirkende Function seiner Attribute die reale Erscheinungswelt constituirt; und insofern die Beschaffenheit der Attribute von Ewigkeit her eine solche ist, dass sie für den Fall einer Erhebung (des einen) und Entfaltung (des andern) nothwendig zur Constitution einer solchen Erscheinungswelt der Individuation und Vielheit führt, kann man sagen, dass die Individuation oder Vielheit der Erscheinungswelt zum ewigen Wesen oder zur ewigen Natur des Absoluten gehöre, nämlich in der Beschaffenheit seiner Natur prädestinirt sei (für den keineswegs nothwendigen Fall eines Processes). Versteht man hingegen unter Wesen weder bloss die Essenz, das Wie und Was der Erscheinung im Gegensatz zu ihrer Existenz, noch auch bloss die Natur des Absoluten als die Summe der Beschaffenheit seiner Attribute im Gegensatz zu der Subsistenz des diese Natur an sich tragenden oder habenden absoluten Subjects, sondern versteht man unter Wesen das dem Sein (im Sinne von empirischem Dasein) zu Grunde liegende, das Ueberseiende in der Totalität seiner Momente als Producenten der Erscheinung, die metaphysische Wurzel der physischen Existenzen, das einheitliche Absolute im Gegensatz zu seinen Functionen, dann muss man sagen, dass das Wesen von der Vielheit der Erscheinung nicht berührt wird, dass es wechsellos im unendlichen Wechsel beharrt, weil es Substanz ist, und dass die Natur seiner Attribute unverändert sich selbst gleichbleibt, mögen dieselben nun in dieser Phase des Processes diese, oder in jener Phase jene Leistungen vollbringen, mögen sie vor dem Processe in Ruhe, oder in dem Processe in Thätigkeit sein.

Diese Beziehungen zwischen dem All-Einen und der Erscheinungswelt der Vielheit glaubte ich deutlich genug dargethan zu haben, um vor so vollständigen Missdeutungen gesichert zu sein, wie Volkelt sie auf S. 166—169 zu Tage fördert. Es scheint, dass Volkelt sich verleiten liess, das in seiner Dissertationsschrift über Spinoza[*] verwerthete kritische Schema des Gegensatzes zwischen Immanenz und Isolirung (oder wie er sagt Identität) auch auf mich zu übertragen, so wie er die berührungslose Zusammenhangslosig-

---

[*] Pantheismus und Individualismus im Systeme Spinoza's. Leipzig, H. Fritzsche 1872.

keit der Spinozischen Attribute auf die meinen übertrug (S. 145), obwohl ihm deren abweichendes Verhältniss nicht unbekannt war (160). Nun ist aber die Situation der Kritik in beiden Fällen eine ganz verschiedene. Spinoza will ebenso wie Hegel Panlogismus geben (denn auch in der Sphäre der Ausdehnung ist der Zusammenhang ein mathematisch, d. h. formal-logisch nothwendiger), ohne ein Realprincip neben dem Idealprincip zu besitzen (in welches auch die kraftlose Ausdehnung mit hineinfällt), und kann damit natürlich nicht zu Stande kommen; Volkelt als Hegelianer merkt aber nicht, dass es am Mangel eines Realprincips liegt, meint, es läge an dem formallogischen Charakter seines Realprincips und glaubt durch Umwandlung desselben in ein dialectisches alle Schwierigkeiten heben zu können, weil dadurch erst in den einseitig logischen Formalismus Spinoza's das unentbehrliche Unlogische eingefügt werde. Und insofern das Unlogische in irgend welcher Gestalt wirklich jedem philosophischen System unentbehrlich ist, kann man nicht umhin, den Panlogismus Hegel's, welcher diesen nothwendigen Bestandtheil sich einzuverleiben versucht hat, als einen entschieden höheren philosophischen Standpunkt zu bezeichnen als den Spinozismus, welchem das Unlogische gänzlich fehlt. Nun habe ich aber gezeigt, dass und weshalb das Unlogische als immanentes Moment des Logischen nicht Realprincip sein kann, und es vielmehr dem Logischen nebengeordnet werden muss, um den formalen Logismus Spinoza's auf befriedigende Weise zu ergänzen; durch dieses Hinzufügen eines unlogischen Willens als Realprincip verschwindet aber weiter die Nothwendigkeit, an der formalen Logik Spinoza's eine Aenderung im Sinne der Hegel'schen Dialectik vorzunehmen. So sehr also die relative Berechtigung der von Volkelt an Spinoza geübten Kritik anzuerkennen ist, so lange ein Hinausgehen über den Panlogismus als solchen ausser Betracht blieb, so wenig kann die absolute Gültigkeit dieser Kritik zugestanden werden, und am allerwenigsten kann die Norm dieser Kritik auf denjenigen Standpunkt übertragbar scheinen, welcher den Panlogismus sowohl in der formalen Gestalt Spinoza's wie in der dialectischen Hegel's endgültig überwunden und zum aufgehobenen Moment herabgesetzt hat.

Bei Spinoza bleibt nun in der That der Zusammenhang zwischen Modus und Substanz, das Hervorgehen des ersteren aus der letzteren, eine blosse Behauptung, weil die Art des Zusammenhanges oder des

Hervorgehens nicht aufzeigbar ist; denn die Attribute, welchen die Vermittelung zwischen Substanz und Modus zufällt, erweisen sich dazu unfähig, weil das logische Denken für sich allein (ohne unlogischen Willen) nicht zur Wirklichkeit kommt, die Ausdehnung aber je nachdem man sie betrachtet, entweder auf die Seite des blossen Denkens oder auf die der schon als vorhanden vorausgesetzten Wirklichkeit fällt. Was die Vermittelung wirklich herstellt, indem es die vom Attribut der Vorstellung ideell vorbereitete Individuation realisirt, ist der unlogische Wille, und deshalb ist es Leibniz, der durch sein zur Geltungbringen des activen Kraftbegriffs (an Stelle der passiven Ausdehnung) als Merkmals des realen Modus die Vermittelung zwischen Substanz und Modus vorbereitet, Schopenhauer, der diese Vermittelung im Begriff der Objectivation des Willens vollzogen, und die gegenseitige Stellung von Wesen und (objectiver) Erscheinung endgültig festgestellt hat. Bei Hegel hingegen ist wohl das Bedürfniss erkennbar, den bei Spinoza ungelösten Gegensatz der Immanenz und Isolirung zu lösen, es wird aber die Lösung nicht als concrete Klarstellung des gegenseitigen Verhältnisses und des Hervorgehens des einen aus dem andern vollzogen, sondern an Stelle dessen eine vollständige Verwirrung durch dialectisches Ineinanderumschlagen und Durcheinanderfliessen beider Seiten angerichtet; d. h. es bleibt hier die Aufhebung und Verflüssigung des starren Gegensatzes ebenso blosses Postulat wie bei Spinoza die Nothwendigkeit der Aufrechterhaltung jeder der beiden Seiten des Gegensatzes als solchen.

Die von Schopenhauer principiell gefundene Lösung des Problems war nun aber bei diesem Denker blosse Andeutung geblieben, und war in der That bei seinen Voraussetzungen einer klaren Ausführung und Durchbildung nicht fähig, theils weil ihm das hinreichende Bewusstsein der historischen Continuität seiner eigenen Stellung fehlte, theils weil er die Stellung der Idee zum Willen nicht richtig bestimmt hatte, theils weil sein Monismus ein durch die Lehre vom intelligibeln Individualcharakter und der individuellen Willensverneinung getrübter war, theils weil sein subjectiver Idealismus ihn verhinderte, den Begriff der Willensobjectivation als objective Erscheinung zu präcisiren. Indem ich alle diese Hindernisse beseitigt, habe ich gezeigt, dass und wie das von Spinoza und Hegel im entgegengesetzten Sinne mit gleicher Berechtigung empfundene Bedürfniss zu befriedigen ist. Das Unbewusste als identische Substanz mit den Attributen des logischen Idealprincips und des unlogischen Willensprincips entfaltet sich als wollend-vorstellend oder als vorstellend-wollend in der Welt der objectiven Erscheinung. Dieses All-Eine Unbewusste ist das Wesen, welches erscheint, also in der Erscheinung sich als absolut gegenwärtig manifestirt; es erscheint in der kleinsten objectiven Erscheinung durchaus nichts anders als das allgegenwärtige All-Eine Wesen. Die Erscheinung ist also nicht vom Wesen abzutrennen (S. 166), so wenig wie Lichtstrahlen auf Flaschen zu ziehen sind; die Erscheinung ist nicht (wie Volkelt S. 167 meint) **blosser Schein** (dem kein Wesen zu Grunde läge), sondern sie ist Erscheinung des Wesens (d. h. der Substanz plus Attribute) selbst, das in ihr sich nach seinem Wesen (d. h. Natur oder Beschaffenheit der Attribute plus Substantialität) offenbart. So muss auch rückwärts das Wesen in seiner Offenbarung zu finden, aus ihr zu erschliessen sein; auch aus der winzigsten Erscheinung kann man sehr viel über die Natur des sich in ihr offenbarenden Wesens lernen *(ex ungue leonem)*, nur darf man nicht vergessen, dass die **Bethätigung** des Wesens sich nicht in dem herausgegriffenen Stückchen der Erscheinungswelt **erschöpft** (der Löwe ist mehr als bloss Kralle). Die Wurzel jeder Erscheinung liegt <u>unmittelbar</u> im All-Einen Wesen, denn die Wurzel der wollend-vorstellenden Function liegt im wollend-vorstellenden Subject, das für die ganze Erscheinungswelt nur Eines ist; die Vielheit der Erscheinungen ist nur innerhalb der einheitlichen Totalität der Erscheinungswelt möglich, deren Einheit wiederum von der Einheit der Totalität der wollend-vorstellenden Function des Unbewussten und der Einheit der Substanz oder des functionirenden Subjects bedingt ist. Die Vielheit der Erscheinungen beweist nur die Vieleinigkeit der absoluten Function, spricht aber nicht gegen deren Einheit und noch weit weniger gegen die Einheit der functionirenden Substanz.

15. Einheit und Vielheit in der Erscheinungswelt.

Die Erscheinungswelt ist eigentlich in doppeltem Sinne geeint: einerseits durch die sie zusammenhaltende Einheit des Wesens (durch die Einheit des Subjects sowohl als durch die aus dieser folgende Einheit der unbewussten Gesammtintuition), und andererseits durch das innige Aufeinanderbezogensein aller ihrer Bestandtheile und Seiten, welche daher rührt, dass alle innere Mannichfaltigkeit der Idee formal-logisch nach einheitlichen Gesichtspunkten bestimmt ist, welche also letzten Endes von der Einheit des Zweckes abstammt. Die innere Mannichfaltigkeit der vieleinigen Idee gliedert sich nun weiter in organischer Stufenfolge, d. h. sie zerfällt nicht ohne Weiteres in ein unorganisches Aggregat vieler elementarer Einzelheiten, sondern gliedert sich in Gruppen, welche in demselben Sinne wie die Gesammtidee vieleinige Intuitionen sind, und deren Momente wiederum vieleinige Anschauungen darstellen u. s. w. Dieser inneren Gliederung der Idee gemäss gliedert sich auch ihre Realisation, die objective Erscheinungswelt, der Kosmos, zunächst in umfassende Gruppen, die Weltlinsen, deren jede in eine Masse von Fixstern- oder Sonnensystemen zerfällt, während jedes Sonnensystem aus einem oder mehreren Centralkörpern und Planeten (mit oder ohne Ringe und Monde) zerfällt; der einzelne Planet, wie z. B. die Erde, ist aber bekanntlich auch noch eine vieleinige Erscheinung von grosser Mannichfaltigkeit des in ihm befassten Inhalts. Jede solche Gruppe zeigt nun wiederum, in demselben Sinne wie die Erscheinungswelt als Ganzes, eine doppelte Einheit centraler und peripherischer Natur: einerseits die Einheit des in ihr erscheinenden Wesens und andererseits die Einheit der Zusammengehörigkeit und Wechselbeziehung der von ihr befassten Bestandtheile. Nur durch letztere Art der Einheit unterscheidet sich die **individuelle Gruppe** (von Functionen des All-Einen) von unzusammengehörigen (d. h. zu verschiedenen Gruppen gehörenden) Einzelfunctionen; denn die Identität des functionirenden Wesens oder die centrale Einheit liegt ja bei letzteren auch vor und nur die peripherische fehlt ihnen. Wenn also nach den Merkmalen gefragt wird, welche den Begriff der Individualität constituiren, so wird die Einheit des Wesens als selbstverständliche Grundlage vorausgesetzt, ohne welche alle peripherischen Beziehungen (analog wie bei der Bewusstseinseinheit die Leitung) doch zu keiner Einheit führen könnten, und die Untersuchung dreht sich allein um die constituirenden Factoren der peripherischen Einheit (Phil. d. Unb. Ster.-Ausg. S. 484—486), unter denen direct der Zweck die wichtigste Rolle spielt, während indirect auch die anderen Arten peripherischer Einheit als nothwendige Mittel des absoluten Zwecks, d. h. teleologisch bestimmt sind.

Ist auf diese Weise durch die von mir ausgeführten peripherischen Einheitsformen eine ohnehin central geeinte Gruppe von Functionen sowohl nach aussen genügend abgegrenzt als auch innerlich auf sich selber enger als auf alles Uebrige bezogen, so bildet eine solche Gruppe ein objectiv-reales Erscheinungsindividuum (z. B. einen Menschen). In den peripherischen Collisionen seiner Functionen mit den zu anderen Individualgruppen gehörigen Functionen bethätigt sich, ebenso wie in den peripherischen Collisionen seiner Functionen untereinander, seine Realität (das Wollen in der Function), durch welche es anderen Individuen und sich selbst empfindlich wird (vgl. Phil. d. Unb. S. 532—533). In der centralen Herkunft der es constituirenden Functionen aus dem All-Einen Wesen liegt die unmittelbare Zusammengehörigkeit des Erscheinungsindividuums mit dem Absoluten, das in ihm erscheint. Fasst man die peripherischen Collisionen der Functionengruppe in's Auge, so betrachtet man das Individuum von der Seite der Erscheinung, fasst man den centralen Ursprung dieser Functionengruppe in's Auge, so betrachtet man das Individuum nach der Seite seines Wesens, welches das All-Eine Wesen selbst ist, insofern es sich in dieser Functionengruppe bethätigt. Als Erscheinung ist dieses Individuum schlechthin verschieden von jenem; betrachtet man aber beide Individuen nach der Seite ihres Wesens, so zeigt sich, dass sie nur functionell, nicht substantionell, verschieden, und dass das in beiden functionirende Subject identisch ist. Dieses Individuum ist nichts anderes als diese Functionengruppe (oder dieses Strahlenbündel) des All-Einen; wenn aber in der Zusammensetzung dieser Functionengruppe Gründe für die annähernd unveränderte Fortdauer der hauptsächlichsten dieser Functionen für die gesammte Lebensdauer dieser Gruppirung vorhanden sind (wie dies beim Menschen mit den charakterologischen Trieben der Fall ist), dann werden wir diese unmittelbar im Absoluten selber wurzelnde Gruppe unbewusster (Willens- und Vorstellungs-) Functionen mit Recht den tiefinnersten unbewussten Kern, die Wesenswurzel des Individuums nennen können, ohne damit im Geringsten den unmittelbaren Zusammenhang aller Erscheinungen mit dem All-Einen anzutasten, oder ein Recht zu der Vermuthung zu geben, dass damit eine punctuelle Concentrirung des All-

Einen Unbewussten selbst zu einem *quasi* substantiellen Individualkern gemeint sei (Volkelt S. 168; vgl. Ph. d. Unb. S. 565 Anm. und 523--525).

16. Die unmittelbare Immanenz des Wesens in der Erscheinung.

Unmittelbar muss der Zusammenhang der Erscheinungswelt mit dem All-Einen Wesen auf alle Fälle gedacht werden; d. h. es darf nach keiner Richtung eine Vermittelung statuirt werden, welche die individuelle Erscheinung von der Wurzel alles Seins auch nur um eine einzige Stufe entfernte. Mit solchen Einschaltungen würden wir den ganzen Gewinn der philosophischen Entwickelungsgeschichte sofort vernichten und entweder in die Emanationssysteme oder in die Creationssysteme zurückfallen. Es darf weder eine individuelle Concentration des absoluten Wesens zu einer abgeleiteten Substanz, noch eine äusserliche Gesetzgebung für eine so geschaffene Welt abgeleiteter Substanzen, nach der dieselben sich automatisch-mechanisch bewegen müssten, zugelassen werden (wie Volkelt S. 181 geneigt zu sein scheint), wenn nicht die grosse philosophische Errungenschaft der unmittelbaren Einheit von Wesen und Erscheinung, der Unabtrennbarkeit der Erscheinung vom Wesen und der Unauslösbarkeit des Wesens aus der Erscheinung preisgegeben werden soll. Gewiss ist es nicht Willkür und Laune, welche das Walten des Wesens in der Erscheinung bestimmt (vgl. S. 182), sondern es ist das Mittel, welches den absoluten Zweck erreichen soll; d. h. die absolute Teleologie ist nothwendig ein absoluter Mechanismus, nur kein äusserlicher Mechanismus von einem Jenseits her dictirter Gesetze, sondern der innere Mechanismus der absoluten formal-logischen Nothwendigkeit, der Mechanismus der sich selbstbestimmenden Entfaltung der logischen Idee aus dem logischen Formalprincip vermittelst des absoluten Zweckes. Dieser immanente Mechanismus der Logik ist die innere Gesetzmässigkeit der Erscheinungswelt, d. h. des Wesens als Erscheinenden; so wenig von einer Trennung zwischen Wesen und Erscheinung die Rede sein kann, ebenso wenig von einem „fortwährenden Abspringen von der Erscheinungswelt auf den ausserhalb(!) derselben liegenden immer gleichen Mittelpunkt der Welt" (190), oder von einem „fortwährenden Recurriren auf das vom Jenseits(!) aus wirkende Unbewusste" (ebenda). Da das menschliche Denken eben kein absolutes dialectisches, sondern ein höchst beschränktes inductives ist, so können wir auch nicht *a priori* ausklügeln, welcher Art diese logische Gesetzmässigkeit der Erscheinungswelt sein müsse, sondern wir müssen uns damit begnügen, *a posteriori* aus der Erfahrung auf die Beschaffenheit derselben zu schliessen, und werden unsere Schlüsse nothwendig überall lückenhaft bleiben und Zweifel und verschiedene Möglichkeiten übrig lassen, wo die inductiven Wissenschaften selbst solche Lücken in ihren Erklärungen der Natur und Geschichte aufweisen. Der Art ist z. B. die Frage, ob der Zweck in der Natur sich ausschliesslich mit Hülfe der schon in der unorganischen Natur waltenden logischen Gesetzmässigkeit realisirt, oder ob der innere logische Gesammtmechanismus ein über diese unorganische Gesetzmässigkeit **übergreifender** ist, wodurch er vom einseitigen Standpunkt der bloss unorganischen Gesetzmässigkeit aus betrachtet als ein in die von diesem determinirten ,Processe **eingreifender** erscheinen würde, obwohl er sie in Wahrheit doch nur **unter sich begriffe** als die unterste Stufe seiner selbst. Bei den in den inductiven Wissenschaften unbestritten vorhandenen, und wohl schwerlich ganz auszufüllenden beträchtlichen Erklärungslücken lassen sich für beide hier offen stehende Möglichkeiten nur Wahrscheinlichkeitsgründe ohne hinlängliche objective Basis anführen, und wird je nach der speculativen oder naturwissenschaftlichen Stimmung des Zeitalters die eine oder die andere Meinung den subjectiven Stimmungen und Neigungen mehr zusagen, ohne dass beide Parteien deshalb nöthig hätten, sich zu verketzern, da beide nur für Hypothesen eintreten, für welche die nächsten Zeiten wohl schwerlich schon Entscheidungsgründe bringen dürften. So viel aber steht fest, dass, wie auch die Entscheidung ausfallen möge, an den metaphysischen Grundlagen dadurch nichts geändert wird: auch dann, wenn der logische Mechanismus über die schon in der unorganischen Natur sich entfaltenden Gesetze hinausreicht, auch dann wird er stets erstens logischer **Mechanismus** und zweitens **immanente** logische Gesetzmässigkeit des erscheinenden Wesens sein (vgl. Volkelt S. 190 Z. 3—7); — auch dann, wenn der logische Mechanismus der unorganischen Gesetzmässigkeit den logischen Gesammtmechanismus des erscheinenden Wesens nach der Seite des Mittels zum

Endzweck erschöpft, auch dann wird diese Gesetzmässigkeit logische Gesetzmässigkeit und dieser immanente logische Mechanismus doch nichts weiter als die absolute $\mu\eta\chi\alpha\nu\acute{\eta}$, d. h. das Mittel zur Realisirung des absoluten Zwecks, also absolute Teleologie sein (vgl. Phil. d. Unbew. Ster.-Ausg. S. 808—811 und S. 602 oben = 1. Aufl. S. 497).

17. Raum und Zeit.

Raum und Zeit sind das *medium individuationis* und gehören deshalb als logisch nothwendiges Mittel für die Individuation ebenso gut zum Inhalt der absoluten Idee wie die Individuation selbst (was Volkelt nicht verstanden hat, vgl. S. 177 Z. 2—4), ohne jedoch durch die Aufnahme dieser Formen in den Inhalt der unbewussten Intuition die Function des unbewussten Vorstellens selbst zu einer räumlichen, örtlich verhafteten, oder gar das vorstellende Subject zu einem in diesen Formen seienden herabzusetzen. Nur die Form der Räumlichkeit oder das Nebeneinander macht die innere Mannichfaltigkeit in der Einen Gesammtidee, das Zugleichsein eines vieleinigen Inhalts in derselben möglich; nur die Form der Zeitlichkeit oder das Nacheinander in der wechselnden Beschaffenheit dieses Inhalts macht die Stufenfolge der Entwickelungsphasen und durch dieselbe die Erreichung des Endzwecks möglich. Beide Formen sind aber der Begriffsdialectik Hegel's schlechterdings unerreichbar, weil sie ganz und gar der Unmittelbarkeit der Anschauung angehören, von welcher allein Worte wie „aussereinander, nebeneinander, nacheinander" einen Inhalt empfangen. Schon aus diesem Grunde bleibt dem sich selbst bewegenden Begriff Hegel's das „Auseinanderfallen in das äusserliche Nebeneinander" ein unverständliches Postulat, dem er einfach darum schon nicht nachkommen könnte, weil es über ihn selbst, d. h. über seine Begriffe, hinaus geht.

Dass Raum und Zeit durchaus nicht über einen Kamm zu scheeren sind, darauf habe ich schon früher hingewiesen (Phil. d. Unb. 298—300). Die Räumlichkeit kann nur als Inhalt einer (bewussten oder unbewussten) Anschauungsfunction gesetzt werden, die Zeitlichkeit haftet hingegen jeder Function, jeder Thätigkeit, Bethätigung oder Action als solcher schon an, gleichviel, worin sie bestehe. Hieraus geht hervor, dass auch das Wollen allein schon Zeit setzen würde (Volkelt S. 180 unten), wenn es ohne die Vorstellung als actuelle Function möglich wäre, und dass jedenfalls in dem erfüllten Wollen nicht bloss der Vorstellungsinhalt, sondern auch die aus Wollen und Vorstellen combinirte Function des Unbewussten selbst einen zeitlichen Charakter hat, ohne jedoch hierdurch das All-Eine Wesen als solches, d. h. das functionirende ewige Subject mit der Form der Zeitlichkeit zu behaften. Da übrigens dem Willen in Gestalt des noch unerfüllten Wollens jedenfalls die Initiative im Functioniren zufällt, so kann und muss man von Rechtswegen sagen, dass ihm auch die Initiative in der Setzung der Zeit zuzuschreiben ist. Aber die so anhebende Zeit ist behaftet mit der Inhaltlosigkeit, d. h. absoluten Unbestimmtheit (also auch Maasslosigkeit) des sie setzenden leeren Wollens; ihre innere Bestimmtheit in Bezug auf die relativen Maassverhältnisse der in ihr nach einander folgenden Functionen verschiedenen Inhalts kann die Zeit erst durch die Idee bekommen, welche teleologisch das Maassverhältniss der Dauer der verschiedenen Entwickelungsphasen des als Mittel dienenden Processes bestimmt. Deshalb konnte ich sagen, dass das leere Wollen die **unbestimmte** Zeit setze, die Idee dieselbe zur **bestimmten** mache, der Anfangspunkt für beide Einflüsse aber zusammenfalle (Phil. d. Unb. Ster.-Ausg. S. 795 unten bis 796 oben; 3. Aufl. S. 777). Diese eingestreute Bemerkung ist von Volkelt unbeachtet geblieben (vgl. S. 180—181 und 184 unten bis 186).

Dass die Welt, d. h. die Erscheinung des Wesens zeitlich ist, ist mithin eine durch den Charakter des Wollens als (*eo ipso* mit der Zeit behafteter) Function gegebene Thatsache, welche die wachgerüttelte Idee hinterdrein vorfindet, ohne an ihr etwas ändern zu können. Ja sogar auch die Idee, insofern es nicht in ihrem Belieben steht, gar nicht mit zu spielen, da sie vielmehr nicht umhin kann, gegen den Willen zu reagiren, hat gar keine Wahl, sie **muss** functioniren, d. h. sich an der Zeitsetzung, die einmal durch die Initiative des Willens eingeleitet ist, **betheiligen**. Es steht nicht in ihrer Macht, zu wählen, ob sie functioniren soll oder nicht, und ob, wenn sie functionirt, sie zeitlich oder unzeitlich functioniren solle; sie kann ihrer logischen Natur nach dem erhobenen Unlogischen gegenüber nicht anders als functioniren, und dies ist nicht anders als zeitlich möglich. Was in ihrer Macht steht, kann also nur die Bestimmung des Maassverhältnisses der Zeitdauer der verschiedenen aufeinanderfolgenden Entwickelungsphasen des Weltprocesses sein; nur in diesem Maassverhältniss kann sie ihre Weisheit entfalten, und in ihm thut sie es wirklich, und zwar von den Schwingungsphasen der kleinsten Schwingung eines Aetheratoms bis zu den Kalpas entstehender und untergehender Weltlinsen. Wollte man nun etwa ausser der Form der Zeitlichkeit an sich und ausser diesem relativen Maassverhältniss der verschiedenen Phasen des idealen Inhalts des Weltprocesses noch nach der **absoluten Geschwindigkeit** des zeitlichen Ablaufs des Weltprocesses und nach dem für diesen dritten Factor bestimmenden Momente fragen (Volkelt S. 185—186), so würde eine solche Frage nur beweisen, dass der Fragende die **reine Relativität** der Zeit noch nicht begriffen hat. Von einem „schneller" oder „langsamer" kann immer nur die Rede sein im **Vergleich** zu einem zeitlichen Maassstab, z. B. der uns bekannten Zeit zwischen zwei Nachtruhen oder unserer Lebensdauer oder unserer mittleren Geschwindigkeit des Gedankenwechsels, oder der Dauer des Erdumlaufs um die Sonne. Dies alles aber sind blosse Relationen, welche ganz unverändert bleiben würden, wenn die (hier einen Augenblick als möglich vorausgesetzte) absolute Geschwindigkeit des Zeitablaufs sich beliebig änderte. Wenn auf einmal der Weltprocess bei Constanz aller Zeitverhältnisse unendlich mal schneller oder unendlich mal langsamer ginge, so würden wir davon nicht das Geringste spüren, d. h. die **absolute Geschwindigkeit** des Weltprocesses ist **absolut gleichgültig**. Sie ist aber nicht nur ein werthloser, sondern auch ein unmöglicher Gedanke ebenso gut wie der absolut bestimmte Ort im leeren Raume oder die absolute Bewegung. Die Zeitbeziehungen sind ihrem Begriff nach ebenso relativ, wie die Ortsbeziehungen und wie die aus beiden combinirten Bewegungsbeziehungen; wer von einer absoluten Geschwindigkeit des Weltprocesses spricht, der denkt sich selbst als draussen stehender Beobachter mit den an ihm gewohnten **relativen** Maassstäben, welche doch nur eine relative Bedeutung für die Maassverhältnisse des Processes **unter einander** haben; abstrahirt man von jedem solchen unbrauchbaren zeitlichen Maassstab, so behält man nur das zeitlose *nunc stans*, die ausserzeitliche Ewigkeit übrig, von der aus erst recht nicht eine absolute Geschwindigkeit bestimmt werden kann.

Die absolute Geschwindigkeit ist daher nicht nur indifferent für alle
zur Sprache kommenden Fragen, sie ist auch ein undenkbarer Gedanke, ein Begriff ohne angebbaren Sinn, der aus einer nachweislichen Confusion unserer relativen Zeitmaassstäbe mit absoluten
entspringt.

Volkelt wendet sich endlich auf S. 141—143 gegen die von
mir behauptete **Endlichkeit** der Zeit. Er giebt den Widerspruch
einer **vollendeten Unendlichkeit** der Zeit, sei es auch nur der
Vergangenheit, bereitwillig zu, erklärt aber diesen Widerspruch echt
dialectisch für einen **denknothwendigen** (141). Hier ist einer
der Punkte, wo für mich die Discussion aufhört, weil gegen vernunftmörderische Sophistik eben nicht mehr zu streiten ist. — Die
Zeit ist eine blosse Abstraction von der Thätigkeit, die *eo ipso* zeitlich ist; träte auf einmal absolute Ruhe ein, so wäre auch die Zeit
zu Ende, und die angebliche Hinweisung jedes Zeitpunkts auf seinen
Nachfolger könnte daran nicht das Geringste ändern. Diese Hinweisung und Rückweisung (142) besteht aber auch nur im Kopfe
des Philosophen, dessen zeitliche **Denkfunction** ihre Zeitlichkeit
nicht abzustreifen und ihre Ausschau über die willkürlich sich selbst
gesteckte Denkgrenze nicht zu hemmen vermag. Nur die **Thätigkeit**, sei es im Kopfe des reflectirenden Philosophen, sei es im
absoluten Process, setzt nach dem einen Zeitdifferential das andere;
nur unter stillschweigender Voraussetzung der Fortdauer der Thätigkeit enthält jeder Zeitmoment eine Hindeutung auf seinen Nachfolger. In dem Weltprocess sind wir an das unablässige Fliessen
der Zeit gewöhnt und denken so wenig daran, an der Fortdauer
der Function des Absoluten für den nächsten Moment zu zweifeln,
dass wir uns dieser nothwendigen Voraussetzung, unter welcher
allein die Zeit weiter fliesst, gar nicht bewusst werden; für die
streng philosophische Betrachtung entspringt aber daraus eine ungerechtfertigte Erweiterung eines Inductionsschlusses über seine
empirische Grenze hinaus. So lange Zeit (d. h. Thätigkeit) **ist**
ist es ohne Frage ihre Natur schlechthin zu fliessen; aber dies
beweist doch nicht, dass sie auch dann noch **fliessen** muss,
wenn sie (d. h. der Träger dieser Abstraction) aufgehört hat,
zu sein.

Die nämliche Betrachtung gilt natürlich auch für den Anfang
der Thätigkeit und der Zeit. Der erste und der letzte Zeitmoment

grenzen nicht an einen andern Zeitmoment, sondern sie begrenzen sich selbst, und jenseits beider ist nicht mehr Zeit, sondern reine Ewigkeit, die, nebenbei bemerkt, ja auch die Zeit durchdringt, wie der Lichtäther die physikalischen Körper. Denken wir uns ein bloss mit Lichtäther erfülltes Vacuum, so werden die äussersten Flächen der körperlichen Wände des Vacuums auch nicht mehr durch Körper anderer Art begrenzt, aber auch nicht durch Aether, denn den Aether haben sie ja ebenso gut in sich; sie werden eben durch nichts begrenzt als durch sich selbst.

Volkelt bemüht sich also vergebens, eine Antinomie herzustellen und den Widerspruch auf Seiten der Annahme der Endlichkeit der Zeit als ebenso unausweislich vorzuspiegeln, wie auf Seiten der Unendlichkeit derselben. Die erstere Seite der Alternative ist entschieden widerspruchsfrei, wenn auch nicht ohne Schwierigkeiten, und deshalb verschwindet jeder aus der angeblichen Antinomie geschöpfte Grund, den Widerspruch in der Annahme der Unendlichkeit der Zeit als denknothwendig in den Kauf nehmen zu sollen. Dass ich die Consequenz der analogen Annahme der sich selbst begrenzenden Endlichkeit des realen Raumes nicht scheue (S. 143), hätte Volkelt aus S. 114 meiner Schrift über „Das Ding an sich" entnehmen können.

18. Der teleologische Optimismus und der eudämonologische Pessimismus.

Wir haben oben in den Abschnitten 12 und 14 gesehen, wie der Panlogismus aus dem dialectischen Widerspruch oder aus der angeblichen logischen Selbstentzweiung der Idee die Entstehung des Bewusstseins und die Individuation ableiten zu können wähnt, und wie aus beiden missglückten Lösungsversuchen die Nothwendigkeit eines unlogischen Realprincips hervorgeht. Es liegt nahe, dass nach Analogie der dort gemachten Versuche der Panlogismus sich bestreben musste, auch den in dem modernen Zeitgeist eine hervorragende Stelle einnehmenden Pessimismus in den Kreis seiner Erklärungen zu ziehen. Volkelt hat in anerkennenswerther Weise die nach dieser Hinsicht in Hegel zu findenden Keime gesammelt, geordnet und dadurch in eine gewiss manchen Hegelianer überraschende Beleuchtung gerückt. In einem System, wo die Vernunft Alles ist, muss auch das Leiden der Welt und der Schmerz des Lebens **in der Vernunft selbst** seinen Ursprung haben (S. 255), d. h. in dem immanenten Unlogischen derselben, in dem dialectischen Widerspruch. „Die Lust, das Glück, die Befriedigung ist der Empfindungsreflex des a u s g e s ö h n t e n objectiven Widerspruchs, des harmonisch oder p o s i t i v Vernünftigen. Die Unlust, der Schmerz ist der Empfindungsreflex des n o c h n i c h t v e r s ö h n t e n objectiven Widerspruchs, des objectiven Zwiespalts, des n e g a t i v Vernünftigen oder r e l a t i v U n v e r n ü n f t i g e n" (S. 277). Hier wird also geschwind noch der E m p f i n d u n g s r e f l e x eingeschoben, welcher, wie Volkelt (S. 286) ganz richtig bemerkt, keineswegs dem o b j e c t i v e n Bestand von unversöhnten und versöhnten Widersprüchen entspricht. Wenn indessen der objective Widerspruch der zureichende Erklärungsgrund für den Schmerz und in seiner Versöhnung für die Lust sein soll, so ist nicht einzusehen, wie es objective Widersprüche und Versöhnungen geben soll, die sich nicht als Unlust und Lust empfindlich werden. Erst wenn wir an Stelle des empfindungslosen dialectischen Widerspruchs der Begriffe den empfindlichen realen Widerstreit collidirender Willensacte setzen, erst dann wird diese Thatsache der Nichtcorrespondenz verständlich, und zugleich die Unzulänglichkeit der panlogistischen Erklärung enthüllt (vgl. oben S. 46—48. Aus dem Idealprincip allein, aus dem blossen Vorstellen ist niemals der Schmerz und die Lust, niemals die in das Wesen ganz anders als die gleichgültige Vorstellung einschneidende Empfindung zu erklären, welche nothwendig ein w o l l e n d e s W e s e n voraussetzt, als dessen Affection in Bezug auf ein bestimmtes Begehren sie gedacht wird.

In dem objectiven Zwiespalt als solchen, so lange er ein bloss idealer ist, steckt gar nichts Unlogisches, weder ein relativ noch ein absolut Unlogisches; denn er ist eben nicht Widerspruch, wie die Dialectik glauben machen will, um im Trüben fischen zu können, sondern nur Gegensatz, idealer Conflict. In dem realen Zwiespalt oder der wirklichen Collision sich kreuzender Willensacte steckt das Unlogische auch nur in der Realität des Conflictes, und nicht in seinem idealen Inhalt; in der Realität des Wollens aber steckt es in der That als a b s o l u t Unlogisches, nicht bloss als ein relativ Unvernünftiges. Lust und Unlust sind daher auf keine Weise aus dem r e l a t i v Unlogischen der Dialectik abzuleiten, sie weisen nicht nur auf ein o b j e c t i v e s Princip zurück, sondern auch auf ein r e a l e s. Dies ist der Wille, und nichts als der Wille, dessen Accidenzen sie als Befriedigung und Nichtbefriedigung bilden. —

Das Weltwesen als erscheinendes, d. h. als bestimmt (individuell) wollendes, ist das empfindende Subject, welches in den seine Erscheinung bildenden Individuen Lust und Unlust an sich erfährt. Die reine Subjectivität von Lust und Unlust, d. h. ihr ausschliessliches Vorkommen im Bewusstsein bestimmter Individuen, ist demnach kein Einwand gegen ihre objective Realität, da ja diese Empfindungen reale Affectionen des absoluten Subjects, wirkliche Modi der absoluten Substanz sind und als solche zu objectiv realen Individualgruppen von Functionen des All-Einen Wesens gehörig, integrirende Bestandtheile der gesammten objectiv-realen Erscheinungswelt bilden (vgl. S. 257 oben und 276). Dass die Lust und Unlust als blosse abstracte Befriedigung und Nichtbefriedigung eines Wollens, bei dem vom Inhalt gänzlich abstrahirt wird, leere Formen sind, die erst durch einen (theils bewussten, theils unbewussten) Vorstellungsinhalt erfüllt werden müssen, beweist doch gewiss nichts dagegen (S. 276), dass die wirkliche, d. h. concrete Empfindung ganz und gar Inhalt des Bewusstwerdens sein kann und sein muss, welches letztere sich ihr gegenüber von Neuem als Form verhält. — Weil die Lust- und Unlust-Empfindung als objective Realitäten in dem Realprincip wurzeln, darum ist die eudämonologische Betrachtung der Welt die allein dem Realprincip conforme, also die ausschliesslich und recht eigentlich realistische Betrachtungsweise, welche dem einseitigen Idealismus des Panlogismus gegenüber die reale Seite der Welt zur Geltung zu bringen berufen ist, und eben deshalb so natürlich in die übrigen realistischen Bestrebungen der Gegenwart sich einreiht. Diesen Standpunkt aber kann der Panlogismus gar nicht begreifen; er hält das Leiden nur deshalb für schlecht, weil und insoweit es widerspruchsvoll, d. h. unlogisch ist; der Realismus hingegen hält die Unvernunft gerade nur insoweit für schlecht, als sie sich schmerzlich fühlbar macht, und nur deshalb, weil das Leiden schmerzhaft ist, und das Weltwesen, welches sich das Uebel des Leidens zufügt, als vernünftig vorausgesetzt wird, nur deshalb erscheint es hintennach als vernunftwidrig. Weil dem Panlogismus das Leiden nur insofern für ein Uebel gilt, als es ihm aus einem Unlogischen zu entspringen scheint, deshalb glaubt er ihm auch nur eine relative Bedeutung beilegen zu dürfen, da ihm ja der unlogische Ursprung nur als ein relativ unlogischer gilt; deshalb glaubt er auch das Leiden als

solches durch positiv vernünftige Versöhnung des Widerspruchs
überwunden und aufgehoben, nicht als ob die Lust aus der Versöhnung eine solche wäre, dass sie nach Intensität, Dauer und
Beschaffenheit für das ausgestandene Leid vollauf entschädigte und
dasselbe überwöge, sondern nur in dem Sinne, dass es allein auf
die Erfüllung der Vernunft ankommt, und der dabei zu Tage tretende
Gefühlsreflex das Maul zu halten und in Bewunderung der Vernunft
demüthigst zu ersterben hat. Das fällt aber dem Gefühl gar nicht
ein, das sich in der unbewussten Gewissheit seines realistischen
Grundes auf sich selbst stellt. Nur das denaturirte Gefühl eines
panlogistischen Hegelianers fällt anbetend auf die Stirn, sobald das
Wort „Vernunft" ausgesprochen wird, wie der Katholik vor dem
heiligen Herzen Jesu oder der Tibetaner vor dem Koth des DalaiLama; das natürliche Gefühl ordnet die Vernunft sich unter
und rebellirt gegen dieselbe, wo sie ihm das ihm Widerstrebende
zumuthet. Wäre wirklich das unermessliche Elend des Daseins,
welches die empfundene Lust tausendmal überwiegt, reiner Ausfluss
der Vernunft, wie der Panlogismus behauptet, so würde die Vernunft
durch ihren logischen Charakter keineswegs davor geschützt werden,
dass das Gefühl sich von Rechtswegen gegen sie empörte, und sie
sammt aller ihrer negativen und positiven Vernünftigkeit zum Teufel
wünschte. Eine solche Vernunft, welche in stierköpfiger Pedanterie
immer nur sich und immer nur sich durchsetzen wollte, bloss um
dem logischen Princip Geltung zu verschaffen, unbekümmert darum,
ob rechts und links dabei die Splitter fliegen, und namenloses,
durch keine Ueberzeugung von seiner Vernünftigkeit zu vergütendes
Elend ihr Gefolge ist, — eine solche Vernunft wäre ein zehnmal
ärgeres Scheusal, als Schopenhauer's blinder Wille, der doch wenigstens die Entschuldigung seiner Blindheit und Unvernunft für sich
hat. So lange der Panlogismus ohne Bewusstein von der Wahrheit
des Pessimismus für sich hinlebte, so lange war er wenigstens in
seinem naiven optimistischen Dusel nicht verletzend für das Gefühl;
sobald er aber mit Bewusstsein das überwiegende Leid des Lebens
anerkennt, wird er zum abergläubischen Vernunftgötzendienst, der
das realistische Gefühl höhnend mit Füssen tritt, indem er es zum
blossen dialectischen Moment seines abstract idealistischen Vernunftgesetzes degradirt. In der Welt des Panlogismus hätten Vernunft
und Gefühl die Rollen getauscht; die Vernunft in ihrer Gier, sich

à *tout prix* auf Kosten des Gefühls durchzusetzen, wäre toll und verrückt, und das dagegen protestirende Gefühl wäre in seinem vernünftigen Recht. Dass dieses gegen die Vernunft protestirende Gefühl im Panlogismus eine unerklärliche Thatsache bliebe, braucht kaum besonders bemerkt zu werden. Nur wenn die Vernunft gezwungen einem Stärkeren dient, als sie selbst ist, dessen unvernünftige Brutalität die Verantwortung für die Welt und ihren Jammer trägt, nur wenn ihre Entfaltung dahin zielt, die Welt sammt ihrem Jammer aufzuheben, nicht, wie der Panlogismus meint, ihn zu perpetuiren, nur dann hat das Gefühl Unrecht, die Vernunft anzuklagen, deren Ziele und Wege es im Einzelnen so oft nicht begreift.

„Da der Weltgeist, je mehr er sich in sich vertieft und zur Freiheit emporringt, desto gewaltigere, schärfere Widersprüche in sich erzeugt, so müssen auch die Schmerzen mit dem Fortschritt des Weltgeistes tiefer, schneidiger werden und Herz und Geist immer mehr zerklüften und aufwühlen" (254). Zwar folgt den Widersprüchen die Versöhnung, aber die dialectische Entfaltung und Hinführung zur Selbstaufhebung der Widersprüche dauert viel längere Zeit als die Versöhnung, in der sich ja doch schon wieder neue härtere Widersprüche herausbilden, und ausserdem ist der Empfindungsreflex auf die Entzweiung und Zerrissenheit viel stärker als der auf die Rückkehr der Harmonie (S. 256). Diese beiden Zugeständnisse genügen für sich allein schon, um jedem Trost durch die der Entzweiung folgende Versöhnung sein Gewicht zu benehmen. Welche trostreiche Zukunftsperspective Volkelt uns auch entrollen möge (z. B. den socialistischen Zukunftsstaat, in dem die Unlust der Arbeit und der Liebe verschwinden soll — vgl. S. 291 und 309), er kann doch sicher sein, dass diese Versöhnung erstens die vor ihrer Erringung ausgestandenen Menschheitsleiden nur zum ganz geringen Theile vergütet, zweitens aber in ihrem Schoosse unvermeidlich den Keim zu weit schrecklicheren Entzweiungen und Leiden birgt, als die durch sie zum Abschluss gebrachte Periode. Diese Auffassung ist völlig trostlos; sie macht die Vernunft zum schauderhaften Moloch, der seinen stets gefrässigen Rachen um so weiter aufreisst, je grössere Opfer an Menschheitsglück bereits in ihn hineingeschleudert worden sind. Es bleibt in der That nur noch das formale Verstandesinteresse an dem Rythmus der dialectischen Methode übrig, was diese Auffassung im Gegensatz gegen Bahnsen's Realdialectik des unlogischen Willens zu vertheidigen Veranlassung geben kann, da sie sonst mit ihr ganz auf dasselbe hinausläuft, und sich nur darauf capricionirt, das vernünftig zu nennen, worin Bahnsen mit Recht nur Unvernunft erkennt.

Ohne auf die theils missverständlichen, theils irrthümlichen Einwendungen Volkelt's gegen meine empirische Begründung des Pessimismus näher einzugehen,*) glaube ich schon durch die hier gegebenen principiellen Darlegungen hinlänglich gezeigt zu haben, dass der Panlogismus entweder mit Leibniz die Wahrheit des Pessimismus gänzlich leugnen, oder aber, wenn er ihn anerkennt, seine principielle Unzulänglichkeit zur Erklärung des überwiegenden Leides der Welt bekennen muss, und dass jedenfalls der Versuch, den Pessimismus mit Hülfe des immanent Unlogischen der dialectischen Idee Hegel's zum aufgehobenen Moment des teleologischen Optimismus herabzusetzen (S. 256), als gescheitert zu betrachten ist. Der teleologische Optimismus ist ein Ausfluss des Idealprincips und deshalb ist er idealer Natur; der eudämonologische Pessimismus ist ein Ausfluss des Realprincips und als solcher realer Natur. Beide laufen auf ihren verschiedenen Gebieten nebeneinander her, zwar nicht ohne beständige innige Berührung, aber ohne ineinander überzugreifen; sie stehen zwar in einem Gegensatz zu einander, aber durchaus nicht wie Volkelt dialectisch vorspiegeln möchte (S. 262), im Widerspruch. Welcher Art ihre letzten Beziehungen sind, das hängt, wie Volkelt ganz richtig einsieht, von der Natur der letzten Principien ab, und die ganze Differenz entspringt wesentlich aus der entgegengesetzten Ansicht über den absoluten Zweck, d. h. über seinen positiven oder negativen Sinn.

Die blosse abstracte Vernunft ist schlechterdings nicht im Stande, das Gefühl auf die Dauer mundtodt zu machen; will der Panlogismus nach Anerkennung des eudämonologischen Pessimismus dennoch dem Realprincip des unlogischen Willens seine Anerkennung verweigern, so muss er sich nach einem andern positiven Zweck

---

*) Ein grosser Theil dieser Einwendungen dürfte bereits in der gleichzeitig mit Volkelt's Buch erschienenen Schrift von A. Taubert: „Der Pessimismus und seine Gegner" (Berlin, Carl Duncker's Verlag) seine Erledigung gefunden haben.

umschen als der kahlen Selbstbejahung der Vernunft, und es ist kaum abzusehen, wie er zu einem solchen anders gelangen sollte, als durch einen Rückfall in den Fichte'schen Stupor vor dem Wort „Moralität" und dessen Anbetung der moralischen Weltordnung. In der That zeigt Volkelt auf S. 188—189 hierzu eine gewisse, wenn auch noch schüchterne Hinneigung, welche jedenfalls mit seinem Urtheil über die Stellung der Sittlichkeit bei Hegel in seiner Dissertationsschrift (S. 72) nicht völlig übereinstimmt. Bei mir wie bei Hegel ist die Sittlichkeit in ganz gleicher Weise **Mittel** zu einem **höheren übersittlichen** Zweck, und es ist kein sachlicher, sondern nur ein formell dialectischer Unterschied, wenn Hegel jede Stufe der teleologischen Entwickelung ausserdem, dass sie Mittel ist, auch zugleich Selbstzweck sein lässt. Wie sehr auch bei ihm dies angebliche Selbstzwecksein vor dem Mittelsein für den übersittlichen Zweck des logischen Evolutionismus zurücktreten muss, hat er oft genug in weit härteren Ausdrücken als ich kundgegeben. Wollte Volkelt mit solchem Rückschritt von Hegel's unbewusster Weltvernunft zu Fichte's moralischer Weltordnung Ernst machen, um den unentbehrlichen positiven Zweck zu retten, so würde dadurch der Bankerott des Panlogismus nur um so schlagender sich enthüllen.

Wir haben in den vorhergehenden Betrachtungen das panlogistische Princip nach den hauptsächlichsten Richtungen beleuchtet und überall gleichmässig seine Unfähigkeit und Unzulänglichkeit zur Lösung der wichtigsten metaphysischen Probleme eingesehen, haben überall das Logische als auf ein es in seiner Totalität negirendes Unlogische, das Idealprincip als auf ein Realprincip hinweisend erkannt und haben gefunden, dass nur das Festhalten Volkelt's an den panlogistischen Vorurtheilen und das Anlegen derselben als äusserlicher Beurtheilungsmaassstäbe ihn dazu geführt hat, in den von mir versuchten Lösungen der für den Panlogismus unlösbaren Probleme Widersprüche zu finden. Es hängen alle hier erörterten Differenzen, wie auch Volkelt ganz richtig erkannt hat, schliesslich an der fundamentalen Principienfrage: wie verhält sich das Unlogische zum Logischen, welches ist die Stellung des Unlogischen innerhalb des metaphysischen Systems? Sobald das relativ Unlogische, als das dem Logischen immanente negativ Vernünftige, einerseits als haltloses dialectisches Blendwerk und gegenstandsloses Schattenspiel, andererseits als unzulänglich für die Erklärung der Realität und ihres Hervorgehens aus der Idee erkannt ist, sobald in Folge dieser Erkenntniss die auf alle Fälle unentbehrliche Nothwendigkeit eines absolut Unlogischen als Gegensatz der logischen Idee in ihrer Totalität und damit zugleich als Realprincip anerkannt ist, ergeben sich alle übrigen Folgerungen von selbst. Die Erkenntniss von der chimärischen Beschaffenheit des relativen immanenten Unlogischen ist aber nur aus der Kritik der dialectischen Methode, die Erkenntniss von der Unzulänglichkeit desselben für die Erklärung der Realität theils indirect aus der oben gezeigten Unfähigkeit des Panlogismus zur Lösung aller die Realität voraussetzenden Probleme, theils direct aus der Kritik des Ueberganges der Idee von ihrem Ansichsein zum Anderssein der Realität zu gewinnen. Die beiden wichtigsten Punkte für die Selbsterkenntniss des Panlogismus bleiben daher, wie schon oben angegeben, die Kritik der dialectischen Methode und die Kritik der Selbstentäusserung der Idee zur Realität; hier sind die Punkte im verlängerten Mark, wo ein einziger Stich das ganze System tödtet. Hier also musste vor allen Dingen die panlogistische Apologetik Volkelt's zur Entkräftung der von mir an den oben genannten Orten gelieferten Kritik ihre Hebel einsetzen, und keine Kritik meines Versuches, den Panlogismus zu überwinden, konnte dieses Versäumniss wieder gut machen, auch dann nicht, wenn sie für meine positive Leistung in dem Maasse vernichtend gewesen wäre, als sie in der That dieselbe unberührt gelassen hat.

VI.
Rehmke's Monismus des unendlichen Geistes.

1. Die Attribute.

Rehmke sagt („Hartmann's Unbewusstes" S. 11): „Gegen diese Ausdehnung, ich möchte sagen, gegen diese extensive Mächtigkeit des Begriffs Willen wird man viel weniger wie bei Schopenhauer, ja im Grunde n i c h t s bei Hartmann zu erinnern haben, da wir uns immer daran erinnern, dass dieser Wille nicht ein in der Luft haltlos schwebendes metaphysisches Princip, sondern ein A t t r i b u t an einem geistigen S u b j e c t ist. — Der Wille des Unbewussten ist r e i n e A c t i v i t ä t. Dieses ist aber überhaupt das einzige Prädicat, welches dem Attribut Willen zukommen kann. — Der Hartmann'schen Darlegung des Willens am Unbewussten müssen wir vollkommen beistimmen, da dieses Attribut oder Moment dem Absoluten als Geist nothwendig zukommen muss." Ebenso ist Rehmke damit einverstanden, dass „der Wille als solcher in keiner Verbindung mit dem Bewusstsein steht" (15). Es ist unerheblich, dass er die Belegung des Willens mit dem Prädicat „unbewusst" für ebenso unangemessen erachtet, wie wenn man von einem „unbewaldeten Meer" spräche. Ein negatives Prädicat bedeutet zunächst nur das Verbot, dem Subject das entsprechende positive Prädicat beizulegen; ob dieses Verbot im besondern Falle überflüssig oder gar „nicht gescheit" erscheint, wird nur davon abhängen, ob es noch Leute giebt, die auf die Unzulässigkeit einer solchen positiven Prädicirung besonders aufmerksam gemacht werden müssen. Man hat für gewöhnlich nicht nöthig, die Unbewaldetheit des Meeres in Erinnerung zu bringen, wohl aber ist es vorläufig noch sehr nöthig, die Unbewusstheit des Willens nachdrücklich hervorzuheben.

Im Grunde steht die Idee als solche mit dem Bewusstsein ganz ebenso in keiner Verbindung wie der Wille. Der Inhalt einer Idee kann sich in Wahrnehmung, Erinnerung, Phantasievorstellung oder begrifflicher Abstraction mehr oder minder adäquat wiederspiegeln, aber die Idee als solche, d. h. als Totalität von Inhalt und Form bleibt dem Bewusstsein ganz ebenso unzugänglich wie der Wille als solcher. Eben deshalb sagte ich (Cap. C. VIII Schluss), dass der ganze Name „das Unbewusste" nur einen provisorischen didactischen Werth beanspruchen könne, bis die Unbewusstheit von Wille und die Idee, d. h. die Unbewusstheit des absoluten Geistes in seiner Totalität etwas so Selbstverständliches geworden sei, dass es komisch wirken würde, daran auch nur zu erinnern. Rehmke aber hat dies dahin missverstanden (S. 8), als ob ich meinte, die Form der Unbewusstheit sollte späterhin vom Absoluten wieder abgestreift werden, was natürlich den ganzen Inhalt der Metaphysik umstürzen würde.

Rehmke polemisirt gegen den von mir adoptirten Ausdruck „unbewusste Vorstellung", und glaubt hierin eine unglückliche Anlehnung an Schopenhauer zu erkennen, bei dem „Vorstellung" etwas ganz anderes bedeute (S. 12). In Wahrheit aber bin ich durch die Uebersetzung der Leibniz'schen *représentation* dazu gelangt, für das allgemeinste Genus den Ausdruck „Vorstellung" zu wählen. Rehmke bemerkt (S. 50) ganz richtig, dass *représentation* zunächst nur „Darstellung" bedeute, dass ihm also das Merkmal der Subjectivität abgehe, wie wir es im Deutschen mit „Vorstellung" meist zu verknüpfen pflegen. Etymologisch betrachtet ist aber die Subjectivität in der „Vorstellung" ebenso wenig ein nothwendiges Requisit wie in der *représentation,* und grade dieser Umstand, der den Ausdruck nach Rehmke ungeeignet machen würde, bestimmte mich, denselben jedem anderen vorzuziehen. Denn in der Idee liegt ja in der That keine Subjectivität, d. h. die Repräsentation in der unbewussten Vorstellung ist eine ganz objective, dingliche. Das Genus „Vorstellung" umfasst also die unbewusste objective oder absolute Idee und die bewusste subjective Vorstellung als seine beiden

Hauptspecien unter sich, deren letztere wieder in viele Subspecien und Varietäten zerfällt. Also nicht, wie Rehmke glaubt (S. 13), weil die Vorstellung zwischen Wahrnehmung und Begriff die Mitte bilde, sondern weil sie das schlechthin Allgemeine für alle Arten des bewussten und unbewussten Vorstellens bildet, habe ich diese Bezeichnung gewählt.

Wie das Attribut des Willens, so konnte auch das der Vorstellung nur durch Analogie aus dem eigenen Geiste erschlossen werden, unter kritischer Abstreifung des Anthropopathischen; das Allgemeine der theoretischen Geistesfunction ist das Vorstellen, und das Anthropopathische, was abgestreift werden musste, um es zum Attribut des Absoluten zu erheben, ist das Bewusstsein. Alles Positive, was wir von der unbewussten Idee auszusagen wissen (z. B. die Logicität) muss auch schon irgendwie im bewussten Vorstellen sein Analogon finden, weil wir sonst gar nicht darauf kommen könnten. Ganz verkehrt ist es also, wenn Rehmke (S. 14) sagt: „Von der Vorstellung wusste er nichts Positives auszusagen, die Idee bringt ihm genug."

Hierbei ist aber noch ein Punkt nicht erwähnt, der dem Ausdruck „Vorstellung" einen sehr bedeutenden Vorzug vor demjenigen *„représentation"* giebt. Die Repräsentation kann nämlich eine conventionelle sein, d. h. eine solche, wo eine ideelle Bedeutung nicht in dem Repräsentirenden als solchen liegt, sondern erst von einem es wahrnehmenden Geiste hineingelegt wird; so repräsentirt z. B. ein Buchstabe einen sprachlichen Laut, ein gesprochenes Wort einen bestimmten Begriff, oder ein vom Bildhauer bemeisselter Stein einen Göttertypus. Der Ausdruck „Vorstellung" schliesst dagegen in sich, dass das ideale Moment schon in der Repräsentation enthalten ist, und nicht erst von einem Dritten in dieselbe hineingelegt wird. Vorstellung ist *représentation idéale*, und dürfte nur so übersetzt werden, wenn nicht *idée* im Französischen eine ziemlich ebenso allgemeine und umfassende Bedeutung hätte, wie bei uns Vorstellung.

Das Verhältniss der Attribute zu einander fasst Rehmke in mehr als einer Hinsicht unrichtig auf. Die Attribute als solche „subsistiren" nicht wie gesonderte, nebeneinander bestehende Substanzen (wie Rehmke mir S. 55 unterschiebt), sondern sie inhäriren nur als Wesensbestimmungen der Einen Substanz. Sie werden aber auch nicht, wie Rehmke (S. 27) meint, bloss **logisch** von uns unterschieden, sondern sie sind essentiell verschiedene, ja sogar einander entgegengesetzte Momente des Absoluten. Wenn wir beispielsweise am Atom die Kraft **als solche**, und den concreten **idealen Inhalt** dieser Kraft (die Anziehung von diesem Raumpunkt aus nach den und den Gesetzen) unterscheiden, so ist doch das keine willkürlich angestellte logische Haarspalterei, sondern die Distinction unseres Denkens ist hier eine von der Sache geforderte, die auf real verschiedene Seiten an dem wirklichen Atom hinweist. Wiederholt sich nun eine solche Nöthigung auf allen Punkten der zur Erklärung gegebenen Welt, so müssen wir annehmen, dass jene real verschiedenen Seiten in den wirklichen Dingen (die Kraft und ihr idealer Inhalt) von **essentiell verschiedenen** Principien ressortiren, unbeschadet dessen, dass diese Principien **substantiell geeint** sind. Wären die beiden Principien in einer Selbstständigkeit gegen einander, welche ohne Weiteres einen realen Kampf im Unbewussten ermöglicht, so bedürfte es nicht erst der Schaffung des Bewusstseins, um ihren principiellen Antagonismus zum Austrag zu bringen; wäre andrerseits kein principieller Antagonismus zwischen ihnen vorhanden, so bedürfte es keines realen Kampfes, um den Frieden im Absoluten wiederherzustellen, da derselbe alsdann gar nicht gestört wäre. Weil aber ein solcher Antagonismus wirklich besteht, weil die essentielle Verschiedenheit beider Attribute einen logischen Gegensatz bildet, und weil „ohne Bewusstsein das reale Auseinandertreten beider nicht möglich ist" (S. 33), darum muss eben das Bewusstsein in's Leben gerufen werden, damit in den bewussten Geistern das Schlachtfeld für den Austrag dieses realen Kampfes gewonnen werde. Im Bewusstsein erst findet die (relative) Emancipation der Vorstellung vom Willen statt, welche ihr eine relative Selbstständigkeit gegen denselben verschafft.

Es ist irrthümlich, wenn Rehmke behauptet, dass Wille und Vorstellung bei mir schon vorher zu selbstständigen Mächten gestempelt würden, der Wille, indem er über die Realisirung des Logischen hinaus „noch seine eigenen Wege habe: die Erhaltung der Weltexistenz" (S. 33), — die Vorstellung, indem sie zu einem unabhängig vom Willen sich bewegenden, strebenden Ganzen gemacht werde, das die Blindheit des Willens benutze und ihm einen Inhalt gebe (S. 29). Der Wille hat keinen andern Weg, den er gehen könnte, als die Realisation der logischen Idee; dieses Realisiren ist aber selbst der stetige Schöpfungsact oder die dauernde Erhaltung der Weltexistenz, und es ist falsch, zu sagen, dass er hiermit eigne Wege einschlage, die irgendwie eine Selbstständigkeit gegenüber dem seinen Inhalt bestimmenden Logischen begründen könnten. Die Idee hat ihrerseits allerdings eine eigene Bewegung, nämlich die Entfaltung ihres Inhalts nach logischem Gesetz, und es ist richtig, dass erst durch diese logische Bewegung des Vorstellungsinhalts eine Zwecksetzung zu Stande kommt; aber diese Bewegung würde eine rein ideale und darum dem Willen gegenüber schlechthin ohnmächtige bleiben, wenn nicht der Wille als realisirendes Moment hinzukäme, so dass auch hier von einer Selbstständigkeit nicht gesprochen werden kann, um so weniger, als selbst der Beginn dieser idealen Bewegung seinen äusseren Impuls erst dem Willen und seine Fortdauer der Fortdauer des Wollens verdankt.

Am weitesten entfernt sich Rehmke von einem richtigen Verständniss des Verhältnisses beider Attribute, indem er dieselben so verselbstständigt, dass jedes von ihnen die beiden essentiell verschiedenen Momente in sich vereinigt, zu deren principieller Sonderung eben die Attribute dienen sollen. Er sagt (S. 27): „Der Wille musste Wollen werden, um actuell zu sein, um etwas setzen zu können. Es folgt also, dass der Wille, wenn er das „Dass" der Welt schuf, dieses „Dass" als ideale Bestimmung zum Inhalt haben musste." Hieraus schliesst Rehmke (S. 29—30), dass im Unbewussten eigentlich nicht ein, sondern zwei Willen nebeneinander herlaufen, von denen jeder einen bestimmten Inhalt habe, nämlich der eine das antilogische „Dass", der andre das logische „Was und Wie" der Welt. Dieses Argument stellt sich schon dadurch als unstichhaltig heraus, dass es zu viel beweisen würde, wenn es irgend etwas bewiese; denn wenn es überhaupt zutreffend wäre, so müsste es die von ihm erzeugte Spaltung an jedem der beiden Spaltstücke bis in's Unendliche wiederholen. Offenbar müsste nämlich an dem ersteren der zwei Willen von Neuem unterschieden werden erstens sein idealer Inhalt, d. h. das antilogische „Dass" der Welt, und zweitens seine Realisirung dieses vorerst noch ideellen Inhalts. Das „Dass" der Welt als ideelles wäre ja erst das „Was" dieses Wollens, und das reelle „Dass" an ihm wäre sorgfältig davon zu unterscheiden; indem nun das Wollen zu diesem seinem näher bestimmten Inhalt (der hier zufällig das ideelle „Dass" der Welt ist) die Realität oder das reelle „Dass" hinzufügt, müssten wir die obige Erwägung Rehmke's in Bezug auf dieses letztere reelle „Dass" von Neuem anstellen, d. h. wir müssten uns sagen, dass der Wille, um dieses letztere „Dass" setzen zu können, es schon als ideale Bestimmung zu seinem Inhalt haben müsse. — Umgekehrt würde der andere der beiden Rehmke'schen Willen, welcher das logische „Was und Wie" der Welt zum Inhalt hat, gar kein Wille mehr sein, nachdem dasjenige ihm entzogen (und als besonderer Wille verselbstständigt) ist, was den Begriff des Willens ausmacht, nämlich die Realisirung dieses Inhalts, oder die Thätigkeit, welche macht, dass das blosse „Was" zugleich ein solches wird, von dem man sagen kann, dass es sei. Soll der Begriff des Willens erhalten bleiben, so muss man ihm diese Bestimmung zurückgeben. Bliebe dann die Rehmke'sche Spaltung noch zutreffend, so fände sie auch an diesem zweiten Willen ein Object, an dem sie sich, ebenso wie an dem ersten, bis in's Unendliche wiederholt anwenden müsste; der Umstand indess, dass dieser zweite, des „Dass" beraubte Wille gar kein Wille mehr ist, beweist am besten die Unzulässigkeit dieser ganzen Spaltung. Ist es die Form des Wollens als solchen, das „Was" in's „Dass" zu erheben, so ist es eben falsch, dieses durch die Form des Wollens hinzugebrachte Moment der Realisirung noch einmal im Inhalt derselben suchen zu wollen; ein solcher falscher Schritt muss nothwendig zu verkehrten Consequenzen führen. Um etwas setzen zu können, muss der Wille allerdings actuell, d. h. Wollen, werden; aber er wird nicht etwa zuerst Wollen und setzt dann hinterher als Wollen das, was er zu setzen hat, sondern er wird actuelles Wollen eben nur durch das Setzen selbst eines Inhalts, durch Bethätigung seiner Realisirungsform an einem vorgefundenen concreten Idealen, das er als seinen Inhalt ergreift. Das „Dass" als solches, oder das durch die Form des Wollens zur Idee Hinzugebrachte, kann seiner Natur nach niemals in der Idee als solchen gesucht werden (da ja erst das Wollen es zu ihr hinzubringt), d. h. das „Dass" kann nun und nimmermehr ideeller Inhalt werden. (Für die Idee ist es nur das Negative ihrer selbst).

2. Die Unendlichkeit des Absoluten.

Ich habe von jeher*) ernste Bedenken dagegen gehabt, für das All-Eine Wesen den Ausdruck „das Absolute" zu acceptiren. Dem Wortlaut nach, wenn man „absolut" mit „unabhängig" übersetzt, liesse sich kaum etwas gegen den Ausdruck einwenden. Das „Absolute" würde dann einerseits mit dem „Unbedingten" zusammenfallen, wie Trendelenburg es erläutert; andrerseits liesse sich sagen, dass dasjenige, was von allem Andern unabhängig ist, etwas sein muss, *quod in se est et per se subsistit*, d. h. gleich Spinoza's Substanz Freiheit und Aseïtät beanspruchen muss.

Weiterhin könnte man „das Absolute" durch „das Allumfassende" wieder geben, oder durch „dasjenige, ausser dem nichts ist"; denn wäre noch etwas ausser ihm, so würde es entweder von diesem Andern abhängig und bedingt sein, ebenso wie es seinerseits dasselbe bedingen würde, oder aber das Andre bestände beziehungslos neben ihm als ein zweites Absolutes. Im ersteren Falle würde das Absolute aufhören, absolut zu sein, im letzteren würde es aufhören, **das** Absolute zu sein und zu **einem** Absoluten neben anderen herabsinken. Nun können wir aber durchaus nur mit **Einem** Absoluten in Relation stehen; denn gesetzt, wir wären es mit mehreren, so wären diese es mittelbar (nämlich durch uns vermittelt) mit einander, wären also nicht mehr beziehungslos und unabhängig von einander, d. h. nicht mehr absolut. Ebenso kann alles, was zu uns in Beziehung steht, also alles uns Erkennbare, nur zu einer einzigen Relations- und Abhängigkeits-Sphäre gehören, also auch in den Bereich nur **eines** Absoluten fallen. Gesetzt also, es gäbe noch mehrere Absolute, so würden diese doch zu uns und unsrer Welt ebenso ausser aller Beziehung stehen wie zu dem Absoluten, in welchem wir und unsre Welt befasst und befangen sind, sie würden für uns ewig unerkennbar sein, für uns und unser Absolutes so gut wie nicht sein. Es wäre für uns und unser Absolutes kein Unterschied, ob es neben ihm noch mehrere andere beziehungslose Absolute (mit entsprechenden Welten) gäbe oder nicht; das Problem ist ein müssiges, das uns und unsre Welt nicht berühren kann, dessen Lö-

---

*) Vgl. meine Schrift „Ueber die dialectische Methode" (Berlin bei C. Duncker 1868) S. 76—77.

sung aber zugleich nach den gemachten Voraussetzungen nicht nur
für uns, sondern sogar für die absolute Intelligenz unsres Absoluten
unmöglich ist.

Hiernach sind wir nicht nur vollständig berechtigt, sondern sogar verpflichtet, dieses Problem zu ignoriren, und uns bei unsrem Philosophiren auf die Welt, zu der wir gehören, zu beschränken. Von dieser aber müssen wir nach dem Obigen behaupten, dass dieselbe nur in **Einem** Absoluten befasst sein kann, dass es für sie und für uns nur Ein Absolutes giebt, welches wir mithin **das Absolute** schlechtweg nennen können, und welches für alles zu uns in directer oder indirecter Beziehung stehende Sein zugleich das Allumfassende oder Alles-Seiende sein muss. Diese schlechthin unabhängige, alles seiende Substanz ist also durch die Bezeichnung „das Absolute" ganz wohl ausgedrückt, und wer mit dem Absoluten keinen andern Begriff verbindet als diesen, der kann das Wort unbeanstandet gebrauchen.

Leider haben sich aber aus der scholastischen Theologie zwei Nebenbedeutungen in den Begriff des Absoluten eingeschlichen, die denselben völlig verunstalten, nämlich die der **Vollkommenheit** und der **Unendlichkeit**. Gott sollte der Inbegriff aller möglichen Vollkommenheiten, und sowohl in seinem Sein wie in seiner Actualität in allen Beziehungen unendlich sein. Jede uns vortheilhaft oder nützlich dünkende Eigenschaft eines Geschöpfes soll auch Gott zukommen, aber in verabsolutirter Gestalt, d. h. so in's Unendliche gesteigert, dass sie die Vollkommenheit erreicht. Das Absolute aber wurde nunmehr zur Totalität aller so verabsolutirten Qualitäten. Diese monströse Bedeutung spukt noch heute in den Köpfen der Theologen und theologisirenden Philosophen, und sie ist es, die den Gebrauch des Ausdrucks, „das Absolute" so bedenklich macht, weil dieselbe in den Gedanken der Leser unvermerkt auch da sich entstellend einmischt, wo sie durch ausdrückliche Definitionen des Autors abgewehrt ist. Dies ist der Grund, warum ich in der Phil. d. Unb. jene Bezeichnung sorgfältig vermieden habe.

Wenn ein Mensch witzig ist und sein Witz ihm als eine bewunderungswürdige Eigenschaft erscheint, so wird er nicht umhin können, den letzten Grund seines Witzes in dem All-Einen Weltwesen zu suchen; aber es wäre sehr kurzsichtig, wenn er diesen letzten centralen Grund mit seiner peripherischen Folge nur **gleich-**

artig denken zu können vermeinte, also einen göttlichen Witz als die Ursache seines Witzes statuirte. Diese Hypothese wird dadurch um nichts gebessert, wenn die menschliche oder creatürliche Qualität als in's Unendliche gesteigert gedacht wird, also der Grund in dem unendlichen, oder vollkommenen, oder absoluten Witz Gottes gesucht wird. Es wird hierbei dem ersten Fehler nur der zweite hinzugefügt, dass man das Prädicat der Unendlichkeit auf Qualitäten anwendet, auf die es gar nicht anwendbar ist. Die meisten creatürlichen Qualitäten haben ihre Bestimmtheit in gewissen Beziehungen zu anderen endlichen Dingen und Eigenschaften; rückt man eine solche Qualität über die Sphäre der Endlichkeit und deren Beziehungen hinaus, so vernichtet man eben die Bestimmtheit, in der sie besteht. Deshalb ist die Verabsolutirung solcher Bestimmungen zugleich ihre Aufhebung, und das Absolute wird so nur die Nacht, in der alle Katzen schwarz sind, der Abgrund der Vernichtung, in dem alle Qualitäten verschwinden, das alles absorbirende Nichts, aber nicht der erstrebte Inbegriff positiver Vollkommenheiten.

Der Grundfehler dieses Verfahrens liegt in der Einbildung, dass der absolute Grund einer creatürlichen Qualität dieser letzteren unmittelbar gleichartig sein müsse, während doch die meisten dieser Qualitäten concrete Endresultate aus verwickelten Combinationen einfacherer Elementarfunctionen sind. Nur für die fundamentalen Elementarfunctionen der objectiven Erscheinungswelt, die eine weitere Zerlegung in einfachere Componenten nicht zulassen, ist die Annahme statthaft, dass es Attribute des Absoluten selbst seien, während alle übrigen Qualitäten erst aus einer Combination endlicher und bestimmter Partialfunctionen von jener Art resultiren. Solche Fundamentalfunctionen kennen wir aber nur zwei, Wille und Vorstellung, und deshalb dürfen wir auch nur diese als Attribute des Absoluten ansehen, während wir alle endlichen Combinationsresultate aus Wille und Vorstellung (z. B. alle Gemüthseigenschaften) an dem Absoluten ausschliessen müssen, und den Versuch für zwiefach verkehrt erklären müssen, dieselbe durch Verabsolutiren zu Attributen des Absoluten tauglich zu machen.

So lange man die reale Welt, oder was dasselbe besagt: die objective Erscheinungswelt, für unendlich in räumlicher und zeitlicher Hinsicht hält, so lange wird es keinem Zweifel unterliegen, dass zu einem extensiv unendlichen Dasein auch eine intensiv unendliche Actualität des Wesens gehöre. Nun ist aber die Unendlichkeit der Welt weder *a posteriori* noch *a priori* zu beweisen; ersteres nicht, weil sich nur Endliches erfahren lässt und bisher keine empirischen Daten bekannt geworden sind, welche auf eine Unendlichkeit der materiellen Welt auch nur indirect hindeuteten, — letzteres nicht, weil weder die Unendlichkeit der Welt durch die Unendlichkeit der realen Zeit und des realen Raums, noch auch die letztere durch die Unendlichkeit unserer Anschauungsformen mitgesetzt und gegeben ist (vgl. oben S. 152—153). Andererseits ist *a priori* zu constatiren, dass die Annahme einer real seienden, fertig gegebenen oder vollendeten Unendlichkeit einen Widerspruch enthält; d. h. es ist so lange die Endlichkeit der Welt zu behaupten, als man annimmt, dass das in sich Widersprechende aus dem Inhalt der realen Existenz ausgeschlossen sei. Ist nun aber die Welt für endlich zu halten, so bietet der blosse Rückschluss von der Grösse der Welt keinen Anhaltspunkt mehr, um den Grund dieser Welt für **mehr als endlich** anzusehen. Soll letzteres dennoch geschehen, so müssen andere Gründe dafür geltend gemacht werden.

Als solche bieten sich nur kaum andere dar als das Vorurtheil der Vollkommenheit und der unendlichen Ueberlegenheit des absoluten Geistes über den menschlichen.

Dass die Vollkommenheit ein ziemlich unklarer Begriff und seine Anwendung auf die Welt, um wie viel mehr also auf das Absolute, eine missbräuchliche ist, habe ich schon anderwärts*) bemerkt. Wenn ich das Vollkommene dort als das bestmögliche seiner Gattung definirte, so ist ersichtlich, dass das Absolute, da es kein Specialfall einer Gattung ist, unter diese Definition nicht befasst werden kann. Da Gattungen überhaupt keine Realität haben, ausser in den Einzelexemplaren, durch welche sie repräsentirt werden, so kann man auch die Vollkommenheit des Einzelnen an der Gattung nur dadurch messen, dass man den B e g r i f f der bestimmten Gattung als Maassstab mitbringt. Abgesehen davon, dass wir gar keinen Begriff vom Absoluten besitzen, mit dem wir das seiende Absolute meistern und messen könnten, setzt auch diese Definition voraus, dass der Begriff oder Typus der Gattung das ideelle Prius

---

*) Phil. d. Unbew. 7. Aufl. Bd. II. S. 278—279.

des wirklichen Einzeldinges ist; denn nur so kann die Frage entstehen, ob letzteres dem ersteren vollkommen entspricht, oder ob sich bei der Realisirung des ideellen Typus störende Elemente eingedrängt haben. Man sieht hieraus, dass der Begriff der Vollkommenheit nur anwendbar ist auf Theile der objectiv-phänomenalen Welt, nicht auf das derselben zu Grunde liegende und in ihr sich offenbarende Wesen.

In noch höherem Grade ist dies der Fall, wenn wir von einer höheren oder geringeren Organisationsvollkommenheit der Gattungstypen als solchen reden; denn hier wird der Gattungsbegriff des Organismus, d. h. die Idee der in ihm sich offenbarenden concreten Zweckmässigkeit, als Maassstab benutzt. Von einer höheren oder niederen Stufe der Zweckmässigkeit kann aber wieder nur dann die Rede sein, wenn das concrete Dasein als auf einen Zweck gerichtet gedacht und seine Beschaffenheit nach dem Grade der Dienlichkeit zu diesem Zweck beurtheilt wird. Ein solcher Zweckbegriff und eine solche Beurtheilungsweise setzt mithin eine Stellung innerhalb eines teleologischen Processes voraus, kann also auf das Absolute, das nur der ruhende Grund eines solchen Processes ist, in keiner Weise anwendbar sein. Ist aber die Anwendung des Begriffs der Vollkommenheit auf das Absolute in jeder Hinsicht ein begriffswidriger Missbrauch, so kann auch dieses einmal durchschaute theologische Vorurtheil von dem Inbegriff aller Vollkommenheiten kein Motiv mehr sein zur Erhebung des Absoluten über die Sphäre der Endlichkeit.

Von der Vollkommenheit Gottes zu sprechen, hat einen anscheinenden Sinn überhaupt nur in einem Theismus, in welchem Gott unter den Gattungsbegriff einer sittlichen, gemüthlichen und geistigen Persönlichkeit fällt. Hier tritt dann das oben erwähnte Verabsolutiren der menschlichen Eigenschaften hinzu, um die Täuschung vollständig zu machen. Im pantheistischen Monismus hingegen steht Gott uns Menschen nicht mehr als eine Persönlichkeit der andern gegenüber, kann also auch nicht mehr als unmittelbares Subject sittlicher Beziehungen und gemüthlicher Eigenschaften gelten. Auch dem Pantheismus ist Gott der Urquell aller irdischen Vollkommenheit, Wahrheit, Gerechtigkeit, Liebe und Güte, aber derselbe sucht den Grund der fraglichen Qualitäten nicht mehr in einer göttlichen Vollkommenheit, beziehungsweise Wahrheit, Gerechtigkeit,

Liebe und Güte, sondern in ganz anderen Eigenschaften des Absoluten.*) Er schreibt Gott keine Gemüthseigenschaften und keine Persönlichkeit mehr zu, hebt also auch die Möglichkeit ethischer Beziehungen Gottes zu menschlichen Persönlichkeiten und damit den sittlichen Charakter des Absoluten auf. Auf diese Weise verschwindet der ganze Gattungsbegriff, an welchem die Vollkommenheit Gottes im Vergleich zum Menschen gemessen wurde. Was übrig bleibt, ist bloss der unpersönliche Begriff des absoluten Geistes ohne Gemüthseigenschaften und sittliche Beziehungen; der Gattungsbegriff, an welchem die Vollkommenheit Gottes gemessen werden müsste, wäre also der der wirkungsfähigen Intelligenz oder der vernünftigen Kraft. Auf diese Eigenschaften muss das Gefühl der Ehrfurcht mit seinem Postulat, ein unendlich überlegenes Absolutes als Urgrund des eignen Daseins und Bestehens zu verehren, sich beschränken, wenn es ihm auch schwer genug fallen mag, den scholastischen Inbegriff a l l e r Vollkommenheiten auf die unendliche Ueberlegenheit zweier Attribute zusammenschrumpfen zu sehen, für welche das Prädicat der Vollkommenheit selbst dann wenig passend erscheinen dürfte, wenn man die vorher gegen die Anwendbarkeit dieses Prädicats auf das Absolute angeführten Gründe unbeachtet lässt.

Die Untersuchung reducirt sich nunmehr auf die Frage, ob die Attribute des Absoluten, Wille und Vorstellung, welche wir erfahrungsmässig nur in endlicher Gestalt kennen, für unendlich oder für endlich zu erachten seien, oder ob sie in einem gewissen Sinne unendlich, in einem andern endlich seien, und ob und in welchem Sinne demnach das Absolute überhaupt unendlich zu nennen sei.

Wir haben zunächst festzustellen, dass endlich und unendlich Prädicate sind, welche innerhalb der Kategorie der Q u a n t i t ä t fallen, und dass sie deshalb nur auf Subjecte anwendbar sind, welche G r ö s s e n repräsentiren, und insoweit sie solche repräsentiren. Von einer Eigenschaft, welche rein qualitativ ist und dem Grössenbegriff keine Anwendung gestattet, die Endlichkeit oder

---

*) Die Quelle der menschlichen Liebe und Güte in einer göttlichen Allliebe und Allgüte zu suchen, ist um nichts philosophischer, als wenn man die Quelle des menschlichen Hasses und der menschlichen Bosheit in einem „Allhass" beziehungsweise einer „Allbosheit" Gottes suchen wollte.

Unendlichkeit zu prädiciren, ist eine völlig sinnlose Verbindung von Worten. Die Grösse kann extensiv sein, wie die Zeit- und Raumgrössen, oder intensiv wie die Kraftgrössen, oder sie kann reine Grösse (algebraische oder Zahl-Grösse) sein, durch welche sowohl die extensiven als die intensiven Grössen mit Hülfe einer quantitativ und qualitativ bestimmten Einheit (Maass) ausgedrückt werden können.

Prüfen wir hierauf die Attribute des Absoluten, so zeigt sich zunächst, dass die Vorstellung als unbewusste Function k e i n e G r ö s s e ist,*) dass aber wohl der von der Vorstellungsfunction umspannte I n h a l t eines Mehr oder Minder, d. h. einer extensiven Quantitätsbestimmung fähig ist. Da die Vorstellung als E i n h e i t von Anschauungsfunction und angeschautem Inhalt den Inhalt des Willens bildet, so muss man vom Willensinhalt sagen, dass er keine Grösse sei; wohl aber ist die F o r m des Wollens eines Mehr oder Minder fähig, d. h. sie ist eine intensive Grösse. Das Wollen lässt nur in formeller, das Vorstellen nur in inhaltlicher Beziehung eine Quantitätsbestimmung zu; die Form des Wollens ist eine intensive, der Inhalt des Vorstellens eine extensive Grösse. Alle intensiven Grössen der Welt führen auf die formelle Intensität des Wollens, alle extensiven Grössen der Welt auf den Inhalt der unbewussten Vorstellung des Absoluten zurück.

Die Frage stellt sich jetzt so: dürfen wir erstens annehmen, dass das actuelle Wollen des Absoluten in formeller Hinsicht eine unendlich grosse Intensität besitzt, — dürfen wir zweitens annehmen, dass die actuelle Entfaltung des idealen Inhalts der unbewussten Vorstellung des Absoluten eine unendlich grosse Extensität besitzt?

Die Stellungnahme zu dieser Frage wird sich modificiren, je nachdem man über das Verhältniss des Absoluten zur Welt denkt. Entweder nämlich kann das Absolute nur mit seinem Wesen oder seiner Substanz der Welt transcendent sein, oder es kann auch mit einem Theil seiner Function oder Activität der Welt entrückt sein. Im ersteren Fall gilt sein ganzes Functioniren *eo ipso* als Ideeverwirklichender, d. h. Welt-setzender Process und all sein Wollen

---

*) Von einem Grade der Lebhaftigkeit, Deutlichkeit oder Schärfe des Vorstellens kann nur bei Bethätigung der Sinnlichkeit im Bewusstsein die Rede sein, wo dieselbe von der Intensität der molecularen Gehirnschwingungen abhängig ist.

unmittelbar als Schaffen; im letzteren Falle wird dem Absoluten eine eigene Sphäre eines der Welt transcendenten Sonderlebens zugeschrieben. Im ersteren Falle fällt die Entscheidung über die Endlichkeit oder Unendlichkeit des Wollens und des Vorstellungsinhalts unmittelbar mit derjenigen über die Endlichkeit oder Unendlichkeit der Welt zusammen; im letzteren Fall bleibt die Möglichkeit offen, dass auch bei Voraussetzung einer endlichen Welt das transcendente Eigenleben des Absoluten unendlichem Wollen und Vorstellungsinhalt Raum gebe.

Nun lässt sich aber eine solche Sphäre transcendenter Activität im Absoluten weder *a posteriori* noch *a priori* begründen; vielmehr müssen Wille und Vorstellung, wenn anders durch sie die Welt der objectiven Erscheinung e r k l ä r t werden soll, in einer solchen Weise supponirt werden, dass ihre Actualität *eo ipso* ideerealisirend ist, d. h. dass sie im Absoluten nicht actuell werden können, ohne genau so weit, als sie actuell sind, auch s c h ö p f e r i s c h zu sein. Ihre Schöpfung ist aber eben die Erscheinung des absoluten Wesens, d. h. die Welt. Hiernach können wir eine Transcendenz des Absoluten über die Welt nur in Bezug auf dessen W e s e n zugestehen, müssen es aber in Bezug auf seine Function oder Activität leugnen. *)

Endlich ist dasselbe apriorische Argument, welches uns für die Endlichkeit der Welt ausschlaggebend war, auch durchschlagend für die Frage nach der Möglichkeit einer actuellen Unendlichkeit in den Attributen des Absoluten, nämlich die Erwägung, dass der Begriff einer **actuellen** Unendlichkeit einen Widerspruch in sich trägt, dass der Unendlichkeitsbegriff ein in sich widerspruchsloser nur als Negation aller Schranken für Vergrösserung oder Verkleinerung ist, aber niemals den Begriff einer gegebenen unendlichen Grösse im strengen Sinne zulässt oder fordert. Eben weil es keine Grösse geben kann, die man nicht noch vergrössert denken könnte, ist ein Ende dieses möglichen Vergrösserungsprocesses, d. h. eine unendliche Grösse, undenkbar; die mathematisch unendlichen Grössen verschiedener Ordnung bedeuten bekanntlich nichts weiter, als ein so grosses endliches Verhältniss, dass die Grössen niederer Ordnung

---

*) Vgl. Adolf Steudel, Philosophie im Umriss, Bd. I. Abtheil. 2, S. 344 bis 358.

als Summanden neben einer höheren Ordnung vernachlässigt werden
dürfen.

Hiernach würde selbst dann, wenn man eine actuelle Transcendenz des Absoluten zugeben wollte, doch die Unendlichkeit dieser
seiner transcendenten Actualität *a priori* zu verneinen sein. Dagegen bleibt die unbegrenzte Möglichkeit der Vergrösserung und
Verringerung der intensiven und extensiven Elemente in den Attributen des Absoluten auch dann unbeeinträchtigt, wenn die Endlichkeit der jeweiligen Activität zugestanden wird. Es giebt keine
formelle Intensität des Wollens im Absoluten, die nicht der Steigerung fähig wäre, und es giebt keine inhaltliche Extension der
unbewussten Intuition des Absoluten, die nicht der Ausdehnung
durch weitere Explication der Idee fähig wäre. Das Attribut des
Willens ist also unendlich in Bezug auf die Potenz oder das Vermögen des Wollens; das Attribut der Vorstellung unendlich in Bezug
auf die Möglichkeit weiterer inhaltlicher Entfaltung der Idee. Dass
die potentielle Unendlichkeit beim Willen eine active, bei der Vorstellung eine passive ist, folgt aus der entgegengesetzten (activen
und passiven) Natur beider Attribute; was hier als blosse latente
Möglichkeit erscheint, wird dort zum Vermögen, das selbstthätig
aus der Latenz heraus zur Manifestation drängen kann. Fasst man
aber diese beiden Arten unter die Bezeichnung einer potentiellen
Unendlichkeit zusammen, so kommt **beiden Attributen ebenso
wohl potentielle Unendlichkeit wie actuelle Endlichkeit** zu. Das Absolute als Substanz, **abgesehen** von deren
Attributen, fällt überhaupt nicht unter die Kategorie der Quantität,
kann also weder endlich noch unendlich genannt werden; das
Absolute als **Einheit** der Substanz mit ihren Attributen muss
ebenso wie die letzteren zugleich actuell endlich und potentiell
unendlich genannt werden.

Mit dieser Lösung kann sich auch das religiöse Gemüth mit
seinem Ehrfurchtsbedürfniss vollständig zufrieden geben. Die Activität des Absoluten ist zwar jederzeit eine endliche, aber sie ist
der Activität des menschlichen Individuums sowohl an Intensität
der Willensenergie als auch an Umfang des ideell umspannten Inhalts so ausserordentlich überlegen, dass nur der Begriff, aber nicht
die bewusste menschliche Anschauung den Unterschied dieser Ueberlegenheit von einer unendlichen erfassen kann. Diese actuelle Macht

ist zugleich die Allmacht, diese Weisheit zugleich die Allweisheit, d. h. es giebt keine Macht und keine Weisheit neben ihr, höchstens in ihr. Von einer Concurrenz mit der Activität des Absoluten kann also ebenso wenig die Rede sein, wie von einem Ueberbieten derselben. Es kommt dazu, dass die Activität das Wesen des Absoluten in keinem Moment erschöpft, dass also hinter der übergewaltigen Allmacht und Allweisheit immer noch die potentielle Unendlichkeit der Attribute Wille und Vorstellung steht, dass es keine noch so grosse Kraftentfaltung und Ideeentfaltung giebt, die das Absolute selbst nicht zu überbieten vermöchte (ohne dass damit die Activität je aufhörte, eine endliche zu sein). Die übergewaltige Activität und die hinter dieser im Grunde ruhende potenzielle Unendlichkeit im Verein machen das Absolute zu einer so erhabenen Vorstellung, als eine solche ohne Widerspruch überhaupt möglich ist, und müssen deshalb auch dem anspruchsvollsten religiösen Gefühl genugthun.

Diese zusammenhängende Darlegung stimmt genau überein mit den von mir in der Phil. d. Unb. gegebenen Andeutungen. Rehmke hat dieselben theils missverstanden, theils mit unrichtigen Gründen bekämpft.

Missverstanden hat er mich, wenn er annimmt (S. 23), dass ich dem Attribut des Wollens das Prädicat der Unendlichkeit, dem der Vorstellung hingegen dasjenige der Endlichkeit zuschreibe. Er kann hierzu veranlasst worden sein durch Verwechselung (S. 30 bis 31) des actuellen Wollens mit dem leeren Wollen oder der Potenz in der Initiative, und durch meine Bemerkung, dass neben dem actuellen Wollen ein unendlicher Ueberschuss des leeren Wollens oder der unersättlich zur Activität drängenden und doch sie nur partiell erreichenden Potenz bestehen bleibe. Aber da ich das leere Wollen ausdrücklich als einen Zustand der blossen Initiative bezeichne, der sich zum erfüllten Wollen wie Potenz zum Actus verhalte, also an sich unwirklich sei, so ist klar, dass mit der Unendlichkeit des leeren Wollens von mir keineswegs eine actuelle, sondern nur eine potentielle Unendlichkeit behauptet ist. Von der potentiellen Unendlichkeit des ruhenden Willens als Potenz unterscheidet sich dieselbe nur so, dass das unendliche Vermögen in der reinen ruhenden Potenz latent, in der zum Actus erhobenen Potenz patent oder manifest ist. Die potentielle Unendlichkeit des leeren Wollens ist als actives Vermögen, die der Vorstellung als passive Möglichkeit, die der ruhenden Potenz als ein Mittelzustand zwischen beiden zu bezeichnen, als ein Vermögen, das weder activ noch passiv, weder spontan noch auf Sollicitation wartend ist, als eine Möglichkeit, in der das Vermögen latent ist, oder als ein Vermögen, das bis zur Erhebung blosse Möglichkeit bleibt. Deshalb ist der Actus, um dessen eschatologische Umwendung es sich handelt, in der That ein endlicher, und das Bedenken Rehmke's (S. 56), dass eine endliche Summe endlicher Willen gegen den All-Einigen Act als unendlichen nichts auszurichten vermöge, trifft nicht zu.

Irrthümliche Argumente macht Rehmke ferner gegen die actuelle Endlichkeit des Absoluten geltend, indem er einerseits das Erhabensein des Absoluten über Raum und Zeit unmittelbar als eine Unendlichkeit desselben aufgefasst haben will (S. 17, 25), und andrerseits das Wesen des Absoluten und seinen Actus als identisch behauptet (S. 39).

Auf S. 24 bemerkt er ganz richtig, dass dem Logischen in keiner Weise die Prädicate endlich und unendlich zukommen können, da dasselbe ganz ausserhalb der Kategorie der Endlichkeit (soll heissen der Quantität) stehe; trotzdem spricht er auf S. 17 von der Unendlichkeit des Logischen, und glaubt durch dieselbe meine Behauptung der Endlichkeit des Vorstellungsinhalts entkräften zu können, während er meine Anerkennung der unendlichen Entfaltungsmöglichkeit der Idee ganz übersieht. Wenn das Absolute in seinem Wesen über Raum und Zeit steht, so ist es zwar frei von den Schranken des Raumes oder der Zeit, aber eben darum in räumlich-zeitlicher Beziehung ebenso wenig unendlich wie endlich. Die potentielle Unendlichkeit des Absoluten hat mit seiner Erhabenheit über Raum und Zeit gar nichts zu thun. Das Prädicat der Ewigkeit im Sinne der Ausserzeitlichkeit darf daher keineswegs, wie es von Rehmke S. 17 für das Denken, S. 19 und 25 für den Willen geschieht, dazu gemissbraucht werden, mit schielendem Hinblick auf die durch dasselbe negirte zeitige Endlichkeit eine zeitliche Unendlichkeit des Absoluten zu erschleichen.

3. Wesen und Actus.

Die Identification von Wesen und Actus des Absoluten ist ganz unhaltbar. Wenn man unter „Geist" Geistesbethätigung versteht, so ist actuelles Nichtsein des Geistes allerdings identisch mit dem reinen Nichtsein desselben (S. 35); aber in dieser Wortbedeutung liegt eine *petitio principii*, welche vermieden wird, wenn man auch schon den geistigen Grund der Geistesbethätigung unter der Bezeichnung Geist befasst. Dann ist Nichtactuellsein des Geistes keineswegs mehr identisch mit reinem Nichtsein desselben. Abstrahiren wir von dem Actuellsein des Willens und der Vorstellung, so abstrahiren wir keineswegs (S. 35) von dem Sein des Willens und der Vorstellung als latenter Attribute des geistigen Subjects, sondern nur von ihrer Aeusserung, Manifestation, ihrem Herausgesetztsein, Dasein oder Existenz. Das ewige Sein schliesst keineswegs eine ewige Existenz in sich, wie Rehmke (S. 37) annimmt; die Ewigkeit der Potenz verträgt sich auf das Beste mit der Zeitlichkeit des Actus, da die Potenz des Willens auch im zeitlich anhebenden und zeitlich aufhörenden Actus des Wollens nicht aufhört, der ewige Quell zu sein, aus dessen unversiegbarem Vermögen der Actus entströmt (vgl. Rehmke S. 19 unten).

Auch Rehmke will gleich mir eine objectiv gesetzte reale Erscheinungswelt (S. 38 unten); aber er vergisst, dass die Erscheinungen nur dann reale oder wirkliche sein können, wenn die Formen ihres Daseins zugleich Formen ihres Wirkens, d. h. der concreten Thätigkeiten oder Functionen des Absoluten sind. Wenn Rehmke dies leugnet, und behauptet, dass Raum und Zeit nur Formen des Inhalts der absoluten Thätigkeit seien, ohne dadurch zugleich zu Formen dieser Thätigkeit selbst zu werden (S. 39), so behauptet er damit, dass das Absolute alles, was jemals in der Welt geschieht, ewig zumal setze, oder dass es mit seiner Thätigkeit „Alles in Eins" thue (S. 18). Hiermit nimmt er aber mit der einen Hand, was er mit der andern gegeben; denn wenn es keine reale zeitliche Succession in den concreten Actionen des Absoluten giebt, so giebt es auch in der ganzen Erscheinungswelt, als dem Inhalt des Einen ewigen Actus, kein reales Geschehen, keine Geschichte und keine Entwickelung, so muss der Schein solcher realen Entwickelung, den der Weltinhalt uns erweckt, doch wieder aus der Subjectivität unsres Bewusstseins erklärt werden, d. h. die angebliche objective Erscheinungswelt sinkt doch wiederum zum subjectiven Schein herab. An und für sich unzeitlich, weil schlechthin bewegungslos, ruhend und bei sich verharrend ist die Idee, so lange ihr Inhalt unverändert bleibt; der Schelling'sche Ausdruck des rein (d. h. potenzlos) Scienden deutet wesentlich auf diese zeitlose Ruhe des Beisichseins hin, die selbst die Bezeichnung als Actus als unstatthaft erscheinen lässt, weil dieselbe auf ein zeitliches Hervorgehen aus der Potenz hindeutet. In die Idee kommt die Zeit nur von Seiten des Inhalts hinein, insofern dieser ein wechselnder ist, welche Veränderung nicht anders als in zeitlicher Form eintreten kann. Die Form des unbewussten Vorstellens als solche hat mit der Zeit direct nichts zu thun; indem aber der Inhalt in bestimmten Zeitverhältnissen bestimmte Wandlungen durchmacht, wird indirect auch die Vorstellung als formale Function der unbewussten Intuition des Absoluten mit der Zeitlichkeit behaftet, oder anders ausgedrückt die unbewusste Vorstellung als Ganzes zu einer zeitlichen Function gestempelt. Indem die Idee das Formalprincip ihrer Entfaltung und damit auch das für ihren Veränderungsprocess Maass-Gebende im Logischen als ihr eigenes Gesetz in sich trägt, wird sie das Bestimmende für die concreten zeitlichen Maassverhältnisse des realen Weltprocesses, während der Wille durch seine Activität nur unmittelbar die Zeitlichkeit des Weltprocesses in unbestimmter Weise begründet. Das Wollen als echter, d. h. aus einer Potenz hervorgehender Actus, ist schon nach seiner reinen Form der Actualität oder Activität zeitlich; ein Thun oder Thätigsein ohne die Form der Zeit ist ein hölzernes Eisen, — ein zeitloser Actus ein sich widersprechender Begriff. Hätte Rehmke mit seiner Behauptung der Identität von Wesen und Actus im Absoluten Recht, so könnte es gar keinem Zweifel unterliegen, dass alsdann das Wesen des Absoluten zeitlich gedacht werden müsste, nicht aber der Actus unzeitlich gedacht werden könnte. Indessen ist eines so verkehrt wie das andere, und dies ist der sicherste Beweis, dass jene Behauptung falsch sein muss. Hiermit entfällt aber auch die allgemeinere Folgerung Rehmke's aus jener Behauptung, dass die (potentielle) Unendlichkeit des Wesens identisch sei mit der (actuellen) Unendlichkeit der Thätigkeit des Absoluten, oder mit anderen Worten, dass der Actus unendlich sein müsse, weil das Wesen es sei.

Wenn die Form der Zeitlichkeit unmittelbar dem Actus, also dem Einen der Attribute in seiner Actualität anhaftet, so kann man dies von der Räumlichkeit nicht sagen. Sie ist in gleicher Weise wie die bestimmte Zeit im Inhalt der absoluten Idee gesetzt, aber sie ist nicht wie die unbestimmte Zeitlichkeit unmittelbare Form der Activität als solcher. Wie aber die Zeit als Succession der inhaltlichen Veränderungen der absoluten Idee rückwärts die Form des unbewussten Vorstellens mit berührt, indem sie die Vorstellung als einheitliche Totalität von Form und Inhalt angeht, und so in zweiter Reihe auch die unbestimmte Zeitlichkeit des Wollens zu einer bestimmten erhebt, so wird auch die Räumlichkeit des Inhalts der Idee rückwirkend bestimmende Form für die innere concrete Gliederung der absoluten Activität als einheitlicher Totalität von Wollen und Vorstellen. Als Beispiel weise ich auf das Spiel der Atome hin. Allerdings sind die Ortsbestimmungen und räumlichen Beziehungen der Atome zu einander zunächst nur integrirende Bestandtheile des Inhalts der Einen absoluten Idee; indem aber das Wollen die verschiedenen Momente dieses Einen idealen Inhalts realisirt, zersplittert es sich in viele concrete Willensacte, die nur durch ihr Gegeneinanderwirken reale Phänomenalität erzeugen, und nur dadurch zu einem Gegeneinanderwirken gelangen, dass sie durch die räumlichen Unterschiede ihres Inhalts selber mit individualisirt, d. h. zu einer relativen Selbstständigkeit (gegen einander, nicht gegen das Absolute) erhoben werden. Wie ich oben zeigte, dass die **Realität** und **Objectivität** der Erscheinungswelt davon abhängig ist, dass Raum und Zeit nicht bloss Formen des **Inhalts** der Idee, sondern auch Formen der **Thätigkeit** des Absoluten als solchen seien, so ergiebt sich hier, dass **die Möglichkeit der Individuation** davon abhängt, dass die verschiedenen Seiten, oder Momente, oder Bestandtheile der inneren Vielheit des Einen ideeerfüllten Weltwillens durch Eintauchen in die Form der Räumlichkeit (die Zeitlichkeit ist dabei schon vorausgesetzt) ein *principium individuationis* erlangen, durch das ihnen zu einer die Opposition und den realen Widerstreit ermöglichenden Selbstständigkeit gegen einander verholfen wird.

Während die erstere Consequenz Rehmke verborgen geblieben ist, ist die letztere ihm zum Bewusstsein gekommen. Er erkennt nämlich ganz richtig, dass die von mir statuirte Vielheit von Einzelacten im Unbewussten sich einerseits auf die **Scheidung von Actus und Wesen** im Absoluten, andrerseits auf die **Endlichkeit** des absoluten Actus (Rehmke erwähnt hier irrthümlich wieder nur das eine Actusmoment, die Vorstellung, als endlich) gründe (S. 46). Er behauptet seinerseits, dass die „**Einheit** des Unbewussten verhindert, eine **Vielheit** von Willensacten in demselben anzunehmen; denn mit ihr zugleich müsste sich die Einheit des Unbewussten in viele Unbewusste scheiden" (S. 38). Er hält daran fest, dass es im Unbewussten „in **Folge des Mangels zeitlicher Unterschiede** in keiner Weise unterschiedene Willensacte, sondern nur Actus, nur Wollen geben kann" (ebd.). Da Rehmke selbst die Negation der vielen Willensacte als eine Folge des Mangels zeitlicher Unterschiede bezeichnet, und sein Absolutes diesen Mangel theilt, so ergiebt sich, dass ihm diese Negation nicht etwa als polemische *reductio ad absurdum* für mein Unbewusstes dienen soll, sondern als bleibende Bestimmung für seinen Begriff des Absoluten Geltung haben soll. Diese Consequenz aus der Identität von Wesen und Actus ist in der That unabweislich; da sie aber selbst unhaltbar ist, so ist sie eben eine *reductio ad absurdum* für die Behauptung jener Identität.

Von der Vielheit der realen Individuen geht unser philosophisches Denken aus; sie ist die Erfahrungsbasis, die von keiner über sie hinausschreitenden Induction verleugnet werden darf. Wir müssen zum Monismus fortschreiten, weil der Pluralismus als solcher nicht philosophisch haltbar ist; aber jede Ueberspannung des Einheitsgedankens zu einer Missachtung der realen Vielheit muss nothwendig eine berechtigte Reaction des Pluralismus gegen den Monismus heraufbeschwören. Die Möglichkeit einer Vielheit innerhalb der Einheit wird auch Rehmke nicht leugnen, so lange es sich um den Inhalt der Idee handelt; hier sind die vielen Ideen als innere Gliederung der Mannichfaltigkeit in der Einheit der absoluten Idee aufgehoben. Indem nun das Wollen die Idee zum Inhalt nimmt und realisirt, gewinnt der in formeller Hinsicht in sich unterschiedslose Actus des Wollens zugleich den ganzen Reichthum inhaltlicher Mannichfaltigkeit und interner Gliederung, den die Idee besitzt;

die Vielheit dieser durch Ziel und Intensität sich gegen einander innerhalb der Einheit des absoluten Wollens besondernden Seiten oder Momente des Wollens nennen wir in demselben Sinne die vielen Willensacte, wie wir die Momente der absoluten Idee unbedenklich als die vielen Ideen bezeichnen. Man könnte auch von concreten Partialwillensrichtungen und von concreten Partialideen reden; doch ist dies schon darum nicht angezeigt, weil wir empirisch und inductiv es immer nur mit solchen Bruchstücken der Thätigkeit des Absoluten zu thun haben, und erst künstlich darauf reflectiren müssen, dass sie Momente einer absoluten Einheit sind. So wenig die Einheit des menschlichen Individuums dadurch alterirt wird, dass dasselbe eine Vielheit von psychischen Acten verrichtet, so wenig wird die Einheit des absoluten Wesens davon alterirt, dass es eine Vielheit von concreten Willensacten umspannt, oder dass seine jederzeit einheitliche Thätigkeit sich in eine innere Vielheit sich kreuzender Willensrichtungen gliedert, in deren Widerstreit eben die reale Erscheinungswelt besteht. Dies alles hat keine Schwierigkeiten, sobald das falsche Vorurtheil der Identität von Wesen und Actus im Absoluten beseitigt wird; so lange hingegen dieses besteht, ist allerdings der Schluss unvermeidlich, dass eine reale Vielheit in der Thätigkeit zugleich eine reale Vielheit im Wesen des Absoluten setze, also die strenge Einheit seines Wesens aufhebe.

4. Die Objectivationsstufen in ihrem Verhältniss zu einander.

Da Rehmke die innere Vielheit in der einen Thätigkeit des Absoluten bekämpft, so schneidet er sich nothwendig auch jedes Verständniss ab für die Verschiedenheit der Objectivationsstufen, welche der Idee als das Stufengerüst dienen, auf dem sie sich zum Selbstbewusstsein erhebt. Die erste dieser Stufen ist das breite und feste Fundament des Kosmos, das Reich der Materie mit ihren unorganischen Bewegungsgesetzen; die zweite ist die Vegetation, die aus diesem Boden hervorsprosst, das Reich des organischen Lebens mit seinen organischen Bildungs- und Entwickelungsgesetzen; die dritte Stufe ist gleichsam der ungreifbare Blüthenduft dieser Vegetation, das Reich des bewussten Geistes vom Empfinden der Monere bis zu dem reichen Geistesleben des gebildeten Gefühlsmenschen; die vierte Stufe ist endlich die speculative Besinnung der Idee auf sich selbst, wie sie im philosophischen Menschen zu Stande kommt, indem der ursprünglich nur den praktischen Lebenszielen dienende Intellect zunächst rein theoretische Interessen gewinnt, und schliesslich von der Erscheinung auf das Wesen zurückzudringen versucht. Jede dieser Stufen beruht auf der vorgehenden, also ist die vierte und oberste nur möglich auf dem Unterbau der drei andern, d. h. diese sind durch jene teleologisch bedingt.

Jede der unteren Stufen wäre eine sinnlose Thatsache, wenn sie nicht der nächstfolgenden diente, und wäre eine zusammenhangslose und unvollständige Idee, wenn sie nicht die ihr vorhergehenden als ihre ideale Voraussetzung in sich schlösse. Die vier Stufen stehen also causal wie teleologisch, reell wie ideell in einem so innigen Zusammenhange, dass die Idee einer jeden nur möglich ist durch die ideelle Beziehung auf alle übrigen; indem der Wirklichkeit einer jeden Stufe ihre specielle Idee immanent ist, ist ihr also mittelbar die Idee in ihrer Totalität immanent. Die Einheit der Idee ist eben eine zwiefach verbürgte: formell durch die substantielle Einheit des Absoluten und seines logischen Attributs, inhaltlich durch die organische Wechselbeziehung und gegenseitige Voraussetzung aller Momente der Idee. Um so unbedenklicher ist die Anerkennung der inneren Vielheit in der absoluten Idee und der relativen Selbstständigkeit derjenigen durch den Willen realisirten ideellen Momente gegeneinander, welche durch ihren Inhalt einen Gegensatz mit einander bilden, also als Willensinhalte einen realen Conflict darstellen (wie beispielsweise zwei sich abstossende Atomkräfte). Wie die realen Individuen dadurch zu Stande kommen, dass gewisse Gruppen von concreten Einzelacten des Absoluten durch die die Individualität constituirenden Einheitsformen für eine gewisse Zeit zu einem stetigen Complex verbunden werden, so setzen die realen Sphären der verschiedenen Objectivationsstufen der Idee sich aus Gruppen realer Individuen zusammen, welche durch den ideellen Inhalt der sie constituirenden Willensacte ihre ideelle Zugehörigkeit zu einer jener ideellen Stufen documentiren.

Die verschiedenen Gesetze, denen die verschiedenen Sphären unterworfen sind (die anorganischen Naturgesetze, die organischen Bildungs- und Entwickelungsgesetze, die psychologischen Gesetze der Motivation und der Erkenntnissthätigkeit), sind nicht, wie Rehmke es missversteht (S. 40 u. 48), eigene Gesetze, die zum Theil nicht unter das logische Gesetz fielen, sondern sie sind nur die speciellen Besonderungen des einen absoluten Gesetzes, welches als das Logische den Inhalt und die Veränderung der Idee bestimmt; sie sind nur die Arten, wie die logische Entfaltung des ideellen Inhalts und seine Veränderung sich in den verschiedenen Sphären der Idee, also auch in den ihr correspondirenden Sphären der Wirklichkeit und des realen Geschehens darstellt. Wollte man statt des in allen diesen Gattungen von Gesetzen gewahrten logischen Grundcharakters eine gesetzliche Uniformität verlangen, so hiesse das die Unterschiede jener Objectivationsstufen ignoriren oder missachten. So wenig für einen Bandwurm und für einen Papagei, für einen Papua oder einen europäischen Prinzen das gleiche Verhalten angemessen wäre, so wenig könnte es logisch sein, wenn identische Gesetze für das Bewegungsspiel der Atome und für das Gedankenspiel eines Dichtergeistes gelten sollten.

Die Besonderung des Logischen zu generellen Gesetzen für die verschiedenen Sphären ist ebenso unvermeidlich, wie die Besonderung der absoluten Idee in solche ideelle Stufen und Momente, wenn überhaupt ein organisch gegliederter, durch Mannichfaltigkeit belebter und einem idealen Zweck dienender Kosmos zu Stande kommen soll; aber wie alle Stufen und Momente der Idee einander voraussetzen und sich auf einander und ihre Totaleinheit beziehen, so müssen auch die Besonderungen des logischen Gesetzes derart sein, dass sie in absoluter Harmonie zu einander stehen und die realen Objectivationsstufen der Idee in eine absolute Harmonie des Processes zu einander versetzen, damit die inhaltliche Einheit der Idee und der Welt ebenso in ihrer Veränderung wie in ihrem Dasein gewahrt bleibe. Da die Specialgesetze eben nur Besonderungen des Einen logischen Gesetzes je nach der inhaltlichen Beschaffenheit der besonderen Objectivationsstufen sind, so ist das Herauskommen dieser Harmonie etwas Selbstverständliches, da ja die Einheit der Quelle als immanentes Formalprincip unveräusserlich zu Grunde liegt, und der logische Inhalt jedes noch so speciellen Specialgesetzes in jedem Moment und an jeder Stelle aus dem immanenten logischen Grunde neu erzeugt und gesetzt wird. *)

---

*) Von der „Möglichkeit einer Abweichung des Absoluten von den logischen Naturgesetzen" (S. 46) kann hiernach bei mir gar nicht die Rede sein. Ich

Die **Einheit** und die **Immanenz** der absoluten Idee im Weltprocess kann mithin gar nicht strenger gewahrt werden, als sie von mir gewahrt ist, wenn man nicht die erfahrungsmässige Mannichfaltigkeit des Daseins und Geschehens und die thatsächlich gegebene reale Vielheit leugnen will. Ein Monismus, wie Rehmke ihn fordert, ist so überspannt, dass er nicht nur jede Vielheit und Mannichfaltigkeit leugnen, sondern auch jede **Analyse** der Erfahrung verbieten muss. So ist es eine richtige Consequenz seines Standpunkts, wenn Rehmke mir wehren will, die zweckmässigen Mechanismen in einem Organismus und ihre Entstehung zu analysiren, indem er jede Specialuntersuchung mit der Erklärung abschneidet: „Dieser Mechanismus mit der Materie in **Eins genommen** ist Wirkungsweise des Unbewussten" (46). Da nun aber unsere Kenntniss der physikalischen und chemischen Gesetze keinen Schlüssel zum Verständniss der Entstehung solcher Mechanismen in die Hand giebt, so bedürfen sie eben einer gesonderten Untersuchung ihrer Entstehung und der Annahme besonderer organischer Bildungsgesetze. Auf solche Weise die Analyse abschneiden und stets auf die letzte Einheit der Natur verweisen, heisst den Menschen auf den Standpunkt der stupiden Anbetung des All-Einen beschränken und ihm jeden Versuch des Verständnisses der Erfahrung untersagen. Alles Verstehen fängt mit der Analyse an, unbeschadet der Möglichkeit und Nothwendigkeit, das so Unterschiedene und Getrennte später von Neuem synthetisch zu verknüpfen. Nur wer die ebenbürtige Berechtigung der beiden von Kant als das der Homogenität und der Specification bezeichneten Gesetze verkennt, kann wie Rehmke behaupten: „die Einheit" (scil. des Absoluten) „ist zerstört, weil eine Zweiheit von **Thätigkeiten** des Unbewussten, ja sogar eine Zweierleiheit zum Vorschein kommt" (46).

Unter solchen Umständen muss bei Rehmke natürlich ein Verständniss für die relativ selbstständige Stellung, welche die die Materie constituirenden Functionen des Unbewussten im Verhältniss zu allen übrigen Functionen desselben einnehmen, vermisst werden. Er betont auf S. 47 die Phänomenalität der Materie, als ob er nicht

---

spreche an der fraglichen Stelle nur von einer Abweichung von „nützlichen allgemeinen **Regeln**", und schliesse daselbst die Abweichung von wirklichen **Naturgesetzen** eben als unmöglich, weil unlogisch, aus.

selbst den Begriff der objectiven Erscheinung (S. 38—39) und damit die Realität der Phänomenalität (S. 37) anerkannt hätte*).
Und auf S. 45 bekämpft er meine Behauptung, dass jeder Organismus todt hinstürzen würde, sobald das Unbewusste ihm die Seele entzöge, d. h. aufhörte, seine Thätigkeit als Empfindung, Vorstellung, Wille, organisches Bilden, Reflexwirkung u. s. w. auf denselben zu richten. Rehmke verkennt hierbei, dass es sich um eine Annahme *per impossibile* zu lehrhaften Zwecken handelt, und dass die „Zerreissung der Einheit der Naturgesetze" nicht erst in der Conclusion, sondern bereits in der unmöglichen Voraussetzung liegt. Er verkennt ferner, dass ich nicht von einem gänzlichen Aufhören der Thätigkeit des Unbewussten spreche, sondern nur von dem Aufhören der auf diesen Organismus gerichteten Summe von Functionen, die obenein appositionell näher bestimmt werden; er übersieht mithin, dass diese Annahme *per impossibile* eben das Fortbestehen derjenigen Functionen zur Voraussetzung hat, welche die den Organismus constituirenden materiellen Atome ausmachen. Die Annahme *per impossibile* ergiebt, dass in solcher Lage der Organismus todt, d. h. als ein entseeltes Aggregat von Materie in der im Augenblick des Todes noch bestehenden organischen Form, hinstürzen würde, dass aber sofort mit der organischen Bildungsthätigkeit auch die Erhaltung der organischen Form aufhören und dieselbe von den entfesselten unorganischen Gesetzen schon im nächsten Augenblick zerstört werden würde. Dieser einfache Gedanke konnte wohl nur von einem so eigenthümlichen Standpunkt aus, wie der Rehmke's ist, die auf S. 45 zusammengehäuften Missdeutungen erfahren.

Rehmke sagt S. 47—48: „Da sie" (die Materie) „letzteres" (Wille und Vorstellung) „ist, so wäre es von Hartmann consequent gewesen, wenn er die organische Bildung (die ja auch Wille und Vorstellung) aus dem Wesensverwandten, der Materie, sich organisch, d. h. von innen heraus, ohne an ein von Aussen her kommendes Princip sich anlehnen zu müssen, sich hätte entwickeln lassen."

---

*) Das „Ich" ist übrigens keine objective Erscheinung, sondern ein blosses Product des Selbstbewusstseins, d. h. eine subjective Erscheinung; also ist auch das Ich nichts „unmittelbar Reales" im Sinne einer objectiven Erscheinung, wie es z. B. das organisch-geistige Individuum ist (Rehmke S. 37—38).

Hier zeigt sich, dass Rehmke durch seine gerügte Ueberspannung des Monismus von der idealistischen Seite her zu der nämlichen Forderung gelangt, wie die entgegengesetzte Partei von der Seite des Materialismus und Mechanismus her. Die Frage ist eine sehr ernste Principienfrage für solche, die entweder Gegner aller Teleologie und Leugner jeder andern logischen Gesetzmässigkeit ausser der mechanischen Causalität oder aber Pluralisten sind. Im ersteren Falle wird jede Action ausser der Mechanik der Atome als mystisches Phantasiespiel ohne wissenschaftliche Berechtigung ausgeschlossen; im letzteren Falle entsteht die Frage, ob die anderweitigen, über die unorganischen Naturgesetze hinaus bestehenden organischen Bildungs- und Entwickelungsgesetze und die Gesetze der psychischen Functionen ebenso wie die ersteren den Atomen als solchen innewohnen, oder ob ihre Träger von den Atomen (als Trägern der unorganischen Naturgesetze) substantiell verschieden seien. Die Entscheidung der Frage im letzteren Sinne würde auf die Leibniz'schen Centralmonaden, d. h. auf substantiell gesonderte Seelenwesen zurückführen, die sich unter Umständen einen Körper anbilden, indem sie als Archon für eine Menge wechselnder unorganischer Atome fungiren.

Es handelt sich hier nicht um die Schwierigkeiten, die mit der Annahme solcher organischer oder psychischer Atome (im Gegensatze zu den materiellen Atomen) verknüpft sind, sondern nur um die Bemerkung, dass eine solche Auffassung in der That eine total anderartige Weltanschauung ergiebt als die entgegengesetzte Annahme, nach welcher die materiellen Atome gleichzeitig die Träger der unorganischen Bewegungsgesetze, der organischen Bildungs- und Entwickelungsgesetze und der Gesetze des bewussten Geisteslebens sein sollen. Der Unterschied erscheint so gross, dass gegen ihn die andere Differenz fast verschwindet, ob die organischen und psychischen Gesetze als selbstständige, den unorganischen Gesetzen coordinirte Besonderungen des Logischen, oder als secundäre Producte aus speciellen Combinationen und Complicationen der anorganischen Naturgesetze betrachtet werden. Denn in den beiden letzteren Fällen wären die materiellen Atome des Organismus in gleicher Weise die alleinigen Träger aller an ihm sich abspielenden organischen und psychischen Processe, und die Organisation wie der Individualgeist die reinen Producte aus den Atomfunctionen des

Körpers; bei der erstgenannten Annahme dagegen ständen Leib und Seele sich im Sinne der rationalen Psychologie der Leibniz'schen Schule als gesonderte Träger verschiedener Functionen gegenüber.

Ein ganz anderes Gesicht gewinnt jene Unterscheidung, wenn wir auf den Boden des Monismus hinübertreten. Hier giebt es überhaupt nur **Einen substantiellen Träger** aller noch so verschiedenen Functionen und Gesetze, das Absolute, und alle phänomenalen Individuen sind nur **Gruppen** von Partialfunctionen des Absoluten, die durch die bekannten Einheitsformen zu einheitlichen objectiven Erscheinungen verknüpft sind. Von diesem Standpunkt ist es völlig zweifellos, dass die Gesetze des organischen Bildens und des bewusst-geistigen Lebens **denselben Träger** haben wie die Gesetze der mechanischen Bewegung der Atome. So lange man jeden heimlichen und unvermerkten Rückfall in den substantiellen Pluralismus des naiven Realismus streng vermeidet, darf man also eigentlich gar nicht von den Atomen als **Trägern** gewisser Gesetze reden, da hiermit die irrthümliche Nebenbedeutung ihrer Substantialität in den Gedankengang eingeschmuggelt werden könnte; vielmehr muss man sich gegenwärtig halten, dass die Atome ja selbst nur stetige Willensfunctionen des Absoluten sind, die dadurch als **Atome** charakterisirt und von anderen Willensäusserungen unterschieden werden, dass sie bestimmten Gesetzen der Anziehung und Abstossung unterworfen sind. Bei einer solchen monistischen Weltansicht muss die obige Differenz auf folgende Alternative einschrumpfen: Ist die Idee des materiellen Atoms so zu fassen, dass sie die organischen und psychischen Functionen höherer Ordnungen von Individuen mit unter sich begreift, oder ist die Idee eines organisch-psychischen Individuums auch eine Idee von höherer Ordnung als die des Atoms? Oder mit anderen Worten: Ist der Inhalt der absoluten Idee so zu gliedern, dass zunächst die Ideen höherer Ordnung als besondere Partialgruppen herauszuheben, und die Atomideen auf ihren einfachsten Inhalt als unterste Voraussetzungen jener zu beschränken sind, oder ist er so zu ordnen, dass die Atomideen allein als Partialmomente festzuhalten und alle höheren Entfaltungsformen der Idee als Explicationen des in die Atomidee bereits hineingelegten Inhalts anzusehen sind?

Diese Alternative könnte auf den ersten Blick so bedeutungslos erscheinen, dass sie mit einem Streit um des Kaisers Bart gleichzustellen wäre; denn wenn die absolute Idee doch nur Eine, und alle Vielheit nur innere Mannichfaltigkeit innerhalb ihrer Einheit ist, so könnte alle Gliederung und Gruppirung ihrer Partialmomente für eine völlig gleichgültige Spielerei des subjectiven Denkens gehalten werden, welche die Sache gar nicht berührt. Indess würde eine solche Auffassung beinahe ebenso weit bei der Wahrheit vorbeizielen, wie die entgegengesetzte Meinung, als ob diese Frage innerhalb des Monismus noch eine mehr als secundäre Bedeutung beanspruchen könne. Denn so wenig es gleichgültig ist, dass die Ideen der Atome A und B sich innerhalb der absoluten Idee streng von einander sondern, so wenig scheint es mir gleichgültig, dass man die Ideen der einen Organismus constituirenden Atome von der Idee dieses Organismus als solchen sondert. Wie die erstere Sonderung es erst möglich macht, dass eine objective Erscheinung durch das reale Widerspiel individualisirter Kräfte zu Stande kommt, so macht die letztere Sonderung es erst möglich, dass eine Unterordnung vieler Atome unter einen Zweck zu Stande kommt, der jedem dieser Atome als solchen fremd ist, da er nur für ein Individuum höherer Ordnung Selbstzweck oder Individualzweck ist. Wie durch die erstere Sonderung die erst unorganische, so wird durch die letztere erst die organische Natur möglich; denn die erstere besteht im Conflict der Individualzwecke der Atome untereinander, die letztere im Conflict der Individualzwecke der Atome einerseits und der Individualzwecke von Individuen höherer Ordnung andrerseits.

Die Idee des Atoms ist durch Wille und Vorstellung in ihrer primitivsten Aeusserung, als gesetzmässiger Bewegungsenergie und eventuell auch Empfindung, erschöpft. In die Idee des Atoms als solche den gesammten Inhalt aller höheren Ideensphären der Schöpfung hineinpfropfen wollen, wäre ungefähr so, als wenn man einer mikroskopischen Monere zumuthen wollte, sie sollte einen ganzen Elephanten zum Frühstück verspeisen. Dass die Atomideen auch bei allen höheren Ideen als Voraussetzungen mitgedacht sind, ist selbstverständlich, und daraus folgt, dass bei der Realisirung der höheren Ideen die vorherige Realisirung der Atomideen Bedingung bleibt. Aber man darf erstens nicht „Bedingung" mit „zureichende Ursache" verwechseln, und zweitens nicht vergessen, dass die teleologische Bedingtheit die umgekehrte ist wie die causale*). Mag immerhin die realisirte niedere Objectivationsstufe der Idee wirkende Ursache für die Realisirung der höheren sein, so bleibt doch diese der ideelle teleologische Grund für die inhaltliche Bestimmtheit jener, und in diesem Sinne kann man wohl sagen, dass die niedere Objectivationsstufe der Idee in der höheren mit inbegriffen und von ihr umfasst ist, aber nicht umgekehrt. Vom Standpunkt des idealistischen Monismus wäre es also weit richtiger zu sagen, dass die unorganischen Functionen und Gesetze in den organischen mit inbegriffen sind als umgekehrt, wenn durchaus an die selbstverständliche Einheit des substantiellen Trägers der Functionen und Gesetze im Gebiete der objectiven Erscheinung durch eine derartige specielle Redewendung in einer doch immerhin inadäquaten Weise erinnert werden soll.

Mir scheint es für das Festhalten des Einheitsgedankens in der Vielheit der Erscheinung völlig zu genügen, wenn man (abgesehen von der Rückbeziehung auf die substantielle Einheit des Absoluten) immer eingedenk bleibt erstens der aus der gemeinsamen logischen Quelle stammenden **Harmonie** der verschiedenen Gesetze der verschiedenen Objectivationsstufen und zweitens der **causalen Bedingtheit** jeder realen Stufe durch die niedrigeren. Wer wie Schopenhauer behauptet, dass der Leib die **unmittelbare** Objectität des Willens sei, d. h. dass die Atomfunctionen des Organismus nur integrirende Momente und Ausflüsse seines Individualwillens seien, der verkennt, dass das, was ideell mit inbegriffene Voraussetzung ist, doch reell auch explicite für sich gesetzt werden muss, um wirksam zu werden; wer andrerseits behauptet, dass die Functionen des organisch-geistigen Individuums höherer Ordnung nur Producte der Functionen der Atome seines Organismus seien, der verkennt die relative Selbstständigkeit der höheren Individualität

---

*) Die erste Erinnerung passt nur für die Ansicht, nach welcher unorganische und organische Gesetze zwar verschiedenartig und coordinirt sind, aber beiderseit ausschliesslich an den Atomen haften als an den Individuen, um nicht zu sagen: Trägern, welche beide Gattungen zugleich zur Ausführung bringen; die zweite passt sowohl für diese Ansicht, als auch für die andre, wonach die organischen und psychischen Gesetze und Functionen nur complicirte Combinationsresultate der unorganischen Gesetze und Functionen sind.

gegen die Atomindividuen und die Unmöglichkeit, dass sich das Niedere durch blosse Addition zu einem Höheren erhebe ohne Hinzutritt eines dasselbe gleichsam potenzirenden Exponenten. Dass aber dieses zu den Atomfunctionen Hinzutretende nicht von Aussen hinzukommt (wie Rehmke S. 48 meint), sondern unmittelbar aus dem Innern der höheren Individualidee selbst ausfliesst und letzten Endes gleich den Atomfunctionen aus der Einheit des Absoluten herstammt, das braucht wohl nach dem Vorhergehenden nicht nochmals betont zu werden. Für einen Monisten, wie Rehmke, der die Vielheit der Objectivationsstufen innerhalb der Einen Idee bestreitet, entfällt zugleich auch die Möglichkeit, eine Vielheit der Atome zuzulassen, so dass sein Bemühen, die Entwickelung der Welt auf die Atome als ihre alleinigen Träger anzuweisen, schon aus dem nämlichen Grunde scheitern muss, aus welchem er meine Auffassung bekämpft.

Die gerügte Ueberspannung des Monismus verhindert Rehmke fernerhin, meinen Aufstellungen über die Entstehung des Bewusstseins gerecht zu werden. Während er S. 35—36 Bedenken gegen meine Bezeichnung des Absoluten als des Individuums $\varkappa\alpha\tau'\dot{\varepsilon}\xi o\chi\dot{\eta}\nu$ geltend macht (obschon dieselben nicht näher substanziirt sind), so hält er doch selbst an der Untheilbarkeit oder Individualität des Absoluten so sehr fest, dass er meint (S. 53), das Unbewusste könne, wenn es einmal zum Bewusstsein gelange, „doch nicht nur an einem Theile bewusst werden." Es scheint für Rehmke aus diesem Argument hervorzugehen erstens, dass meine Ansicht über die Entstehung des Bewusstseins in den Partialindividuen unrichtig sei, und zweitens, dass ein einheitliches Bewusstsein des Absoluten als solchen den beschränkten Individualbewusstseinen vorhergehen müsse. Da Rehmke bei seiner Arbeit die Zusätze der 5. Auflage (speciell S. 395—400 u. 535—561; 7. Aufl. Bd. II S. 35 bis 40 u. 175—201) noch nicht gekannt hat, so beschränke ich mich hier auf wenige Bemerkungen.

Wenn wir das unbewusste Vorstellen mit dem von einem Centrum (dem absoluten Subject) sphärisch ausstrahlenden Licht vergleichen, so muss in diesem Gleichniss das Bewusstsein dem Zusammentreffen der an einer spiegelnden Fläche reflectirten Strahlen in einem Brennpunkt (dem Ich) entsprechen. Sollte nun das Absolute ein einheitliches absolutes Bewusstsein gewinnen, so müsste man sich dasselbe als im Centrum einer spiegelnden Hohlkugel befindlich vorstellen; denn alsdann würden alle reflectirten Strahlen sich in dem nämlichen Punkt als allgemeinem Brennpunkt wieder schneiden, von dem sie ursprünglich ausgingen. Zu der Entstehung eines absoluten Bewusstseins mit einem „absoluten Ich" würde also eine allgemeine Schranke des Absoluten erforderlich sein; eine solche kann aber der vorstellenden Thätigkeit weder von aussen noch von innen gesetzt sein. Wäre sie ihm von aussen gesetzt, so wäre damit seine Absolutheit zerstört; von innen aber kann eine solche begrenzende continuirliche Hohlkugel nicht gesetzt sein, weil alles Setzen von festen Schranken nur durch Kreuzung peripherisch ausstrahlender Actionen geschehen kann und darum nur als Setzen einer **Vielheit** localisirter Einzelconflicte möglich ist. Darum können die entstehenden Brennpunkte immer nur die Kreuzungsstellen der Reflexe **einzelner Strahlenbündel** sein, und darum kann das Absolute gar nicht anders als **nur an einem Theil** (oder auch an einer grösseren Zahl von Theilen **zugleich**) bewusst werden.

Wie eine Atomfunction an der Action des Nachbaratoms zum Bewusstsein kommen kann, so kann auch das Strahlenbündel von organischen und psychischen Functionen sich an demjenigen Strahlenbündel, welches die Atomfunctionen eines Organismus umfasst, reflectiren und mehr oder minder zum Bewusstsein gelangen. So **fremd** wie eine Atomfunction der andern bei aller Wesensidentität ist, so fremd allermindestens ist auch die Summe der Atomfunctionen des Organismus dem auf sie gerichteten organisch-psychischen Strahlenbündel; sie sind sich eben darum fremd, weil jede Function unbeirrt ihrem eigenen Gesetz folgt, das demjenigen der Nachbarfunction zwar abstract homogen sein kann, aber doch concret von ihm verschieden sein muss (z. B. in den Atomen A und B durch Rückbeziehung der Bewegungsrichtungen auf die beweglichen Punkte A und B). In jeder Einzelfunction folgt das Absolute nur seinem eignen logischen Gesetz; aber dieses Gesetz ist eben zugleich eine **innere Nothwendigkeit**, und deshalb vollzieht sich jede concrete Function durch ihre concrete Besonderung des logischen Gesetzes **gezwungen**. Dieser (selbstverständlich nur innere) Zwang ist es, der einerseits den Conflict selbst zu einem gesetzmässigen, und bei der Realisirung der ideellen Conflicte durch den Willen die

Summe der Conflicte zu einer realen Erscheinung, zu einer beharrenden und gesetzmässig sich verändernden Welt macht; dieser Zwang ist es andrerseits, der die verschiedenen Functionen einander empfindlich macht, und so als Innenseite der realen objectiven Erscheinungen die Vielheit der subjectiven Erscheinungen in's Leben ruft. Denn das, was ich „Stutzen" nannte, ist ja nur das Innewerden dieses Zwanges als eines fremden, von aussen kommenden. Darum ist die Anerkennung des Zwanges, den das innere Gesetz einer Function auferlegt, und der ihm durch den Widerstand einer andern Function auferlegt wird, keineswegs die Führung „eines Vertilgungskrieges gegen das Unbewusste als Absolutes", wie Rehmke (S. 53) meint; diese Ansicht kann nur daraus entspringen, dass jede Vielheit der Function und jede relative Selbstständigkeit der aus concreten Strahlenbündeln resultirenden Individuen perhorrescirt und als Zerstörung der Einheit des Absoluten verworfen wird; dieser Irrthum findet wieder seine Quelle in dem Rehmke'schen Fundamental-Vorurtheil der Identität von Actus und Wesen im Absoluten, welches nach der andern Seite auch die Lösung der Frage nach der Unendlichkeit des Absoluten in Verwirrung bringt.

Im Ganzen kann man sagen, dass Rehmke im Irrthum war, wenn er seine Prüfung der Metaphysik des Unbewussten auf den logischen Zusammenhang meiner Aufstellungen untereinander zu beschränken glaubte. Anstatt seinem Programm gemäss als einzigen Maassstab die Logik zu benutzen, beruht seine Kritik auf von aussen herzugebrachten metaphysischen Grundanschauungen, die ihm für zweifellose Wahrheiten, mir für Vorurtheile und aus demselben fliessende Irrthümer gelten. Seine Kritik hat den Charakter einer Deduction aus allgemeinsten Sätzen und schon diese formale Seite seiner Arbeit verhindert ihn öfters, meinen Intentionen gerecht zu werden, die sich in inductiver Form bewegen. So z. B. fühlt er sich S. 47 gedrungen, seinem „Staunen über die Vermenschlichung des Absoluten, das nicht erkrankt, nicht ermüdet, nicht irrt, Ausdruck zu geben." Ohne Zweifel wären diese Prädicate sehr unangemessen, wenn es an der Stelle, an der ich sie brauche (Cap. C. I), sich überhaupt schon um das Absolute als solches handelte. Ich habe es aber in jenem ersten Capitel der „Metaphysik des Unbewussten" noch nicht mit etwas anderem zu thun als mit dem Begriff des Unbewussten, wie er sich in den

Abschnitten A und B ergeben hat. Dieser Begriff soll erst allmählich durch weitere negative Einschränkung und nähere positive Bestimmung zu dem Begriff des All-Einen, des Absoluten hinaufgeläutert werden, welchem Zweck eben solche Ausschliessungen anthropopathischer Bestimmungen mit dienen sollen. Die inductive Entwickelung ist zugleich eine didactisch-pädagogische, bei der Vieles, namentlich im Anfang, nur einen propädeutischen Sinn hat. Der Nutzen dieser Behandlungsweise hat sich beim grossen Publikum wohl bewährt; aber die philosophischen Kritiker haben nur zu oft die Consequenzen dieses inductiven Verfahrens übersehen, wenn sie Bestimmungen von nur propädeutischem Werthe für definitive ansahen, und die nothwendig zwischen den früheren und späteren Theilen der Entwickelung bestehenden Unterschiede in Sprachgebrauch und Gedankenbestimmungen verkannten.

www.ingramcontent.com/pod-product-compliance
Lightning Source LLC
Chambersburg PA
CBHW032044220426
43664CB00008B/854